JANIS JOPLIN

JANIS JOPLIN

SUA VIDA, SUA MÚSICA

A Biografia Definitiva da Mulher
mais Influente da História do Rock

Holly George-Warren

Tradução
Martha Argel
Humberto Moura Neto

Título do original: *Janis – Her Life and Music.*
Copyright © 2019 Holly George-Warren.
Copyright da edição brasileira © 2020 Editora Pensamento-Cultrix Ltda.
1ª edição 2020.
Todos os direitos reservados. Nenhuma parte desta obra pode ser reproduzida ou usada de qualquer forma ou por qualquer meio, eletrônico ou mecânico, inclusive fotocópias, gravações ou sistema de armazenamento em banco de dados, sem permissão por escrito, exceto nos casos de trechos curtos citados em resenhas críticas ou artigos de revistas.
A Editora Seoman não se responsabiliza por eventuais mudanças ocorridas nos endereços convencionais ou eletrônicos citados neste livro.

Editor: Adilson Silva Ramachandra
Gerente editorial: Roseli de S. Ferraz
Preparação de originais: Vivian Miwa Matsushita
Revisão técnica: Adilson Silva Ramachandra
Gerente de produção editorial: Indiara Faria Kayo
Editoração eletrônica: Join Bureau
Revisão: Luciana Soares da Silva

Dados Internacionais de Catalogação na Publicação (CIP)
(Câmara Brasileira do Livro, SP, Brasil)

George-Warren, Holly
　Janis Joplin: sua vida, sua música: a biografia definitiva da mulher mais influente da história do Rock / Holly George-Warren; tradução Martha Argel, Humberto Moura Neto. – 1. ed. – São Paulo: Editora Pensamento Cultrix, 2020.

　Título original: Janis: her life and music
　Bibliografia
　ISBN 978-65-87143-03-3

　1. Cantores – Estados Unidos – Biografia 2. Joplin, Janis, 1943-1970 3. Músicos de rock – Estados Unidos – Biografia I. Argel, Martha. II. Neto, Humberto Moura. III. Título.

20-39470　　　　　　　　　　　　　　　　　　　　　　　CDD-782.42166092

Índices para catálogo sistemático:
　1. Cantoras de rock: Biografia　　782.42166092
　Maria Alice Ferreira – Bibliotecária – CRB-8/7964

Seoman é um selo editorial da Pensamento-Cultrix.
Direitos de tradução para o Brasil adquiridos com exclusividade pela
EDITORA PENSAMENTO-CULTRIX LTDA., que se reserva a
propriedade literária desta tradução.
Rua Dr. Mário Vicente, 368 — 04270-000 — São Paulo, SP — Fone: (11) 2066-9000
http://www.editoraseoman.com.br
E-mail: atendimento@editoraseoman.com.br
Foi feito o depósito legal.

Para Robert Burke Warren, minha alma gêmea,
e Jack Warren, minha inspiração

Sumário

Introdução		9
Capítulo 1	Linhagem de Pioneiros	15
Capítulo 2	Moleca	27
Capítulo 3	Caçadora de Emoções	39
Capítulo 4	"Beat Weeds"	53
Capítulo 5	"Dezoito Anos e Fodida"	69
Capítulo 6	Encrenqueira	85
Capítulo 7	Garoto do Riacho Waller	91
Capítulo 8	Cantora de Blues	109
Capítulo 9	O Vício em Metanfetamina e a Grande Farsa do Sábado à Noite	123
Capítulo 10	Universitária no Texas	137

Capítulo 11	A Garota Cantora do Big Brother & The Holding Company	159
Capítulo 12	"O Ídolo de Minha Geração"	181
Capítulo 13	"A Primeira *Pin-up* de Haight-Ashbury"	201
Capítulo 14	Uma Mulher no Limiar	233
Capítulo 15	"Nasce uma Estrela do Rock na Segunda Avenida	255
Capítulo 16	Kozmic Blues	283
Capítulo 17	Pearl	315
Agradecimentos		355
Notas		361
Bibliografia		393
Créditos das Letras		399

Introdução

Não traia a si próprio. É tudo que você tem.
— Janis Joplin

É uma noite abafada de setembro em Nashville, e Ruby Boots está mandando ver no palco do Basement East, castigando sua guitarra elétrica e soltando a voz em "Piece of my Heart", de Janis Joplin. A edição de 2018 do Americanafest, um festival de música anual, com duração de seis dias, homenageia álbuns de 1968, e o grande sucesso do Big Brother and the Holding Company, *Cheap Thrills*, foi um dos escolhidos. Boots, cujo nome real é Bex Chilcott, nasceu em Perth, Austrália, e se apaixonou pela música de Janis quando era uma adolescente que morava do outro lado do mundo, e nem tempo, nem distância ou sequer o fato de Janis ter falecido há décadas conseguiram diminuir a alma irresistível e dolorida de sua voz. O público, conectado à humanidade crua, mas destemida, da música, se acotovela diante do palco, da mesma forma como aconteceu quando a própria Janis a cantou, cinquenta anos antes.

Na cerimônia de premiação do Americana Honors & Music Awards, realizada no Ryman Auditorium (local onde antigamente era realizado o Grand Ole Opry), inúmeras seguidoras de Janis sobem ao palco. a cantora, compositora e ativista Rosanne Cash, fã de Janis desde a adolescência, recebe o prêmio de Liberdade de Expressão na Música K. D. Lang, cantora nascida em Alberta, Canadá, que nos anos 1980 saiu do armário se assumindo lésbica, leva o prêmio pelo Pioneirismo. As notáveis cantoras Brandi Carlile, Margo Price e Courtney Marie Andrews, indicadas para diversas honrarias, revelam a influência de Janis em suas fulgurantes apresentações.

Antes da passagem um tanto breve de Janis Joplin pelo sucesso, teria sido difícil para essas artistas encontrarem um modelo feminino comparável à *beatnik* de Port Arthur, Texas. A mistura de musicalidade confiante, sexualidade impetuosa e exuberância natural, que produziu a primeira mulher estrela do rock dos Estados Unidos, mudou tudo. Como tal, Janis ainda mantém o domínio sobre múltiplas gerações, artistas de incontáveis gêneros musicais, e por todo o espectro de gênero. E embora sua grande cultura, a inteligência aguçada e o anseio profundo por um lar com a cerquinha branca obrigatória não transparecessem na identidade que ela criou para os fãs, tais aspectos de sua personalidade também guiaram todos os seus movimentos.

O mesmo poderia ser dito de seu instinto de pioneira. Embora a época de Janis seja de forma geral considerada como um período de libertação das restrições dos anos 1950, o rock de então era, na verdade, um clube quase que exclusivamente masculino; Janis foi alvo de um tremendo sexismo por parte da imprensa, tanto *mainstream* quanto da contracultura, e de um desdém frio, por vezes cruel, por parte dos profissionais da indústria fonográfica. Apesar de tudo, ela seguiu em frente, brilhando. Com sua força de vontade e um talento sem precedentes, ela provou que o rock podia incluir mulheres que não deviam desculpas a ninguém, fossem elas artistas, compositoras ou fãs. A feminista Ellen Willis, que escrevia crítica musical para a revista *The New Yorker* na década de 1960, referiu-se a Janis dizendo: "dentre os heróis da cultura dos anos 1960, é a única a tornar visível e pública a experiência das mulheres em sua busca pela liberdade individual". Patti Smith, Debbie Harry (Blondie), Cyndi Lauper, Chrissie Hynde (The Pretenders), Kate Pierson (B-52's) e Ann e Nancy Wilson (Heart) são algumas das artistas que vivenciaram Janis em primeira mão. Todas vislumbraram as possibilidades de seus próprios futuros. Quando Stevie Nicks entrou para o Rock & Roll Hall of Fame, em março de 2019, ela declarou que tocar em um show com Janis, na década de 1960, foi transformador. "A conexão dela com a plateia foi tão incrível que eu disse: 'Quero fazer isso que ela faz'."

INTRODUÇÃO

Por sua influência e por seu próprio trabalho perene, Janis Joplin permanece no coração de nossa música e de nossa cultura. Ao recordarmos momentos decisivos da história do rock nos anos 1960, em geral ela está lá: o Festival Pop de Monterey; a vibrante cena de Haight-Ashbury, em San Francisco; as ruas, os clubes e os estúdios da fria cidade de Nova York; Woodstock. Ela foi exaltada em exposições de museus e foi tema de produções teatrais e filmes. Seu primeiro álbum solo, o eclético e transgressor *I Got Dem Ol' Kozmic Blues Again Mama!*, soa tão atual hoje quanto na época em que foi lançado, em 1969. Sua apresentação no Festival Pop de Monterey, documentada pelo cineasta D. A. Pennebaker, ainda provoca aplausos entusiásticos das plateias de uma nova geração ao ser exibida e conta com milhões de visualizações no YouTube.

Quando Janis subiu ao palco de Monterey, em junho de 1967, pouca gente fora de San Francisco sabia seu nome. "Qual é a dessa garota?", perguntou-se Lou Adler, um dos produtores do festival. "De onde ela saiu, com esse visual e liderando uma banda só de homens?" Dando uma pista, o empresário Chet Helms, de Haight-Ashbury, fez a apresentação dela no palco: "Três ou quatro anos atrás, viajando de carona através do país, conheci uma menina do Texas chamada Janis Joplin", disse à multidão, que não sabia o que estava por vir. "Eu a ouvi cantar, e Janis e eu viajamos de carona até a Costa Oeste. Um monte de coisas aconteceu desde então, mas tenho um orgulho enorme, hoje, de apresentar o produto acabado: o Big Brother and the Holding Company!".

A impressionante *performance* de Janis naquele dia iria mudar sua vida – e o futuro da música popular. Quando a apresentação de cinco músicas chegou ao fim, com sua dramática reinvenção de "Ball and Chain", da cantora de R&B[1]/blues Willie Mae Thornton, milhares de fãs alucinados – e centenas de jornalistas atordoados – sabiam seu nome e espalharam entusiasmados a novidade. O estilo vocal carregado de emoção foi incorporado por outros cantores que surgiam, entre eles, Robert Plant, do Led Zeppelin. As garotas que a viram no palco no Avalon Ballroom ou no Fillmore, casa de show de Bill Graham, ainda se recordam da experiência: era como se Janis cantasse para elas, contasse as histórias delas, sentisse a

---

[1] Rhythm and Blues. [N.T.]

dor delas, enchendo-as de coragem e absolvendo-as de culpa. Janis era como um nervo exposto, trazendo à tona sentimentos que a maioria das pessoas não conseguiria ou não gostaria de trazer, e estava disposta a arcar com as consequências disso.

Janis nunca traiu sua visão. Ela não tinha medo de ultrapassar limites – musicais, culturais e sexuais. Abertamente bissexual numa época em que isso era ilegal, não tinha medo da cadeia nem de ser julgada. Da mesma forma, quando críticos e fãs ficaram indignados por sua ousadia em largar o papel de "garota cantora" da banda que ela sentia a estar atrasando, Janis simplesmente foi em frente. Apenas quatro dias antes de sua morte, ocorrida em 4 de outubro de 1970, ela disse ao jornalista Howard Smith: "Você só chega a ser aquilo que se conforma em alcançar".

Janis Joplin nunca se conformou. Filha mais velha de uma família muito unida, ela adorava o pai, que secretamente era um intelectual apreciador de Bach e um ateu enrustido, em uma cidade petroleira conservadora. A Janis pré-adolescente era uma moleca indisciplinada, e era também intelectual, curiosa e uma talentosa artista visual, um dom que os pais encorajaram. Chegou ao ensino médio em plena década de 1950, e sua adesão à Geração *Beat* e a uma postura progressiva quanto à questão racial alienaram-na da comunidade à qual pertencia. A primeira transgressão de Janis foi ser uma garota branca que muito cedo percebeu a força do blues, indo buscá-lo em bares da Costa do Golfo e em discos obscuros. Ela nunca se recuperou por completo do brutal desprezo por parte dos colegas, que também riam de sua aparência, sobretudo depois que adotou um visual inspirado nas garotas *beatnik* que via na revista *Life*.

Seth e Dorothy Joplin eram muito dedicados à filha mais velha, mas acabaram sendo afastados pelas atitudes cada vez mais desafiadoras de Janis – as mesmas que viriam a trazer-lhe fama. Sempre rebelde e ávida por atenção, Janis se tornou fora de controle na adolescência, instigada pela sexualidade que surgia, pela descoberta do rock & roll, pelo álcool e pelas anfetaminas. As feridas abertas pelo conflito de vontades nesses anos de turbulência doméstica nunca foram de fato curadas. Boa parte da vida de Janis ficaria marcada pela tensão de buscar o pertencimento e a atenção pela qual ansiava, ao mesmo tempo que sabia que o melhor modo de honrar a importância dada pela família à originalidade, de forma não declarada, era destacando-se. A descoberta de sua voz fora do comum a ajudou a encontrar um lugar onde se encaixar e formar uma nova família – composta por boêmios e músicos –, primeiro em Port Arthur e Beaumont, Texas, a seguir em Austin e por fim em San Francisco. Ela abraçou a vida com um entusiasmo feroz, embora jamais conseguisse escapar das trevas primais advindas da solidão e do fatalismo sombrio legado pelo pai. O uso do álcool e das drogas como analgésicos só piorou tudo.

Musicista apaixonada e erudita, Janis nasceu com talento, mas também trabalhou com afinco para desenvolvê-lo, embora frequentemente omitisse da história de sua origem todo o esforço feito para alcançar a excelência. Nos *outtakes*[2] das gravações em estúdio daquele que viria a ser seu último álbum, *Pearl*, percebe-se que ela toma as rédeas e assume o controle. Em uma época na qual as mulheres não produziam sua própria música, Janis manteve uma colaboração plena com o produtor Paul Rothchild, cujo caráter controlador era notório. Tais sessões foram um período de florescimento artístico para ela. Suas ideias – juntamente com a voz extraordinária e a simpática banda Full Tilt Boogie – resultaram em uma obra-prima. Após a morte de Janis por uma overdose acidental de heroína, em 1970, aos 27 anos de idade, *Pearl* foi lançado postumamente e viria a se tornar seu álbum mais perene e bem-sucedido, com o *single* "Me and Bobby McGee" representando a conclusão da carreira iniciada com "Piece of My Heart".

A voz única de Janis Joplin soa tão poderosa hoje como quando foi lançada, em 1967. Mais do que qualquer um de seus pares, ela destaca-se em meio à cacofonia digital, o ruído de nossa época, e penetra exatamente onde Janis queria: bem no fundo do coração. Desde sua época, o trabalho e a vida de Janis inspiraram muitas mulheres a criar seus próprios sons e seguir seu próprio caminho, sem concessões: de Lucinda Williams a Pink, Amy Winehouse a Carolyn Wonderland, Lady Gaga a Brittany Howard, Alicia Keys a Florence Welch, Grace Potter a Elle King, Melissa Etheridge a Kesha. Williams compôs uma música sobre Janis ("Port Arthur"); Pink tinha esperança de interpretar o papel dela no cinema; Wonderland fez uma versão matadora de um original de Janis de 1962 ("What Good Can

---

[2] Trechos cortados. [N.T.]

Drinkin' Do"); Etheridge ajudou a fazer com que ela entrasse no Rock & Roll Hall of Fame em 1995. Nessa ocasião, Etheridge disse: "Quando uma alma é capaz de olhar para o mundo, ver e sentir a dor e a solidão, e consegue penetrar fundo em seu interior e encontrar uma voz para cantar sobre isso, uma alma é capaz de curar".

Talvez esse continue sendo o maior presente de Janis.

Capítulo 1

LINHAGEM DE PIONEIROS

não me conte o que está fazendo;
conte o que está pensando.
– Seth Joplin

Janis Joplin nasceu em uma família com longa tradição em assumir riscos: peregrinos dos séculos XVII e XVIII, pioneiros, missionários, soldados das Guerra da Independência e da Guerra Civil Americana, agricultores, vaqueiros e fazendeiros. Sua família, tanto do lado materno quanto do lado paterno, remonta aos primeiros colonizadores que chegaram aos Estados Unidos vindos de Inglaterra, Escócia e Suécia, desembarcando na Nova Inglaterra e na Virgínia. Os vários ramos da família sobreviveram a naufrágios, raptos pelos nativos na Guerra Franco-Indígena e travessias pelo continente em carroças.

"*Venho de uma linhagem de pioneiros*", orgulhava-se Janis ante os amigos preocupados com seu consumo de bebidas e de drogas. Talvez estivesse pensando na tataravó que Laura, sua irmã, mais tarde descreveria na biografia *Com Amor, Janis*: "uma pioneira de fibra, de corpo rijo e coração forte, cujas convicções íntimas e a fé no marido a levaram a atravessar a fronteira". Se Janis tivesse analisado mais a fundo, talvez também tivesse traçado até os ancestrais sua ambição e seu espírito inquieto.

Os pais de Janis conheceram-se em um encontro às cegas. Em dezembro de 1932, em plena Grande Depressão, a jovem Dorothy East, de 19 anos e estudante universitária, saiu com Seth Joplin, ex-estudante de engenharia de 22 anos, em Amarillo, Texas, cidade natal de ambos. Como seus antepassados indomáveis, Dorothy e Seth penetrariam em território desconhecido: a classe média americana, onde almejavam ganhar a vida com a mente e não com as mãos, e transmitir com segurança aos filhos suas aspirações de ascensão social, embora de formas bem diferentes.

Dorothy East, a mais velha de quatro irmãos, cresceu em meio às tensões do turbulento casamento dos pais, uma relação difícil que teve início na pequena Clay Center, nas planícies de Nebraska. Estabelecendo-se como criadores de gado no recém-criado estado de Oklahoma, Cecil e Laura Hanson East tiveram Dorothy Bonita em 13 de fevereiro de 1913. Sentindo falta de sua numerosa família, Laura insistiu em voltar para Clay Center, onde Cecil começou a criar porcos em 1920. A criação foi dizimada por doenças, e a família East, arruinada, foi morar com os Hanson, onde Laura voltou a mergulhar no cristianismo fundamentalista praticado pela família. Sozinho, Cecil partiu para Amarillo, no Texas, uma cidade em rápido crescimento, onde passou a atuar no mercado imobiliário, a beber e a ir atrás de mulheres. A família East reuniu-se de novo em Amarillo, quando Dorothy cursava o último ano do ensino médio, mas o casamento estava condenado.

Décadas depois, Dorothy ainda recordava as "horríveis agressões verbais" e discussões violentas dos pais, e as tentativas da mãe, furiosa, de voltar ao Nebraska de carona – sem Dorothy ou os filhos mais novos, Gerald, Barbara e Mildred. Enquanto Dorothy cuidava das crianças, Cecil ia buscar a esposa de carro e a trazia para casa. Os problemas conjugais do casal e as farras de Cecil ficaram conhecidos na cidade, para a vergonha de Dorothy, que jurou ter um casamento harmonioso e nunca dar motivo para as fofocas de cidade pequena.

Um dos refúgios que procurou foi a música. Havia começado a cantar na igreja ainda criança, e consta que tinha uma voz bonita. Em Amarillo, entrou para o clube lírico de sua escola e tomou parte em operetas. O jornal *Amarillo Globe-News* deu-lhe destaque em uma resenha da opereta *Once in a Blue Moon*: "Dorothy East, como a Dama da Lua, mereceu os elogios que choveram de todos os lados durante sua interpretação e depois dela. Sua desenvoltura foi excelente e notável". Dorothy cantava em casamentos, eventos do Lions Club e produções musicais locais. "Eu sempre conseguia o papel principal", contou a seus filhos depois. "Meus pulmões eram muito bons e minha afinação era perfeita. Naquele auditório grande,

[eu] conseguia alcançar notas agudas e notas graves [que chegavam até] a última fileira. Mas isso não afetou em nada meu ego. Eu não achava que era a melhor da cidade, nem nada do tipo." Ainda assim, era seu desejo cantar profissionalmente. O pai encorajava suas atividades musicais, ao contrário da mãe, que perdera boa parte da audição devido a uma doença quando criança.

Depois de uma apresentação no Lions Club, em 1931, o jornal local observou que "a julgar pelos aplausos, ela é um sucesso", com Dorothy "sendo aclamada como uma segunda Marion Talley" – a soprano coloratura que saiu de Kansas City, Missouri, ainda adolescente para integrar a Metropolitan Opera de Nova York. Um dia, contou Dorothy, "um produtor de Nova York me puxou de lado e disse: 'Se quiser ir para Nova York, posso colocar você em um espetáculo sem dificuldade alguma'". Mas Laura East desencorajou a filha, aconselhando-a, de acordo com Dorothy, a fazer uma "faculdade de administração, pois você pode adquirir alguns conhecimentos [...] de que precisa para ganhar a vida". O caçador de talentos admitiu que o ramo dos espetáculos era duro e que não era "seu tipo de gente".

A ideia de ir para Nova York despertava o medo que Dorothy tinha de dar continuidade ao ciclo caótico da vida dos pais: seria uma vida itinerante e sem segurança, e talvez até lhe trouxesse má fama. Dorothy queria uma situação sobre a qual pudesse ter mais controle. Usando seu talento vocal de forma mais tradicional e responsável, ela obteve uma bolsa de estudos em música na Universidade Cristã do Texas, como recomendado pelo pastor de sua igreja.

No primeiro ano da faculdade, ela voltou para casa no feriado de Natal, e foi quando conheceu Seth. Este era filho de Seeb Joplin, gerente de estoque, antigo vaqueiro e xerife, criado em uma fazenda de gado do Texas Ocidental, o mais velho de onze irmãos. O avô de Seeb, Benjamin Jopling, ajudou a construir o forte Worth original da Cavalaria dos Estados Unidos, um dos postos avançados construídos depois da Guerra Mexicano-Americana. A mãe de Seth, Florence Porter Joplin, tinha uma pensão nos arredores de Amarillo. Nascida no Texas, como seu marido Seeb, Florence era a mais nova de treze irmãos, cujo pai, Robert Porter, tinha sido encarregado de compras para os confederados. Seeb e Florence tiveram primeiro uma filha, Margaret, seguida por Seth Ward Joplin, que nasceu em

19 de maio de 1910. Margaret estudou em um internato, e Seth morava sozinho em uma cabana de um só cômodo, atrás da pensão, afastado da grosseria dos hóspedes. Um garoto solitário, levou uma vida austera, mergulhado nos livros. Estudou por dois anos na Texas A&M College e então pediu transferência para a Universidade do Alabama, a fim de estudar engenharia mecânica. Com pouco dinheiro e sem ajuda do pai, que aos 13 anos largara a escola, Seth desistiu da faculdade quando faltavam poucos créditos para formar-se e voltou para Amarillo. Quando Dorothy o conheceu, ele morava na pensão com os pais e era frentista em um posto de gasolina.

Seth e Dorothy formavam um casal interessante: ele, um jovem bonito de olhos azuis profundos e pensativos; ela, uma atraente e alegre universitária de olhos verdes. E, no entanto, eram ao mesmo tempo o oposto um do outro: ele era introvertido e calado, um aspirante a intelectual que preferia noitadas tranquilas discutindo literatura e filosofia; ela, uma "melindrosa" expansiva, que adorava tocar piano, cantar e dançar a noite toda. Dorothy professava as crenças cristãs da mãe; Seth era ateu declarado. Nos bons momentos, parecia que complementavam um ao outro; nos maus, que talvez estivessem destinados à discórdia. Tinham em comum a paixão pela música, o desejo de uma vida melhor, uma feroz obstinação e o estoicismo. Todas essas qualidades seriam transmitidas à filha, salvo o estoicismo.

Quando Dorothy retornou à universidade, o casal passou a comunicar-se por cartas. Na intimidade da correspondência, Seth expressou o desejo de conhecer o eu interior da namorada, um gesto incomum para um homem daquela época e daquele lugar. Dorothy recordou-se com certa surpresa: "Uma vez, ele me escreveu: 'Não me conte o que está fazendo; conte o que está pensando'. Isso me desconcertou, porque a única troca de cartas que mantivera antes tinha sido com meus pais, que com certeza *queriam* saber o que eu andava fazendo". Esse interesse pela vida da mente, bem como o talento para expressar-se por meio da correspondência e da linguagem escrita, também aflorariam em sua filha mais velha.

Depois das férias de verão em 1933, Dorothy optou por não voltar à faculdade. Quem sabe ainda com esperanças de ter uma carreira artística, ela trabalhou na estação de rádio KGNC, mas logo foi demitida por, sem querer, praguejar no ar *"Não consigo entender essa maldita coisa"*. Ela se deu bem, porém, em uma loja da Montgomery Ward, onde graças a seu jeito para os negócios foi promovida de ajudante temporária de verão para chefe do departamento de crédito. Sempre arrumada e na moda, apesar do orçamento apertado, ela mesma desenhava e costurava seus vestidos chamativos e enfeitava os cabelos escuros e curtos com vistosos chapéus. Dorothy punha toda a sua criatividade na costura, um passatempo e um talento ao qual se dedicou por toda a vida.

Embora Seth não gostasse de sair à noite para dançar, gostava de beber, e de vez em quando fumava maconha, cujo consumo foi considerado legal no Texas até 1937. Durante a Lei Seca, aprendeu sozinho a fazer cerveja e outras bebidas caseiras, que às vezes partilhava com o sogro, Cecil, para desgosto de Laura, sua sogra abstêmia. Quanto aos vícios de Dorothy, ela começou a fumar em um momento no qual a propaganda vendia o cigarro às mulheres como a "tocha da liberdade".

Em 1935, a cidade de Amarillo encontrava-se no coração do Dust Bowl[3] das planícies do noroeste do Texas, com uma taxa de desemprego na casa dos vinte e cinco por cento. Um amigo da faculdade avisou Seth que a Texas Company (que depois viria a chamar-se Texaco) estava contratando em Port Arthur, no extremo sudeste do estado. A cidade subtropical localizada na Costa do Golfo abrigava o maior sistema de refino de petróleo do mundo, um extenso complexo repleto de chaminés que lançavam no ar furiosas plumas químicas. Para a cidade, essa florescente indústria fazia parecer que a Grande Depressão sequer existia. Assim, Seth fez as malas com seus poucos pertences e dirigiu quase 1.200 quilômetros até Port Arthur, onde detestou a umidade, os mosquitos e a poluição da refinaria. Mas seu amigo estava certo: a cidade em expansão e seu maior empregador, a Texas Company, ofereciam a um homem como Seth a chance de ter um emprego decente e em ambiente fechado. Ele, na verdade, iria sair-se melhor do que os pais. Impressionados com seu intelecto e seu domínio da engenharia, a Texas Company contratou-o como gerente, para supervisionar a produção de recipientes de metal usados no transporte

---

[3] O Dust Bowl ("tigela de poeira") foi um período de severas tempestades de areia causadas pelo mau uso e pela degradação do solo nas planícies estadunidenses. Tal desastre ambiental durou de 1934 a 1940, afetou cidades de cinco estados, expulsou 3,5 milhões de pessoas da região e agravou a Grande Depressão. [N.T.]

marítimo de petróleo para todo o mundo. Não há indícios de que Seth tivesse particular prazer com seu trabalho ou que este lhe desse grande satisfação, mas com certeza ele reconhecia a segurança que um cargo gerencial representava para alguém com seu histórico. E ele se sentiu valorizado, em especial durante a Segunda Guerra Mundial, quando recebeu três adiamentos de convocação em razão de sua capacidade técnica como funcionário do único fabricante dos Estados Unidos de recipientes para o transporte marítimo de petróleo. Ele trabalharia na Texaco pelos quarenta anos seguintes.

―――――

"Port Arthur é cem por cento petróleo", foi assim que um livro de geologia de 1932 descreveu uma das três cidades que formavam o Triângulo de Ouro; um canal artificial ligava Port Arthur a Beaumont (rodeada por campos de petróleo) e Orange (sede da Consolidated Steel). Em 10 de janeiro de 1901, o petróleo foi encontrado pela primeira vez em Spindletop, 6 quilômetros ao sul de Beaumont e cerca de 25 quilômetros ao norte de Port Arthur. O lendário poço de petróleo "começou com um rugido, sacudindo o chão sob a torre de perfuração, cuspindo para fora da terra primeiro lama, depois pedras e então seis toneladas de tubos de quatro polegadas, que foram lançados no ar como se fossem canudos de refresco", de acordo com o historiador texano Lonn Taylor. "A seguir, uma pluma de petróleo de 45 metros de altura irrompeu e jorrou 100 mil barris de petróleo por dia antes que pudesse ser controlada. Spindletop marcou o início da moderna indústria de petróleo. O Texas e o mundo jamais seriam os mesmos.

Na verdade, as origens de Port Arthur antecedem a descoberta de petróleo. Cinco anos antes, a cidade havia sido fundada e batizada pelo visionário e empreendedor magnata ferroviário Arthur Stilwell, que construiu a cidade à beira de sua recém-construída ferrovia que se originava em Kansas City. Distando cerca de 150 quilômetros de Houston e 30 quilômetros da Louisiana, Port Arthur situava-se às margens do lago Sabine. O excêntrico Stilwell escreveu mais tarde que seus "palpites" na escolha da localização da cidade vieram de místicos "duendes" ou "espíritos conselheiros", que lhe sussurravam durante o sono. Em 1898, Stilwell financiou a difícil conclusão do canal de 11 quilômetros que ligou Port Arthur ao

Golfo do México, e que foi inspirado no Canal de Suez, no Egito. Ele construiu um elevador de grãos e um porto, e o produto trazido por trem desde o Meio-Oeste era transportado para a Europa por um navio inglês.

No ano seguinte, porém, a Kansas City, Pittsburg and Gulf Railroad Company, de Stilwell, foi à falência, e o desenvolvimento de Port Arthur passou para John W. Gates, um astuto empresário da "Era Dourada"[4] que primeiro ajudou a financiar Stilwell e depois o expulsou da sociedade. Gates era um magnata do arame farpado cujo império depois seria comprado pela U.S. Steel, e seu apelido era "Aposto Um Milhão", por conta de um prodigioso hábito no jogo. Suas apostas que valeram a pena incluíram o financiamento de inúmeros poços de petróleo na região de Spindletop, a fundação da Texas Company e a aquisição da Port Arthur Canal and Dock Company. Ele construiu uma grande refinaria e edifícios públicos, incluindo o Hospital St. Mary e o Port Arthur College. Gates continuou como o principal benfeitor da cidade até sua morte, em 1911.

Quando Seth chegou, quase vinte e cinco anos depois, Port Arthur fervilhava com refinarias de petróleo, indústrias químicas e estaleiros, com o canal e o porto ativamente embarcando petróleo. Devido ao afluxo de trabalhadores para a refinaria, a população aumentara para 51 mil pessoas, originárias de outras partes do estado e da Louisiana; entre elas havia acadianos de fala francesa, ou *cajuns*,[5] bem como afrodescendentes e latinos. De 1930 a 1935, os campos petrolíferos do Texas Oriental "criaram as grandes fortunas familiares do estado", relatou Bryan Burrough em sua história do petróleo texano, *The Big Rich*. Na época em que Seth foi contratado, a Texas Company ("a mais impetuosa e agressiva das companhias") havia "redirecionado suas operações, reduzindo a ênfase na exploração em favor do refino e da comercialização".

---

[4] Nos Estados Unidos, período que se estendeu mais ou menos de 1870 a 1900, caracterizado por um rápido crescimento econômico, grande concentração de renda e um aumento da pobreza e da desigualdade. [N.T.]

[5] Os acadianos são um grupo étnico originário do leste do Canadá, descendente de colonizadores franceses, que por razões religiosas foi forçado a migrar, inclusive para a Louisiana, onde deram origem aos *cajuns* [N.T.]

Assim que assinou contrato, Seth chamou Dorothy para Port Arthur; ela de imediato conseguiu emprego no departamento de crédito da Sears-Roebuck. O plano do jovem casal de estabelecer-se, formar família e ascender para a classe média estava em andamento. Em 20 de outubro de 1936, Seth, com 26 anos, e Dorothy, com 23, casaram-se sem que nenhum parente tivesse ido para a cerimônia. Nas noites de folga, os recém-casados divertiam-se nos animados bares ao longo da Highway 90, do outro lado do rio Sabine, em Vinton, Louisiana. Anos mais tarde, Dorothy recordou ter dançado em cima das mesas dos mesmos clubes onde sua filha adolescente iria armar confusões.

Os Joplin passaram os primeiros sete anos de casados diligentemente guardando dinheiro para o futuro. Um dia de junho, seis meses após o ataque surpresa dos japoneses a Pearl Harbor, que lançou os Estados Unidos na Segunda Guerra Mundial, Seth chegou em casa depois do trabalho e disse à esposa: "Vamos fazer algo para a posteridade", contou Dorothy. Em 19 de janeiro de 1943, trinta e sete semanas mais tarde, Janis Lyn Joplin nasceu às nove e meia da manhã, no Hospital St. Mary. Nascida vinte e um dias adiantada, ela media 46 centímetros e pesava apenas 2,4 quilos, mas era saudável.

Depois do nascimento, ao qual não estivera presente, Seth, então um profissional de 32 anos, datilografou para a esposa de 29 anos um memorando de humor seco. "Desejo apresentar meus cumprimentos pelo aniversário do preenchimento bem-sucedido de sua cota de produção para o período de nove meses, completado em 19 de janeiro de 1943. Estou ciente de que passou por um período de inflação inédito para si e, a despeito disso, conseguiu atingir sua meta, por meio de supremo esforço, nas primeiras horas de 19 de janeiro, três semanas antes do prazo."

Os pais novatos adoravam seu bebê, e cada uma de suas conquistas era documentada pela câmera de Seth. Janis seria o centro do mundo deles – destaque pelo qual ela sempre ansiaria – pelos seis anos seguintes, até a chegada da segunda filha. Apesar de sua natureza tímida e sua perspectiva sombria da vida, Seth trataria sua primogênita como o filho que desejara. Dorothy, que ansiava para a filha a vida perfeita e respeitável que nunca tivera na infância, devotou-se à maternidade em período integral. Ela planejava oferecer à filha todas as oportunidades para que se tornasse um sucesso. E o temperamento tranquilo da Janis bebê ajudou a inspirar nos pais a fé de que conseguiriam.

"Ela nunca foi rabugenta, nem mal-humorada ou criadora de caso", Dorothy recordou. Janis começou a engatinhar com seis meses e ficou em pé com menos de 1 ano. Os olhos azuis dela se iluminavam quando o pai chegava do trabalho; quando aprendeu a andar, deu início ao ritual de ir esperá-lo na porta. Depois do jantar, Seth acomodava-se em sua poltrona para ler algum livro e escutar Bach e Beethoven, e seus olhos às vezes se emocionavam com a beleza de tudo aquilo. Ele era muito diferente da maioria dos pais de Port Arthur.

Janis considerava o pai "um intelectual secreto", diria ela mais tarde, descrevendo-o como "um leitor de livros, um bom conversador, um pensador. Ele foi muito importante para mim, porque me fazia pensar. Ele é o motivo pelo qual sou como sou". A faceta independente de Janis certamente veio de Seth, mas ela também era parecida com Dorothy, embora raramente o admitisse, tendo adquirido o fascínio de Dorothy pela moda, seu desejo intenso por controle e, é claro, uma voz musical poderosa que fornecia um meio de escapar a uma vida convencional e limitada. Embora Dorothy tivesse aberto mão desse caminho, Janis não o faria.

Cerca de quatro anos antes, em 1939, os Joplin haviam dado um passo importante rumo a sua meta de uma vida de classe média. Eles trocaram o aluguel na rua Seis, no centro, por seu primeiro lar: uma casa maior, feita de tijolos, com dois dormitórios, no número 4048 da rua Procter (a principal via de Port Arthur), com espaço suficiente para que a mãe e a irmã mais nova de Dorothy, Mildred, viessem morar com eles. Os East por fim haviam se divorciado, e Cecil mudara-se para Kansas City, cortando toda a comunicação com os filhos. "Se eu pudesse escolher com qual de meus pais manteria contato, teria sido com ele", Dorothy diria mais tarde sobre seu pai irresponsável. "Mas [...] ele se afastou de todos nós, física e emocionalmente." Laura e Mildred East moraram com os Joplin por sete anos, até os 3 anos de Janis e o fim da guerra.

Ainda devotada à fé de sua mãe, Dorothy passou a frequentar a Primeira Igreja Cristã evangélica, mesma denominação que frequentavam em Nebraska. Quanto a Seth, ele "não havia crescido em uma família religiosa". Dorothy disse: "Aquele homem nunca teve fé alguma durante a vida". O filho mais novo dos Joplin, Michael, contou lembrar-se de "Mamãe perguntando a papai se ele queria ir à igreja. Ele sempre respondeu que não. Uma vez perguntei-lhe por que, e o ponto principal era que ele não acreditava em Deus. Ele acreditava na espiritualidade, mas não [na religião] organizada. Ele não gostava da pregação". Seth ficava em casa todos os domingos, enquanto Dorothy e Janis – e depois as demais crianças, Laura e Michael – iam ao culto. Assim como fazia com suas paixões por música clássica e literatura, Seth não expressava abertamente seu ateísmo fora do lar. Ser um ateu declarado era arriscar-se a um julgamento severo, e mesmo à vergonha, por parte da comunidade profundamente devota de Port Arthur. Apenas os mais próximos a Seth sabiam de suas convicções, aceitavam-nas e até mesmo as admiravam. Entre esse pequeno grupo estava sua filha mais velha, Janis.

Não obstante, por insistência de Dorothy, quando Janis tinha 10 anos, foi batizada por imersão na Primeira Igreja Cristã, na rua Procter; ela frequentaria essa igreja durante todo o ensino médio (trinta anos depois, uma pintura por números, *Jesus orando no Getsêmani*, feita por Janis, seria descoberta em um armário da igreja). Como a mãe, Janis começou a cantar em público no coro da igreja, e Dorothy lhe deu aulas na escola dominical. Seth não se opôs a nada disso. A dicotomia entre as crenças dos pais e seu respeito mútuo tornou-se o normal de Janis Joplin quando pequena.

Na infância, Janis exibia a curiosidade incansável do pai. "Ela ficava curiosa com tudo, o tempo todo", de acordo com Dorothy, e, "se fazia uma pergunta, eu lhe dava uma resposta direta, mesmo que fosse embaraçosa. Ela provavelmente era hiperativa, embora eu não soubesse disso. Eu achava que ela apenas tinha um interesse intenso pelo que estava fazendo. Eu não sabia que aquilo era algo que você [poderia] tentar controlar." No verso de uma foto tirada em uma visita à família de Seth em Amarillo, onde a irrequieta Janis tinha total liberdade, Dorothy escreveu que Janis reclamara aos pais: "Agora vamos voltar para casa e vou ter que me comportar". Em Port Arthur, as aparências importavam: Dorothy, cada vez mais preocupada com *status*, queria uma filha educada e típica da classe média. Ela vestia a pequena Janis com macacõezinhos e vestidos com babados, feitos em casa, às vezes com luvas e chapéu, e bem mais tarde iria ensinar-lhe a usar com perícia agulha e linha.

Janis partilhava o amor dos pais pela música. Dorothy comprou um piano vertical de segunda mão e começou a ensiná-la, aos 4 anos, a tocar e cantar. Seth tinha orgulho do talento da esposa e, no início, encorajou os esforços da filha. "Ela começou a ter aulas de piano para aprender escalas e tons", recordou Dorothy. "Consegui alguns livros maravilhosos de músicas infantis para que ela pudesse aprender a cantar e eu conseguisse tocar a nota fundamental no piano, para que ela pegasse o tom. Usando minha própria experiência musical, eu podia ajudá-la com o tom e produzir o som de uma vogal ou consoante corretamente. Ela aprendeu músicas folk e começou a cantá-las à noite, quando ia para a cama. Era absolutamente adorável." Dorothy anotou em uma foto de Janis: *"adormece ninando a si mesma"*.

Os sonhos dos Joplin de segurança econômica pareciam estar se tornando realidade, quando Dorothy sofreu um duro golpe. Com pouco mais de 30 anos, foi diagnosticada com um tumor benigno na glândula tireoide. Durante a cirurgia, o médico causou um dano irreparável a suas cordas vocais – e destruiu sua voz musical. Logo em seguida, Seth, um homem calado e distante, com dificuldade para expressar seus sentimentos, exigiu que ela se desfizesse do piano. Ele afirmou que Janis "martelando o teclado" agora lhe dava nos nervos. "O dia dele no escritório era difícil, e dá para imaginar como aquelas escalas o incomodavam", Dorothy tentou explicar. "Ele disse: 'Não podemos manter o piano'. Não criamos caso e nem discutimos sobre aquilo. Quando um de nós tinha uma opinião veemente sobre algo, o outro a acatava. Assim, livrei-me do piano. Isso partiu meu coração."

Talvez devido à ansiedade pela hospitalização da mãe, seguida pela perda da música na casa, Janis desenvolveu sonambulismo. Certa noite, Dorothy encontrou-a do lado de fora, na calçada, parecendo procurar algo. Quando ela perguntou "Aonde você está indo?", Janis ficou repetindo, sem parar, "Quero ir para casa".

Nos meses seguintes, Dorothy sofreu dois abortos espontâneos antes de dar à luz sua segunda filha, Laurel Lee "Laura" Joplin, em 15 de março de 1949. Sofrendo de cólicas constantes, Laura chorava o tempo todo, exigindo muito da atenção da mãe. Janis, com 6 anos, aprendeu a virar-se sozinha, ou ia atrás do pai, que parecia reconhecer a si mesmo na filha e, por algum tempo, aceitou de bom grado a companhia dela. Como se fosse um filho homem, ela o acompanhava à barbearia, onde, depois de cortar o cabelo de Seth, o barbeiro aparava a franja dela.

Mais tarde, naquele mesmo ano, a família decidiu mudar-se para um bairro melhor: "A mulher que morava à esquerda de nossa casa tinha sido casada com um marinheiro", recordou Dorothy. "Acho que ela não conhecia nenhuma palavra normal da língua inglesa. Ela falava palavrões piores do que qualquer um que eu tenha ouvido na vida! Eu não queria criar [meus filhos] aprendendo aquele tipo de linguajar." Os Joplin deram o passo seguinte na escada social e compraram uma casa maior em Griffing Park, um novo bairro residencial situado logo além dos limites da cidade. Haviam conseguido chegar à versão de Port Arthur dos subúrbios.

A casa branca de madeira localizada no número 3130 da Lombardy Drive, modesta pelos padrões de hoje, exibia um terreno generoso, onde Janis brincava. Seth cuidava do jardim e Dorothy fazia tortas com as nozes-pecãs colhidas em suas árvores. Janis imediatamente encontrou amigos entre as numerosas crianças da vizinhança, com quem se divertia nos brinquedos de playground construídos por Seth, e encenava peças de fantoches em um teatro também feito por ele. Desde a infância, os pais fotografavam Janis com frequência, e agora tiravam fotos das duas irmãs usando roupas idênticas, feitas por Dorothy.

Janis passava os sábados com o pai, visitando a biblioteca pública Gates Memorial, um edifício imponente, em estilo neogrego – o equivalente a uma igreja para Seth. Janis disse, orgulhosa, "Em nossa casa, você tirava a carteirinha da biblioteca assim que aprendia a escrever seu nome". Como o pai, ela aprendeu a valorizar os livros, e demonstrou uma facilidade precoce para a leitura, reconhecida logo depois que ela ingressou no primeiro ano da Tyrrell Elementary School, próximo a sua casa, no outono de 1949. Os pais fizeram tudo que podiam para preparar sua primogênita para tornar-se uma aluna popular, com elevado desempenho, no bem financiado sistema escolar de Port Arthur.

Capítulo 2

Moleca

Quase caí da cadeira, de tão emocionada que fiquei!
— Janis Joplin

Sendo uma criança intuitiva, Janis pressentiu que Seth Joplin queria um filho e certamente sabia que seu comportamento de moleque ao divertir-se com os amigos agradava a ele. A profunda conexão com o pai, que teve início com o costume de ir recebê-lo à porta todo dia quando ele chegava do trabalho, continuou até o nascimento do terceiro filho dos Joplin, Michael, o único menino. Janis sentiu essa perda de intimidade de forma aguda, visceral, e tal fato alimentou tanto a carência, que persistiu por toda a sua vida, quanto sua imaginação.

Socialmente, Dorothy esperava que Janis seguisse seu modelo. Ela organizou um grupo de Blue Birds, semelhante ao movimento das Bandeirantes, que se reunia regularmente na casa dos Joplin, onde Janis "era sociável e fazia as pessoas sentirem-se acolhidas", recordou Dorothy. Ela buscava o tempo todo a aprovação da mãe e sempre exigia mais atenção do que os dois irmãos, disse Dorothy.

Janis demonstrou tanta facilidade para aprender e adaptou-se tão bem à escola, que a professora passou-a do primeiro para o segundo ano no meio do ano letivo. Então, com 7 anos, ela foi adiantada para o terceiro ano no outono de 1950. O adiantamento resultou em um problema social; Janis era dezoito meses mais nova que alguns dos colegas de classe e menor que a maioria de seus amigos. Seu tamanho diminuto não a impedia de agir de igual para igual com as crianças com quem brincava, mais velhas e maiores, e estas às vezes esqueciam-se de que ela era muito mais nova.

"Ela gostava dos aspectos físicos da brincadeira", contou Roger Pryor, dois anos mais velho e vizinho de fundos da família Joplin. "Ela gostava de jogar com os meninos, esportes masculinos, beisebol. Não era tímida e sabia discutir. Ela costumava começar as brincadeiras: '*Vamos fazer isto! Vamos jogar este jogo!*'. Era teimosa, mas as pessoas gostavam dela."

Dos 10 aos 11 anos, Janis ainda era uma moleca sem malícia, espontânea, e não tinha problemas em sair sem blusa como os garotos da vizinhança durante os longos verões quentes e úmidos de Port Arthur. "Ela brincou fora de casa sem blusa até o sétimo ano", recordou-se Pryor. "A maturidade física demorou para ela. Ninguém nunca comentou nada sobre isso, mas era um comportamento estranho para uma menina."

Algumas crianças consideravam Roger um valentão, mas Janis era destemida e sempre o enfrentava. Ela até o desafiava para lutas. "Eu me sentia pouco à vontade lutando contra uma garota", disse Pryor, "e ali estava Janis, querendo lutar. Meus pais sempre me disseram: 'nunca brigue com uma garota'. Ela vinha atrás de mim. Se te pegava, ela sentava em cima de você. Eu me lembro dela sentada em cima de mim, sorrindo. Janis ria como um vencedor triunfante."

Janis talvez esmurrasse Roger por estar interessada nele. E talvez, também, uma parte dela estivesse com ciúme da amizade que ele desenvolvera com o pai dela. Seth "realmente gostava de mim", recordou Pryor. "Ele me tratava como filho. Conversava comigo, passava tempo comigo, fazia coisas como estilingues." O pai também encorajava a rebeldia de Janis e sequer pensava em incentivá-la a ficar dentro de casa e brincar com bonecas. Ele construiu pernas de pau e uma gangorra gigante para Roger e Janis.

Sua construção mais perigosa foi o "*giant stride*", ou sete-léguas, uma espécie de balanço com argolas na ponta de cordas presas ao alto de um poste. Agarrando uma argola, as crianças corriam em círculos até que "levantavam voo", as pernas como asas acima do solo. Janis teve seu primeiro gostinho de consciência alterada planando no ar, agarrada à argola como se sua vida dependesse daquilo. Pryor, que com frequência empurrava as crianças mais tímidas, recordou: "Dávamos tanto impulso nas crianças, que elas ficavam quase retas a partir do poste, berrando para parar, e sabíamos que não iam conseguir aguentar, e elas saíam voando. Fazíamos coisas para machucar as pessoas – não por maldade, mas como uma espécie de concurso para ver se você era durão. Conheço várias pessoas que quebraram o braço naquele sete-léguas". Janis era durona e nunca se machucou no brinquedo, mas depois Seth o desmontou. Quando ela finalmente quebrou o braço, foi por ter caído de uma árvore.

O amigo mais próximo de Seth era Don Bowen, outro sujeito introvertido que trabalhava na Gulf Oil, e cuja filha Kristin – "uma menina muito bonita, calada e ultrafeminina", de acordo com Pryor – era quase um ano mais velha que Janis, mas estava na mesma classe. Don era "o único outro intelectual na cidade", de acordo com Janis. Ele e Seth "se aproximaram desesperadamente, e ambos apreciavam o fato de que o outro existisse". Os Bowen e os Joplin atravessavam toda a cidade e visitavam-se ao menos uma vez por mês, para jantar, jogar bridge e, mais importante, falar livremente, de um modo que era impossível no atraso cultural de Port Arthur. "Quando íamos à casa dos Joplin", recordou Kristin Bowen, Seth e Don "gostavam de ouvir música clássica e discutir livros e às vezes política. Quando traziam a mesa de bridge, mandavam-nos ir brincar lá fora. Sempre havia algo novo para brincar: um pula-pula ou pernas de pau. Íamos para o quintal e subíamos em árvores. Janis tentava muitas coisas que os garotos costumavam fazer. Eu notava que, embora fosse uma criança pequena, ela queria mandar em nós."

Janis foi ficando cada vez mais desafiadora, testando os pais bem antes da adolescência. Quando tentavam controlá-la, ela reagia sem se preocupar com as consequências. Com 8 anos, ela ainda chupava o polegar e, para acabar com esse hábito, Seth a proibiu de ouvir rádio até que não pusesse mais o dedo na boca. Em resposta, Janis teve um tremendo acesso de raiva – berrando, chutando e arfando. Ainda assim, nem a atenção negativa que recebia em tais episódios conseguia dissuadi-la de sua obstinação. Para Janis, a quantidade de atenção era mais importante do que a qualidade.

Sem ar-condicionado na casa, as janelas ficavam abertas, e o som percorria com facilidade a distância de uma casa a outra. Pryor recordou-se de ouvir Janis brigando com os pais: "Dava para ouvir a discussão, a gritaria na casa. Tipo, 'Vá fazer isso em seu quarto, e 'Não, não vou! Me obriga!'. Ela não queria ser uma criança obediente. Ela desobedecia [...], [Seth ou Dorothy] chamavam-na para dentro e eram oito ou nove da noite. Janis respondia: 'Não vou entrar. Vou brincar enquanto os outros estiverem brincando'".

Um choque de vontades em particular pesou na consciência de Seth Joplin durante décadas. Certo dia, ele e Janis estavam no quintal jogando dominó e, quando a noite caiu, os pernilongos começaram a atacar. Eles correram para a casa, mas Janis por acidente derrubou a caixa das peças de dominó, que se espalharam. Ele recordou: "Disse a ela que teria que recolhê-las antes de entrar", mas ela recusou-se. "Provavelmente foi bobagem de minha parte, mas insisti. Ela e eu ficamos do lado de fora, lutando contra os pernilongos, e ela chorou por uns bons trinta minutos antes de finalmente recolher tudo. Acho que esse incidente pode ter tido algo a ver com sua vida mais tarde [...], porque ela foi forçada a juntar aquelas peças. [Quando] era forçada a fazer algo que não queria, ela fazia coisas fora do comum – contra a norma."

No ensino médio, essa característica tornaria Janis *persona non grata* entre os colegas. Mas sendo uma criança, tal comportamento ajudava a manter a atenção do pai centrada nela. Raramente Janis era ignorada. Teria sido a pior punição possível.

À medida que se tornou mais obstinada, Janis também desenvolveu uma forma de acalmar-se. Quando estava no terceiro ano, ela começou a pintar e desenhar, demonstrando um talento real. Colocar imagens no papel ou na tela parecia tranquilizá-la. Os professores e os pais logo reconheceram seus dons. Ela reagiu com mais rendimento e dedicação. "Janis adorava desenhar cavalos", contou Pryor. "Ela me disse mais de uma vez que cavalos eram realmente difíceis de desenhar [...] Quando estava no ensino fundamental, ela já sabia que queria ser artista. Você via obras artísticas cobrindo as paredes do quarto dela."

"A coordenação dela era excelente", de acordo com Dorothy. "Você só precisava mostrar a ela uma vez, e ela era capaz de fazer. De imediato, arranjei para ela uma professora, que na hora colocou-a para pintar. Ela não queria aquarela, queria tinta a óleo." Sempre pais complacentes, possivelmente na esperança de que a filha se tornasse mais obediente, Seth e

Dorothy compraram-lhe um cavalete, tintas e pincéis. Mais tarde em sua vida, Janis iria minimizar, ou mesmo negar a natureza devotada dos pais – a clara aprovação e o incentivo a seus talentos precoces. Seu mito da criança perpetuamente incompreendida forneceu aos jornalistas um gancho ao escreverem o perfil dela, mas não era verdade.

Kristin Bowen, assim como Janis, teve aulas de arte na casa de uma mulher nas manhãs de sábado. Logo as duas meninas competiam como artistas. "Não era uma competição feroz, mas era algo do tipo", refletiu Bowen. "Não estávamos tentando fazer a mesma coisa, mas estávamos no mesmo rumo. Nossos pais tentavam fazer com que desenvolvêssemos habilidades." Dorothy, em particular, pressionava Janis a dar duro e a destacar-se como alguém especial.

Quando Janis tinha 10 anos e estava terminando o quinto ano do fundamental, Dorothy deu à luz Michael Ross Joplin, em 25 de maio de 1953, uma semana depois de Seth fazer 43 anos. Pryor recordou que Seth estava eufórico: "Quando Mike nasceu, foi como se ele tivesse ganhado na loteria. Ele gostou de verdade de ter tido um filho".

Durante a gravidez de Dorothy, Janis havia intensificado seu mau comportamento na escola. Muitos anos antes, a professora do jardim da infância havia mencionado a recusa de Janis em "ficar quieta". Agora a professora do quinto ano observava que ela deixava a desejar em áreas como "ouve e segue instruções, faz bom uso do tempo e pratica um bom espírito esportivo". Ao mesmo tempo, essa professora confirmou que Janis era "muito talentosa" em artes. Com tal admiração por parte da professora, dos pais, de amigos como Pryor e a rival amigável Kristin Bowen, Janis investiu mais e mais tempo no desenho e na pintura – com frequência em prejuízo do dever de casa e de outros trabalhos escolares; os comentários de "precisa melhorar" no boletim não fizeram com que ela mudasse de atitude. Essa crítica a seu comportamento pode ter fortalecido sua motivação.

Nos sábados, enquanto Dorothy ficava em casa com o bebê, Seth continuou a levar Janis, e agora também Laura, então com 4 anos, à biblioteca Gates Memorial. Estudioso de história e filosofia, Seth supervisionava a seleção de livros da precoce Janis, que incluía numerosas histórias ilustradas da arte e a série do Mágico de Oz, de L. Frank Baum. Ela usou ambos como inspiração – e daí a poucos anos, a vida de Janis faria um paralelo com a vida da heroína de Baum, Dorothy, que foi transportada de seu mundo preto e branco para uma espécie de Oz psicodélico, com seus próprios companheiros fora do comum.

No outono de 1954, ao começar o sétimo ano, Janis foi transferida para a escola Woodrow Wilson Junior High School, um imponente prédio de tijolos próximo à biblioteca Gates Memorial. A transição da escola fundamental, à qual podia ir a pé a partir de casa, para a nova foi bastante traumática. Com 11 anos e aparência de garoto, Janis inicialmente tomava o ônibus da escola, onde as crianças mais velhas zombavam dela. Embora as provocações fossem leves perto do que ela ainda teria que suportar no ensino médio, por causa delas Janis chorava em casa. Dorothy rapidamente organizou um rodízio de caronas com os vizinhos para resolver o problema das viagens de ônibus.

A entrada de Janis na nova paisagem social da Woodrow Wilson foi um pouco facilitada pela música, bem como pela arte. Ela era, afinal de contas, a filha de Dorothy East, localmente aclamada como cantora quando criança. E Janis, em alguns aspectos, no princípio seguiu os passos da mãe. Ela cantava no coro da Primeira Igreja Cristã e havia desenvolvido uma voz cristalina de soprano. Imediatamente entrou para o coral de garotas da Woodrow Wilson, onde permaneceria por três anos. O coral tinha noventa integrantes, e ela começou a fazer amizades, incluindo Karleen Bennett, uma menina tímida de cabelos castanhos que usava óculos gatinho e tocava saxofone na banda da escola. Janis e Karleen eram ambas cínicas mirins e aproximaram-se devido a sua aversão em comum pelas aulas de educação física, sobretudo por terem que trocar de roupa na frente das colegas mais bem dotadas. O pai de Karleen era encanador e, coisa quase inédita em Port Arthur, convertera-se ao judaísmo ao casar-se com uma mulher judia. Para Janis, os pais de Karleen deviam parecer um pouco com seu próprio pai – *outsiders*, intrusos em um mundo de conformistas cristãos.

Enquanto isso, Dorothy incentivava a filha a vestir-se como suas colegas de classe e fazia as roupas que Janis usava para ir à escola, incluindo as saias rodadas usadas por cima de anáguas de crinolina, típicas da moda da época. Como a mãe, Janis era extrovertida e determinada a fazer as pessoas gostarem dela. À mesa de jantar, sua franqueza e seu charme eram recompensados com a atenção de Seth e mais incentivo a que tirasse suas próprias conclusões. Mas sua sociabilidade nem sempre caía bem com os professores. Eles a repreendiam por conversar na sala de aula, por sair de seu lugar com frequência e por não terminar o dever de casa. Ainda assim, ela mantinha uma média B, e sua excelência em artes rendeu-lhe um prêmio de Desempenho Extraordinário.

Janis comemorou seu aniversário de 12 anos, em 1955, com um jantar para alguns dos colegas de escola, incluindo Kristin Bowen, que agora a acompanhava a classes semanais de dança na Arthur Murray. Mas em vez de aprender o foxtrote ou o Lindy Hop, Janis queria dançar o novo tipo de música que havia ouvido no rádio: rock & roll, nome dado pelo DJ Alan Freed.

Naquele ano, o rock & roll estourou no país todo, com "Rock Around the Clock", de Bill Haley e Seus Cometas, ocupando o topo das paradas por três semanas. Em março, o filme *Sementes da Violência* – um drama sobre delinquência juvenil – tinha a música de Haley como tema de abertura, rendendo ao disco popularidade nacional; algumas plateias adolescentes entusiasmadas saíram de controle e destruíram as poltronas dos cinemas. Outros favoritos de Janis incluíam "Tutti-Frutti", de Little Richard, e "Ain't That a Shame", de Fats Domino; os discos de 45 rotações gravados em Nova Orleans conseguiam ir ao ar na estação de *rhythm and blues* de Beaumont. Elvis Presley, que havia começado sua carreira nas transmissões de *Louisiana Hayride*, na estação KWKH, da cidade de Shreveport, próximo a Port Arthur, fazia turnês constantes pelo Sul e apresentou-se no auditório da Woodrow Wilson Junior High, em 25 de novembro de 1955. Janis tinha 12 anos e não teve permissão para assistir ao show, mas o frenesi que cercou a apresentação deve ter chamado sua atenção. Ela começou a comprar os discos de Elvis e a vasculhar o dial do rádio para ouvir mais daquela música que parecia ter sido feita para ela.

Seth Joplin, detestando o que ele considerava a "mania" do rock & roll (como muitos de sua geração), não gostava de compartilhar sua vitrola com Janis, mas acabou cedendo e ocasionalmente permitia que a filha mais velha tocasse seus discos barulhentos. Com o tempo, ela acabou tendo em seu quarto sua própria vitrola portátil.

As visitas de Janis à biblioteca aos sábados com o pai agora incluíam Karleen Bennett e com frequência eram seguidas por uma ida à agência de correios, onde Seth mostrava às garotas os cartazes de "Procura-se". Janis e Karleen trocavam opiniões sobre quais foras da lei achavam mais atraentes. Na biblioteca, Seth continuou a supervisionar as seleções de leitura de Janis, enquanto Karleen escolhia o que bem entendia – quanto mais apimentado, melhor. Em casa, ela folheava os livros, marcando as partes picantes ou os palavrões para mostrar a Janis. As garotas ficaram obcecadas com os palavrões e chegaram a aprender a linguagem de sinais para poderem xingar sem ninguém perceber. Em 1956, o ardente *A Caldeira do Diabo*, de Grace Metalious, chamou a atenção delas, com o seguinte texto na quarta capa: "o grande *best-seller* sobre os Estados Unidos das cidades pequenas, que foi amaldiçoado e banido"; sua autora era descrita como "a jovem dona de casa que usava *jeans* e criou o romance mais polêmico dos Estados Unidos".

Também naquele ano, Janis assistiu a vários filmes sobre temas *"outsider"*, tais como o vício em drogas, rebeldia adolescente e sexo pré-marital: *O Homem do Braço de Ouro* (que rendeu a Frank Sinatra uma indicação ao Oscar pelo papel de um viciado), *Juventude Transviada* (que revelou James Dean) e *Férias de Amor*, de Josh Logan (com William Holden como um andarilho carismático). A ideia de Dorothy de divertimento sadio estava sendo usurpada, mas, ocupada demais com a criação dos dois irmãos mais novos de Janis, não podia fazer nada para impedir. Seu marido, enquanto isso, voltava a maior parte da atenção para o filho de 3 anos. Uns cinco anos antes, Seth abandonara as conversas diárias que tinha com Janis depois do trabalho, quando Dorothy o repreendeu por contar à filha histórias sobre sua produção de cerveja caseira na universidade. No momento perfeito, o rock & roll e os romances e os filmes de "moral questionável" apareceram para oferecer a Janis novos horizontes – uma espécie de subversão avalizada da qual ela podia se alimentar.

Naquele verão, Janis iniciaria sua jornada rumo à rebeldia total, ao oferecer-se como voluntária em um teatro local para jovens. Agora adolescentes, as amigas Karleen e Kristin começaram a sair com garotos, enquanto Janis, que não tinha as mesmas curvas nem o pescoço esguio delas, apenas assistia e ansiava pela atenção amorosa que elas inspiravam.

Participava do Little Theatre de Port Arthur um bonitão chamado Jim Langdon, um talentoso trombonista de cabelos escuros e topete. Langdon e sua turma, todos quase dois anos mais velhos que Janis e um ano à sua frente na escola, dominavam o teatro, fundado pela mãe de seu amigo Grant Lyons, que se estabelecera na cidade vinda do norte. Embora o afeto de Langdon vacilasse entre Karleen, Kristin e outras garotas, foi com Janis que ele criou uma ligação duradoura e próxima, mas platônica, baseada sobretudo em conversas e na música.

No Little Theatre, Janis, que já ganhava reconhecimento por seu trabalho artístico, passou a pintar os cenários. Para sua felicidade, convidaram-na para um pequeno papel na peça *Sunday Costs Five Pesos*, na qual usava uma blusa de camponesa com os ombros de fora que, junto com a maquiagem, fazia com que parecesse mais velha. Apesar do pouco tempo de convivência com Langdon, Lyons e companhia, ela admirava a sagacidade, o intelecto e a ousadia deles. Logo após terminarem o nono ano, em maio, Jim, Grant e sua turma subiram ao alto de uma torre de caixa-d'água, em Port Arthur, e picharam na lateral o *slogan* "Hi 9" – uma façanha que Janis invejou.

Em setembro, assim que começou o nono ano, Janis pôde ver pela primeira vez o rock & roll que vinha curtindo por discos e pelo rádio. Seus pais compraram um aparelho de televisão, ainda uma raridade e um símbolo de *status* em seu bairro. No dia 9, um domingo, Janis e a família sintonizaram na CBS para assistir à muito alardeada estreia de Elvis Presley no *The Ed Sullivan Show*. Sua apresentação histórica e sensual fascinou Janis: a apaixonada "Don't Be Cruel", a balada romântica "Love Me Tender", "Ready Teddy", de Little Richard, e a favorita dela, "Hound Dog". Janis ficou tão encantada com "Hound Dog" que de algum modo encontrou a versão original: um R&B que foi sucesso em 1953, pela gravadora Peacock, de Houston, na voz de Willie Mae "Big Mama" Thornton. Ainda é um mistério como foi que, numa cidade racialmente segregada como Port Arthur, uma garota branca de 13 anos descobriu o *single* de R&B, mas o fato é que ela o fez. A letra na versão de Presley refere-se a um cachorro de verdade que "nunca pegou um coelho". No original, em comparação, Big Mama grita furiosa com um gigolô. Janis levou o disco à casa dos Bennett para tocá-lo para Karleen e seu irmão mais novo Herman; ela preferia aquela versão à de Elvis, disse a eles. Pouco mais de uma década depois, Janis seria lançada à fama com "Ball and Chain", também de Big Mama Thornton.

Enquanto estava no nono ano, Janis teve seu primeiro namorado: Jack Smith, um colega de classe, alto e de cabelos escuros, que gostava de livros e de uma boa conversa, tal como o pai dela. "Nós nos aproximamos porque nós dois líamos muito", disse Smith, que recordou que Janis era "animada e feliz e inteligente". Quando Smith, com 14 anos, e Janis, com 13, ficaram juntos, a relação era casta. "Eu não fazia a menor ideia do que era sexo", contou Smith. Em vez de saírem de fininho para dar uns amassos, eles trabalhavam juntos, depois da aula, na revista literária da escola, *Driftwood*. Nos fins de semana, os encontros incluíam idas à igreja, parques de diversão e filmes sadios como *Os Dez Mandamentos*.

Smith não viu muito do lado rebelde dela. Ele recordou Janis como sendo "adorável e bonita e tudo o que uma garota de 13 anos deseja ser, a caminho de tornar-se uma típica garota de sororidade". Smith deu a ela uma corrente de ouro com uma letra J, a inicial dos nomes de ambos. "Se chegarmos a casar", disse-lhe ela, ousada, "vamos ter o mesmo monograma em todas as coisas." Como membro do Pep Club e da organização para jovens Tri Hi Y, Janis era a anfitriã de reuniões sociais e às vezes parecia fazer um esforço para tornar-se a filha totalmente convencional que a mãe desejava. Enquanto suas exuberantes colegas de classe usavam sutiãs torpedo, Janis não tinha seios e ainda se vestia, como uma boa filha, com as criações da mãe. Numa página do álbum de recortes que documentava um evento da Tri Hi Y, Janis esboçou um vestido de cintura franzida e saia rodada e colou uma amostra de tecido de algodão, anotando "Usei aquele vestido que mamãe fez para mim, de xadrez verde e branco com acabamentos brancos".

Em dezembro de 1956, Janis cantou seu primeiro solo em público na apresentação de Natal da igreja, à qual Jack Smith compareceu. Ela também participou, com mais sete dúzias de garotas, de um concerto do coral. Em ambas as ocasiões, ela usou o soprano límpido que então imaginava ser toda a extensão de sua voz; um som adorável, mas não tão especial quanto a sua pintura. Ela ainda se considerava artista visual, não cantora, e assim continuaria por alguns anos mais. Também demonstrava aptidão como escritora e era encorajada por sua professora preferida, Dorothy Robyn, que achava Janis "uma aluna muito capaz, que precisa desenvolver mais responsabilidade". Apesar dos problemas de comportamento de Janis, Robyn terminou por dar-lhe um certificado de honra ao mérito em Inglês e Jornalismo: Janis, encantada com a atenção, escreveu em seu álbum de recortes: "Que choque! A senhorita Robyn atravessa a sala e de repente diz: 'Ah, achei que você gostaria de ver isto'. Quase caí da cadeira, de tão emocionada que fiquei!". Janis ilustrou o momento com o desenho de si mesma como um bonequinho de palito caindo no chão.

A arte e a escrita de Janis foram exibidas na *Driftwood* de 1957, com suas ilustrações na capa e, dentro, um adorável artigo ilustrado, "The Most Unusual Prayer" ("Uma prece incomum"), sobre a tentativa de seu irmão mais novo, Michael, de dar as graças à mesa de jantar da família. Naquele verão, Janis fez trabalho voluntário na biblioteca Gates Memorial, como assistente na sala infantil. Ela colocou sua arte em ação, desenhando com habilidade grandes painéis que exibiam o Espantalho e outros personagens que acompanhavam a rebelde Dorothy nos livros sobre o mundo de Oz, de L. Frank Baum. Janis teve seu primeiro gostinho da fama quando um repórter da *Port Arthur News* entrevistou-a sobre os painéis. O artigo de 14 de julho, intitulado "Trabalho na biblioteca revela versatilidade de adolescente", trazia uma foto de Janis e seu desenho do Espantalho, observando que ela "havia sido considerada uma das melhores artistas do nono ano" e "excelente em jornalismo". Parecendo ter um talento natural para as frases de efeito, Janis disse ter aceitado o trabalho "porque me dá a chance de me dedicar à arte e ao mesmo tempo fazer algo útil para a comunidade".

Tal reconhecimento não compensava, porém, a perda da atenção paterna. "Papai sempre teve um riso alto e fácil com os filhos, até que as meninas começaram a se tornar mulheres", refletiu Laura Joplin mais tarde. "Então ele se retraiu. Por algum motivo, nossa feminilidade tornou mais desconfortável para ele expressar seus sentimentos, algo que antes já exigia dele muito esforço." Janis colocou a culpa em outro aspecto. Uma década mais tarde, ela recordaria que o pai "costumava conversar bastante comigo, e parou por completo quando eu tinha 14 anos – talvez ele quisesse um filho inteligente ou algo assim".

Quanto a Seth, ele recordaria de uma filha muito parecida com ele, exceto pela compulsão cada vez mais forte de declarar publicamente sua individualidade. Ao contrário dele, ela recusava-se a manter um comportamento discreto. "Desde mais ou menos os 14 anos", ele recordou, laconicamente, "Janis foi uma revolucionária."

Capítulo 3

Caçadora de Emoções

Você não deveria precisar ser jovem até ter idade suficiente para lidar com isso.
— Janis Joplin

Janis sempre recordou seus 14 anos como um momento de virada. Em 1970, em entrevistas e no palco, com frequência ela recordava essa idade, em geral com uma ponta de amargura: durante uma apresentação da intensa "Tell Mama", de Etta James, após cantar sobre a descoberta de "o que você precisa, o que você quer", ela disse: "Eu descobri aos 14 anos, e estou procurando desde então". Quando um jornalista perguntou por que ela foi tão infeliz na adolescência, sua resposta provocadora foi "Eu não tinha peitos com 14 anos". Embora fosse verdade, essa era só parte da história, a parte que receberia maior atenção.

Embora tivesse começado a buscar uma cultura pop mais contestadora – rock & roll, romances baratos, filmes picantes –, Janis ainda estava empenhada em ser uma filha convencional, registrando em seu álbum de recortes dedicado à Thomas Jefferson (TJ) High School, com letra caprichada, todas as suas atividades escolares. No outono de 1957, ela passou a fazer parte da população de 1.920 estudantes da TJ High, como aluna do décimo ano. Tornou-se membro da organização Futuros Professores dos Estados Unidos, trabalhou no anuário *The Yellow Jacket* e dedicou-se a atividades tradicionais da *high school* estadunidense: concentrações de torcidas, eleições estudantis e jogos de futebol americano. A mãe a incentivava a esforçar-se, a obter conquistas e a fazer amigos. "O que todos queriam era ser popular", explicou sua colega de classe Kristin Bowen.

"Membros do conselho estudantil, jogadores de futebol americano e líderes de torcida eram o tipo máximo de gente. Um dos objetivos principais era *não* ser diferente. Se você fosse, não seria popular."

A popularidade dependia sobretudo da aparência, e Janis odiava a dela, em especial depois que desenvolveu acne. Ela ficou cada vez mais insegura quanto a ser atraente, e esse foi o início da autoimagem negativa que teria pelo resto da vida. De acordo com Karleen Bennett, Janis odiava em especial o que chamava de seus "olhinhos de porco". Janis tentou melhorar sua aparência enrolando em grandes cachos o cabelo que usava curto, na altura do queixo, e tingindo-o de vermelho. "Ela não gostava de seu cabelo", Karleen recordou. "Achava que tinha o nariz grande demais, a boca grande demais. Tinha sardas." Embora ela e Karleen, que pesava 45 quilos, fossem ambas miúdas e usassem o mesmo tamanho de roupas, Janis considerava-se gorda, provavelmente devido à determinação de Dorothy, sempre magra, em permanecer esbelta. Com um corpo de garoto, "Janis não tinha cintura fina, e isso em uma época em que se usavam cintos apertados, modeladores e cinturas de 45 centímetros", observou Karleen.

Janis e Jack Smith haviam terminado, e ela sentia inveja de Karleen e Kristin, para quem não faltaram encontros durante o primeiro ano da *high school*. O único convite que Janis recebeu veio de um aluno do segundo ano, Roger Iverson, que a convidou para sua cerimônia de admissão na Ordem dos DeMolays, uma ordem maçônica juvenil. Ela comemorou o evento colando seu *corsage*[6] e outros suvenires no álbum de recortes, mas aquele foi o único encontro dos dois.

Entretanto, não faltava companhia masculina a Janis. Ela agora tinha um novo grupo de amigos, que haviam ficado próximos no verão anterior. Em julho de 1957, durante a temporada de furacões – dois dos quais atingiram Port Arthur –, Janis havia retornado às oficinas do Little Theatre. Desta vez ela conseguiu ser aceita no restrito círculo de amizades de Jim Langdon, formado por Grant Lyons, David Moriaty, Randy Tennant e Adrian Haston. Esses cinco jovens rebeldes fascinavam-na. Usando cabelos mais longos do

---

[6] Pequeno buquê usado pelas mulheres em eventos formais, nos Estados Unidos. Tradicionalmente, é dado pelo par da mulher que o usa. [N.T.]

que o *flat top*[7] e o corte escovinha da maioria dos alunos, eles ansiavam por novas ideias. No Little Theatre, Janis passou a participar das conversas estimulantes que mantinham entre si, em pé de igualdade com eles.

O atleta do grupo, Lyons, jogava como *linebacker* no Yellow Jacket, time de futebol americano da Thomas Jefferson High, com grande torcida local, como todos os times desse esporte no Texas. Ele foi o primeiro cara com interesses intelectuais amplos com quem Janis fez amizade: ao contrário dos colegas de time, ele tinha "interesse pelas artes – artes visuais, teatro, poesia, todos os tipos de escrita, música", recordou ele sobre si e seus quatro melhores amigos. "Não tínhamos os mesmos interesses que o estudante típico das escolas de Port Arthur com nossa idade. Éramos peixes fora da água. Janis juntou-se a nosso grupo, e ela era interessante – extrovertida, meio mandona e divertida."

Para Jim Langdon, um existencialista em formação, Janis a princípio pareceu "ingênua e tímida, uma garotinha convencional e bem-comportada, que estava ingressando na *high school*. Lembro-me de que ficou muito chocada e horrorizada, perplexa, quando descobriu que eu não acreditava em Deus. Ela tentou argumentar de forma convincente, sem muito êxito". Como o primeiro ateu declarado em sua vida, além do pai, as opiniões de Langdon cativaram Janis, ainda que ela defendesse as crenças da mãe. Langdon logo descobriu que Janis "queria crescer e explorar quem era. Percebi que ela era muito inteligente. Aos poucos ela se tornou um membro pleno de nosso grupo, e participava de tudo que fazíamos".

Adrian Haston – que, como Langdon, era filho de um trabalhador da refinaria – achava Janis "autoconfiante e decidida o bastante para fazer amizade com cinco caras complicados. Era algo bem fora do comum. Ela era brilhante e muito talentosa, mas não percebia isso". Dave Moriaty, cujo pai era engenheiro da Gulf Oil, tinha um barco a vela. Janis participava das excursões de barco realizadas pelo grupo, mas em geral eles apenas davam uma volta, com Langdon ou Moriaty ao timão. "Uma noite, Janis e eu fomos de carro até Sarah Jane Road, próximo a uma refinaria em que as chamas da queima de gás ardiam no alto das chaminés, um lugar sinistro", contou

---

[7] Estilo de cabelo inspirado no corte militar, bem aparado nas laterais, com a parte superior mais alta e de formato quadrado. [N.T.]

Langdon. "Nós apenas rodávamos em busca de um lugar para conversar." Lyons relatou que eles passavam a "vida nos carros". As principais diversões dos adolescentes eram "percorrer o Triângulo" (dirigindo entre Port Arthur, Beaumont e Orange) e rodar pela Procter Street, principal via de Port Arthur.

Desde o início, Janis foi tratada como um dos caras. Embora tivesse suas quedinhas por eles, apenas um, Randy Tennant, membro do Slide Rule Club da TJ, no qual Janis viria a ingressar, convidou-a para sair. "Não foi um encontro convencional", recordou-se ele. "Foi tipo dois caras se encontrando para conversar sobre tudo e falar, falar, falar. Ela era uma boa companhia e conseguia sustentar o lado dela da conversa. Ela de repente falava alguma coisa interessante ou totalmente inesperada, mas fazia parte de nosso grupo."

"Acho que aquele verão foi decisivo para Janis", disse Langdon. "Ela se transformou muito rápido em uma pessoa diferente. Na escola, estávamos só um ano na frente dela, mas estávamos bem mais adiantados em outras áreas." Moriarty recordou: "Todo mundo achava divertido ter Janis por perto, porque ela armava muita confusão. Ela não aceitava seu lugar como mulher ou como aluna alguns anos atrás deles e costumava reclamar e exigir ser incluída em nossos passeios. Era algo inédito". O questionamento de Janis quanto ao conformismo da mãe acentuava-se à medida que ela buscava reconhecimento e reafirmação junto ao grupo de iconoclastas mais velhos. A antiga moleca virou mascote do grupo de rapazes.

Diverti-los contando piadas era uma forma de conseguir atenção, mas Lyons recordou que Janis às vezes assumia o controle. "Ela tentava fazer as pessoas agirem de acordo com sua vontade", disse ele. "Ela queria as coisas à sua maneira; era muito teimosa. Mas Deus sabe que não teria ficado muito tempo conosco se não fosse. Éramos um bando de mandões; tínhamos personalidades fortes." Janis viu aquele grupo *outsider* como um presente divino: "Eles liam livros e tinham ideias", recordou ela uma década depois. "Nós nos víamos como intelectuais." Ela podia muito bem estar falando sobre Seth, cujo crescente distanciamento magoava-a menos agora que encontrara seu lugar em meio a versões mais jovens do pai.

Quando não estava à toa com os rapazes, em conversas que se estendiam por horas, ou fazendo-os rir, Janis mantinha a amizade com Karleen Bennett e Arlene Elster, que frequentavam juntas a sinagoga local. Filha de um médico, Arlene usava o carro da mãe, um Chevy, levando Karleen no banco do carona e Janis atrás. Fumavam cigarros Newport e cantavam junto com o rádio no último volume. Em alguns passeios, visitavam a diminuta estação de rádio do Port Arthur College, chamada KPAC, para ver os colegas que trabalhavam ali como voluntários.

Elvis ainda dominava as rádios AM no verão de 1957, com "Too Much", "All Shook Up" e "(Let Me Be Your) Teddy Bear", que eram tocadas sem parar; as garotas viram o cantor na tela grande em *A Mulher Que Eu Amo*, exibido no Port Theater. Buddy Holly and the Crickets, de Lubbock, Texas, emplacaram com "That'll Be the Day", um R&B com pegada *rocker*. Debbie Reynolds era um caso raro, uma mulher na parada de sucesso, com "Tammy", uma canção pop romântica com um arranjo carregado de cordas, do filme *A Flor do Pântano*. Para encontrar mais diversidade, as garotas sintonizavam a estação de R&B de Beaumont, KOLE, na qual se deliciavam com a animada "Jim Dandy", de LaVern Baker, e a apaixonada "Love Is Strange", com Mickey e Sylvia, bem como "Lucille", de Little Richard, e "Young Blood", dos Coasters. Outros sucessos indecentes de R&B que iam ao ar incluíam a atrevida "The Wallflower", de Etta James, mais conhecida como "Roll with Me Henry", e "I Almost Lost My Mind", de Ivory Joe Hunter, artista de Beaumont. O sexo permeava todas essas músicas.

Janis e Karleen por fim criaram coragem para ir conhecer o DJ da KOLE, Steve-O, o Cavaleiro da Noite. "Lembro-me de ter ido à KOLE algumas vezes, tarde da noite, porque Janis queria", contou Karleen. "Janis tinha um lance com gente que trabalhava nas rádios e queria conversar com Steve-O porque ele tocava *rhythm and blues*. Era ousado entrar em um lugar onde trabalhavam homens mais velhos e dizer: 'Ei, que tal um café? Vamos lá tomar um'." Ela, no entanto, precisava saber de onde a música vinha e, ao contrário de Karleen, não temia riscos ou confrontos.

As coisas ficaram tensas no lar dos Joplin naquele outono. No final de setembro de 1957, Dorothy precisou passar por uma histerectomia, e sua relação com a filha mais velha começou a deteriorar-se, sobretudo porque Janis, encorajada pela amizade de verão com os garotos rebeldes, tornava-se cada vez mais independente. Ela já não era mais a filha ansiosa por agradar, que apenas seis meses antes havia escrito à mãe um convite de aniversário: "Estimada Sra. S. W. Joplin, em gratidão por ser uma mãe tão maravilhosa durante catorze anos, gostaria que jantasse comigo no Luby's, no sábado, dia 16. Janis Lyn Joplin".

Karleen, que visitava com frequência a casa dos Joplin, suspeitava que "A Sra. Joplin tinha dificuldade para ceder ou para ser diferente de como havia sido criada" e por isso não compreendia ou não aprovava os novos interesses de Janis. Enquanto isso, Seth escapava das pressões familiares ou da recorrente escuridão de sua própria mente escondendo-se na garagem ou no quintal para beber sozinho. Roger Pryor, filho de pais abstêmios, via o vizinho bebendo, incluindo um dia quando Seth tentou, em vão, andar numa corda bamba que instalara no quintal. Em geral, contudo, "quando se soltava, ele contava histórias antigas", recordou Pryor. "Quando bebia, sorria muito." Para Seth Joplin, como viria a ser para Janis, o álcool parecia prometer uma libertação, uma chance de bons momentos e sentimentos melhores, ao menos no curto prazo.

Em busca de emoção, Janis juntava-se a Karleen e Arlene para rodarem pelo distrito da luz vermelha de Port Arthur, repleto de prostíbulos e casas de jogo – estabelecimentos que continuavam funcionando graças aos subornos pagos a agentes da lei e graças aos administradores conservadores da cidade, que faziam vista grossa. De acordo com Herman, irmão de Karleen, "Praticamente todos os garotos da cidade perdiam a virgindade na [casa de prostituição] Gracie. Não havia limite de idade; se você ia ao puteiro com dinheiro, ninguém ligava para sua idade".

Tal liberdade sexual, é claro, não se estendia às adolescentes de Port Arthur. Se corresse a notícia de que uma garota havia perdido a virgindade, a reputação dela ficava arruinada. Karleen e Janis certamente questionaram essa hipocrisia: "Sempre nos perguntamos por que os meninos podiam, mas as meninas não", Karleen refletiu.

Um renomado antro de perdição, o Keyhole Klub, era conhecido não só pela jogatina e pelas trabalhadoras do sexo, mas também por ter o melhor cachorro-quente da cidade. Um sábado, Karleen e Arlene convenceram Janis a entrar no famoso bar e comprar cachorros-quentes para elas, enquanto esperavam no carro. Quando Janis saiu, carregando a prova de sua façanha audaz, elas lhe pregaram uma peça, deixando-a trancada para fora do carro. "Queríamos ter certeza de que todo mundo a veria ali", explicou Karleen. "Ela foi a primeira garota que eu conhecia que entrou no Keyhole. Tínhamos ideias idiotas e então convencíamos Janis a executá-las. Eu a incentivava a fazer coisas que eu gostaria de fazer, mas não tinha coragem."

Ficou claro que Janis "estava ansiosa por nossa aprovação e nosso afeto", admite Karleen, e por isso aguentava todas as peças que lhe pregavam. Outras brincadeiras de mau gosto incluíam ir até algum local deserto fora da cidade, inventar algo para que Janis saísse do carro e então disparar à toda deixando-a lá. Karleen e Arlene sempre voltavam para buscá-la, mas Janis, carente e crédula, continuava a cair em suas armadilhas. Janis tinha tanta necessidade da atenção delas que perdoava todas as maldades, mesmo quando a humilhação foi aumentando.

Uma vez, quando passou a noite na casa dos Bennett, "Janis e eu começamos a discutir se ela conseguiria ou não sair da casa e entrar de novo sem meus pais perceberem", recordou Karleen. Ela sabia que, enquanto falavam, a voz de Janis seria ouvida no quarto dos pais, levada pelos dutos de ventilação, alertando-os para o plano dela. Destemida, Janis pulou pela janela, caindo de modo doloroso em um canteiro de pedras e cactos. Quando chegou à porta de entrada, mancando, a Sra. Bennett já estava lá para repreendê-la, para a satisfação de Karleen.

Entre os garotos rebeldes, Janis às vezes desempenhava papel semelhante, tornando-se, "uma de nossas personagens favoritas", refletiu Moriaty. "Odeio recordar como a tratávamos às vezes. Ela fazia o papel de bobo da corte." Para Janis, a atenção que recebia deles claramente valia todas as provocações.

O momento decisivo chegou no outono de 1957, na forma do livro de Jack Kerouac, *On the Road*. Antes de Kerouac, Janis lutava para encontrar sua identidade: seria ela uma aspirante a garota "popular", temente a Deus, de bobes no cabelo, obediente a amigas doidas por garotos? Ou a mascote espirituosa, inteligente e assexuada de um bando de rapazes mais velhos, falantes e intelectuais autodeclarados? Ambos os extremos lhe ofereciam a chance de expressar-se e de sentir-se incluída, mas não lhe davam a mesma sensação de liberdade e de identificação que a prosa cinematográfica de Kerouac propiciava.

A cada semana, Janis lia com total regularidade a revista *Time* dos pais, e foi assim que descobriu uma nota sobre o recém-lançado *On the Road*. De imediato ela pegou o livro emprestado de Jim Langdon. Ela devorou a narrativa visceral de Kerouac sobre as aventuras de Sal Paradise com o irresponsável Dean Moriarty (inspirado no companheiro de viagem de Kerouac, Neal Cassady), descrito no livro como uma espécie de versão mais jovem de Gene Autry, caubói cantor nascido no Texas. Nas páginas de *On the Road*, Paradise e Moriarty até mesmo chegaram a passar pelo Triângulo de Ouro:

"Resolvemos arriscar, pegando uma das estradas de terra, e daí a pouco cruzamos o velho e maléfico rio Sabine, que é o responsável por tantos pântanos. Espantados, vimos à nossa frente grandes estruturas iluminadas. 'O Texas! É o Texas! É Beaumont, a cidade petroleira!' Imensos tanques de petróleo e refinarias erguiam-se como cidades, no ar que recendia a óleo."

Agora, percorrer o Triângulo de Ouro, de Port Arthur a Orange a Beaumont, de carro com os garotos, fazia ainda mais sentido para Janis. Eles também podiam ser os "*hipsters* sórdidos dos Estados Unidos, uma nova geração *beat*" de Kerouac, com seus "papos realmente diretos sobre as almas". Sexo e drogas e bebedeiras e a falta de raízes – males contra os quais os pais de Janis tentaram protegê-la quando selecionavam livros na biblioteca, para que ela não tivesse o destino que haviam visto abater-se sobre seus antepassados. Alertas e advertências, porém, de modo algum tinham a força da prosa musical e contra o sistema de Kerouac.

Para Janis, *On the Road* foi "uma revelação", de acordo com Karleen. Demoraria alguns anos para que ela seguisse no rastro de Kerouac, viajando do Texas para San Francisco pela primeira vez, mas aos 14 anos Janis havia descoberto sua primeira alma gêmea na literatura, e isso definiria tudo dali em diante. O rompimento final com a convenção ainda estava por vir, mas ela começou a considerar-se uma *beatnik* – e nunca mais deixaria de fazê-lo.

A leitura de *On the Road* encheu Janis de coragem, e ela logo encontrou seu próprio Sal Paradise: Rooney Paul, um estudante problemático da

TJ High, que parecia uma mistura de Elvis e James Dean e morava com a mãe, uma trabalhadora solteira. "Foi o primeiro amor dela", na opinião de Karleen. "Ele trabalhava em um *drive-in*[8] e morava em uma pensão na Procter." Karleen deu carona a Janis até lá várias vezes, indo buscá-la uma hora depois, mas a relação não consumada logo esfriou. Depois que Paul abandonou a escola, no décimo primeiro ano, e alistou-se no exército, Janis continuou fazendo esboços dele. Em um desenho que sobreviveu, ele veste camiseta, uma jaqueta estilo James Dean e *jeans*. Aparentemente foi Paul quem se afastou dela. "Eu era muito jovem e não tinha nenhuma experiência em relacionar-me com as pessoas", disse Janis mais tarde. "Cada vez que minha aproximação era recusada, isso doía."

Em 1958, Janis tinha 15 anos e seu comportamento ainda era o de uma típica adolescente da era Eisenhower; recordações coladas em seu álbum de recortes ao final do décimo ano escolar incluíam folhetos de incentivo ao espírito de equipe e santinhos de candidatos ao conselho escolar. Tais páginas não mostram qualquer indício da identidade *beatnik* que estava nascendo. Da mesma forma, seu primeiro anuário escolar está repleto de saudações, conselhos e em sua maioria elogios, escritos pelos colegas. Contudo, a inscrição de sua melhor amiga mostra outro tom, talvez uma tentativa adolescente de ironia, mas que soa um tanto cruel ali: "Não acredite em todas as coisas bonitas que as pessoas estão escrevendo sobre você", rabiscou Karleen na última página do anuário. "Elas não estão sendo sinceras [...] Na verdade, elas têm medo de dizer que você é convencida, jovem e sugestionável [...] Sei que você sabe como sou inteligente, então não falemos sobre isso aqui. Só continue dando duro e talvez um dia você se torne tão inteligente quanto eu (mas não prenda a respiração até lá!)".

O testemunho de Janis no anuário de Karleen é bem menos cáustico e sugere que ela estava confusa com aquela amizade difícil: "A uma boa e velha amiga. Tenho tentado em vão analisar você, mas não consigo e fico imaginando... dane-se, continuo confusa. Gostaria de entender você. De

---

[8] *Drive-in* é um local onde as pessoas estacionam seu carro e usufruem de serviços dentro dele. Nos EUA, pode ser um cinema ou restaurante, enquanto no Brasil é um local destinado a atividades sexuais. [N.T.]

quem você gosta agora – Mickey, Dennis, Jim ou David? Espero conseguir conhecer e entender melhor você no ano que vem. Lembre-se sempre de mim, assinado Janis. P.S.: Lembre-se – EU SOU VIRGEM!".

———•◆•◆•◆•———

No verão de 1958, Janis começou a reinventar-se nos moldes de uma heroína de Kerouac. Cortou bem curtos os cabelos, no melhor cabeleireiro da cidade, num estilo que lhe caía muito bem. Começou a usar batom vermelho e a pintar os olhos, e consultou um dermatologista, passando por dolorosos tratamentos para a acne. Também desenvolveu uma risada nova, uma gargalhada forte que ela treinava na casa de Karleen Bennett. "Ela perguntava, 'É bem irritante? Precisa ser mais forte?'", recordou Karleen.

Na revista *Time*, Janis leu sobre o escândalo de Jerry Lee Lewis, da Louisiana, que no ano anterior havia emplacado os tremendos sucessos "Whole Lot of Shakin' Going On" e "Great Balls of Fire"; a carreira dele afundou ao vir à tona seu casamento com Myra Gale, uma prima de segundo grau, de 13 anos de idade. A revista publicou uma carta ao editor condenando Lewis e suas fãs adolescentes. Janis ficou tão furiosa que escreveu sua própria resposta à *Time*, defendendo Lewis, o rock & roll e sua geração. Embora a *Time* não tenha publicado a carta, ela recebeu uma resposta solidária da revista (datada de 28 de julho de 1958), que colou em seu álbum de recortes. Mais tarde, Janis conheceria o homem que havia defendido – com resultados lamentáveis.

O divisor de águas daquele verão veio quando Janis passou no curso de condução e recebeu sua carteira de motorista – outro marco que ela registrou no álbum de recortes. Atrás do volante do carro meticulosamente bem cuidado pelo pai, ela já não era uma passageira, mas a dona de seu destino. "Lembro-me da primeira vez que ela deu ré no acesso de casa e saiu sozinha", recordou-se Seth Joplin. "Eu a observava. Nunca se viu um sorriso maior. Ela estava extasiada por ser capaz de fazê-lo sozinha." Como seus heróis *beatnik*, finalmente ela podia rodar pelas estradas. Na primeira vez em que dirigiu o carro, ela foi buscar Kristin Bowen e ambas combinaram de ir pegar alguns garotos. Kristin relatou em seu diário: "Ela os dispensou, menos Billy Brown, [que estava] sentado entre nós duas. Ele era bem novinho e até que bonitinho, mas agitado – o maior paquerador que já vi".

Na noite seguinte, voltando à toda velocidade da casa dos Bennett para chegar em casa antes de seu toque de recolher, Janis passou reto por um sinal de "Pare" e chocou-se contra outro carro, com perda total dos dois veículos; por sorte, ela e o outro motorista saíram ilesos. Depois do acidente, Seth proibiu-a de sair. "'Como pôde ser tão idiota?', gritou ele, numa voz que raramente ouvíamos", escreveu sua irmã Laura em seu livro *Com Amor, Janis*. "Foi o maior problema já causado por qualquer um de seus filhos, e ele espumava, perplexo [...] Janis estava arrasada, envergonhada, frustrada e perturbada por ter falhado de forma tão miserável." Mais uma vez, ela foi relegada ao banco de trás do carro dos amigos.

Janis encontrou consolo nos discos que a turma do Little Theatre compartilhou naquele verão. Langdon colecionava discos de jazz de 78 rotações, e Janis também começou a caçar novos sons. "Numa loja de discos, encontrei um disco de Odetta e comprei-o", diria ela mais tarde sobre o que chamava de versão folk-blues da "música de boiadeiros". Nascida no Alabama e criada na Califórnia, Odetta teve, aos 13 anos, formação em ópera e teatro musical, antes de tornar-se a única cantora folk negra em San Francisco em meados da década de 1950. Depois de comprar seu disco de estreia solo *Odetta Sings Ballads and Blues*, de 1956, Janis aprendeu sozinha a reproduzir os tons redondos de Odetta. "Gostei muito do disco", ela recordou, "e eu o toquei em várias festas, e todo mundo gostava. Costumávamos ir a todas as praias e [...] sentar na praia [...] e íamos até um velho posto da Guarda Costeira [...] Subindo até o alto, dava para ver toda a água e o pântano, e costumávamos sentar lá em cima para conversar. Estávamos lá um dia e alguém disse: 'Gostaria que tivéssemos uma vitrola', e eu falei 'Eu posso cantar'.

"'Qual é, Janis, para com isso.'

"Eu disse: 'Posso, sim' [...] Então comecei a cantar igual a Odetta [...] *ya la la* [...] Cantei com aquela voz imensa.

"Eles disseram: 'Janis, *você é cantora*!' [...] Disseram-me que eu tinha uma voz incrível e pensei: '*Uau...*'."

Aquele momento trazia tudo aquilo pelo qual ela ansiara por tanto tempo: estar rodeada por um grupo de amigos próximos, todos impressionados de fato. Ela podia sentir; a música que estava cantando tinha suas raízes no blues, que refletia sua sensação de perda. Ela havia visto e ouvido cantores que viveram uma vida não convencional, na estrada – como os heróis de Kerouac –, e agora aquela estrada parecia mais próxima.

"Desde o início", disse Jim Langdon, "quando simplesmente nos sentávamos ao redor de um toca-discos no chão da sala de estar ou no banco de trás de um carro, ela e uns quatro ou cinco de nós, jamais tive a menor dúvida de que Janis tinha uma voz de categoria internacional, com a qual podia fazer o que quisesse."

Quem causou em Janis um impacto maior que Odetta foi Huddie Ledbetter, nascido na Louisiana: "Grant Lyons me falou sobre alguém chamado Lead Belly ('barriga de chumbo')", contou Janis, repetidas vezes. "Ele comprou discos de Lead Belly, que eram country blues muito fora do comum. Eu era uma soprano que cantava no coro da igreja. Não sabia que tinha uma voz daquelas. Então Grant Lyons tocou para mim um disco de Lead Belly. Foi o que começou tudo."

Duas décadas antes de Janis ouvir a música dele, Lead Belly, com 46 anos de idade, saiu da cadeia depois de cumprir uma segunda pena por ferir a faca o braço de um branco e começou sua carreira em Nova York, promovido por John Lomax, folclorista criado no Texas. Os blues que Lead Belly cantava e tocava em seu violão de doze cordas – "Matchbox Blues", "Rock Island Line", "Midnight Special", "Careless Love", "Alberta" e "C. C. Rider" (também chamado "Easy Rider") – tornaram-se algumas das favoritas de Janis. Explorando as canções dele, ela aprendeu suas músicas de protesto, incluindo "Bourgeois Blues": "Os brancos de Washington, eles sabem como / Chamar um negro de crioulo, só para vê-lo curvar-se". Janis tinha 6 anos de idade quando Lead Belly morreu, em dezembro de 1949, aos 60 anos, devido à doença de Lou Gehrig. Sua música emblemática "Irene" tornou-se o maior sucesso pop de 1950 como "Goodnight Irene", na voz do quarteto folk The Weavers (estrelando Pete Seeger). Décadas depois de Janis ter descoberto Lead Belly, Kurt Cobain o citaria como seu artista favorito, enquanto o Nirvana executava uma versão de outra música do *bluesman*, "In the Pines" (também conhecida como "Where Did You Sleep Last Night?") no *MTV Unplugged*.

Janis imprimiu sua própria marca nas músicas gravadas por Jean Ritchie, cantora de baladas dos Apalaches conhecida por seu soprano puro e melífluo. "[Janis] de fato possuía uma voz de camaleão", de acordo com Langdon.

"Ela conseguia soar como Odetta, uma mulher negra de voz muito profunda. Podia mudar e cantar músicas dos Apalaches e soar exatamente como Jean Ritchie – um soprano bem agudo. A versatilidade dela era tremenda, com uma extensão igualmente tremenda."

De acordo com Grant Lyons, os garotos costumavam cantar músicas folk e blues enquanto rodavam de carro, mas quando Janis cantava, todos se calavam e centravam nela sua atenção plena e encantada. "Era uma voz irresistível", disse ele. "Não fazia sentido cantar junto com Janis quando ela cantava daquele jeito."

Capítulo 4

"Beat Weeds"

Não gostaria jamais de voltar a ser jovem.
Teria que chorar tudo de novo.
— Janis Joplin

Desde a infância, à mesa de jantar da família, os pais de Janis a incentivaram a externar sua opinião. Agora, na TJ High, ela se posicionava quanto às questões políticas e sociais que discutia com os garotos rebeldes, em uma época em que a maioria das garotas mantinha-se calada. "Não havia ninguém como eu em Port Arthur", contou ela à *Newsweek* nove anos depois. "Sentia-me solitária. Tantos sentimentos aflorando, sem ter com quem conversar. Eu lia. Pintava. Não odiava os negros."

Não só Janis não "odiava os negros", como também defendia o fim da segregação em um ambiente particularmente hostil aos afro-americanos. Durante uma discussão em sala de aula sobre a integração, Janis foi a única entre os estudantes a argumentar a favor de alunos negros e brancos frequentarem juntos a escola. Essa atitude, combinada com a convivência dela com garotos mais velhos, sua identificação com os *beatniks* e seus ataques a quem a ridicularizava, faria com que, no último ano da *high school*, fosse excluída da Port Arthur convencional. Ela tornou-se pária em sua cidade natal.

"Todos eram contrários à integração", recordou Karleen Bennett, "ou, se eram favoráveis, não diziam. Janis o fez. Ela se levantou e começou a falar sobre como se sentia quanto ao assunto. Simplesmente não se fazia aquilo naquela época. Como resultado, ela foi perseguida enquanto estudou na escola e era chamada de coisas como "amante de crioulos". Outro colega de classe, Tary Owens, concordou: "Chegou a um ponto em que a maioria dos estudantes a odiava".

Para Janis, a Port Arthur segregada, onde as condições de moradia, o sistema viário e a educação do setor negro estavam abaixo do aceitável, não parecia muito diferente do vizinho Arkansas, que foi manchete nacional em 1957, quando o governador Orval Faubus barrou a entrada de estudantes negros na Central High School de Little Rock. No ano anterior ao evento, em Mansfield, Texas, uma multidão branca impediu que três alunos negros se matriculassem em uma escola branca; ignorando uma ordem judicial federal, o governador R. Allan Shivers enviou os Texas Rangers para darem suporte aos segregacionistas. Desafiando a decisão da Suprema Corte *Brown versus Board of Education*, de 1954, o legislativo do Texas aprovou uma lei de segregação, retardando a integração em quase uma década. Em Vidor, Texas, na vizinhança imediata de Port Arthur, a Ku Klux Klan[9] instalou uma placa avisando os afro-americanos (usando a palavra racista *"niggers"*) para não serem pegos dentro dos limites da cidade depois do pôr do sol. Na área não era incomum que queimassem cruzes,[10] e carros cheios de brancos às vezes percorriam os bairros negros de Port Arthur e, colocando o corpo para fora da janela, os passageiros agrediam pedestres afro-americanos com sarrafos – uma prática que chamavam de *"nigger knocking"*.

Apesar de tudo, quando começou o décimo primeiro ano, no outono de 1958, Janis tentou participar das tradições da TJ, ainda que muitos colegas de classe a rejeitassem. Talvez por insistência de Dorothy, ela tentou entrar no prestigioso Red Hussars Drum and Bugle Corps, uma equipe de fanfarra que se apresentava em jogos e desfiles. Ao ser rejeitada, ela irrompeu em lágrimas na escola. Foi aceita, porém, em outras agremiações, incluindo a

---

[9] O nome Ku Klux Klan é atribuído a três organizações consecutivas dos EUA (a última ainda em atividade), com ideais supremacistas brancos, conhecidas pela violência contra os grupos que são objeto de seu ódio. [N.T.]

[10] A queima de cruzes, prática associada com a Ku Klux Kan, tem o objetivo de intimidar pessoas consideradas como alvos. [N.T.]

Futuras Enfermeiras dos Estados Unidos, por meio da qual atuou como auxiliar de enfermagem no Hospital St. Mary e aprendeu a aplicar injeções, habilidade da qual faria mau uso alguns anos depois. Como membro destacado do Clube de Arte da TJ, Janis entusiasticamente elaborou quadros de aviso e cartazes para os corredores da escola.

Aos sábados, ela desfrutava de raros momentos com o pai. Seth às vezes levava-a, com o cavalete dela, até a costa, para que ela pintasse "cenas com águas agitadas, barcos a vela, pescadores e aves que mergulhavam", de acordo com Laura, que em geral os acompanhava. Janis ainda se considerava "uma artista visual" que "tinha todas aquelas ideias e sentimentos que eu aprendia nos livros", refletiu ela mais tarde. "Meu pai falava comigo sobre isso." Quando seu muito admirado professor de artes, Roger Russell, a incentivou a ampliar seus temas e incluir o corpo humano, Karleen Bennett posava, enquanto Janis esboçava suas mãos e seus pés. Ela começou a estudar nus nos livros de arte; como recordou-se depois, ela "olhava para aquelas [...] pinturas e dizia 'Uau!' e tentava pintar aquilo".

Quando Dorothy descobriu o nu feminino que Janis havia pintado na parte interna da porta de seu *closet*, chamou-a de "meretriz" na frente de Karleen, que se recordou de ter procurado essa palavra no dicionário para saber o que significava. Não se sabe se a pintura de Janis era um autorretrato, o corpo de uma amiga ou imaginada. Depois de dias de discussão com os pais, Janis, irritada, cobriu o nu com manchas de tinta no estilo Jackson Pollock e terminou pintando uma cena marinha por cima.

Sem surpresa alguma, Janis começou a passar o máximo de tempo possível fora de casa. Ela ansiava por emoção enquanto rodava a esmo com os amigos. Karleen e Kristin Bowen costumavam discutir as "festas do beijo", que Janis, "que não era convidada para sair pelos garotos", de acordo com Karleen, queria saber como eram. Mas quando as oportunidades apareciam, Janis hesitava. "Lembro-me de que uns caras quiseram beijá-la numa festa, e ela tentou parecer muito durona, muito experiente, mas na verdade ela não aguentou", recordou Jim Langdon. "Acho que ela até chorou."

Em geral, as garotas iam aos cinemas *drive-in* só durante encontros com garotos, mas Karleen abriu uma exceção para ir com Janis ver *Gigi*, o musical estrelado por Maurice Chevalier ("Thank Heaven for Little Girls") e Leslie Caron, baseado no romance de Colette sobre uma jovem parisiense em treinamento para ser cortesã. Elas adoraram o filme, em especial a cena em que Gigi aprende a preparar drinques para os amigos cavalheiros. As garotas mais tarde imaginavam-se como prostitutas, recordou Bennett, que "bebiam e fumavam e faziam sexo o dia inteiro". Logo depois, pediram à mãe de Karleen, que em comparação com Dorothy Joplin era bem tolerante, que lhes fizesse um coquetel. Ela preparou whisky sours, argumentando que seria melhor que as garotas provassem bebidas em casa do que às escondidas em outro lugar. "Foi o primeiro drinque que Janis tomou", de acordo com Karleen. "Ela teve que nos prometer que não contaria aos pais. Tomamos uma dose e achávamos que seria o fim do mundo – que *pronto, acabou!*"

A sensação de liberdade proporcionada pelo álcool pareceu a Janis um meio de aliviar a ansiedade, revelar a coragem e acalmar o receio quanto ao julgamento por parte dos colegas, da família e de Port Arthur como um todo. Logo ela começou a sair com os garotos para tomar cerveja. Jim Langdon entrara para uma banda que tocava músicas dançantes, em bares de estrada ao longo da Highway 90, do outro lado do rio Sabine, perto de Vinton, Louisiana – os mesmos lugares que os Joplin frequentavam antes do nascimento de Janis. No passado, desde a década de 1930 até 1953, o trecho abrigava quase duas dúzias de clubes de jogo, bares e salões de dança. Poucos sobreviviam em 1959 e eram frequentados por *cajuns* beberrões, operários das refinarias e menores de idade do Texas e da Louisiana. Na Louisiana, a idade mínima para o consumo de bebidas alcóolicas era 18 anos, com um controle quase inexistente, enquanto no Texas era de 21 anos. Tary Owens, aluno da TJ que ia com eles assistir às apresentações da banda de Langdon, disse: "Começou sendo uma vez por mês e acabou quase semanal. Íamos primeiro ao Buster, porque tinham uma *happy hour* com bebidas a 25 centavos. Lá vendiam bebida a qualquer um que chegasse até o bar".

Janis adorava cruzar o rio para ir a lugares como Lou Ann's e o Big Oak, tomar cerveja e ouvir as barulhentas bandas de R&B – um contraste musical total com as músicas da parada de sucessos das rádios pop. Exceto por "Stagger Lee", de Lloyd Price, um nativo de Nova Orleans, e "Kansas City", de Wilbert Harrison, o dial estava tomado por ídolos adolescentes como Paul Anka e Frankie Avalon. Em 3 de fevereiro de 1959, duas semanas depois do aniversário de 16 anos de Janis, um desastre de avião matou Buddy Holly, o astro de Lubbock; J. P. "the Big Bopper" Richardson, DJ de Beaumont que tocava música negra e autor de "Chantilly Lace"; e Ritchie Valens, de 17 anos, que emplacara os sucessos "Donna" e "La Bamba". No final dos anos 1950, outros precursores do rock & roll saíram de cena por motivos menos trágicos: Elvis foi convocado para o exército; Little Richard tornou-se pastor; e Jerry Lee Lewis, que ainda não havia sido perdoado por casar-se com sua prima de 13 anos, foi banido das rádios. Esse vácuo ajudou a criar condições para a entrada da música folk nas paradas pop: o Kingston Trio e outros, bem como o vigoroso *underground* dos músicos de raiz, incluindo Bob Dylan e Joan Baez, que iriam influenciar Janis – e até tornar-se colegas seus.

Apesar de o rock & roll declinar em popularidade em 1959, o Big Oak e o Lou Ann's, bares na Highway 90, continuaram a agitar, com o Texas blues elétrico, R&B e o híbrido local, mais tarde rotulado de *"swamp pop"*.[11] O Lou Ann's era um lugar com teto baixo, um bar e mesas de bilhar, em cujo palco exibiam-se Jimmy Reed e outros *bluesman* do Texas.

The Big Oak, "um lugar amplo, que lembrava um celeiro", de acordo com Langdon, "sempre lotava nos fins de semana, e costumava haver brigas no estacionamento". Apresentavam-se lá sobretudo artistas locais, em geral brancos e sempre homens. Com a mesma idade de Janis, o cantor Jerry LaCroix, de voz rouca, era o vocalista dos Dominos, um grupo barulhento de R&B com uma seção de metais, ao qual ele havia se juntado aos 14 anos. LaCroix, como "Count Jackson" [conde Jackson], viria a formar os Counts, antes de juntar-se a Edgar Winter, nativo de Beaumont, para formar o White Trash, no começo dos anos 1970 (e por fim tornar-se o vocalista de Blood, Sweat and Tears e do Rare Earth). O grupo mais popular a tocar por ali em 1959 foi o Boogie Kings, que incluía Dale Gothia, um saxofonista de Port Arthur pouco mais velho do que Janis. Dez anos

---

[11] Gênero musical nativo da região Acadiana, no sul do estado da Louisiana (EUA). Foi criado entre a década de 1950 e o início dos anos 1960 pelos adolescentes Cajuns, numa combinação de *rhythm and blues*, no estilo de Nova Orleans, country and western e influências musicais tradicionais da Louisiana francesa. (N.E.)

depois, os Dominos e os Boogie Kings inspirariam o rumo musical de Janis, quando ela formou sua primeira banda de apoio.

Era um som que fazia a terra tremer e sacudia as paredes na Louisiana de então: "Abrimos a porta e era como se um trem de carga estivesse passando pelo salão!". LaCroix recordou referindo-se aos Boogie Kings, dos quais mais tarde faria parte. "Os caras tinham cinco saxofones tenor, dois trompetes, um órgão Hammond B-3 e um daqueles bateristas da Louisiana. Estavam tocando [...] *swamp pop'* – estilo musical que influenciou o trabalho de Fats Domino, Bobby Charles, entre outros. Havia três vocalistas, e todos os tocadores de metais cantavam como garotas negras em um coral gospel. Tinham belas vozes. Era uma banda incrível."

O som e o ritmo dessas bandas libertaram a energia reprimida de Janis, sem dúvida ajudados por seu crescente consumo de álcool. O contato físico e o esfrega-esfrega na pista de dança lotada e suja enchiam Janis de adrenalina e davam-lhe um barato que outros jovens conseguiam por meio do sexo. O atraente Tary Owens, cuja família havia vindo de Illinois para o Texas, recordou de seus "amassos chapados" com Janis no banco de trás, ao voltar para casa.

Nenhuma das amigas de Janis cruzava o rio com ela para ir às casas noturnas da Louisiana. Garotas decentes não iam ao Lou Ann's, ao Buster's ou ao Big Oak. Mas a reputação que se danasse, Janis se realizava no carro cheio de garotos, soltando-se, tendo a música alta como pano de fundo. No trajeto, enquanto abriam cervejas e fumavam, eles sintonizavam na KJET de Beaumont e ouviam DJs negros como Willie Knighton tocando *hits* de soul music arrasadoramente dançantes: no caso, os primeiros sucessos de James Brown and the Famous Flames, "Please, Please, Please" e "Try Me"; "What'd I Say", de Ray Charles; "I'm Gonna Get My Baby", de Jimmy Reed; e "Farther Up the Road" e "Little Boy Blue", de Bobby "Blue" Bland. Às vezes eles ouviam astros locais, como Clarence "Gatemouth" Brown, nascido em Vinton e criado em Orange, Texas, um colaborador frequente da cantora favorita de Janis, Big Mama Thornton.

Enquanto Janis estava rompendo os limites com os garotos, Dorothy Joplin assistia aulas no Port Arthur College para aprimorar-se como secretária. Com os três filhos agora na escola, e necessitando de dinheiro extra para cuidar da mãe idosa, ela precisava de emprego. A excelência de

Dorothy como estudante levou a faculdade a contratá-la para ensinar datilografia e depois a promoveu a escrivã. Assim, com ambos os pais agora trabalhando, Janis começou a ignorar seu toque de recolher. "Ficávamos fora até altas horas", de acordo com Grant Lyons. "'*Vamos para a Louisiana!*' Meus pais não me davam paz, e aposto que os pais de uma garota ficariam possessos se ela chegasse às quatro da manhã, cheirando a cerveja, especialmente se tivesse saído com quatro caras. Eles não tinham ideia de onde nós íamos."

Quando a escola ficou sabendo das noitadas de Janis, correram rumores de que ela era "fácil", piorando ainda mais sua reputação. De acordo com quem a conhecia melhor, porém, ela ainda não fizera sexo. Ela ainda não fora além de jogos de *"button poker"*, uma forma mais suave de *strip poker*,[12] com alguns garotos da TJ. Um participante, Mike Howard, recordou-se de que Janis certa vez perdeu um jogo e desabotoou três botões da blusa, expondo o sutiã para ele e para outro garoto. "Meu amigo e eu contamos sobre nosso *button poker* com Janis para outros amigos", Howard confessou, "e acho que essas historinhas foram se degenerando à medida que se espalhavam, até que estávamos todos nus em pelo e rolando em óleo vegetal."

As ficadas ocasionais de Janis, ou "pegação de bunda", como Grant Lyons as chamava, com algum garoto bêbado em festas ou no banco de trás do carro alimentavam ainda mais as fofocas. No entanto, Janis pareceu desconcertada quando apareceu na casa de Karleen Bennett e encontrou-a na cama com o namorado. "Ela não sabia bem o que estava acontecendo", recordou-se Karleen. "Ela não fazia ideia de que havíamos feito sexo. Eu me levantei depressa, vesti-me e fui até a sala de estar para falar com ela: 'Estou feliz por você ter aparecido – você me impediu de fazer algo que não deveria fazer!'." Aos 16 anos, Janis divertia-se por aí com garotos, bêbada, mas ainda era uma ingênua quanto aos fundamentos do sexo, e Karleen não revelava o que sabia. Como Karleen, seu parceiro de amassos Tary Owens tinha certeza de que Janis, ao contrário da "puta" que diziam ser, iria formar-se na Thomas Jefferson High ainda virgem.

---

[12] Tipo de jogo de pôquer em que os jogadores apostam peças de roupa e devem tirá-las ao perderem uma jogada. [N.T.]

Contudo, as fofocas e os comentários maldosos por fim fizeram-na desistir de qualquer tentativa de defesa perante os colegas.

Ao final do décimo primeiro ano, "ela parecia só querer afastar todo mundo", observou Karleen. "Antes disso, ela havia tentado se adaptar. E aí, um dia: '*Chega!* Ou vocês gostam de mim como sou, ou não posso fazer nada quanto a isso'." O vizinho e antigo companheiro de brincadeiras Roger Pryor recordou: "Ela convivia com pseudointelectuais que não se encaixavam entre as outras pessoas. Eles se sentavam em roda e ficavam intelectualizando sobre coisas que não importavam e que não dava para controlar – coisas esotéricas tipo resolver os problemas do mundo. Eles gostavam de ser um grupo do qual ninguém queria se aproximar [...] cortando o contato social dela com pessoas que ela havia conhecido antes e das quais gostara." Pryor, satisfeito com o *status quo* de Port Arthur, incluía-se entre estes últimos: "Lembro-me de Janis querer se sentar para conversar [...] Eu estava ocupado na garagem, fazendo algo. Fiz algum comentário, e ela disse: 'Qual o problema? Você não quer se sentar e analisar de forma racional?'. Respondi: 'Não, não quero. Qual a vantagem disso?'."

Embora Janis tivesse passado a maior parte de seu tempo com os garotos rebeldes que naquela primavera concluiriam o ensino médio, nenhum deles a convidou para o baile de formatura. Ela jamais esqueceria a dor e a solidão de ter sido excluída. Ainda assim, ela ria disso quando estava com os rapazes, que a tratavam como um deles e até discutiam com Janis suas tentativas de pegar garotas. "Era disso que falávamos o tempo todo", Lyons recordou, "a dificuldade para levar alguém para a cama. Suponho que ela também queria ir para a cama." Ele contou uma vez "ter tido um momento com Janis no quintal de alguém. Estávamos conversando, e senti uma ternura muito intensa por ela. Não foi exatamente um momento romântico; não estávamos ficando. Ainda assim foi erótico e poético, um breve momento encantador". Mais tarde, ele escreveu um poema, "Para J. J.", inspirado nessa experiência.

O anuário escolar de 1959 e o álbum de recortes de Janis documentaram a deterioração de seu *status* ao longo do ano: no início, a participação na cerimônia de inauguração do Congresso do Corpo Discente, concentrações de torcida e agremiações, com sua presença em várias fotos em grupo. Inúmeros estudantes, tanto garotos quanto garotas, escreveram em seu anuário *Yellow Jacket*. "Dee Dee" escreveu: "Quando ouvi falar de você pela primeira vez, minha opinião a seu respeito não era tão boa, mas agora devo admitir que você é uma pessoa legal". Billy McDuffie fez a dedicatória ao "melhor pedaço de ferro-velho". Um garoto agradeceu a ela por ajudá-lo com o dever de casa.

Os comentários mais ácidos vieram, outra vez, de Karleen Bennett, que provavelmente quis zombar tanto das inseguranças da própria Janis quanto daqueles que a desprezavam, aludindo à virgindade de Janis, ainda intacta: "Mesmo que eu não possa chamar você pelos mesmos nomes pelos quais todo mundo a chama, estou pensando neles [...] Você sabe o que você é, de modo que não preciso lhe dizer [...] Bom, eu sei o que você é, mesmo que todo mundo ache que você é o contrário [...] (não, não vou para o banco de trás do carro de alguém com você)". Suas linhas finais poderiam muito bem ter magoado a insegura Janis de 16 anos de idade: "Você tem o maior nariz e os olhinhos mais pequeninos e juntos do que qualquer um na T. J. Engraçado, seu traseiro também é o maior. Pena que o resto de você não combina com suas saias curtas e justas!".

As fotografias de Janis, muitas ainda tiradas pelo pai, mostram uma adolescente saudável, com cabelo castanho curto e ondulado e um corpo em desenvolvimento. Nessa época, ela havia chegado à altura de 1,65 metro e tinha o peso normal de 59 quilos. Se Janis sentiu-se magoada pelas cutucadas de Karleen, ela sem dúvida as encarava como o preço a pagar para sentir-se aceita.

No verão seguinte ao décimo primeiro ano, Janis trabalhou no cinema de Port Arthur, recolhendo ingressos, e voltou ao Little Theatre, onde outra vez criou cenários. O teatro havia perdido seu charme, porém, agora que Langdon e os demais, que se preparavam para começar a universidade no outono, mal participavam. Como um ritual de passagem, os rapazes subiram em todas as torres de caixa-d'água do Triângulo de Ouro, e Janis participou de algumas dessas escaladas atrevidas. Ao luar, eles se reuniam no posto abandonado da Guarda Costeira, bebendo vinho e cerveja. "Fazíamos uma fogueira e sentávamos ao redor dela, sobre mantas", disse Adrian Haston. "O assunto das conversas era mais sério do que o esperado para jovens daquela idade." Ele recordou-se de Janis estar preocupada com "mudanças", provavelmente com receio do ano escolar seguinte, pois, sem os rapazes que eram seus amigos, seu círculo especial logo seria rompido. Ela passou a beber mais, acentuando sua depressão. Seu irmão Michael recordou-se de ser provocado aos 6 anos de idade por Janis, que lhe disse: "*Estou bêbada!* Não dá para perceber?".

A solidão seguiu-se à dispersão de seus amigos. Alguns, incluindo Arlene Elster e Dave Moriaty, foram para a Universidade do Texas em Austin, enquanto outros se matricularam na Faculdade Estadual de Tecnologia Lamar, na vizinha Beaumont; Karleen Bennett passava os fins de semana com seu novo noivo, e Kristin Bowen afastou-se de Janis não muito depois de terem ido juntas a uma "festa *beatnik*", na qual os convidados parodiavam os *beats*, usando as estereotípicas boinas e blusas pretas de gola alta. Janis claramente considerava-se uma verdadeira *beat*. Na escola, ela usava *collants* pretos ou roxos (no lugar das típicas meias soquete ou meias-calças), com uma saia lápis justa, e nos fins de semana colocava uma camisa masculina branca extragrande com *jeans* – proibidos na escola – e tênis brancos de lona sujos.

Seu último ano de *high school* começou, no outono de 1959, em um prédio escolar novo em folha, que substituiu a antiga estrutura de 30 anos de idade, em estilo *western deco*, na qual estudara nos dois anos anteriores. A "moderna" construção institucional da nova TJ High exibia inovações "funcionais", como um auditório com ar-condicionado, um amplo ginásio e um pátio interno. Seu enorme Estádio Memorial podia acomodar cerca de 15 mil fãs dos Yellow Jackets, cujo técnico era Clarence "Buckshot" Underwood. Janis não estaria entre os fãs. Ela passara a desprezar os times esportivos e os atletas da escola, e não escondia seus sentimentos. Seu pai, descobriu encantada, abominava o futebol americano quando foi aluno da Texas A&M – um sacrilégio no Texas. Ao contrário de Janis, porém, ele nunca declarou isso de forma pública. "Ele dizia que ir aos jogos era obrigatório lá", contou Karleen Bennett. "Então ele se escondia no *closet* [...] Para ele, o futebol americano era uma idiotice e uma perda de tempo."

Mesmo que Seth, o não conformista, transmitisse o valor do individualismo, os pais pressionavam Janis a tentar se dar bem com os colegas de classe. O pai "tinha muito menos respeito pelo sistema de valores da sociedade do que nossa mãe", refletiu Laura Joplin, "mas ele aceitava a vida e aconselhava Janis a fazer o mesmo". Dorothy sugeriu que ela se matriculasse em desenho mecânico, mas o fato é que garotas não eram bem-vindas nessa disciplina tradicionalmente masculina, e Janis enfrentou ainda mais provocações e insultos. "Não me dei conta de que eu a estava colocando em um contexto emocional ruim", confessou Dorothy mais tarde. "Começaram a dizer que ela estava correndo atrás de garotos e esse tipo de coisa. Isso a magoou terrivelmente."

No último ano, Janis havia se tornado "a imagem de tudo aquilo de que os estudantes não gostavam", de acordo com o amigo dela, Tary Owens. Um dos algozes de Janis iria tornar-se o segundo ex-aluno mais famoso da TJ High. O futuro treinador do Dallas Cowboys (e comentarista de futebol americano da rede Fox), Jimmy Johnson, tinha mais ou menos a mesma idade de Janis, embora estivesse um ano atrás dela na escola. Filho de um funcionário de laticínio do Arkansas, ele já havia perdido os dentes da frente, como astro do Yellow Jackets, na posição de *linebacker*. Ele descobriu o distrito da luz vermelha quando tinha 14 anos: "Encontramos um [...] paraíso para os tomadores de cerveja: os bordéis", escreveu ele em suas memórias. "Havia oito ou nove deles, e vendiam cerveja, e nunca perguntavam nossa idade [...] Os proprietários não nos deixavam ir lá para cima [...] mas os salões eram ótimos para ficarmos tomando cerveja [...] e olhando mulheres com muito pouca roupa. Elas se sentavam em nosso colo e brincavam conosco. Os trabalhadores braçais e as putas nos achavam muito engraçados."

Sentados em ordem alfabética na aula de história, Janis ficava na carteira atrás de Johnson, que, como ele mesmo admitiu, tornou a vida dela um inferno, porque Janis "andava com a turma *beatnik*". Johnson recordou: "A turma dela era, para dizer o mínimo, contra os atletas. Nossa turma era formada pelos atletas [...] e líderes de torcida e balizas que nos acompanhavam e usavam a jaqueta do time escolar. Janis tinha aparência e atitudes tão esquisitas que quando topávamos com ela, em geral nos corredores da escola, nós a infernizávamos. Um de meus colegas de time apelidou-a de 'Beat Weeds'. Beat era por causa de *beatnik* [...] '[W]eeds'[13] tinha a ver com a linguagem dos atletas no sul do Texas. Vamos dizer assim:

---

[13] Em inglês: "ervas". [N.T.]

em outras regiões do país, ela poderia ter ficado conhecida como 'Beat Bush'"[14] disse ele, em referência aos pelos pubianos.

"Beat Weeds" não era o único insulto usado por parte de Johnson e seus amigos. Quando Janis percorria os corredores, os atletas jogavam moedas nela e chamavam-na de "puta" e "vagabunda". Os garotos cujas mãos ela afastava a tapas quando tentavam agarrá-la mais tarde juravam que tinha sido fácil levá-la para a cama. Se Janis saía com um colega de classe, ele tentava embebedá-la e forçá-la a fazer sexo, que ela recusava. Na escola, quando a provocavam, ela dava sua gargalhada mais estridente, respondia com insultos desagradáveis ou apenas virava a cara e olhava para o outro lado. Quando algum professor a pegava xingando seus algozes, ela era mandada para a sala do diretor. As estrelas do time não sofriam qualquer punição. Trinta e três anos mais tarde, em 1993, Johnson (cujos Cowboys acabavam de ganhar o Super Bowl) disse o seguinte à *Sports Illustrated* sobre sua antiga colega de classe: "Beat Weeds [...] nunca usava calcinha". Como Johnson veio a saber disso é uma incógnita.

"As pessoas diziam que ela era fácil, que ela fazia isto ou aquilo", recordou Patti Skaff, que no ano seguinte tomaria o lugar de Karleen como a melhor amiga de Janis. "Dez vezes mais caras disseram que dormiram com ela do que de fato chegaram a sair com ela."

O guarda-roupa boêmio de Janis fez com que fosse ridicularizada. Uma vez, recordou Karleen, quando Janis foi mandada para casa por quebrar o código de vestimenta da escola, ela fez um escândalo ao retornar, berrando no pátio: "*Estou bem-vestida agora?*". Janis tinha sua própria versão *beatnik* caseira da flâmula da escola: uma pequenina bandeira de feltro, presa a uma vareta, com a palavra *YEA* escrita à mão. "Janis dizia e fazia as coisas para ver que tipo de reação obteria", de acordo com a namorada de escola de Roger Pryor (com a qual ele viria a se casar), de modo que ela se tornou um ímã para insultos. Seus dias de tentar enquadrar-se haviam terminado e, embora a rejeição fosse o preço a pagar por mostrar seu verdadeiro eu, ainda assim ela o fez, com convicção cada vez maior. "Eu não tinha com quem conversar", disse Janis mais tarde sobre o último ano do ensino médio, que foi "bastante infeliz". Era doloroso para Seth, ele

---

[14] "Arbusto *beat*". [N.T.]

mesmo um solitário de toda a vida, assistir impotente enquanto a filha sofria nas mãos dos colegas: "Eles a odiavam porque ela era diferente", contou ele à *Rolling Stone* em 1970.

Dorothy estava chocada com a decadência de Janis na escola: de boa aluna, bem considerada pelos professores, ela se transformou em uma estudante relapsa que matava aulas, ia mal nas provas e não se preocupava em entregar os deveres. Como escrivã do Port Arthur College, Dorothy treinava futuras secretárias que em nada se pareciam com sua própria filha e que respeitavam sua opinião. Janis raramente dava ouvidos a seus conselhos, e os anos em que usava obedientemente as roupas feitas em casa eram coisa no passado.

"Lembro-me das brigas em casa, os gritos", disse Michael Joplin. As discussões entre Janis e a mãe com frequência tinham como motivo o guarda-roupa de Janis, incluindo seus tênis brancos imundos. Quando a faxineira os lavou, seguindo as instruções de Dorothy, Janis teve um acesso de raiva.

Quando as discussões subiram de tom, Dorothy foi a um médico e este lhe receitou um tranquilizante para ajudá-la a enfrentar os "problemas domésticos", que, ela recordou, "eram conflituosos o bastante para que ela procurasse um terapeuta em Beaumont". Dorothy mais tarde contou à filha Laura ter dito ao médico que "nós simplesmente estávamos perdendo o contato com nossa filha mais velha, com quem antes tínhamos um bom relacionamento". Seth recusou-se a ir com a esposa e Janis ao aconselhamento familiar que lhes foi recomendado, dizendo que terapia "era tolice" e algo caro demais. Seth, que podia pagar os custos da terapia com facilidade, talvez não acreditasse em psiquiatria, ou talvez se identificasse em segredo com a rebeldia da filha, ou receasse que sua própria psique viesse a ser analisada.

Janis começou a ir a um psicólogo em Beaumont. Anos mais tarde, no auge da fama, ela contaria à imprensa histórias sobre sua adolescência terrível, incluindo a inverdade de que os pais a teriam expulsado de casa. A família negou isso como sendo uma fantasia, mas talvez na mente de Janis os Joplin não quisessem mais a pessoa que ela havia se tornado. "Minha mãe tentava fazer com que eu fosse como todo mundo", contou Janis ao respeitado crítico de jazz Nat Hentoff, em 1968, "e eu nunca seria. Ela sempre me disse para pensar antes de falar." Durante a infame reunião de dez anos da turma da *high school*, em 1970, ela recordou a um repórter, com amargura: "Um médico qualquer disse à minha mãe que se eu não – abre aspas – endireitasse – fecha aspas – terminaria ou na cadeia ou em um asilo para loucos quando tivesse 21 anos".

As realizações artísticas continuaram sendo seu único consolo durante o último ano na escola, tendo ganho vários concursos de arte, um dos quais permitiu-lhe viajar para um evento de arte em Houston. Escapulindo do grupo da escola, ela foi ao café Purple Onion, uma espelunca onde reuniam-se os boêmios da cidade. Durante as últimas semanas de 1959, Port Arthur havia criado seu próprio reduto boêmio, o minúsculo Sage Coffeehouse, inaugurado por Elton Pasea, nascido em Trinidad e ex-marinheiro mercante. Muito amigo de Jim Langdon, Pasea pendurou quadros nas paredes, instalou mesas de xadrez e passou a tocar jazz no hi-fi da loja atravancada. Janis virou frequentadora regular do Sage, e Pasea expunha nas paredes o trabalho dela. Durante o feriado de Natal, ela se reuniu com sua antiga turma, que voltara da faculdade para casa. Comemoraram juntos o Ano Novo no Sage, indo para seus carros a fim de poderem beber cerveja e vinho. No fim da noite, Janis soltou sua melhor voz de Odetta, cantando e dançando em cima das mesas.

Ela mantivera contato com Langdon, visitando-o em Beaumont, onde ele estudava na Lamar e tocava trombone em vários grupos musicais. "Janis e outra garota apareceram certa noite para assistir a meu concerto na Sinfônica de Beaumont e vieram até minha casa", contou ele. "Lembro-me de estarmos deitados no chão, com as luzes quase apagadas, com *Kind of Blue*, de Miles Davis, no toca-discos. Só nos três. Não houve qualquer envolvimento romântico – apenas três almas deslocadas."

Uma semana depois de fazer 17 anos, em 26 de janeiro de 1960, Janis pegou "emprestado" o sedã Willys 1953 do pai para "passar a noite com Karleen". Ela havia bolado um plano para ver músicos de jazz de verdade – em Nova Orleans, a mais de 400 quilômetros de distância. Langdon não quis perder a chance de acompanhá-la na viagem de quatro horas. Janis parou no Sage e anunciou: "Estou indo para Nova Orleans! Alguém quer vir?". Seu colega de classe Clyde Wade disse: "*Você, o quê?* Não tenho nada de grana, mas tenho um cartão de crédito da Gulf!". Dale Gothia, dos Boogie Kings, foi com eles para o carro. "Paramos e compramos umas cervejas e partimos para Nova Orleans!", Wade recordou.

Chegando lá de noite, caminharam pelo French Quarter [bairro francês], onde a música emanava de um bar atrás do outro. A rua Bourbon fervilhava de gente; havia pessoas do lado de fora das casas noturnas que anunciavam a diversão – *strippers*, música e bebidas baratas para viagem. No meio da noite, voltaram para o carro, cambaleando, pois Janis queria devolvê-lo ao pai no dia seguinte. Começou a cair uma chuva fina, e logo o céu desabou na Highway 61, tornando difícil ver o asfalto. A cerca de 20 quilômetros de Nova Orleans, em Kenner, Louisiana, o carro chocou-se contra a traseira de um Chevrolet 1959 que havia parado de repente. Fumaça começou a subir do radiador.

"*Merda!*", berrou Janis. "*Meu pai vai me matar!*"

O outro motorista, Sr. A. E. Gordon, reclamou de dor no pescoço. A polícia estadual chegou para investigar, mas não multou Janis devido às condições do tempo. Mas quando viram a idade dela – ela parecia ter menos de 17 anos – ameaçaram acusar seus acompanhantes de cruzar os limites estaduais com garotas menores de idade, delito previsto na Lei Mann. Janis precisou ligar para Dorothy, que falou em favor de Langdon e dos outros e então transferiu dinheiro para Janis comprar uma passagem de ônibus. Os policiais levaram os rapazes, que entre todos tinham um total de 13 centavos, até os limites da cidade, deram-lhes 1 dólar e avisaram: "Não voltem!". Os rapazes pediram carona.

"Não sei quanto tempo ficamos lá", contou Wade, "mas então passou um ônibus, e Janis estava a bordo, pendurada na janela, acenando e gritando para nós. Nossa aparência era horrível, e foi duro conseguir carona." No fim, os garotos percorreram de carona parte do caminho e depois ligaram para Randy Tennant, que foi pegá-los. "Quando finalmente entramos no Sage, todo mundo sabia da viagem", disse Wade. "Fomos tratados quase como celebridades."

Janis, por outro lado, enfrentou reprovação em casa e na escola, por sair da cidade com os rapazes. Correram rumores de que havia dormido com todos os três. Como tantos garotos já haviam afirmado terem feito sexo com ela, os estudantes alegremente acreditaram na fofoca. O pior medo de Dorothy tornara-se realidade: a reputação de Janis estava arruinada. "A maioria das garotas que apontavam para ela e a chamavam de puta era sexualmente muito mais ativa que ela", disse Tary Owens. "Aliás, eu sei que isso é verdade." Janis enfrentava os xingamentos gritando: *"Vão se foder!"*.

O orientador escolar acusou-a de ser má influência para os demais alunos. O mau comportamento de Janis e as obscenidades proferidas nos corredores se intensificaram. Em março, a escola lhe deu uma suspensão, por causas desconhecidas, mas muito provavelmente por desrespeitar as autoridades escolares ou por xingar seus perseguidores nos corredores. Dorothy foi chamada para uma reunião na TJ, e perguntaram-lhe por que não conseguia fazer a filha ser mais "normal". Mais tarde, Janis refletiu com tristeza: "Tudo o que eu buscava era alguma liberdade pessoal e outras pessoas que se sentissem como eu". Pelo resto do semestre, ela foi repudiada. Dez anos mais tarde, Janis diria ter sido uma "reclusa" durante o ensino médio. Um ano de angústia e humilhação apagaram qualquer bom sentimento que pudesse ter sobre sua vida escolar e qualquer boa lembrança das amizades em Port Arthur.

Com um sorriso apagado, Janis posou com beca e capelo – provavelmente no outono de 1959 – para a foto de último ano que aparece no *Yellow Jacket* de 1960; o exemplar dela não tem nenhuma assinatura ou mensagem dos colegas. Embora tivesse perdido muitas aulas, ela conseguiu se formar com a turma de 1960 em maio. Mais tarde, alguns alunos juraram que ela subiu ao palco caindo de bêbada para pegar seu diploma. Sem dúvida, se não estava bêbada naquela ocasião, Janis não perdeu tempo em celebrar sua libertação da Thomas Jefferson High.

Capítulo 5

"Dezoito Anos e Fodida"

Sou um daqueles jovens das antigas, loucos por emoções [...]
Nunca consegui achar qualquer valor ou qualquer coisa
que valesse a pena ir atrás [...] exceto a diversão.
– Janis Joplin

Janis desejava desesperadamente pegar a estrada como Kerouac, mas com 17 anos não estava pronta, sentindo-se ainda insegura em sua *persona beatnik*. Os pais insistiram para que ela estudasse na Faculdade Estadual de Tecnologia Lamar, por ser próxima e pelo baixo custo. Lamar era a faculdade preferida por muitos alunos formados na TJ, com um currículo voltado para a formação de futuros engenheiros da indústria petrolífera. Janis matriculou-se com relutância, na esperança de cursar o maior número possível de disciplinas de artes e de encontrar pessoas que pensavam como ela. Também sabia que Beaumont ofereceria mais oportunidades para beber e se divertir, seus meios de escape favoritos, aos quais recorria cada vez mais. E pela primeira vez estaria sozinha, com a família a meia hora de distância.

Matriculada na Lamar, Janis mudou-se para o dormitório das calouras, um prédio de tijolos com dois andares. Sendo uma cidade universitária, e maior do que Port Arthur, Beaumont tinha fama de ser mais esclarecida, mas na realidade era igualmente conservadora e, é claro, com segregação racial igualmente rígida. "Não dava para escapar de Port Arthur indo para a Lamar", disse David Moriaty, que frequentou a Universidade do Texas em Austin. "Não havia uma linha divisória entre a formatura no ensino médio e ir a Lamar, que estava logo ali."

Janis logo fez amizade com uma garota de ascendência mexicana, Gloria Lloreda, vinda de Galveston, Texas. Elas se conheceram no dia em que Janis descobriu que o ateliê de carpintaria da faculdade havia destruído por acidente uma de suas obras, com uma serra de mesa. "Ouvi aquele barulho horroroso", Gloria relembrou a gritaria e os xingamentos de Janis. "Ela estava tão transtornada! Aquele foi meu primeiro contato com Janis." Gloria, uma garota calada e mimada, de família católica, admirava a coragem de Janis, e as duas se mudaram para a mesma suíte do dormitório. "Ela era tão direta [...] uma mulher liberada!", recordou Gloria. "Se íamos a algum lugar no campus e algum sujeito bancava o espertinho, ela não deixava barato e reagia com palavrões a toda. Se alguém a irritava, ela deixava isso bem claro!"

Janis de imediato passou a desrespeitar o toque de recolher do dormitório e o código de vestimenta da escola, o que não surpreendeu os ex-alunos da TJ que estudavam na Lamar. "Havia um monte de garotas de Port Arthur no dormitório", Gloria contou. "Elas eram moralistas e conservadoras. Disseram-me que eu não devia ser amiga de Janis porque a reputação dela era muito ruim. Respondi: 'Ei, eu gosto dela!'."

Janis encontrou novas formas de passar dos limites na Lamar. Ela, Gloria e outra colega de quarto, uma caloura de 1,82 metro de altura chamada Annette, fizeram um falso *striptease* para provocar os rapazes do dormitório do lado oposto do pátio. De acordo com Gloria, "Uma noite, por volta de uma da manhã, apagamos todas as luzes e estávamos com nossos maiôs por baixo das camisolas. Piscamos o abajur umas oito vezes e o colocamos no fundo [às nossas costas], então fizemos um pequeno *striptease*. Fomos muito ousadas, vestidas com os maiôs! Achávamos que eles nunca saberiam quem tinha sido, mas no dia seguinte os caras vinham nos dizer: 'Gostamos muito do show!'".

Patti Skaff, nascida em Port Arthur, estava um ano na frente de Janis; havia estudado na Universidade do Texas em Austin, onde fora reprovada, e então se matriculou na Lamar. Elas se conheceram quando a atraente morena foi modelo numa aula do curso de desenho. Patti, uma talentosa artista de uma próspera família de origem libanesa, adorava se divertir. Logo elas começaram a faltar às aulas para ir a bares que não checavam os documentos de identidade. "Passávamos muito tempo nos embebedando ao máximo", recordou Patti. "Nós duas achávamos que éramos párias [...] Éramos nós contra o mundo."

Quando Janis saía para beber com Patti e perdia o toque de recolher, Gloria e as colegas de dormitório davam cobertura para as duas e, se necessário, ajudavam Janis a se esgueirar de volta ao quarto – isso incluía puxá-la para a sacada do segundo andar do prédio. "Quando a monitora passou, dissemos: 'Ah, ela está tomando banho'", recordou-se Gloria. "Então ouvimos alguém cantando e um escarcéu, e [Janis] estava muito bêbada, [e os amigos dela] tentavam erguê-la para o segundo andar. Não estavam conseguindo fazer com que ela alcançasse a varanda, e Janis caía de novo. No fim deu certo, [conosco] puxando de cima e [eles] empurrando por baixo."

Gloria não achou tão divertido o novo mau hábito de Janis – furtar em lojas. Talvez inspirada em Dean Moriarty e Sal Paradise, de *On the Road*, ou talvez apenas procurando mais emoções, Janis começou a surrupiar petiscos e roupas. Gloria descobriu isso durante uma visita de fim de semana aos Joplin, em Port Arthur. "Janis gostava de fazer as coisas para ver se conseguia se safar ilesa; para ter um pouco de emoção", depreendeu Gloria. "Fomos fazer compras e, quando voltamos à casa dela, Janis tirou o suéter e tinha algumas coisas sob a camisa: uma blusa e um lenço. Ela fazia isso só pela diversão; não precisava roubar. Eu lhe disse: 'Olha, quando sairmos juntas, não faça mais isso!'." Mas algumas semanas mais tarde, em uma drogaria em Beaumont, enquanto Gloria pagava pela máscara para cílios que escolhera, o "balconista pediu [a Janis] para abrir a bolsa", disse Gloria. "Ela abriu, e havia coisas lá dentro. Ele nos disse para irmos embora e nunca mais voltarmos. Dei uma dura nela, e Janis respondeu: 'Desculpa. Nunca mais vou fazer isso'." Ela talvez tenha passado a se controlar na companhia de Gloria, mas continuaria roubando de forma ocasional, até ser presa por pequenos furtos em Berkeley, Califórnia, em 1963.

Janis apresentou Gloria a seus amigos de Port Arthur, incluindo Patti Skaff, Jim Langdon e Adrian Haston, e logo Gloria e Adrian começaram a namorar; ambos acabaram casando-se. Segundo Gloria, no começo, "Eu nem pensava em ficar com Adrian, porque achava que Janis gostava dele, mas ela disse: 'Não, somos só bons amigos'". Como sempre, Janis continuava sendo um dos caras, sem namorado. Ela e sua turma de faculdade, que incluía outros calouros de Port Arthur – seu companheiro fã de música, Tary Owens; seu ex-namorado Jack Smith; e o endinheirado Philip Carter –, ficaram amigos dos boêmios de Beaumont. "Nós meio que nos integramos a uma rede muito mais ampla de pessoas que saíam juntas, conversavam e iam às mesmas festas", recordou Langdon.

A família Stopher estava entre as mais interessantes: originários de Thibodaux, Louisiana, Henry (nascido em 1939 e também conhecido como Wali) e Tommy (nascido em 1941) eram os mais velhos de três irmãos que cresceram em Beaumont com a mãe viúva, pianista e professora. Viviam em um sobrado no número 2080 da Blanchette Street, com os quartos dos rapazes no segundo andar. Tommy, um rapaz atraente, com muitas namoradas (um amigo o chamava de "*lothario*"[15]), era um artista determinado, cujo trabalho deslumbrava Janis.

"Tommy era um homem brilhante", disse Henry Stopher sobre o irmão. "Ele começou a fazer esboços, a desenhar e pintar com uns 14 anos, e fazia isso todos os dias. Quando a turma se reunia para bater papo, Tommy levava um caderno de desenho e fazia esboços das coisas." Os dois irmãos tinham viajado juntos pela Europa, e Tommy havia estudado no Instituto de Artes de Kansas City antes de voltar a Beaumont. Janis queria Tommy. Certa noite, durante uma festa na casa dos Stopher, ele e Janis ficaram juntos. "Sendo ambos artistas, a ideia era que iriam para o quarto, e seria fantástico", disse Henry. "Quando saíram, os dois estavam muito bravos. Parece que as coisas não deram muito certo." Contudo, meses depois, quando passeava de carro por Beaumont com Karleen Bennett, Janis parou perto da casa dos Stopher. "Quer ver o lugar onde fiz sexo pela primeira vez?", perguntou a Karleen, apontando para uma janela no segundo andar.

Depois de ficar com Tommy Stopher, Janis já não se recusava quando os caras queriam fazer sexo com ela. Não tinha nada a perder em termos de reputação, pois ainda tinha fama de vagabunda entre os alunos de Port Arthur que estavam em Beaumont. De acordo com Patti, ela

---

[15] Lothario é a personagem de uma peça do século XVIII que seduz e trai uma jovem. O termo entrou para a língua inglesa como sinônimo para um homem atraente e mulherengo. [N.T.]

adotou uma atitude de "Vão falar mal de mim de um jeito ou de outro, então vou mandar ver. Tudo bem, seus filhos da puta, vocês dizem que eu fiz, *então vou lá e faço*".

Ao mesmo tempo, o relacionamento com Patti aprofundou-se, e é possível até mesmo que Janis sentisse atração sexual por ela. "Não exigíamos nada uma da outra", Patti disse. "Era só amizade. Apenas gostávamos de estar juntas." Elas fantasiavam quanto a abandonar a faculdade. "Ela queria que eu fosse para a Califórnia de carona com ela. Mas eu achava que nós duas não chegaríamos longe. Não tínhamos um tostão. Provavelmente uma ia ser um peso morto para a outra." No palco, dez anos depois, ao cantar "Tell Mama", de Etta James, Janis comentou sobre ter 17 anos, "quando aparecem uns pensamentos estranhos na sua cabeça, e você não sabe de onde vieram, aquelas estranhas e pequeninas esquisitices acontecem com você, e você não sabe o que são". Ela então emendou com a letra da música: "Você precisa de alguém que te escute, alguém que te queira, alguém que te abrace, alguém que te queira [...] *Conte para a mamãe, baby!*".[16]

Janis possivelmente estava confusa com seus sentimentos sexuais por Patti, em uma época em que ser homossexual era crime no Texas (a sodomia foi considerada crime em todos os estados americanos até 1962). Cinco anos depois, ao realizar exames físicos e de sangue, o médico de Janis diagnosticou um possível "desequilíbrio hormonal". Janis interpretou isso como uma explicação para a atração que sentia tanto por mulheres quanto por homens. Em uma carta que enviou em 1965 para o namorado, ela questionou se esse suposto "desequilíbrio" seria o motivo pelo qual "não seria de fato uma mulher ou não seria mulher o suficiente ou algo assim [...] Talvez algo tão simples quanto um comprimido [de hormônio] pudesse ter ajudado ou até mudado aquela parte de mim que chamo de EU e que tem sido tão confusa".

Durante o primeiro ano na faculdade, os encontros sexuais de Janis foram com homens, incluindo uma única noite com um ex-aluno da TJ, Dave McQueen, que agora também estudava na Lamar. Filho de um ex-presidiário que se tornara petroleiro, McQueen havia se formado no

---

[16] No original, em inglês: "You need someone to listen to you, someone to want you, someone to hold you, someone to want you... *Tell mama, baby!*". [N.T.]

ensino médio um ano antes de Janis, da mesma forma que Patti. Tary Owens apresentou-os pouco antes de Janis mudar-se para Beaumont, dizendo a McQueen que, como eles, ela estava à margem – "claramente uma de nós". Quando se encontraram para tomar um café, McQueen achou Janis "incrível. Gostávamos de ler, éramos rebeldes e encrenqueiros", ele contou, "e no fim todos queríamos ir para North Beach", em San Francisco, fazer parte da Geração *Beat*. Uma noite, em Beaumont, Janis e McQueen fizeram sexo no banco de trás do carro dele. "Sempre a achei bonita", recordou, "e de repente estávamos sentados lado a lado e a coisa rolou."

Logo depois, Janis apresentou-o a Patti, e sua melhor amiga começou a namorar McQueen. "Ela ficou magoada quando Dave e eu ficamos juntos", refletiu Patti, talvez não percebendo que a causa do sofrimento de Janis teria sido a perda *dela*, e não de McQueen. Todos os amigos próximos de Janis arranjaram par, incluindo Jim Langdon, que se juntou com Rae Logan, aluna da Lamar com quem se casaria no ano seguinte. Os casais, porém, incluíam Janis em suas saídas, e a turma costumava matar aulas para ir se divertir. Certa tarde, Rae e Jim, Gloria e Adrian e Janis foram para Austin, onde dividiram um quarto de motel e deram uma festa que incluiu seus amigos da Universidade do Texas, David Moriaty e Randy Tennant. Janis não conheceu muito da cidade; dezoito meses mais tarde, porém, uma nova viagem a Austin mudaria sua vida.

Em Beaumont, a exploração musical de Janis continuou. Jim Langdon estava fascinado com o acervo reunido pelo renomado folclorista Dr. Francis Abernathy, professor da Lamar, cujas gravações de campo e discos de 78 rotações dos primeiros blues ele compartilhou com Janis e outros. "Jim Langdon explorou todo o Departamento de Inglês e chegou à coleção de discos do Dr. Abernathy", Henry Stopher recordou. "Ele tinha discos de cantores de blues das décadas de 1920 e 1930, e foi esses que Langdon pegou. Todos nós os ouvimos e ficamos malucos. Eu estava tão fechado em minha pequena cultura que demorou muito para sequer entender as palavras. Mas Janis escutou de novo e de novo e de novo, e logo ela estava cantando as músicas de Bessie Smith."

Janis procurou mais gravações da Imperatriz do Blues (1894-1937) e ficou obcecada com o que o escritor Carl Van Vechten, na década de 1920, descreveu como Smith "abrindo o coração com uma faca até expô-lo [...]

de modo a fazer-nos sofrer junto com ela, exposta com uma ferocidade rítmica". Já atraída pela "sinceridade" da música de Lead Belly, Janis começou a "ler livros sobre o blues e o nome de Bessie Smith aparecia o tempo todo", contou ela em 1970. "Assim, mandei inúmeras cartas e consegui vários discos dela. Apaixonei-me de fato por ela." A paixão foi tamanha que Janis exageraria o número de anos durante os quais imitou o estilo de Smith: "Nos primeiros dez anos em que cantei", afirmou mais tarde, "eu cantava igual a Bessie Smith. Eu a copiava muito e cantava todas as suas músicas". Na verdade, Janis morreu dez anos depois de descobrir Smith. Apenas dois meses antes de morrer, Janis ajudou a comprar uma lápide para o túmulo não identificado da rainha do blues e discutiu a possibilidade de criar um fundo para oferecer bolsas de estudo em sua honra. "Ninguém jamais me afetou tanto", contou ela a Chris Albertson, biógrafo de Smith, em 1970, enquanto ouviam juntos uma gravação de Smith nos estúdios da Columbia Records. "Bessie me fez querer cantar."

Embora fascinada por Smith e o blues, Janis ainda se considerava primariamente uma pintora, não cantora. Ela dava suas pinturas de presente aos amigos, incluindo Langdon, a quem deu um autorretrato nu em tons de azul, claramente influenciado por Amedeo Modigliani (1884-1920). Assim como pesquisara Smith, ela leu sobre esse artista, romantizando seu comportamento autodestrutivo e sua breve e trágica vida, marcada por alcoolismo, vício em drogas e doenças. Modigliani, citado por Kerouac em *On the Road*, fora homenageado, em 1958, com uma retrospectiva do Museu de Arte Moderna da cidade de Nova York, sobre a qual Janis havia lido na *Time*. Naquele mesmo ano, a filha do artista, Jeanne, publicou *Modigliani: Man and Myth*, que foi tema de um artigo na edição de 1º de dezembro da revista. Logo depois disso, os retratos e nus femininos melancólicos e angulosos de Modigliani começaram a influenciar o trabalho de Janis, ainda em evolução. Os pais colocaram na parede da sala de jantar uma de suas chamativas figuras masculinas, em tons escuros. Eles elogiaram o retrato que ela fez de Laura Joplin aos 11 anos. Mas a admiração da família e dos amigos por seu trabalho, e as poucas vendas que fazia por meio da Sage Coffeehouse, já não eram suficientes para dar-lhe a confiança e a atenção de que necessitava como artista visual. Exposta à arte habilidosa e única de Tommy Stopher – pinturas, esculturas e *assemblages* –, Janis começou a duvidar de seu trabalho. O receio de não ter o talento que os pais e professores haviam identificado e incentivado deve tê-la assustado. Quem iria ser agora?

Em vez de esforçar-se mais para desenvolver uma visão original e própria, Janis passou a beber mais do que nunca. "Juntávamos o dinheiro que nunca tínhamos e íamos até o Paragon Drive-In para comprar um galão de cerveja por 50 centavos, se levássemos nossa própria jarra", Patti recordou-se. "A gente bebia e depois vomitava. Achávamos que estávamos nos divertindo." De vez em quando, Janis também tomava comprimidos de dieta – anfetaminas –, muito fáceis de conseguir no campus.

Uma viagem para Houston, ostensivamente para ouvir música em alguns clubes, terminou com Janis no hospital. "Aos 17 anos, fui para Houston, tomei um monte de comprimidos, abusei do vinho e pirei", escreveu ela em uma carta, cinco anos depois. Embora minimizasse o episódio aflitivo, escrevendo: "Me mandaram para casa, fui hospitalizada e fiquei bem", ao voltar à faculdade ela começou a se tratar com um psiquiatra *e* um psicólogo. Seu diagnóstico e o tratamento que fez são desconhecidos, mas com certeza as anfetaminas, em combinação com um elevado consumo de álcool, cobraram seu preço, agravando sua tendência à depressão. Anos depois, Janis contou várias versões a um médico e aos amigos: que fizera um tratamento para alcoolismo aos 17 anos, que havia feito terapia de choque de insulina e que, após um colapso nervoso na faculdade, tinha sido internada em um hospital de Beaumont. Nenhuma dessas alegações foi confirmada. Quando indagada, no começo dos anos 1970, sobre a crise de saúde mental de Janis aos 17 anos, Dorothy Joplin minimizou o episódio dizendo que os problemas de Janis foram resultado de "matar aulas e ficar com a consciência pesada". O que quer que tenha acontecido, no fim do semestre Janis recebeu um B em Inglês, mas foi reprovada nas outras matérias.

Apesar do colapso e da terapia, ela lidou com os fracassos acadêmicos continuando a beber após voltar a Port Arthur. Durante as férias de inverno, a folia continuou com os velhos e novos amigos. Philip Carter dava festas frequentes, às quais compareciam Janis e Patti, ainda sua principal confidente. "Os pais de Phil foram para o clube de campo no *réveillon*, e aí ele convidou todo mundo para uma festa em sua casa", contou Patti. "[Janis] e eu fomos instigadas a brigar uma com a outra. Não sei por quê – talvez estivéssemos apenas doidonas. Estávamos bebendo vodca e [...] começamos a brigar, puxando os cabelos, arrancando botões [...] Janis rolou pela escada com a camisa toda rasgada e os seios de fora, então a mãe e o pai de Philip entraram pela porta da frente. A mãe começou a berrar. Eles nos expulsaram da casa na mesma hora." Nenhuma das duas garotas voltou para a Lamar no semestre seguinte.

Ao completar 18 anos, em janeiro de 1961, Janis estava perdida, desestimulada com a pintura e ainda não fortalecida pela música, uma aluna fracassada, confusa e deprimida. Pela primeira vez pensou em tornar-se cantora profissional. Depois de assistir ao ensaio de uma comédia musical chamada *The Boy Friend*, em um teatro comunitário de Beaumont, ela confessou a uma das cantoras, Frances Vincent, aluna da Lamar: "Quero fazer o que você faz!".

Vincent recordou: "Ela disse aquilo com paixão – acho que queria ser o centro das atenções". Janis mais tarde comparou o ato de cantar com a pintura, dizendo: "Cantar faz você querer se abrir, enquanto pintar, eu sinto, faz você ficar trancado. Quando comecei a cantar, isso tipo me fazia querer falar mais com as pessoas e sair mais de casa".

Janis cantava apenas de forma casual, entre amigos, mas ela estudou sua possível nova vocação, visitando a loja de música de Port Arthur e tocando os discos na cabine de audição. "Passávamos horas ouvindo uma pilha de discos", recordou Patti. "Ela ouviu o cantor cego de blues Reverend Gary Davis e Bessie Smith. Foram os que levamos para casa. Mas ela ouvia de tudo: jazz e country, mas principalmente antigos *bluesman* negros." Entre os artistas de country and western (C&W), ela gostava particularmente de Hank Williams e apreciava música *cajun*, como "Jole Blonde", criada pelo violinista Harry Choates, de Port Arthur, mais tarde chamado de "o padrinho da música *cajun*".

Quando Patti visitava os Joplin, eles conversavam sobre música. Dorothy descrevia suas próprias aspirações juvenis como cantora, enquanto

Seth ficava calado em sua poltrona, ouvindo O *Cravo Bem Temperado*, de Bach, no toca-discos. O pai de Patti tinha um gravador de rolo Webcor e, em sua casa, Patti gravou Janis tentando cantar as músicas de Bessie Smith. Mas os pais de Patti passaram a desaprovar a amizade das duas, depois que o filho mais novo, Sammy, falou-lhes sobre a má reputação de Janis na TJ. Então Janis e Philip Carter apareceram na casa dos Skaff com um jovem negro no banco de trás do carro. Era apenas alguém a quem haviam dado carona, mas o pai de Patti achou que Janis estava ajudando a filha em um caso secreto "com um negro" e teve um acesso de fúria. Sammy Skaff parece ter continuado a criar caso: quando ele e seu melhor amigo, George William "G. W." Bailey (que viria a tornar-se ator na série de televisão *M*A*S*H* e nos filmes da série *Loucademia de Polícia*), viram Janis em um churrasco, consta que foram perturbá-la e, como sempre, ela reagiu, gritando e chamando atenção. Ao ver seu ex-namorado Jack Smith, que tomava cerveja e ouvia música, ela o agarrou, recordou ele e disse: "Seja meu cavaleiro vingador! Seja meu cavaleiro vingador!". Foi o que Smith fez, empurrando Bailey e dizendo-lhe para deixar Janis em paz. (Bailey mais tarde descreveu o incidente como "uma festa doida que rolava com um pouco de maconha. Houve um princípio de briga, mas não teve nada a ver com Janis".) De qualquer modo, Jack e Janis se reaproximaram na festa e passaram a ver-se com alguma frequência.

Os pais tentaram conter os problemas criados por Janis mantendo-a longe de Michael e Laura, que agora tinham 8 e 12 anos, respectivamente. "A hostilidade declarada barrou as tentativas de Janis de incentivar Michael e eu a seguir seus passos", escreveu Laura mais tarde. Resoluta, Janis manteve o comportamento escandaloso: embebedando-se, ficando fora a noite toda e procurando emoções e atenção. Uma de suas brincadeiras mais perigosas envolveu subir com alguns amigos até o vão mais alto da Rainbow Bridge de Port Arthur, que cruza o rio Neches. Empoleirado em uma passarela 60 metros acima da água, um deles jogou uma garrafa de cerveja em um rebocador lá embaixo. Um motorista viu os vândalos, mas, quando os carros de polícia chegaram, Janis e companhia de algum modo conseguiram convencer os policiais a não os prender.

Em março, Dorothy insistiu para que Janis se matriculasse no Port Arthur College, onde poderia aprender a perfurar cartões, uma habilidade com boa procura em 1961. Começando como "aluna especial de meio período", Janis logo passou para período integral e na realidade deu-se muito bem no ambiente da escola de administração. Excelente datilógrafa, também recebeu notas altas em contabilidade, marketing, inglês e perfuração de cartões. Sua mãe, encantada, mais tarde elogiou-a, descrevendo-a como "uma datilógrafa maravilhosa e uma boa operadora do perfurador de cartões". Em julho, Janis já concluíra o curso, e Dorothy arranjou para que ela fosse morar com sua irmã Mildred, em Los Angeles. Agora conhecida como Mimi, ela morava não muito longe de outra irmã, Barbara Irwin, uma corretora de imóveis divorciada. O sonho de Janis de conhecer sua mítica Costa Oeste estava prestes a tornar-se realidade.

"Como ajudei Mildred [no passado], achei que ela certamente estaria disposta a retribuir e me ajudar", explicou Dorothy mais tarde. "Assim, perguntei se Janis poderia ficar com ela por um breve período e ver se podia encontrar lá uma oportunidade para sua habilidade como perfuradora de cartão." Embora empolgada com a viagem, Janis disse aos amigos que tinha sido "banida" pela mãe, para não ser uma má influência para os irmãos. Em um sábado de julho, Janis embarcou em um ônibus "fedido" da Greyhound, nas palavras de Laura, com seus pertences acomodados em um conjunto de malas novo em folha, comprado pela mãe. A viagem de quase 2.700 quilômetros, atravessando Texas, Novo México e Arizona até chegar à Califórnia, deve ter dado a Janis uma ideia das viagens sobre as quais lera em *On the Road*. E como Sal Paradise, ela fez amizade com um companheiro de viagem: um jovem afro-americano ao lado do qual se sentou durante a maior parte da viagem.

Quando Mimi e Barbara a receberam na rodoviária, Janis lhes apresentou seu novo amigo, efusiva, antes que as tias a levassem embora com toda a pressa. Dorothy não lhes contara nada sobre os interesses e talentos da sobrinha aspirante a *beatnik*, além de suas habilidades na perfuração de cartões e em contabilidade, mas Janis logo se mostraria por inteiro às tias.

Mimi morava com o marido, Harry, e a filha de 15 anos, Donna, que mais tarde recordou ter ficado impressionada com a coragem da prima em viajar sozinha para a Califórnia. A casa deles, em Brentwood, tinha um galpão nos fundos, usado principalmente como estúdio de pintura por Harry. Janis instalou-se ali, onde colocaram uma cama improvisada. Na primeira noite que passou no local, ficou acordada quase até o amanhecer, trabalhando em uma pintura e surpreendendo Mimi na manhã seguinte.

Com a ajuda das tias, Janis encontrou emprego como operadora de perfurador de cartões na filial de Santa Monica da General Telephone Company. Ela pegava o ônibus para trabalhar de segunda a sexta e começou a economizar dinheiro para alugar seu próprio espaço. Janis passava a maior parte do tempo sozinha, mas às vezes trazia alguém para casa. Uma ocasião que Mimi nunca esqueceu foi quando Janis anunciou que um cara com "mãos perfeitas" iria posar para um retrato de um homem tocando violão. Ela recordou que Janis dissera: "Não pense que sou louca por ele. Não sou. Ele vai ter um choque quando descobrir que só quero pintar suas mãos". Outro incidente edificante com a sobrinha fora do comum aconteceu em um restaurante que tinha música ao vivo. Quando a banda tocou o clássico de Nova Orleans "When the Saints Go Marching In", Janis jogou longe os sapatos, pulou da cadeira e cantou junto, com seu potente soprano. Até aquele momento, Mimi nada sabia sobre o talento vocal de Janis.

Barbara Irwin por fim encontrou um apartamento barato para a sobrinha, mas logo ficou evidente que Janis não conseguia lidar com a responsabilidade de pagar o aluguel. Barbara, a quem Dorothy descreveu como "bem mais espirituosa e bem-humorada" do que Mimi, convidou Janis para morar com ela e com a filha adolescente, Jean. Divorciada duas vezes, Barbara tinha "mais em comum" com Janis, de acordo com Dorothy, e acomodou-a em seu apartamento de dois quartos. Uma bebedora inveterada, envolvida com um corretor casado que trabalhava na agência imobiliária, Barbara às vezes incluía Janis na *happy hour* diária deles. Contudo, Jean acabou ficando com ciúme do vínculo que Janis formou com sua mãe, e o clima ficou pesado. Janis, enquanto isso, estava ansiosa para conhecer Venice Beach, o reduto *beat* vizinho a Santa Monica, e queria começar de verdade sua vida *beatnik*.

Descrita por Lawrence Lipton em seu livro *The Holy Barbarians*, de 1959, como um refúgio para "boêmios [que] ouviam LPs novos de jazz e velhos 78 rotações de blues, tomavam vinho, tocavam tambores, sopravam *kazoos*, fumavam maconha e usavam benzedrina para manter-se acordados e lançar suas revelações noite adentro", no verão de 1961 Venice já havia passado de seu auge. Um sinal claro de que estava ultrapassada era o artigo da revista *Life*, de 1959, destacando a vizinhança como "Beatsville".

Em 1905, o fundador de Venice, o empresário Abbot Kinney, havia moldado a área inspirado nos canais e na arquitetura de Veneza, na Itália, promovendo-a como a "Coney Island[17] do Oeste". Nos anos 1950, com seus edifícios e canais dilapidados e cheios de concreto, Venice tornou-se um destino barato para poetas, escritores e jazzistas. Quando Janis a descobriu, em agosto de 1961, a área era "conhecida na cidade como o lugar para conseguir uma trepada fácil, uma gozada fácil, um barato fácil", de acordo com John Arthur Maynard, em *Venice West: The Beat Generation in Southern California*. Além dos *beats*, "turistas, adoradores do sol e fisiculturistas ainda lotavam a praia de dia, mas a noite pertencia aos ladrões, bêbados e psicopatas".

Depois de conhecer por acaso, no ônibus, um morador de Venice, o fascínio de Janis com a comunidade *beat* aumentou, e ela colocou em andamento o plano de sair da casa de tia Barbara. Ela conseguiu economizar dinheiro suficiente em seu emprego como perfuradora de cartões para alugar um apartamento em cima de uma garagem, no número 25½ da avenida Brooks, entre o beco Alley e a avenida Pacific, a cerca de uma quadra da praia.

Finalmente sozinha, Janis estava pronta para experimentar. Ela por fim havia encontrado a liberdade para explorar bebidas, drogas e sexo com diversos parceiros, homens e mulheres. Sua chegada coincidiu com o último suspiro da Gas House, desde 1959 um reduto *beat* de poetas, músicos e artistas, que mantinha uma luta constante contra decretos locais (como a proibição a tocar bongô), cujo objetivo era fechá-la. O local havia se tornado primariamente uma galeria de arte com eventuais apresentações acústicas, incluindo alguns improvisos de Janis.

Em 1961, a maior parte dos notáveis de Venice haviam abandonado a cena: Eric Nord, também conhecido como Big Daddy, um dos primeiros empresários da Gas House, tinha voltado a North Beach, onde abriu a Co-Existence Bagel Shop. O destacado poeta *beat* Stu Perkoff havia

---

[17] Bairro da cidade de Nova York à época conhecido por seus parques de diversão. [N.T.]

vendido seu Venice West Espresso Café e tornara-se viciado em heroína. O café continuou em funcionamento, porém, sob nova direção, e Janis passou a frequentá-lo regularmente. Ela adquiriu o hábito de fumar maconha e aprendeu a arte de enrolar baseados, mais tarde referindo-se a si própria, na época, como uma *"grasshead"* [maconheira]. Um de seus novos amigos, um sujeito magricela apelidado de Big Richard ("porque ele não era", explicou Janis) foi quem a iniciou; outro lhe deu Seconal, um barbitúrico, ou tranquilizante, e ela logo estava misturando as cápsulas vermelhas com vinho, para ter um barato relaxante.

Os amigos *beatnik* também a incentivaram a cantar e pintar. Talvez ela tenha visitado a exposição de Modigliani no Museu de Arte do Condado de Los Angeles naquele ano, mas seu gosto agora se voltava para o "conceitual". Na parede de seu apartamento, ela exibia uma colagem composta por uma corda, um osso ressecado e ervilhas secas resgatadas de uma tigela de sopa. Um dia, tia Bárbara e o namorado fizeram uma visita e ficaram chocados com a pobreza do apartamento. Olhando um velho barril cheio de lixo no meio da sala, a tia de Janis resmungou: *"Você não foi criada para viver desse jeito!"*. Eles foram embora e nunca mais voltaram. Ainda que a própria Barbara também fosse um tanto transgressora, o estilo de vida de Janis passava das medidas. "Barbara sempre quis que as coisas fossem corretas", Seth Joplin disse, "e quando Janis [conseguiu o apartamento em Venice], Barbara lavou as mãos. Ela simplesmente a largou."

Janis na verdade também estava ficando muito insatisfeita com Venice. "Eu estava convivendo com todo tipo de viciados barra-pesada", refletiu ela mais tarde, "embora não entendesse isso na época. As pessoas estavam me enganando e roubando de mim o tempo todo, e no fim fiquei bem infeliz com tudo aquilo." Quando saiu de seu emprego na companhia telefônica, ela recebeu cerca de 1.300 dólares (o equivalente a 8 mil dólares atuais), mas aos poucos gastou a maior parte de suas reservas.

Ela viajou sozinha de carona para San Francisco, onde finalmente conheceu North Beach. Quando escreveu a Jim Langdon contando seus planos, ele e Randy Tennant saíram de carona do Texas para ir encontrar Janis lá, mas foram presos no Wyoming por viajarem de trem sem pagar a passagem. Em sua aventura solitária, ela descobriu a livraria City Lights, de Lawrence Ferlinghetti, na avenida Columbus, e frequentou cafés como o Co-Existence Bagel Shop. Ainda com 18 anos, ela enfrentava dificuldades para entrar em bares onde a idade mínima para o consumo de álcool era 21 anos, mas de vez em quando convencia alguém a comprar-lhe uma garrafa de vinho. Ela ficava em hotéis baratos, a 8 dólares o pernoite, ou dormia em parques.

O novo visual *beat* de Janis veio de uma loja de artigos militares de North Beach: uma jaqueta de aviador da Segunda Guerra Mundial, de couro com forro de pele de carneiro, que ela costumava usar do avesso. Ela foi até o Fox and Hound, reduto *beat* na avenida Grant, e, enquanto fumava um charuto, bateu um papo com o porteiro, Dave Archer. Este relembrou que, com seu sotaque do Texas, ela lhe perguntou se seria possível cantar lá. Achando graça na texana com jeito de garoto, ele a deixou entrar, e ela cantou *a cappella* "Silver Threads and Golden Needles", um C&W gravado em 1956 por Wanda Jackson, de Oklahoma. Mais tarde, Janis levou Archer, que era *gay*, para seu decrépito quarto de hotel, onde passaram a noite toda conversando e tomando vinho.

Em um dado momento, Janis viajou de carona para Los Angeles com uma garota chamada Sally Lee a fim de buscar seus poucos pertences; fazia muito tempo que ela já se desfizera das malas novas. De volta a North Beach, a estada de Janis em San Francisco foi curta; ela só tinha dinheiro suficiente para comprar a passagem de volta para casa. Estava com "Dezoito anos e fodida", como recordou mais tarde, em uma carta. Sua primeira parada no Texas foi na casa de Jim e Rae Langdon, em Beaumont. "Ela estava com sua jaqueta de pele de carneiro e parecia bem doida", recordou Rae, então grávida do primeiro filho. "As ideias dela eram malucas. Minha irmã apareceu em casa e ficou meio chocada." Jim, que ainda não havia experimentado maconha, insistiu para que Janis partilhasse seu estoque com ele e com Henry Stopher, que viera fazer uma visita. "Jim foi persistente", contou Stopher. "'*Eu sei que você tem erva aí, Janis. Queremos fumar. Qual é!*' E ela dizia: 'Não, cara, tenho só o suficiente para mim'. Mas, por fim, ela enrolou um baseadinho fininho para nós."

Depois de uns dias, ela pegou um táxi e voltou para casa, na Lombardy Drive. "Nunca vou esquecer quando ela apareceu", disse Seth Joplin. "Não achávamos que ela viria. Uns dois dias antes do Natal, um táxi apareceu, e dele saiu Janis. Ela e o motorista começaram a jogar caixas de papelão por todo o pátio. Todos os pertences dela estavam em umas dez caixas, todas bem amarradas com barbante branco. Lembro-me da expressão no rosto do motorista. Ele olhava para ela, e olhava para as caixas, e olhava para mim. Foi engraçado."

Talvez apenas um homem que via a filha viver sem ser tolhida pelo medo – como ele queria ter feito – pudesse achar graça naquela cena. A filha pródiga havia voltado da Califórnia para recuperar-se após passar de seus limites e, como na parábola, o pai a acolheu. Assim teria início um padrão, com Janis aventurando-se na Costa Oeste, passando dos limites até exaurir-se mental e fisicamente, e então buscando refúgio entre aqueles que a amavam, ainda que a compreendessem cada vez menos.

Capítulo 6

Encrenqueira

*Parece que nunca fui capaz de controlar meus sentimentos,
de mantê-los contidos [...] Quando você sente com tanta intensidade,
batem deprês super-horríveis. Eu fugia, surtava, ficava maluca [...]*
– Janis Joplin

De volta ao Texas, quando Janis reencontrou os amigos, de imediato eles reconheceram as mudanças: ela estava mais experiente, autoconfiante. Como única pioneira do grupo, e tendo se aventurado para além do Triângulo de Ouro, até North Beach, ela havia adotado o linguajar *beat*; Janis usava mais palavrões do que nunca, fazia referências casuais a drogas e enrolava baseados com destreza. Ao sobreviver nas ruas por algum tempo, ela descobriu a intensidade emocional do comportamento arriscado – talvez o único que estivesse à altura de seus sentimentos tão intensos e a carência que trazia dentro de si. Era como se ela estivesse voando no "*giant stride*" no quintal de seu pai, e não suportasse a ideia de parar.

Pouco depois de contar aos amigos que havia cantado em público na Califórnia, Jim Langdon levou-a a um show de seu amigo Jimmy Simmons em Beaumont, no *réveillon*. O estudante da Lamar apresentava-se com uma banda de jazz e chamou-a ao palco para cantar uma música – ninguém se recorda qual. Mas em vez de uma voz suave de "cantora menininha", Janis soltou a voz em seu estilo de blues *à la* Bessie Smith. A apresentação terminou logo depois do primeiro número.

"Eles queriam uma coisinha de som doce, para gente branca", contou Langdon. "Ela não cantava como June Christy – se bem que acho que cantaria, se quisesse. Jimmy não deixou que ela cantasse mais. Ele não gostou de Janis. Ela não era aquilo com que as pessoas estavam acostumadas."

Langdon, imperturbável, procurou outras oportunidades. Entre os músicos que conhecia, o mexicano-americano Ray Solis tocava piano em várias bandas no Big Oak e no Lou Ann's. Quando a dupla foi contratada para criar um jingle para um banco de Nacogdoches que celebrava seu aniversário de 50 anos, Langdon sugeriu que Janis o cantasse. Eles gravaram o áudio para o comercial com letra baseada na música folk "This Land Is Your Land", de Woody Guthrie. "Pusemos uma letra melosa", disse Langdon. "'Este banco é seu banco, este banco é meu banco, de Nacogdoches às águas da Costa do Golfo. Cinquenta anos de economias, cinquenta anos de serviços, este banco pertence a você e a mim.' Janis cantou num estilo folk por cima da banda. O banco não aprovou o jingle – mas foi a primeira gravação dela."

Janis escapava de Port Arthur para ouvir música, indo de carro com Tary Owens para Beaumont; poucos brancos iam aos clubes negros onde se apresentavam bandas de jazz e R&B. De vez em quando, esbarravam em dois irmãos albinos, Johnny e Edgar Winter, talentosos músicos de Beaumont pouco mais novos que Janis. Daí a alguns anos, Janis voltaria a ter contato com Johnny Winter em Nova York, tocariam juntos e iriam lamentar-se sobre suas cidades natais vizinhas. Por meio de Langdon, Janis conheceu o trompetista afro-americano George Alexander, ex-músico de apoio de "Gatemouth" Brown que lecionava música em uma escola local e tocava jazz nos fins de semana. "Estávamos entrando na cultura negra o máximo que podíamos", recordou Owens. "Íamos àquelas pequenas casas noturnas em Beaumont e Orange para escutar música negra." Os brancos eram aceitos lá, ao contrário dos locais segregados em Port Arthur.

Logo depois de completar 19 anos, em janeiro de 1962, Janis voltou a se matricular na Lamar como aluna não residente no campus, para o semestre de primavera. Por conta de seu fracasso anterior, e numa tentativa de refrear suas farras, Seth e Dorothy exigiram que ela morasse em casa. Janis procurou alternativas, incluindo um imóvel comercial abandonado, em um cinema *drive-in*, que ela queria reformar. Os pais proibiram terminantemente, Janis cedeu, instalou-se em seu antigo quarto e começou a assistir aulas alguns dias por semana. À noite, trabalhava como garçonete, "tirando chope", como recordou, em uma pista de boliche na vizinha Port Neches. Depois do expediente, por volta da meia-noite, ela se encontrava com Patti Skaff, agora noiva de Dave McQueen. Arrancando a redinha que usava nos cabelos, ela pegava algumas cervejas e ia até a casa dos Skaff. "Eu dava uma escapada, e saíamos para tomar cerveja [...] e ficar olhando a lua", contou Patti sobre o vínculo que se reestabeleceu entre elas.

Em outras noites, Janis se encontrava com seu velho amigo Jack Smith, que também trabalhava em Port Neches e cuja namorada cursava a faculdade em outra cidade. Eles ouviam música no Pleasure Pier, em Port Arthur, e, durante concertos segregados de artistas negros como Chubby Checker e Jimmy Reed, eles escutavam a partir do estacionamento. Janis protestava contra a intolerância racial de sua cidade natal e ficou satisfeita quando o delegado da cidade foi afastado devido a um escândalo, depois que se revelou que havia recebido 85 mil dólares em suborno de contraventores. O Departamento de Justiça do Estado havia começado a investigá-lo depois que o jornal *Beaumont Enterprise* publicou matérias denunciando subornos, jogatina e prostituição em Port Arthur; como resultado, a maioria dos bordéis e casas de jogo da cidade foi fechada.

Certa noite, enquanto ela e Jack esperavam em uma ponte basculante que fora erguida para permitir a passagem de um rebocador, Janis convenceu Smith a sair do carro e roubar uma lâmpada de sinalização da entrada da ponte. Depois que cruzaram a ponte, a polícia os parou. Na delegacia, Jack foi levado à sala de detenção para interrogatório, enquanto Janis pedia que o deixassem ir: "*A lâmpada estava queimada! Não servia para nada! Soltem ele!*". "Janis acabou com eles", Smith recordou. Ele foi solto sem nenhuma acusação. Voltando para casa, ela chorou histericamente, e a culpa e os remorsos foram o preço de uma vez mais ultrapassar os limites.

Em fevereiro, Patti e Dave McQueen se casaram e convidaram Janis e o colega de classe Philip Carter para irem com eles na viagem de lua de mel a Nova Orleans, durante o Mardi Gras. Carter pegou emprestado o carro do pai para a aventura, uma vez que o casal "não tinha dinheiro, só uns 10 dólares", Patti contou. Depois de se separarem, e de vagarem pelo French Quarter, bebendo o dia todo, eles planejavam encontrar-se e dormir todos no sedã de Carter. Quando Janis voltou ao carro, os outros três, desmaiados, não destrancaram as portas rápido o suficiente para deixá-la entrar, e ela afastou-se num acesso bêbado de raiva. Ao retornar no dia seguinte, ela lhes contou, com naturalidade, que havia ficado com um marinheiro que tinha um quarto de hotel, "para poder dormir um pouco".

Janis já não tolerava a rejeição dos amigos, mesmo não sendo proposital. Como moradora de rua em North Beach, ela havia aprendido o que era necessário para sobreviver, e não demonstrava vergonha quanto a isso.

Naquela primavera, nas idas e vindas entre Port Arthur e Beaumont, Janis, a garota que terminara o ensino médio ainda virgem, foi sem dúvida quem mais ousou sexualmente dentre sua turma. Ela dormia com desconhecidos e com outras mulheres, em uma época em que, no Texas, as relações entre pessoas do mesmo sexo ficavam no armário, para dizer o mínimo. Jack Smith recordou o conflito de emoções de Janis quanto à sua atração por mulheres. Numa festa na praia, ao explicar por que havia ido para o banco de trás de um carro com uma garota, ela disse a Smith: "O álcool faz a gente fazer coisas estranhas". Quando ele a levou para casa, Janis lhe perguntou: "Será que isso me torna uma má pessoa? Como você se sente a meu respeito agora?". Smith mais tarde contou à escritora Alice Echols que ele garantiu a Janis que "seus sentimentos por ela não tinham mudado, acrescentando: 'Parecia muito natural para Janis aventurar-se tanto'". Quando Jim Langdon presenciou Janis ficando com uma mulher de Beaumont, ela foi "muito franca sobre o episódio. Ela apenas fazia o que tinha vontade de fazer [...] com qualquer um".

Os sentimentos de Janis por Patti McQueen ficaram evidentes em uma noite na qual Dave fazia o turno da noite como DJ de uma rádio. Durante uma festa no apartamento de porão dos McQueen, em Beaumont, Janis e Patti começaram a beijar-se na frente de todo mundo. "Estávamos conversando, muito bêbadas, e uma olhou para a outra e nos abraçamos, e nos beijamos", disse Patti. "Era só um ato de amor no meio de uma sala lotada de gente. Ela e eu nos amávamos muito, de verdade." O marido dela chegou enquanto estavam abraçadas, e então "ficou bêbado como um gambá", recordou Gloria Haston, "e aquilo criou muito problema". Uma hora depois, McQueen, furioso, atirou uma garrafa na esposa, que havia desmaiado em uma cama ao lado de várias outras pessoas, incluindo Jack Smith. Em vez de atingir Patti, a garrafa acertou o rosto de Smith, quebrando-lhe os dentes da frente. Chorando e mais uma vez culpando-se pelo incidente, Janis levou de carro o amigo para o hospital. "Seguimos o carro dela de volta até Port Arthur", disse Adrian Haston. "Ela estava horrorizada com tudo o que acontecera."

Depois de ficar na dela por algum tempo, Janis sempre voltava a reatar com Patti, muitas vezes com consequências perniciosas. "Quando Patti e Janis se juntavam, a coisa podia ficar perigosa", contou Jim Langdon sobre as noites em que todos cruzavam o rio e iam se divertir nos bares da Louisiana. Um lugar especialmente barra-pesada era o Shady Rest Motel Lounge, que nos fundos tinha um lago cheio de jacarés. Janis e Patti "convenciam os caras a jogar bilhar e a comprar cerveja para elas", Langdon recordou. "Os caras achavam que as garotas estavam a fim deles e que iam se dar bem. Quando descobriam que estavam conosco, a situação ficava feia."

Após uma das excursões noturnas ao Shady Rest, durante a qual as garotas aplicaram os golpes de sempre nos frequentadores locais, Dave McQueen, furioso e bêbado, saiu cantando pneu do estacionamento com chão de cascalho, com as garotas, Langdon, Phil Carter e Jack Smith espremidos em seu Oldsmobile 1955. Voando pela Highway 90 de volta para casa, a 160 quilômetros por hora, ele de repente derrapou e perdeu o controle do carro. Alguns deles lembraram-se de terem capotado. McQueen disse que dois pneus estouraram e que ele deu uma guinada para fora da estrada. Por milagre, ninguém teve ferimentos graves. Langdon saiu do carro se arrastando, foi mancando pela estrada até encontrar um telefone e ligou para a esposa vir buscá-los. "Finalmente dei um basta e disse: não vou mais acompanhar Janis", afirmou Langdon. Depois disso, Janis e Patti se afastaram; com o tempo, os McQueen se mudaram para Houston.

Em Beaumont, Janis conheceu Frank Davis, aluno da Lamar, que cantava folk-blues e tocava violão. Impressionada com sua musicalidade, ela deu em cima dele e os dois tiveram um breve caso. "Janis podia ser adorável e incrivelmente fácil de gostar", de acordo com Davis, "mas ela te atacava como um gato brincando com um rato para te deixar furioso, ou até violento, e chegar no mesmo nível de paixão que ela."

Vendo que os amigos seguiam adiante com suas vidas, a solidão começou a tomar conta de Janis. Para sua tristeza, Jack Smith matriculou-se em West Point e planejava mudar-se para Nova York em junho. Algumas semanas antes de sua partida, em um fim de semana de maio, quando sua família estava viajando, Janis pegou o carro do pai e foi até a casa de Smith, por volta da meia-noite. Ela sugeriu que, em vez de irem à Louisiana, como sempre, fossem para Austin. Ele a deixara intrigada com histórias sobre "o Ghetto", uma casa da Universidade do Texas situada fora do campus, usada para festas, repleta de *beatniks* e de músicos. Entre eles estavam seus velhos amigos David Moriaty, agora no terceiro ano de engenharia; Tary Owens, que havia se transferido da Lamar para a Universidade do Texas; e os irmãos Stopher, Tommy e Henry.

Às cinco e meia da manhã, Janis e Jack pararam o carro junto ao prédio de dois andares caindo aos pedaços, no número 2812½ da rua Nueces, em uma viela não muito distante da universidade. Enquanto percorriam o labirinto de apartamentos, a maioria com as portas escancaradas, ouviram o som de violão acústico, banjo e gaita. Escolheram um apartamento, foram até a cozinha e lá encontraram, sentado em cima da geladeira, um homem encorpado, com cabelo loiro cortado à escovinha, tocando banjo: John Clay, três anos mais velho que Janis e nascido no Texas Ocidental, era aluno de linguística e compositor iniciante. "Conversamos e rimos", Clay recordou-se. "Ela estava a fim de se divertir e podia animar uma festa inteira. Mas só descobri que ela cantava bem na noite [seguinte]." Enquanto Jack ficou com os Stopher, Janis passou a noite com Clay.

Na noite seguinte, outro morador do Ghetto, o tocador de gaita Powell St. John, estava fazendo uma *jam session* no quintal com o violonista Lanny Wiggins. "Estávamos tocando e Janis simplesmente se sentou e começou a cantar", disse St. John. "Ficamos abismados! Ela era incrível. Os talentos vocais dela já estavam plenamente desenvolvidos quando a conheci." Clay, muito exigente em termos de música, ficou impressionado por seu "domínio do estilo, a grande extensão vocal e a potência de sua voz – quase tão forte quanto a de uma cantora de ópera". St. John, que estava se formando em artes, ficou encantado com Janis, que estava descalça e trajava um vestido preto justo, o cabelo agora chegando abaixo dos ombros, com uma franja emoldurando seus olhos azul-claros. "Naquela noite, ela me convidou para sua cama", disse St. John.

Cheia de entusiasmo em razão do efeito que tivera sobre aquele grupo intrigante de pessoas ao cantar, e extremamente excitada pelas duas experiências sexuais em quarenta e oito horas, Janis prometeu voltar logo a Austin. Ao partirem de volta para Port Arthur, ela se virou para Smith com um grande sorriso e disse: "Jack, acho que vou gostar daqui!".

CAPÍTULO 7

GAROTO DO RIACHO WALLER

*Quando canto, sinto como, ah,
a primeira vez em que você se apaixona.*
— JANIS JOPLIN

Austin tornou-se a meca de Janis. Para convencer os pais a permitirem que fosse estudar artes na Universidade do Texas, ela citou Robert Rauschenberg, artista mundialmente famoso, nascido em Port Arthur, que estudou lá no fim da década de 1930. "Ela lhes disse: 'Quero ser como Rauschenberg'", recordou Jack Smith, "e mamãe e papai responderam: 'Tudo bem'." Mas, como aluna da UT, Janis não seguiu os passos de Rauschenberg e sequer refinou sua técnica de pintura. Em vez disso, descobriu-se como cantora: ganhou uma plateia, adquiriu confiança e firmou-se como a mais fascinante cantora de blues da cidade. No entanto, mesmo rodeada por uma tribo de boêmios com visões semelhantes às suas, ela continuava a forçar seus próprios limites emocionais, bebendo e brigando – e sinalizando um duradouro padrão de autossabotagem. Como recordaria em uma carta, três anos depois, "Fui estudar em Austin porque havia conhecido uns cantores folk na cidade. Tudo que fiz por lá foi aprontar muito, beber o tempo todo, trepar, cantar e no geral criar uma reputação no campus".

Matriculando-se como caloura no semestre de verão de 1962, Janis devia morar em um alojamento aprovado, como todas as alunas de primeiro ano. Ela encontrou, não muito longe do Ghetto, uma pensão só para moças, cuja proprietária idosa recolhia-se cedo à noite – tornando muito fácil desobedecer ao toque de recolher. Em junho, Dorothy levou Janis de carro para Austin, e Laura foi junto para ajudar a levar os pertences da irmã até o quarto no segundo andar. Assim que elas partiram, Janis caminhou as dez quadras entre sua nova casa, na rua Dezenove com Nueces, e o número 2812½ da Nueces. O Ghetto originalmente servira como alojamento para soldados, durante a Segunda Guerra Mundial. No fim dos anos 1950, o proprietário reformou o local, fazendo dois ou três apartamentos por andar e mais um estúdio de um cômodo sobre a garagem adjacente. Com um quintal sombreado e localização isolada, logo a oeste do campus, era um refúgio para a boemia de Austin. Ted Klein, um artista e músico barbudo que batizou o lugar de "o Ghetto", ao alugar um apartamento ali em 1959, disse: "Praticamente todos que moraram lá viraram artistas, escritores, poetas ou músicos, qualquer que fosse sua intenção original". A maioria dos apartamentos custava cerca de 40 dólares por mês.

No Ghetto, Janis reaproximou-se de Powell St. John, um jovem sensível de Laredo, Texas. Três anos mais velho que Janis, aprendera sozinho a tocar gaita quando criança e depois começou a tocar na gaita cromática, mais difícil, músicas country, folk e Dixieland. No Ghetto, morava em um apartamento no térreo, onde fazia músicas com Lanny Wiggins, de Austin. Este fora apresentado a St. John por seu próprio irmão mais velho, Ramsey – um frequentador regular do Ghetto. Seguindo a linha de duplas de bluegrass, como os Blue Sky Boys, Powell e Lanny adotaram o nome de Waller Creek Boys [os garotos do riacho Waller], por conta de um riacho poluído que passava pelo campus da UT. "Um riacho muito, muito triste", disse St. John sobre o Waller Creek. "Não havia vida alguma nele – ele corria abaixo do Departamento de Química da Universidade, e jogavam nele todos os produtos químicos. Às vezes, ele ficava amarelo vivo."

Inspirados por Woody Guthrie, os Waller Creek Boys aprenderam seu repertório, composto por baladas em inglês antigo e canções temáticas, a partir de discos e nos cancioneiros compilados pelo texano John Lomax, folclorista da UT que descobriu Lead Belly. Lanny Wiggins era especialista em música folk e cantava e tocava violão e banjo. Nem ele, nem St. John, porém, haviam se aprofundado tanto quanto Janis. "Aquela garota de 19 anos havia realmente feito a lição de casa em termos de música folk", contou St. John. "Ela conhecia músicas de *rhythm and blues* que eu nunca tinha ouvido. Ela sabia muito mais sobre música do que nós. Janis era muito séria quanto a sua arte. Tinha um lado frívolo, mas era uma garota muito inteligente." Enquanto alguns universitários brancos, sobretudo do Nordeste e da Califórnia, descobriam e colecionavam discos de blues dos anos 1920 e 1930, Janis era uma raridade – uma *mulher* com um conhecimento erudito do blues. St. John e Wiggins convidaram-na para juntar-se aos Waller Creek Boys – sua primeira banda.

Após a entrada de Janis, o repertório do grupo passou a abranger R&B e blues, incluindo a favorita dela, Bessie Smith. "Com Janis envolvida, estávamos completos", St. John disse. "Faça uma cadeira com duas pernas e ela não será estável. Acrescente a terceira e poderá sentar-se." Ela logo pegou uma auto-harpa,[18] que havia ouvido em álbuns de Jean Ritchie, de baladas dos Apalaches, e aprendeu sozinha a tocá-la.

"Eu estava em uma banda de hillbilly,[19] e passava a maior parte do tempo me divertindo", Janis contou ao escritor David Dalton, em 1970. "Não largava minha auto-harpa. Eu deveria estar cursando a faculdade, mas fui para lá só para fazer o que eu queria. Costumávamos cantar em um lugar chamado Ghetto, e só curtir e encher a cara, brigar muito, rolar na lama, tomar cerveja e cantar, tocar e cantar."

A maioria das brigas de Janis eram com John Clay, que estava bravo por ter sido trocado por Powell. Quando estava bêbado, ele começava discussões com Janis que descambavam para gritarias de lado a lado. Mais tarde, ele a acusou de ter "uma personalidade paranoica", dizendo que ela "percebia uma rejeição muito depressa; por outro lado, ela rejeitava os outros". Janis, com vergonha da noite que passara com Clay, que era um sujeito estranho, forçara-o a jurar "que ia manter segredo, e quando ele maldosamente disse algo sobre isso em uma festa, ela quase surtou", recordou um morador do Ghetto. "Eles tinham umas brigas do tipo derrubar no chão, arrastar e rolar escada abaixo." Uma noite, no quintal do Ghetto, ela acertou a cabeça de Clay com um balde de metal. Ela brincou com

---

[18] Instrumento musical da família das cítaras, inventado no fim do século XIX, muito usado na música folk das montanhas do sul dos EUA. [N.T.]
[19] Termo que se aplica às pessoas que vivem nas regiões rurais montanhosas dos EUA, sobretudo no sul. [N.T.]

uma amiga que Clay "fazia amor em pentâmero iâmbico".[20] Tendo aturado comentários maldosos no passado, Janis agora parecia dar vazão a suas inseguranças maltratando o pobre Clay. E quanto mais bebia, mais cruel ela podia ser.

A despeito dos atritos que Janis ajudava a criar, o Ghetto foi "sua casa longe de casa", de acordo com Henry Stopher. "Um dia, quando eu estava tentando limpar o piso, Janis agarrou meu esfregão e disse: 'Você está fazendo tudo errado! É assim que se esfrega um piso!'. E ela pegou aquilo lá e limpou tudo com perfeição."

Além de tocar no quintal do Ghetto, na primavera anterior os Waller Creek Boys tinham se apresentado em um "encontro de música folk" no campus. Tais encontros, realizados no refeitório Chuckwagon, no edifício do diretório acadêmico, nas quartas-feiras à noite, haviam sido criados por Stephanie Chernikowski. Nascida em Beaumont, era aluna da UT e fã de música, e tinha visto uma apresentação de Elvis em 1955, mais ou menos na época em que ele cantou na escola de Janis. Chernikowski tinha um amplo círculo de amizades na faculdade, que incluía vários músicos. Para ouvir a música deles no campus, ela alugava o Chuckwagon, pedia aos amigos para trazerem seus instrumentos e fazia a divulgação por meio de cartazes. O evento musical logo se tornou bem popular. "Era muito espontâneo", recordou Chernikowski, que nos anos 1970 iria tornar-se uma conhecida fotógrafa musical. Quando ouviu Janis pela primeira vez no Ghetto, "ela soltava a voz no blues como nenhuma garota branca que eu já tivesse ouvido. Lanny e Powell queriam que ela se apresentasse no encontro de música folk, mas ela era tímida demais".

Finalmente, depois de muita insistência, Janis concordou. Depois de tomar várias cervejas antes de os Waller Creek Boys subirem ao palco, ela se soltou e mandou ver no blues. Até o palco mais humilde parecia transformá-la. "Fora seus amigos do Ghetto, foi a primeira vez que o público de Austin a viu se apresentar", de acordo com Chernikowski. Com uma plateia tão atenta, a confiança de Janis aumentou. Ela começou a relaxar nas

---

[20] Tipo de métrica usado na poesia tradicional inglesa, que descreve o ritmo das palavras na frase. [N.T.]

apresentações, fazendo comentários descontraídos entre as músicas; sua segurança como artista era amplificada pelos aplausos.

À medida que as apresentações dos Waller Creek Boys às quartas de noite ficavam conhecidas, os encontros de música folk começaram a lotar. Às vezes, treze grupos esperavam na fila para apresentar-se no palco aberto, mas a maioria dos espectadores estava lá para ouvir Janis. "Ela era muito carismática e tinha uma voz de blues, com uma ponta de aspereza", disse Chernikowski. "Ninguém no Texas havia visto nada como ela antes." No começo, Janis se revezava com Wiggins nos vocais, e às vezes cantavam duetos, como em "San Francisco Bay Blues", de Jesse "Lone Cat" Fuller. O repertório do trio incluía "Stealin', Stealin'", música de 1928 da Memphis Jug Band, apresentando a gaita de St. John, da mesma forma que "C. C. Rider", que Janis encontrara em um disco de Lead Belly. "Seus vocais eram superprecisos ao cantar Lead Belly", recordou St. John. "Ela aprendeu com Lead muito de seu modo de cantar e de seu estilo."

Diante da plateia, Janis incorporava canções de Bessie Smith como a visceral "Black Mountain Blues". Ela também ensinou ao grupo a picante "Winin' Boy Blues", de Jelly Roll Morton, sobre os cafetões e as prostitutas de Nova Orleans. Na versão levemente asséptica dos Waller Creek Boys, Janis assumiu o papel do "Winin' Boy" de Storyville: "Sou um garoto vencedor, não negue meu nome / Veja só a Irmãzinha, está lá embaixo no dique, dançando o *double twist*".[21] Ela usava sua voz contralto ao fazer um *scat*[22] no blues de Ma Rainey "Leaving This Morning ("Kansas City Blues")", de 1930. E empregava um vibrato emotivo no clássico do blues "Careless Love", preferindo a obscura versão de Lonnie Johnson, dos anos 1920, à interpretação mais conhecida de Lead Belly, como afirmaria mais tarde. Conforme amadurecia, Janis fazia mais sugestões de músicas e experimentava com diferentes tons. Uma de suas favoritas era "St. James Infirmary", que havia descoberto em um disco de Josh White de 1933. A versão dela, disse St. John, "era perturbadora".

---

[21] No original, em inglês: "I'm the winin' boy, don't deny my name / Take a look at Sis, she's down on the levee doin' the double twist". [N.T.]

[22] Técnica que consiste em cantar de forma improvisada, vocalizando sílabas ou palavras sem sentido, seguindo a melodia e o ritmo de uma canção. [N.T.]

A reputação de Janis alcançou os editores do jornal da UT, *Summer Texan*, que solicitaram uma entrevista. Pat Sharpe, editora assistente encarregada de fazer a cobertura dos eventos no campus, encontrou-se com Janis no Ghetto para bater um papo. Seria a primeira matéria jornalística sobre Janis desde que o jornal de Port Arthur elogiou seu trabalho artístico como voluntária na biblioteca, em 1957. Uma "caloura do curso de artes plásticas [...] que parece uma *beatnik*", foi como Sharpe descreveu Janis, que tocou discos de Lead Belly durante toda a entrevista. "Ela ousa ser diferente!", publicado em 27 de julho de 1962, incluía uma fotografia de Janis tocando auto-harpa, com boca aberta em plena *performance*. Diferente da maioria das alunas do campus (ou "cabeças de bolha", como os moradores do Ghetto as chamavam) com seus volumosos penteados colmeia, Janis "não se preocupa em arrumar o cabelo toda semana", Sharpe notou, "ou seguir as últimas tendências da moda". Em vez disso, "ela vai de *jeans* à aula porque são mais confortáveis" e "fica descalça quando tem vontade".

Janis contou a Sharpe que já havia se apresentado em Port Arthur e na Gas House, em Venice, mas afirmou não ter tido formação musical. "A falta de formação parece ser uma vantagem", Sharpe escreveu, "pois Janis canta com uma certa espontaneidade e um prazer que as vozes cultivadas às vezes têm dificuldade em alcançar [...] a atual ambição de Janis é ser cantora folk, embora ela de fato prefira o blues [...] Ela começou a pensar mais seriamente em cantar ao vir para a universidade, este ano." Janis sentiu-se nervosa durante toda a entrevista e depois tomou quase meio litro de vodca, em vez da cerveja ou do vinho usuais, de acordo com John Clay. "Foi a única vez em que a vi ficar totalmente de porre."

Com a divulgação obtida, Janis saiu em busca de mais locais onde pudesse cantar e firmar-se como "cantora folk". Ela agendou algumas noites no recém-inaugurado café Cliché, acompanhada pelo violonista Ted Klein, mas a plateia de lá preferia o soprano agudo de Joan Baez ao contralto estilo blues de Janis. Baez, dois anos mais velha que Janis, havia se tornado a face da música folk nos *campi* universitários desde sua revelação em 1959, no Festival Folk de Newport, e os álbuns que gravou em seguida pelo selo Vanguard. Janis admirava a estrela do folk, embora às vezes zombasse de sua voz "bonitinha" e de seu repertório, formado por antigas baladas inglesas e escocesas-irlandesas. "Janis dizia coisas negativas sobre Joan

Baez o tempo todo", um amigo recordou. No entanto, Janis às vezes lançava seu próprio soprano, *à la* Jean Ritchie, em plangentes músicas folk dos Apalaches, como "The Cuckoo". "Ela conseguia cantar aquelas baladas das montanhas melhor do que a maioria", de acordo com St. John, que a ouvia no Ghetto cantando como Baez.

No Chuckwagon, Janis agora ocupava o palco como uma profissional. "Eu estava fascinado por ela", recordou Jack Jackson, contador na Controladoria do Estado do Texas e, segundo ele próprio, "totalmente quadrado". Fã de música folk, ele passou a frequentar o Chuckwagon regularmente, para ouvir Janis tocar auto-harpa e cantar. "Ela me impressionou de imediato. Estava usando um *collant* e um moletom velho; o cabelo estava despenteado. Mas eu percebia que era uma pessoa muito fora do comum, que era bela no senso mais profundo da palavra. Eu sabia que era alguém que valia a pena conhecer.

"Assim, certa noite, depois do encontro musical, eu a segui [...] fui atrás dela enquanto ela percorria sem pressa a [rua] Guadeloupe, parando aqui e ali nos cafés, falando com as pessoas da rua. Deve ter demorado uma hora para chegar ao Ghetto. Com tremenda ousadia, abordei-a e me apresentei. Ela lembrou de ter me visto no encontro e ofereceu-me vinho e foi muito simpática. Antes de dar por mim, eu já havia me mudado para lá [dividindo o quarto com David Moriaty]. E Janis foi o ímã."

Com tantos rapazes disponíveis, a natureza poliamorosa de Janis despertou. O caso com St. John esfriou após cerca de um mês, mas eles continuaram próximos. Ela "não conseguia ficar com um namorado por muito tempo, porque precisava começar a brigar", de acordo com John Clay. Quando Lanny Wiggins ignorou suas investidas, "ela ficou de péssimo humor, pois Lanny não queria ser seu namorado". Em vez disso, Janis teve um caso com o irmão dele, Ramsey. "Janis gostava de trepar", contou Ramsey à escritora Alice Echols. "Ela curtia [sexo] e não se sentia ofendida com convites feitos nos termos mais básicos: 'Ei, Janis, quer transar?'. Só o fato de ela recusar-se a sentir culpa e vergonha por causa do sexo já foi suficiente para que eu tivesse carinho por ela para sempre".

"Seu namorado seguinte foi um cara chamado Bill Killeen", contou Clay. "No começo, ela foi superdoce, apaixonada." Nascido em Massachusetts, Killeen formara-se na Universidade Estadual de Oklahoma, onde havia fundado uma revista de humor, *Charlatan*. Ele se mudou para Austin, viajando em seu Cadillac 1950, um antigo e surrado carro funerário, para escrever para a *Texas Ranger*, uma revista humorística satírica mensal que fazia humor com as tradições da UT. Um amigo de Killeen, o brilhante cartunista Gilbert Shelton, assumira fazia pouco a função de editor da publicação. Shelton, que havia começado a desenhar inspirado nos cartuns da *New Yorker*, quando era criança em Houston, retornou à Universidade do Texas no verão de 1962, onde se formara dois anos antes. Antigo cartunista da *Texas Ranger*, ele estivera trabalhando em uma revista sobre carros turbinados, em Nova York. Antes estudante de história, Shelton voltou a matricular-se na UT como calouro no Departamento de Artes e assumiu a *Texas Ranger*. Sua primeira providência foi dar mais espaço às tirinhas na revista, preparando o caminho para uma explosão nacional dos quadrinhos *underground*. Ele colaborou com Killeen como autor de *Wonder Wart-Hog* – a série mais icônica de Shelton até seus quadrinhos de contracultura *As Fabulosas Aventuras dos Freak Brothers*. Pianista e violonista, Shelton passou a frequentar o Ghetto, onde costumava cantar antigas músicas gospel com Janis. Foi durante uma das muitas festas que dava em sua casa, situada perto do Ghetto, que Janis conheceu Killeen.

Brilhante, articulado e criativo, Killeen era alto e esguio, com cabelos e olhos escuros, e lembrava um pouco o antigo namorado de Janis, Jack Smith. Na noite em que se conheceram, ele se apaixonou de imediato por Janis, que estava vestida com um suéter preto e *leggings* escuras. Eles foram caminhando até o Capitólio Estadual, onde ficaram vendo os morcegos que voavam à sua volta, que Janis achou "hilariantes", recordou Killeen. "Ela não era como nenhuma garota que eu já tivesse conhecido [...] parecia mais um cara, em muitos aspectos. Tinha uma grande alegria de viver. Queria divertir-se, e não queria perder nada. Janis e eu dormimos naquela noite no gramado do Capitólio, sob um dos monumentos. Estávamos trocando uns amassos e bem na hora um guarda do Capitólio, tipo, nos expulsou de lá."

Janis começou a passar quase todas as noites com Killeen na casa de Shelton. "Ficávamos juntos o tempo todo", ele recordou. Em setembro, outro frequentador regular do Chuckwagon, Win Pratt, ex-aluno da Universidade Princeton e filho de um professor da UT, ofereceu ao casal uma casa vazia que era de seu pai. Eles se mudaram para lá, e Janis ocasionalmente cozinhava, fazendo receitas que a mãe lhe ensinara.

Killeen logo percebeu que Janis tinha um temperamento confuso, com reações exageradas ante pequenas coisas, mas comportamento indiferente quanto a assuntos mais sérios. Quando ela tentou fritar um frango, "foi ficando cada vez mais irritada porque sabia que o frango não estava pronto", contou ele. "No fim, ela se levantou e jogou tudo pela casa toda e disse: 'Essa maldita coisa não está legal, e você sabe disso! Vamos sair para comer algo!'." Mais ou menos nessa época, Janis começou a sangrar, e ela tentou ignorar. "Lembro-me que ela ia muito ao banheiro porque sangrava muito", Killeen recordou. "Eu disse: 'Que diabos está acontecendo? Você precisa ir ao médico'. Relutante, ela foi à enfermaria e depois de um mês o sangramento acabou passando." Descobriu-se que tivera um aborto espontâneo, e ela mais tarde contou isso, de forma casual, ao ex-namorado Powell St. John, muito provavelmente o pai do bebê.

Embora tivesse se matriculado para o semestre de outono, Janis cantava e se divertia o tempo todo, ignorando as aulas, inclusive de artes. "Janis era boa ilustradora", de acordo com Killeen, mas a reação morna a suas pinturas, em comparação com o aplauso que recebia como cantora, levou-a a abandonar seu antigo sonho. "Ela me disse haver descoberto que nunca tinha sido boa", Seth Joplin recordou mais tarde. "Assim, simplesmente abandonou tudo. Ela nunca mais sequer tentou."

Ela conseguiu escrever um artigo para a *Texas Ranger*, mas no geral o que fazia era divertir-se com Shelton, Killeen e a equipe da revista. A universidade pagava aos editores do *Ranger* 5 centavos por exemplar vendido, e depois da publicação de cada número, a equipe dava uma festa. Quando não estava no Ghetto, ela e Killeen ficavam com Shelton e sua namorada Pat Brown, tendo viajado juntos uma vez para Nuevo Laredo, México, a fim de frequentar os bares dessa cidade de fronteira.

Em uma tarde de sábado, Janis conheceu Julie Paul, nascida em Austin, que era fã de country and western e gostava de beber. Julie viu os Waller Creek Boys e Janis, esta com sua auto-harpa, indo a pé para casa depois de ganharem um concurso de talentos – promovido no Parque

Zilker pela Comissão de Parques – no qual Janis cantou "This Land Is Your Land". Quando Julie parou seu conversível Triumph TR3 e ofereceu carona, Janis entrou no carro e sentou-se ao lado daquela mulher de aparência masculina, "com o físico de um jogador de futebol americano", de acordo com um amigo. As duas se deram bem, e Julie logo levou Janis para uma cervejaria que iria apresentar sua voz a uma plateia mais ampla.

O Threadgill's, no North Lamar Boulevard, era originalmente um posto de gasolina da Gulf, inaugurado em 1933 por Kenneth Threadgill, cantor amador do estilo tirolês e fã de Jimmie Rodgers, "o pai da música country", cuja carreira havia começado em 1927. Depois de anos vendendo gasolina na parte da frente e uísque falsificado nos fundos, em 1948 Threadgill transformou seu negócio em uma cervejaria. Nas noites de quarta, ele promovia "sessões musicais" apresentando músicos "hillbilly" locais, pagos com cerveja. Threadgill passava a maior parte do tempo atrás do balcão, vendendo pés de porco em conserva, queijo e petiscos. Em 1959, alguns alunos da UT que adoravam bluegrass, entre eles Bill Malone e Stan Alexander, descobriram o local e passaram a participar das *sessions* das quartas à noite, em geral repletas de caminhoneiros, mecânicos e operários da construção.

"Era uma coisa espontânea: ficávamos ao redor de uma grande mesa de madeira e nos revezávamos cantando uns para os outros, trocando entre nós as músicas e fazendo todo tipo de combinação", Malone recordou. "Não havia amplificadores." Quando Janis e sua turma indisciplinada chegaram, no outono de 1962, de início Malone não gostou deles: "Eu era uns nove anos mais velho que Janis e estava terminando meu doutorado. Tinha preconceito contra eles e lembro-me de Janis ter dito: 'Ele não quer a gente aqui'". Mas assim que os Waller Creek Boys começaram a tocar "Stealin', Stealin'", Malone – um erudito da música country, que viria a escrever *Country Music U.S.A.*, obra de referência no tema – mudou de ideia. "A voz dela era única", contou. "Ela cantava com tanto sentimento e força que não podia ser ignorada. Todos se endireitaram e prestaram atenção." Daí a pouco Malone estava criando harmônicos com Janis em "Silver Threads and Golden Needles", e ela entalhou seu nome na mesa de carvalho, junto com os nomes de outros músicos.

No Threadgill's, os Waller Creek Boys se tornaram muito mais uma "banda de bluegrass", disse St. John, e Janis "sempre tinha que cantar um certo número de canções das montanhas, hillbilly, country e western". Seus favoritos incluíam músicas antigas dos Maddox Brothers and Rose, que se anunciavam como "a banda de hillbilly mais colorida do mundo". Em sua versão de "Philadelphia Lawyer", os vocais característicos e petulantes de Rose Maddox foram uma inspiração importante para o estilo anasalado da voz de Janis.

Janis encontrou um grande mentor no jovial Kenneth Threadgill, que tinha mais ou menos a mesma idade que Seth Joplin. "Lembro-me da primeira vez em que fomos àquele lugar maravilhoso", disse Bill Killeen. "O Sr. Threadgill praticamente adotou Janis depois a ouvir. Ela era um pouco tímida [...] Havia alguns professores de inglês cantando, e ele tinha um monte de [discos de] Jimmie Rodgers na *jukebox*. Ela havia começado cantando blues e folk. Mas [...] estava rolando muita coisa country; ela mandou ver também. Ela cantava um monte de coisa religiosa antiga e [Janis achava que] aquilo era divertidíssimo."

Threadgill garantia que todo mundo tratasse Janis com respeito, mesmo quando ela insistia em cantar música negra no bar segregado. "Era uma amálgama muito estranha de gente, pessoas de todo o tipo", Janis recordou, "todos aqueles velhos *okies*,[23] um punhado de professores universitários mais velhos que curtiam a música country de forma mais intelectual, os primeiros da tendência folk. Os jovens arrogantes [...] também estavam na onda, e éramos nós [...] O Sr. Threadgill superava a todos! Ele era velho – um homenzarrão com uma barriga grande e cabelos brancos penteados para trás no alto da cabeça. Ele ficava lá no fundo, servindo salsichas polonesas e ovos cozidos e cervejas Grand Prize e Lone Star [...] e então alguém dizia: '*Sr. Threadgill, Sr. Threadgill, venha aqui cantar uma música!*'. E ele respondia: 'Não, acho que não', então insistiam: '*Vamos, vamos!*', e ele dizia: 'Tudo bem'. Ele fechava o bar e vinha para a parte da frente, e pousava as mãos na barriga, coberta por um avental de bar [...] Ele vinha daquele jeito e jogava a cabeça para trás e cantava, como um

---

[23] Nativos de Oklahoma. [N.T.]

pássaro, músicas de Jimmie Rodgers, e sabia cantar no estilo tirolês. *Meu Deus, ele era fantástico!* [...]

"Eu era a garota arrogante e desbocada: 'Aquela menina canta parecido com Rosie Maddox, não é?'. Eu cantava as músicas de Rosie Maddox e cantava as músicas de Woody Guthrie, mas toda noite eu dizia, 'Posso escolher uma agora?', e eles respondiam, 'Ok, deixem a dama ter sua vez', e eu dizia 'Dê-me um [blues de] doze compassos em Mi'. Eu cantava blues."

Enquanto Threadgill dava a Janis a confiança para cantar o blues que ela amava, ela também se aproximou da esposa dele, Mildred, que, assim como Dorothy Joplin, tentou sugerir cuidados com o cabelo e com a maquiagem. Mildred contou: "Janis era uma figura. Tinha a boca suja de um marinheiro e geralmente usava *jeans* e um gorro de pele de guaxinim. Usava-o sobre o cabelo mais despenteado que já se viu. Um dia, quando ela estava sentada à mesa, entrei com minha [câmera] e disse-lhe para ajeitar o cabelo, pois eu tiraria uma foto dela. Estava longo e embaraçado – terrível. Ela não queria, mas penteou-o, e eu disse: 'Passe um batom' [...] Eu a convenci a fazê-lo, e quando ela se viu no espelho, disse que, se não soubesse que era ela, não teria acreditado".

Janis agradava aos Threadgill com suas músicas country meladas, como o sucesso de Kitty Wells, "It Wasn't God Who Made Honky Tonk Angels", de 1952, que ela apresentava como "um blues com pegada country hillbilly". Originalmente, a canção foi uma "resposta musicada" a "The Wild Side of Life", de Hank Thompson, de Oklahoma; nesta última, a esposa infiel, frequentadora de bares, levava a culpa pela destruição de seu casamento. A versão de Wells toma o ponto de vista da mulher, denunciando a traição do próprio marido. Janis cantava essa música "com um tipo de som de bluegrass, agudo e estridente", disse Threadgill. Ela "conseguia cantar a música de forma muito convincente. Eu tinha uma opinião muito boa sobre Janis. Ela era apenas uma adolescente, e me chamava de '*Daddy*' [papai]".

Janis agora tinha uns duzentos fãs, incluindo universitários engomadinhos, que se acotovelavam no Threadgill's. "A plateia ficou tão grande que era difícil ouvir", disse Bill Malone. "Alguém trouxe um pequeno sistema de amplificação, e então as apresentações se tornaram mais formais." Por fim, Jack Jackson – agora cartunista do *Texas Ranger*, sob o pseudônimo de

Jaxon, documentou a música com um gravador de rolo. "Eu simplesmente decidi colocar o microfone na frente dela", recordou ele sobre ter gravado os Waller Creek Boys discutindo sobre qual tom ou música tocar, sendo Janis geralmente quem falava mais alto. Além das músicas country que eram padrão no repertório, eles tocavam uma música melosa composta por Julie Paul, "Empty Pillow on My Bed", que Janis cantava acompanhada por bandolim.

Janis, que havia escrito poesia quando adolescente, começou a compor suas próprias músicas. Uma das primeiras falava sobre a inutilidade de tentar afastar o baixo astral com a bebida. Ela apresentou "What Good Can Drinkin' Do" dizendo que havia "composto a música uma noite, depois de beber até perder os sentidos". Fazendo seu próprio acompanhamento com a auto-harpa, ela se lamentava com um *vibrato* feroz: "Bebo a noite inteira, mas no dia seguinte ainda me sinto para baixo / Há um copo sobre a mesa, e dizem que vai aliviar toda minha dor / mas bebo tudo e ainda me sinto igual / Começo a beber na sexta à noite e então acordo no domingo, e nada está bem".[24]

Outra música composta por ela, a rítmica "Daddy, Daddy, Daddy", fez todo mundo acompanhar o ritmo com palmas. "Janis emanava uma energia cativante", disse Jack Jackson. "Ela dominava totalmente o lugar. Era tipo, '*Janis está aqui!*' Ela estava no comando, um personagem em ebulição, indomável, sempre rindo."

Depois de uns dois meses de apresentações no Threadgill, Jackson gravou uma fita demo de Janis no Ghetto, cantando principalmente blues, com o acompanhamento dela própria ou de St. John, de Wiggins ou do exímio violonista Minor Wilson – que não conseguia apresentar-se devido a seu medo do palco. Na gravação, Janis soa melancólica e vulnerável, quase derrotada, no breve blues "I'll Drown in My Own Tears", com Wilson no violão. Essa versão enxuta lembra a gravação de 1951 de Lula Reed, vocalista de R&B de Kansas City. Embora gostasse de cantar música

---

[24] No original, em inglês: "I drink all night but the next day I still feel blue / There's a glass on the table they say it's gonna ease all my pain / but I drink it down, and I still feel the same / I start drinkin' on Friday night then I wake up on Sunday, and ain't nothin' right". [N.T.]

country no Threadgill's, Janis ainda era mais atraída pelo blues, e uma vez disse a Bill Killeen que gostaria de ter nascido negra, "porque as pessoas negras tinham mais emoções, mais sentimentos e mais altos e baixos do que as pessoas brancas". Janis, que conhecia poucos afro-americanos àquela época, parecia estar descrevendo a si mesma – e às ideias que concebia com base nos blues que amava.

De vez em quando, Janis aventurava-se na área leste de Austin, nos bairros negros onde clubes afro-americanos como o Victory Lounge, na rua Onze, apresentavam jazz e R&B. A polícia com frequência importunava os brancos que cruzavam a linha racial. St. John recordou: "Uma vez fui com Janis e estávamos parados fora do clube. Um de nossos amigos, David Martinez, viu a bolsa de Janis caída na grama, aberta, e havia um cocozinho de cachorro bem do lado. Então ele simplesmente o jogou para dentro da bolsa. Janis viu e ficou furiosa. Assim que ela ergueu a voz e começou a gesticular, apareceu um carro de polícia. O policial a viu brigando com um sujeito hispânico e queria prendê-lo. Tivemos que convencê-lo a não fazer isso".

Mesmo com a adulação no Threadgill's, Janis continuava inquieta. No Ghetto, certa noite, ela conheceu Chet Helms, um texano de 20 anos que havia largado a UT para viajar de carona pelo país. Janis ficou fascinada. Ela ansiava por esse tipo de aventura e queria muito voltar a San Francisco.

Como era inevitável, ela e Killeen tinham começado a discutir, e os desentendimentos eram instigados sobretudo por Janis. Aparentemente, a insegurança dela era tão profunda que ela repelia as pessoas mais próximas antes que elas a magoassem. "Era muito difícil conviver com Janis", disse ele. "Ela ficava testando o tempo todo." A ousadia declarada de Janis o desconcertava: "Lembro-me de quando as pessoas começaram a falar sobre o LSD, o que ele fazia ao cérebro e tudo o mais. Era bem assustador. Eu disse: 'Não quero nada com essa coisa', e Janis exclamou: 'Bom, eu quero já!'".

Apesar de sua aparente audácia, Janis na verdade tinha medo dos alucinógenos. Ela preferia ficar chapada a tornar-se mais "consciente". No Texas, o peiote era legal e estava disponível na Hudson's Cactus Gardens, nos arredores de Austin; vários moradores do Ghetto costumavam cozinhar os pequenos cactos de gosto horrível e, depois de os comer, viajavam durante horas. Mas Janis nunca os experimentou. Com Tommy Stopher e St. John, ela uma vez dividiu um baseado fininho que alguém lhe mandara da Califórnia por correio. "Foi meu primeiro baseado", contou St. John. De forma geral, fumar maconha era raro no Ghetto; os moradores tinham muito medo de serem presos – e por bons motivos: o local era vigiado pelas autoridades e por alunos que eram informantes da polícia. Anos mais tarde, uma lista de pessoas suspeitas de desvio de conduta, inclusive Janis, foi descoberta entre os documentos de um ex-chefe de polícia; constavam os nomes dos moradores do Ghetto, com as respectivas supostas atividades ilegais ou imorais, incluindo venda de drogas, promiscuidade, homossexualidade e vício em drogas.

Na época, a droga mais comum em Austin era a anfetamina Dexedrina, usada por estudantes, incluindo Janis, às vezes em combinação com Seconal. "Estimulantes e calmantes ao mesmo tempo era algo que ela achava divertido", disse St. John. "Ela me disse uma vez: 'Você sobe e depois desce, e aí sobe e aí desce!'." Ela parecia ser atraída para um estado quimicamente induzido que por vezes espelhava a própria gangorra de suas emoções intensas.

Em novembro de 1962, Janis e Killeen foram despejados de casa pelo pai de Win Pratt, que os descobriu morando lá. Depois de saírem, o casal se separou. Win, um atraente boxeador campeão em torneios amadores, convidou Janis para viajarem de carona até Dallas, para assistirem a um show de Joan Baez, que havia acabado de aparecer na capa da *Time* (usando *jeans* e descalça). Janis aceitou sem demora. No toca-discos do Ghetto com frequência estava o LP de estreia de Bob Dylan, lançado em março pela Columbia; ele trazia vários covers de blues que constavam do repertório dos Waller Creek Boys, incluindo "House of the Rising Sun", e um par de canções originais, uma das quais, "Song to Woody", era uma ode a Woody Guthrie. Janis adorava aquele disco.

Quando a relação de Janis com Killeen esfriou, a ligação dela com Julie Paul se fortaleceu, e ambas tornaram-se amantes. Ela contou a uma amiga: "Eu não dei em cima de Julie, ela deu em cima de mim. Não sou *queer*, mas não rejeito". Por outro lado, seu violonista ocasional Ted Klein recordou que Janis anunciou ter decidido tornar-se lésbica. Outro frequentador do Ghetto disse que Julie "cuidava de Janis e a tratava como um rapaz a trataria". O caso de amor entre as duas, disse St. John, era uma "clássica relação romântica", que Janis não ocultava dos amigos. "Acho que Janis orgulhava-se de ter uma visão bissexual da vida", disse Jack Jackson. "Se encontrasse um homem que a fizesse feliz, tudo bem. Se encontrasse uma mulher que a fizesse feliz, tudo bem também. Isso foi muito antes de as pessoas começarem a sair do armário."

Mas essa relação de Janis mostrou-se tão turbulenta quanto havia sido seu caso com Killeen. Ela ainda dormia com homens ocasionalmente, e Julie queixou-se a uma amiga que sua namorada "usava os homens como se fossem lenços de papel". Ela sentia um ciúme particular de Travis Rivers, um estudante casado que dava suas escapadas com Janis. Certa noite, Julie passou bêbada por todos os apartamentos do Ghetto, gritando: *"Onde está aquela putinha?"*. Aparentemente, Janis conseguiu fugir, mas Julie, em seu estado de embriaguez, caiu da escada. Embora não tivesse se ferido, correram rumores de que Janis a havia empurrado. John Clay negou-os: "Julie era bem robusta. Teria despedaçado Janis se a tivesse alcançado, mas Janis não a jogou pela escada – ela fugiu de Julie".

Janis convidou Julie para um fim de semana em Port Arthur. Seus velhos amigos acharam Julie possessiva demais e não gostaram dela. O casal passou a maior parte do tempo do outro lado do rio, em bares na Louisiana. Retornando a Austin, Janis organizou uma ida ao Big Oak, com Tary Owens, Dave Moriaty, Win Pratt, Travis Rivers, a frequentadora do Ghetto Pepi Plowman e Johnny Moyer, um trompetista. No Big Oak, Janis e Pepi começaram a incitar os garotos e a dançar juntas de forma provocante, assim como Janis fizera com Patti Skaff. Como antes, a busca por emoções logo levou a resultados desastrosos.

"Eu estava jogando bilhar no salão vizinho, e alguém entrou correndo e disse: 'Janis começou uma briga!'", recordou Travis Rivers. "Fui até o salão de dança, e, ah meu Deus, a pista tinha virado um caos! Janis gostava do *'dirty bop'* – a dança em que você esfrega os quadris nos do seu parceiro – e um sujeito qualquer tinha agarrado o peito de Janis, de modo que ela o acertou com uma garrafa de cerveja. No instante seguinte, estava todo mundo socando todo mundo."

"Ela provocou os rapazes da Louisiana, e o pessoal de Austin decidiu proteger a honra dela", contou Moriaty. "Eles não se tocaram de que havia certas coisas que não podiam ser feitas ali." Pratt socou a boca de um cara, arrancando-lhe os dentes com seu anel de formatura. Um dos sujeitos locais quebrou a mandíbula de Johnny Moyer. A briga foi crescendo e quase virou um tumulto generalizado no estacionamento, com alguns dos moradores pegando seus carros e tentando atropelar os brigões. Por fim, a turma de Austin conseguiu entrar em seus carros e fugir. "O pobre coitado que dirigia nosso carro estava convencido de que estavam vindo atrás de nós", recordou Rivers. "Conseguimos chegar em casa, mas acho que Johnny Moyer nunca mais tocou trompete de novo."

Outro incidente aconteceu em dezembro, quando, bem tarde em uma noite fria e chuvosa, Janis, Julie Paul e John Clay se enfiaram no TR3 para ir até Nova Orleans. "Em Lake Charles, Louisiana, fomos parados", recordou Clay. "Pode imaginar nossa aparência – Janis estava usando sua jaqueta de Buffalo Bill. O problema é que os caras que nos pararam eram guardas da imigração e suspeitaram que fôssemos imigrantes canadenses ilegais!"

Depois de chegarem a Nova Orleans, Julie e Janis se pegaram aos murros, numa briga que Julie ganhou. Chutada para fora do carro, que partiu em disparada, e sem qualquer dinheiro, Janis precisou se virar. Ela recorreu à prostituição, assim como fizera na última visita a Nova Orleans, com os McQueen. Ela se ofereceu a homens que queriam se divertir e que estavam dispostos a pagar por isso, conseguindo dinheiro suficiente para comprar uma passagem de volta a Austin. "Recebi um telefonema de Janis", contou Rivers. "'Pode vir me pegar na rodoviária?' Fui pegá-la e perguntei: 'Que porra aconteceu?'." Janis contou sua mais recente desventura, informando com naturalidade que havia conseguido dinheiro para voltar "dando duas trepadas". Janis mais tarde contaria a amigos que em outros momentos difíceis ela havia tentado a prostituição, mas nem sempre teve muita sorte para encontrar homens dispostos a pagar por sexo.

Seus confrontos com Julie Paul eram uma coisa, mas outra coisa foi uma "brincadeira" cruel feita no campus, a qual finalmente rompeu os vínculos entre Janis e sua tribo em Austin. Todo ano, a fraternidade Alpha Phi Omega patrocinava sua campanha anual de arrecadação de fundos promovendo o concurso de "O Homem Mais Feio do Campus", em que os alunos pagavam 5 dólares para votar em candidatos indicados pelas várias fraternidades.

"Normalmente, eles elegiam algum jogador do time de futebol americano da universidade, feio de fato, como um sapo", de acordo com Travis Rivers. No fim do outono de 1962, o nome de Janis foi incluído anonimamente como concorrente, com sua foto aparecendo em cartazes por todo o campus.

Embora ela tenha dado risada e feito pouco-caso para alguns amigos, tendo até convencido um deles de que ela mesma havia se candidatado, a maioria das pessoas que a conheciam bem, como St. John, acreditava que o episódio a deixou arrasada. "Ela já havia sido profundamente magoada, uma vez atrás da outra", contou ele à cineasta Amy Berg. "[O concurso] acabou com ela. A coisa mais triste que já se viu. Eu nunca tinha visto Janis chorando. Janis era muito durona por fora, mas aquilo a afetou de fato; ela ficou mal."

Janis não "ganhou" – o prêmio foi para Lonnie "the Hunch" Farrell –, mas Dorothy Joplin mais tarde recordou-se de haver recebido uma "carta angustiada" de Janis sobre o acontecido. Travis Rivers imaginou que a reputação dela como lésbica levou à piada de mau gosto dos membros das fraternidades; outros culparam o ódio que sentiam do Ghetto, cujos moradores com frequência se estranhavam com os rapazes das fraternidades e com os atletas. Qualquer que fosse o motivo da crueldade, teve um efeito parecido com o das ofensas sofridas em Port Arthur. "Finalmente decidi que o Texas não era bom o bastante para mim", Janis escreveu em uma carta em 1965. "Eu queria ir para a Califórnia de novo."

Capítulo 8

Cantora de Blues

*Califórnia [...] você pode fazer o que quiser,
e ninguém te incomoda.*
— Janis Joplin

"Raramente eu ouvia Janis sem que os pelos de minha nuca se arrepiassem e um calafrio me descesse pela espinha", foi como Chet Helms descreveu o efeito que Janis tinha sobre ele ao cantar. Em janeiro de 1963, o "*beatnik* na estrada", como descrevia a si mesmo, tornou-se o salvador de Janis.

"Eu não conseguia mais suportar o Texas", ela disse. "Queria cair fora de lá, mas não tinha coragem suficiente para pegar a estrada sozinha." Chet a convidou para ir de carona até San Francisco, onde, garantiu, a voz dela "deixaria todo mundo de quatro". Lá, Janis aprofundaria sua identidade musical e abraçaria sua porção que tanto se identificava com Bessie Smith, assimilando a seu próprio som a profundidade de sentimento e a honestidade emocional da grande cantora de blues.

Antes de ir embora de Austin, Janis fez uma apresentação de despedida com os Waller Creek Boys no Threadgill's, no sábado 19 de janeiro, celebrando seu aniversário de 20 anos e sua libertação da faculdade. Faltando aos exames finais, ela trancou suas cinco matérias – talvez como um plano reserva, para o caso de San Francisco não dar certo e ela ter que voltar a estudar. Na quarta-feira, 23 de janeiro, ela e Helms pediram carona e rumaram para sua primeira parada, o número 3510 da Avenida D, em Fort Worth.

Alto e usando óculos, Chet era um ano mais velho que Janis e havia nascido na Califórnia, filho de pais texanos; depois da morte do pai, Chester Leo Helms Sr., quando Chet tinha 9 anos de idade, sua família batista fundamentalista estabeleceu-se em Fort Worth. Em 1960, ele ingressou na Universidade do Texas, onde inicialmente se filiou ao Corpo de Treinamento dos Oficiais de Reserva (ROTC) e aos Jovens Republicanos. Mas logo se tornou um ativista pelos direitos civis, juntando-se aos Estudantes pela Ação Direta (SDA) e trabalhando pela integração racial dos cinemas e lanchonetes de Austin. Tornou-se um frequentador regular do Ghetto, descobriu o peiote e a maconha, e fez amizade com um aluno negro bissexual por meio de quem descobriu o visionário saxofonista texano Ornette Coleman e outros músicos de jazz. Depois de abandonar a UT – um mês antes da mudança de Janis para Austin –, ele viajou entre San Francisco, México e a Costa Leste. Quando eles se conheceram, em dezembro, "Janis começou a falar sobre a Costa Oeste", recordou Helms, "e suas experiências em Venice. Ela havia lido muita literatura *beat*, assim como eu, e sentia grande atração por San Francisco". Ansiosa para escapar ao "ambiente repressivo" do Texas, Janis era como "tantos cantores, escritores e músicos extraordinários que deixaram o Texas", disse Helms, pois lá sua única liberdade "era aquela que você criava para si mesmo com sua imaginação e expressão artística".

A primeira parada da viagem, na casa da mãe dele, em Fort Worth, não transcorreu bem. Helms contou: "Eu havia ligado e dito para minha mãe 'Vou levar uma amiga', e ela disse, 'Ah, vou preparar o jantar!'". Mas a aparência masculina e descuidada de Janis – que vestia *jeans* e uma camisa masculina rústica meio desabotoada, sem sutiã – foi um choque "quando minha mãe abriu a porta", recordou John, irmão de Chet. "Janis estava ao lado de Chet, tocando sua auto-harpa e cantarolando uma música." Embora ela "fosse muito gentil e educada com minha mãe", de acordo com John, a mãe dele ouviu quando Janis sussurrou: "Vamos buscar umas cervejas", o que irritou a cristã abstêmia. A moral dela foi ofendida ainda mais ao jantar, quando Helms perguntou se ele e Janis poderiam passar a noite ali, explicando: "Nós não estamos dormindo juntos, somos apenas amigos". A resposta dela: "Uma jovem solteira não pode ficar aqui. O que os vizinhos pensariam?". Então John pegou o carro e levou os viajantes até os limites da cidade naquela mesma noite, para pedirem carona rumo a oeste.

Os dois foram recolhidos por uma série de caminhoneiros. Janis se aconchegava a Helms – assim como Bobby McGee, na música de Kris Kristofferson que mais tarde ela imortalizaria. Em poucos dias eles chegaram a Santa Maria, na Califórnia, cidade natal de Helms e onde sua tia Ruth vivia. Ela convidou a dupla para passar a noite em sua casa e no dia seguinte lhes deu 20 dólares e comprou passagens de ônibus para o trajeto de 400 quilômetros rumo norte até San Francisco. Duas semanas mais tarde, Janis escreveu à tia Ruth um cartão de agradecimento e mandou 20 dólares no envelope.

Em 28 de janeiro de 1963, uma segunda-feira, chegaram a San Francisco, onde havia "muito mais liberdade – você pode fazer o que quiser, e ninguém te incomoda", disse Janis a um jornalista mais tarde. Ela queria viver como uma *beatnik* e cantar blues. Na mente dela, as duas coisas andavam juntas, e Janis disse: "Muitos artistas fazem arte de um jeito e vivem de outro, mas para mim são a mesma coisa".

Construir um público de universitários no Texas não tinha sido tão difícil, mas San Francisco era um desafio que Janis não tinha certeza de poder enfrentar. Helms e um amigo músico, David Freiberg, que hospedou os dois, ofereceram-se para ajudar. Primeiramente foram ao Coffee and Confusion, antes chamado Fox and Hound, na avenida Grant, em North Beach – o mesmo lugar que Janis frequentara dois anos antes. A nova proprietária, Sylvia Fennell, era "uma nova-iorquina durona mas estimada [...] cuja largura, altura e profundidade mediam o mesmo", de acordo com Steve Martin, que se apresentou lá como comediante *stand-up* em 1965. O café, onde Dave Archer ainda trabalhava como porteiro, era pequeno e precário, com cadeiras e mesas capengas e um velho piano vertical, as paredes decoradas com algumas pinturas abstratas que pareciam "flores murchas e pedaços de carne em decomposição", disse o frequentador habitual John Gilmore, escritor e ex-ator de Hollywood. "O lugar sempre fedia ao iodo e à amônia que colocavam na água da limpeza."

Helms convenceu Sylvia Fennell a incluir Janis à apresentação musical daquela noite. A regra era avaliar os cantores em potencial, a maioria com "voz suave", de acordo com Helms. "Janis ficou em pé no palco, perfeitamente rígida, e soltou a voz em quatro ou cinco country blues fascinantes." Sua voz atingiu os ouvintes como um coquetel Molotov. "Sylvia disse: 'Passe o chapéu! Passe o chapéu!'", recordou Helms. "O público aplaudiu de pé, e ela arrecadou uns 50 ou 60 dólares – uma quantia fabulosa para dois jovens que acabavam de chegar do Texas de carona e sem dinheiro."

As poucas mulheres que se apresentavam então no Coffee and Confusion eram sopranos que copiavam o repertório de baladas de Joan Baez. Em contraste, Janis, com seus 20 anos, cantava os blues de Bessie Smith com um robusto contralto, apresentando músicas um tanto devassas sobre o submundo e amantes infiéis. A geração anterior de cantores de San Francisco, cujos estilos eram mais parecidos com o som de Janis – Odetta e Barbara Dane, esta última nascida em Detroit –, raramente fazia apresentações locais. "Contaram-me mais tarde que Janis era uma grande fã minha, mas não me lembro de jamais a ter encontrado", disse Dane, ela própria fã de Smith. "Ouvindo os 78 rotações de Bessie Smith, percebi que suas músicas definiam as mulheres de forma diferente do que a música pop o fazia. Elas me enchiam de força – aquelas velhas músicas falavam de coisas pelas quais eu estava passando." Janis também deve ter levado a sério as mensagens de músicas como "I've Got What It Takes" [Eu tenho o que é necessário] e "Tain't Nobody's Business If I Do" [Não é da conta de ninguém se eu o fizer].

Janis logo passou a apresentar-se regularmente no Coffee and Confusion. Ela "parecia mais uma garota malvestida [...] por trás do balcão de um quiosque de cachorro-quente do que uma cantora", contou John Gilmore. "Tinha uma aparência *beatnik*, mas também caipira. Ela usava *jeans* velhos folgados nas pernas, mas com o traseiro e os quadris tão apertados que as costuras estavam abrindo. Apesar do frio do inverno, ela estava descalça." Sentada em um banquinho, com os olhos fechados, Janis "cantava com uma mistura de tons", ele escreveu depois, "desde sons baixos e indistintos até quase gritos, sem dar muita ênfase à letra, de um modo que sugeria – ou até ameaçava – uma emoção reprimida em ebulição logo abaixo da superfície, como a correnteza sob uma onda suave. Ela fazia coisas com a garganta e a letra, como um pintor abstrato movendo as tintas pela tela, fazendo a separação entre o que ela era e qualquer obrigação para com a música. A voz dela falhava um pouquinho, um tom agudo no meio de uma palavra suave, como se de repente tivesse sentido uma dor lancinante. Não era senão quando o aplauso irrompia, e a tensão se atenuava, que ela abria os olhos".

Localizado na mesma rua que o Coffee and Confusion, na Grant, número 1353, o Coffee Gallery era um lugar maior, com dois ambientes, um palco e um bar, onde Ferlinghetti e outros *beats* haviam lido seus textos em voz alta, em 1959. Em 1963, o local atraía mais turistas do que *beats* legítimos, mas ainda tinha prestígio entre cantores folk promissores. Embora Janis tivesse menos de 21 anos, conseguiu entrar com a ajuda do barman Howard Hesseman, ator que fazia parte do Committee, um grupo de comédia de improviso (Hesseman mais tarde estrelaria, na televisão, as sitcoms *WKRP in Cincinnati* e *Uma turma genial*). De novo, Janis saiu-se muito bem na audição e passou a fazer parte do elenco noturno de músicos rotativos, os quais a levaram a locais de música folk, localizados em Berkeley, do outro lado da ponte, e em cidades próximas, como Palo Alto e San Jose. Em Berkeley, no dia 21 de fevereiro, Janis foi presa por furto a loja – provavelmente uma garrafa de vinho. Depois de a fichar e acusar de contravenção, a polícia liberou-a, e ela retornou a San Francisco de carona.

Ganhando apenas uns dólares em apresentações ocasionais e pedindo esmolas, Janis não tinha um lugar para morar. Ela às vezes dormia no chão do Coffee and Confusion, ou com gente que conhecia nos clubes. Assim que chegou, na companhia de Helms, ambos passaram algumas noites juntos na casa de David Freiberg, mas os dois não se tornaram amantes. "Éramos muito próximos, dormíamos na mesma cama e tínhamos um certo grau de intimidade, mas nunca a consumamos", disse Helms. No começo, ele tentou guiar a carreira de Janis e sua agenda, mas ela deixou claro que era independente. Embora tivesse se distanciado, Helms manteve-se informado sobre os esforços de Janis, e dali a três anos iria tornar-se uma pessoa importante na carreira dela.

Janis percebeu que poderia melhorar suas apresentações se tivesse acompanhamento. Certa noite, no Coffee Gallery, ela abordou dois músicos que haviam acabado de se apresentar. Eles não a conheciam e não a haviam visto cantar. "Era o intervalo entre duas apresentações", recordou Larry Hanks, violonista e cantor barítono, então com 24 anos de idade, "e ela disse: 'Ei, algum de vocês toca blues?'. Nós respondemos: 'Claro! Podemos tentar!'." Sem qualquer ensaio prévio, Hanks e seu parceiro Roger Perkins subiram ao palco com ela naquela noite, depois de a ver tocar sua auto-harpa em "Silver Threads and Golden Needles". "Roger era bom em fingir que estava acompanhando, melhor do que eu", disse Hanks. "Mas entre os dois conseguimos fazer um acompanhamento mais ou menos plausível para coisas como 'Careless Love'."

Sentados em banquinhos no palco por trás dela, a dupla ficou deslumbrada com a força vocal de Janis. "Logo de saída, ela arrasava com tudo que estivesse pela frente", Hanks contou. "Não havia limites. Ela se entregava totalmente à sua música, o tempo todo." Em "Stealin', Stealin'", da Jug Band, de Memphis, os dois juntaram-se aos vocais, suas vozes baixo e tenor harmonizando bem com a dela. Janis havia encontrado seus novos Waller Creek Boys.

O trio fez planos de encontrar-se no Pacific Heights Victorian, onde Hanks e Perkins alugavam quartos. Ambos eram da Califórnia – Hanks, de Berkeley; Perkins, de Claremont – e fazia uns seis meses que estavam tocando juntos. "Janis nos havia ouvido algumas vezes, de modo que ela sabia o que fazíamos", disse Hanks. Eles lhe ensinaram "Gospel Ship", um *spiritual* da Carter Family, no qual Perkins tocava banjo. Os três alternavam-se nos vocais dos versos, com Janis usando o sotaque anasalado do Texas para cantar "Passo todo o meu tempo orando, e quando esse navio chegar, partirei deste mundo de pecado, e velejarei através do ar".[25] Eles harmonizavam no refrão: "Vou gritar e cantar até que os céus anunciem quando direi adeus a este mundo".[26]

"Preciso cantar uma música de Bessie Smith cada vez que me apresento", disse Janis a seus novos colegas de banda. Hanks e Perkins não conheciam nada de Smith ou de outras cantoras de blues, então Janis ensinou-lhes "Leaving This Morning", de Ma Rainey, e "Black Mountain Blues", de Smith. Ela também cantou para eles seu blues de doze compassos,

---

[25] No original, em inglês: "I spend my time in prayer and when this ship comes in, I'll leave this world of sin, and I'll go sailing through the air". [N.T.]

[26] No original, em inglês: "I'm gonna shout and sing until heaven rings when I'll bid this world good-bye". [N.T.]

"Daddy, Daddy, Daddy". Janis não dava muita importância a suas próprias composições, porém; como leitora ávida da revista folk *Sing Out!*, ela provavelmente leu os comentários de Dylan sobre a composição: "As músicas estão lá. Elas existem por si só, apenas esperando que alguém as escreva". No mesmo artigo, o cantor folk Gil Turner escreveu que "Dylan evita os termos 'escrever' ou 'compor' em conexão com suas músicas". Janis mais tarde contou a um jornalista: "Às vezes anoto a letra para não a esquecer, mas não escrevo as músicas. O conceito é totalmente diferente. Eu apenas as crio". Em "Daddy, Daddy, Daddy", ela fez sua melhor tentativa de compor algo ao estilo Bessie Smith, usando temas muito comuns nos blues: "Bom, eu conto vantagem sobre meu paizinho para todas as mulheres que vejo [...] / Sem falar naquelas malditas mulheres, Senhor, que estão tentando roubar de mim meu paizinho [...] / É, se o seu paizinho gosta de andar, anda cinco milhas por dia / Não importa o que ele quer, criança, ele vai bem longe".[27] Antes de sair de Austin, Janis havia composto e gravado com Powell St. John uma música para Julie Paul, a melancólica "So Sad to Be Alone" [Tão triste estar só], acompanhando a si mesma com auto-harpa, mas não há evidências de que a tenha apresentado em San Francisco.

Depois de alguns ensaios, o trio pouco coeso preparou um repertório de sete músicas. "Nós três éramos bem cooperativos ao buscarmos as músicas que todos conhecíamos", disse Hanks. Para a primeira apresentação no Coffee Gallery, Janis usou uma camisa branca masculina extragrande e *jeans*, e seu cabelo agora chegava abaixo dos ombros. O Coffee Gallery comportava 75 pessoas – em comparação com as trinta que cabiam no Coffee and Confusion – e estava lotado na estreia; a plateia acompanhava a música batendo palmas e os pés. "Ao cantar as músicas, ela de fato *entrava* nelas", Hanks recordou. "Toda a expressão emocional extravasava." Como um pirata, ela gargalhava e brincava entre as músicas, lançando centelhas.

---

[27] No original, em inglês: "Well, I brag 'bout my daddy to all the women that I see... / Never say those damn women Lord, they're tryin' to steal my daddy away from me... / Yeah, if your daddy likes walkin', walks five miles a day / No matter what he wants, child, he walks off far way". [N.T.]

Os três também se apresentaram no *Midnight Special*, um programa de rádio ao vivo, de longa duração, que ia ao ar nos sábados à noite pela rádio KPFA, de Berkeley. O apresentador do programa, Gert Cherito, escolhia participantes entre os candidatos que faziam um teste por volta das dez da noite. "Não havia agendamento; os artistas formavam um círculo e cantavam, um de cada vez, com um grande microfone no centro da roda", explicou Hanks. O trio foi selecionado e Janis, usando sua costumeira camisa masculina meio desabotoada e *jeans*, cantou "Black Mountain Blues" de forma apaixonada. Hanks então assumiu o papel de vocalista na versão de Doc Watson de "Columbus Stockade Blues", com Janis acrescentando a harmonia. Ela impressionou os irmãos Albin: Peter, de 18 anos, que estava sentado ao lado dela, e Rodney, um empresário de música folk que logo a convidou para cantar em um festival universitário de música. "Janis não estava usando sutiã", recordou Peter Albin, que admitiu ter ficado olhando para os seios dela. "Ela parecia ter vivido o que estava cantando. Seu rosto ficou transfigurado. Sua voz era incrivelmente alta, muito forte, e ela cantava o blues de uma forma rústica, chapada, apaixonada e emotiva."

Outro frequentador do Coffee Gallery, Billy Roberts, da Carolina do Sul, perguntou se podia juntar-se a eles em algumas músicas. Ele já havia escrito o que viria a ser um clássico do rock de garagem: em 1966, "Hey Joe" seria um sucesso com The Leaves e, no ano seguinte o primeiro *single* de Jimi Hendrix. No Coffee Gallery, Roberts juntou seu violão acústico e sua voz aos covers de blues do trio. "O dedilhado de Billy era muito excêntrico, notavelmente dramático", disse Hanks. "Ele puxava as cordas, fazia longas pausas e tinha um jeito dramático de cantar." Os quatro combinaram bem, e assim reservaram uma noite, mais para a frente, em que cada um tocaria um *set* de músicas, reunindo-se uns com os outros em determinadas músicas.

Embora os rapazes tomassem cerveja entre os *sets*, Janis continha-se, preferindo ficar concentrada e sóbria durante a apresentação. Mas do lado de fora, na calçada, a situação era outra: "Depois, ou ela estava louca para se divertir ou ficava tímida", disse Hanks. Em geral, Janis perguntava: "Quem tem vinho?". Outros amigos, como John Gilmore, lembravam-se de Janis procurando bolinhas (anfetaminas), que ela chamava de "droga".[28] "Ela tomava um monte de comprimidos", recordou-se. "Ela usava as bolinhas para sair de suas depressões, e então usava o álcool para controlar as bolinhas." Para vencer a solidão, "estava disponível para qualquer um que aparecesse", disse Hanks. "Ela parecia bem aberta, em termos de sexualidade." Embora Janis mantivesse as coisas estritamente profissionais entre ela e Hanks, Perkins e Roberts, "parecia interessar-se por outros rapazes de forma muito fluida, fácil e rápida".

Tocando juntos, os quatro compartilhavam seus escassos rendimentos. Para ganhar mais dinheiro, Janis queria aprender a tocar violão, assim poderia fazer seu próprio acompanhamento. Ela economizou o suficiente para comprar seu primeiro violão acústico em uma loja de penhores. Pediu ao renomado violonista Tom Hobson que lhe desse aulas, mas depois de algum tempo ele a encorajou a concentrar-se na voz. Ela aprendeu o suficiente, porém, para tocar em algumas músicas. Suas apresentações impressionaram alguns músicos em início de carreira que viriam a ser bem-sucedidos, incluindo Herb Pedersen, cuja banda Pine Valley Boys dividiu a programação com ela no Coffee and Confusion. "Em sua apresentação, ela tocava um pouco de violão e de auto-harpa e cantava de um jeito muito bonito", ele recordou. Nick Gravenites, de Chicago, viu-a "no Coffee Gallery, tocando auto-harpa e cantando country blues realmente ótimos", em programas que incluíam os cantores folk iniciantes David Crosby (antes que ele entrasse no The Byrds) e Dino Valenti (futuro integrante do Quicksilver Messenger Service, com David Freiberg). Gravenites desempenharia um papel de destaque na vida musical de Janis.

Expandindo-se a partir de North Beach, Janis aventurou-se no Folk Theater, em San Jose, um local pequeno que realizava reuniões musicais nos fins de semana. Entre os músicos que conheceu lá estava "Jerry" (cujo nome real era Jorma) Kaukonen, aluno da Universidade de Santa Clara. "Eu havia chegado de Nova York fazia pouco tempo e vi o cartaz do encontro musical", disse Kaukonen, cujo dedilhado fora inspirado em um dos músicos preferidos de Janis, Reverend Gary Davis, que ele tinha visto nos clubes em Greenwich Village. "Peguei meu violão, e nos bastidores que

---

[28] No original, em inglês: *dope*. [N.T.]

tinham o tamanho de um armário, conheci Janis. Conversamos, e eu conhecia muitas das mesmas músicas que ela. Então ela me pediu que fizesse seu acompanhamento."

Também fã de Bessie Smith, Kaukonen ficou abismado com a voz de Janis. "Janis era [três anos] mais nova que eu, mas tinha aquele som de um espírito antigo", recordou. "Era um privilégio poder fazer seu acompanhamento. Ela canalizava Bessie Smith sem tentar cloná-la. O que realmente me conquistou foi sua paixão." Em "Trouble in Mind", um blues de oito compassos antes gravado por várias mulheres – Chippie Hill (em 1929), Victoria Spivey (1936), Dinah Washington (1952) e Nina Simone (1960), entre elas –, Janis usava seu vibrato para dar vida aos versos desesperados da música: "Quase enlouqueci / A vida não vale a pena ser vivida, às vezes quero morrer".[29] Para apresentações futuras, Janis e Kaukonen trabalharam mais algumas músicas, incluindo "Winin' Boy Blues", de Jelly Roll Morton; "Leaving this Morning", de Ma Rainey; e "Nobody Knows You When You're Down and Out", de Bessie Smith.

Ao redor da Área da Baía de San Francisco, grupos locais de bluegrass iam desde os Pine Valley Boys, de Berkeley, aos músicos de Palo Alto, como os Liberty Hill Aristocrats (formado pelos irmãos Albin) e os Wildwood Boys, apresentando Jerry Garcia no banjo, Robert Hunter no bandolim e David Nelson no violão. Janis começou a conhecer os instrumentistas, alguns dos quais tinham repertórios que espelhavam o dos Waller Creek Boys. Sua parada seguinte, o Top of the Tangent, era uma casa folk recentemente inaugurada em Palo Alto por dois doutores da Universidade Stanford. Era um local pequeno, localizado em um segundo andar, ao qual se chegava passando por dentro da pizzaria Tangent Pizza Parlor. Em um dos encontros musicais das noites de quarta-feira, Janis cantou *a cappella*, de novo ganhando mais fãs, incluindo Garcia, Ron McKernan (apelidado de Pigpen) e Nelson, que viria a ser um dos fundadores dos New Riders of the Purple Sage.

---

[29] No original, em inglês: "I have almost lost my mind / Life ain't worth livin', sometimes I feel like dyin'". [N.T.]

"Ela subiu ao palco e começou a cantar aquela música de *jug band*",³⁰ David Nelson recordou, "e eu e Garcia exclamamos '*uau!*'. Era uma música com tanta força... Era incrível, de verdade. Pensei '*eis alguém que entrou nesse tipo obscuro de música e adotou o estilo*', mas então percebi: '*ela não está adotando, ela é o estilo*'".

O Tangent programou Janis para os dias 5 e 6 de abril, partilhando a programação com um grupo de bluegrass chamado os Westport Singers; o anúncio do clube no jornal *Stanford Daily* listava-a como "Janice Joplin – Grandes Blues". Os shows do local eram bem conceituados: duas semanas depois, o show principal seria do legendário *bluesman* do Delta, Skip James. Janis pediu a Kaukonen que fizesse o acompanhamento, mas na noite do show ela não compareceu; ele se apresentou sem ela. "Nunca descobri o que aconteceu", Kaukonen disse. "Mas, graças a ela, comecei a conseguir meus próprios shows no Tangent."

Para lidar com o estresse e as inseguranças de construir sua carreira como cantora de blues – e a energia sombria que sempre a seguia –, Janis estava abusando da bebida. Enormes quantidades de vinho tinto, com frequência ingerido com "corações púrpura" (Dexamyl, uma combinação de dextroanfetamina e amobarbital), começaram a interferir em suas *performances*. "Na época, ela não estava usando coisas pesadas", de acordo com John Gilmore, "era mais erva e bolinhas, assim como um pouco de haxixe quando conseguia encontrar. Mas ela não conseguia ou não queria funcionar sem sua 'droga'." Gilmore captura bem as camadas emocionais de Janis à época e como ela oscilava entre elas – uma tendência que jamais abandonaria de fato. Ele recordou:

"Ela podia ser durona como um jacaré. Eu a vi acertar um sujeito, uma noite no Coffee and Confusion. Ela ia bater nele de novo, quando o lavador de pratos agarrou-lhe o braço para contê-la. Isso não a deteve. Ela deu um soco com o braço livre e pegou o cara no estômago, deixando-o sem fôlego [...]

---

³⁰ Tipo de banda tipicamente formado por negros, que utiliza instrumentos caseiros, adaptados a partir de objetos comuns (como colheres, tábuas de lavar roupa, ossos, pentes e outros). De forma mais estrita, a jug band inclui um jug, garrafão de vidro ou cerâmica em cuja boca o músico sopra para produzir um som grave, como o de um trombone. Originárias de cidades do sul dos Estados Unidos, as jug bands tocavam uma mistura informal e vigorosa de blues, ragtime e jazz. [N.T.]

Era uma arruaceira de bar, de fala grossa, mandona, intolerante, pronta para sair na porrada, e então, de repente [ela] abria um sorriso e dava uma risada e virava camarada, o que por sua vez dava lugar a uma pessoa triste, delicada, reservada e de voz suave, nem feminina, nem sensual, apenas vulnerável."

No Coffee Gallery, certa noite, Janis conheceu outra recém-chegada: Linda Gottfried, de 19 anos, que viera de Los Angeles de ônibus. Elas "se deram bem logo de cara", de acordo com Gottfried, que gostava do humor sarcástico de Janis. "Foi quase como se eu tivesse encontrado a outra metade de mim mesma." As duas às vezes dormiam juntas no porão da casa de um amigo, na rua Sacramento, e ambas tomavam corações púrpura com vinho barato Red Mountain.

Janis ia atrás tanto de homens quanto de mulheres, e era frequentadora do Anxious Asp, um bar estranho situado na rua Green, 528, em North Beach. Lá ela notou uma mulher miúda, afro-americana, que parecia um garotinho bonito. Com cabelo cortado bem curtinho, olhos grandes e luminosos, e maçãs do rosto salientes, Jae Whitaker, 25 anos, havia se mudado para San Francisco em 1961 com sua namorada branca, Polly. O casal acabou se separando, e Jae mudou-se para uma casa vitoriana em uma ladeira, perto do distrito de Castro, a qual dividia com várias pessoas. Uma noite, no Anxious Asp, Janis e Whitaker jogaram uma partida de bilhar e então foram até a *jukebox*, cantando junto com a música de Bobby "Blue" Bland. Whitaker recordou que no começo queria ficar com a companheira de Janis, Linda Gottfried, mas "um amigo bissexual de Little Rock, Arkansas", lhe disse: '"É atrás de Janis que você precisa ir!'", contou Whitaker. "Janis aparentemente havia comentado com ele sobre mim, e ela estava sempre sorrindo para mim. Acho que ela gostou de mim porque eu era engraçadinha, não chegava com tudo e era meio andrógina. Naquela noite, fomos todos para a casa de meu amigo Howard Hesseman e fumamos uns. Janis e eu começamos a conversar, e então nos beijamos e foi assim que começou."

No fim da primavera, Janis foi morar com Whitaker e os demais residentes do número 186 da rua States, onde finalmente encontrou alguma estabilidade física. Era uma casa grande e confortável, com uma escada íngreme que descia da porta de entrada à rua. Whitaker tinha carro, e as duas iam até North Beach para jogar bilhar ou até o condado de Marin para respirar ar puro. Em um passeio a Stinson Beach, ficaram sem gasolina. Janis insistiu para que Whitaker se escondesse nos arbustos enquanto ela pedia carona. "Ela achou que ninguém pararia para nós por causa da cor de minha pele", contou Whitaker. "Eu disse: 'Vai se foder! Isso é preconceito!'." A discussão delas continuou até que um carro parou e as levou até um posto de gasolina. Janis ficou marcada por sua adolescência no Texas, de acordo com Whitaker. "Ela me contou que sempre a chamavam de feia e de 'amante de crioulos'. Ela se achava feia. Eu a abraçava e lhe dizia como ela era bonita."

Whitaker encorajou a carreira de cantora de Janis e sugeriu que ela fizesse fotos promocionais. Janis marcou uma sessão com Marjorie Alette, que a havia fotografado apresentando-se no Folk Theatre, em San Jose, com Kaukonen. Vestida com um suéter largo e *jeans* desbotados, Janis posou com e sem seu violão acústico no apartamento de Alette. Whitaker quis ser incluída em algumas fotos, mas Janis não concordou. "Ela achou que, caso se tornasse uma estrela, ter sua foto tirada com uma lésbica poderia de algum modo prejudicar sua carreira", disse Whitaker. Além disso, Janis ainda se preocupava com a opinião dos pais em relação a ela, e disse que um dia desejava ter filhos e "uma casa com cerquinha branca".

"Fui a cerquinha branca de Janis por algum tempo", Whitaker contou. "Ela costumava me dizer *'Eu amo mesmo você, de verdade'*. Mas, lá no fundo, eu sabia que não seríamos um casal para toda a vida. Ela parecia uma lésbica, e tinha ficado com outra mulher antes de mim, mas de algum modo não levava isso a sério. Emocionalmente, ela queria agradar a família e ser do jeito que havia sido criada. Na mente dela, isso a faria 'inteira'."

Whitaker insistiu para que Janis arranjasse um emprego, a fim de ajudar com as despesas da casa, embora a parte delas do aluguel (dividido em quatro) fosse apenas 17,50 dólares por mês. "Eu disse a ela: 'Não posso sustentar você', e ela perguntou: 'O que posso fazer?'. Respondi: 'Você é esperta. Você vai encontrar algo'. Então ela encontrou um trabalho administrativo – que não combinava muito bem com ela. Não durou muito, mas ela pagou o aluguel."

Na casa de Whitaker, Janis com frequência tocava discos de Bessie Smith, ouvindo com atenção seu fraseado. "Ela adorava Bessie Smith e sabia muito sobre ela", disse Whitaker. "Acho que realmente se identificava com ela. Certa vez, Janis disse que sentia ser a reencarnação de Bessie Smith." Briguenta, bissexual e beberrona como Janis, Bessie Smith, nascida no Tennessee, tornou-se a artista mais vendida na Columbia Records em 1923 e manteve-se como estrela até a Grande Depressão. Louis Armstrong disse, sobre Smith: "Ela me fascinava sempre, o modo como conseguia frasear uma nota com alguma coisa na voz que ninguém mais conseguia ao cantar o blues. A música estava em sua alma, e ela sentia tudo o que fazia. A sinceridade dela com sua música era uma inspiração". Smith remodelava as músicas de outros e "carregava-as com uma alegria e um pesar que pareciam ter nascido da experiência pessoal", escreveu Chris Albertson, biógrafo de Smith. Combinar com maestria tristeza e desafio, paixão e desespero, fazer os ouvintes acreditarem em cada palavra que ela cantava – eram essas as lições a serem aprendidas com Bessie Smith.

Janis também chamou a atenção de Whitaker para o álbum de estreia de Bob Dylan. "Eu nunca tinha ouvido falar dele", Whitaker disse, "e perguntei a ela 'Ele é um cara velho? Pela voz, parece que tem uns 70 ou 80 anos'. E ela respondeu 'Caramba, não! Ele só tem 21 anos!'." Em maio, elas viajaram de carro para o primeiro Festival Folk de Monterey, onde Janis finalmente conseguir ver Dylan ao vivo. Durante o evento, que durou todo o fim de semana e era apresentado por Barbara Dane, Janis cantou alguns blues em um concurso de palco aberto no sábado à tarde, no qual os juízes escolhiam os melhores novatos. Ela ganhou e recebeu ingressos gratuitos para as apresentações de sábado à noite, que incluíam os Wildwood Boys; os New Lost City Ramblers, de Greenwich Village; o *bluesman* Mance Lipscomb, do Texas; *e* Bob Dylan. Seu segundo álbum, *The Freewheelin' Bob Dylan*, seria lançado dali a uma semana.

Ainda bastante desconhecidas na Costa Oeste, as músicas "Masters of War", "Talkin' John Birch Paranoid Blues" e "A Hard Rain's A-Gonna Fall", de Dylan, não causaram nenhuma reação em Monterey. Como convidada surpresa, Joan Baez surgiu no palco, onde exortou a plateia inquieta e ruidosa, "Ouçam!", explicando que Dylan estava "falando por mim e por todos que querem um mundo melhor!". Quando Baez juntou-se a ele na poderosa "With God on Our Side", a plateia finalmente prestou atenção.

No dia seguinte, de volta ao local do evento, Janis reconheceu Dylan caminhando pelo gramado. "Janis foi até ele", Whitaker contou, "e disse: 'Oi, meu nome é Janis Joplin, e esta é minha amiga Jae'. Ele disse: 'Oi', e ela falou: 'Eu adoro você, e um dia também vou ser famosa'. Então ele respondeu: *'É, todos nós vamos ser famosos'*."

Capítulo 9

O Vício em Metanfetamina e a Grande Farsa do Sábado à Noite

"Kozmic blues", a tristeza cósmica, quer dizer que, não importa o que você faça, vai ser derrotado de qualquer modo. Um dia, eu finalmente percebi que nunca vai ficar tudo bem – sempre tem algo que está errado. É aquilo que você gostaria que fosse que traz a infelicidade – o poço, o vácuo.
— Janis Joplin

Depois de seis meses apresentando-se e ganhando cada vez mais fãs na Área da Baía de San Francisco, Janis começou a perder o rumo. Como aconteceu em Austin, depois de um período inicial de entusiasmo e de dedicação à música, ela encontrou resistência ou, em alguns casos, frustrou suas próprias chances de deslanchar na carreira. Então, nas semanas que se seguiram, a inquietação quase a devorou, incitando-a a beber e a consumir anfetaminas. Quando ela, por fim, pediu ajuda ao pai, ele fez o melhor que pôde, mas sua própria visão pessimista da vida traria a Janis uma revelação devastadora: segundo ele, decepção, sofrimento e dor seriam seus companheiros constantes – não importava quanto ela tentasse fugir.

"Eu me dei muito bem cantando, logo que cheguei", escreveu Janis em uma carta, em 1965. "As pessoas me tratavam como se eu fosse ficar famosa. Mas, daí a poucos meses, eu estava constantemente bêbada e passava todo o tempo no Anxious Asp, na rua Green. É uma história bem sórdida, não?" Depois de não aparecer no Top of the Tangent, Janis deixou de comparecer a outro compromisso. Rodney Albin, diretor do Festival de Música Folk da Universidade Estadual de San Francisco, contratou-a para apresentar-se em um respeitado evento de dia inteiro – ela foi citada na programação do evento como "Janet Joplin". Mas em 23 de maio de 1963, o fim de semana seguinte ao encontro de Janis com Bob Dylan em Monterey, ela não compareceu.

Janis havia economizado dinheiro suficiente para decolar rumo ao território de Dylan, na cidade de Nova York. No fim do outono, ela percorreu a cena do Village, explorando o Gerde's Folk City, na rua Quatro Oeste, onde dois anos antes Dylan tocara em sua estreia em Manhattan. Em busca de conexão e reconforto, de lá foi para Port Arthur, a fim de passar o Natal com a família, mas o Texas pareceu mais opressivo que nunca, sobretudo depois do assassinato do presidente John F. Kennedy, em Dallas, no dia 22 de novembro. Janis visitou velhos amigos e compareceu à festa de Jim e Rae Langdon, em Lafayette, Louisiana, onde Jim agora trabalhava como repórter de um jornal. Da turma de Port Arthur, Janis era a única que havia ido para longe.

No começo de 1964, de volta a San Francisco para seu aniversário de 21 anos, Janis passou a beber ainda mais. Desde o término da relação com Jae Whitaker, estava de novo sem ter onde morar e ficava indo de um lugar a outro. Ela frequentava os bares em North Beach com Linda Gottfried e com amigos como Jim Fouratt, que logo se tornaria um destacado ativista *gay* e ajudaria a concretizar a descriminalização da homossexualidade em San Francisco em 1976. "Eu me encontrava com Janis no Coffee Gallery, e depois saíamos para beber", relatou Fouratt. "Não tínhamos dinheiro, e por isso às vezes íamos a algum restaurante, comíamos, íamos ao banheiro e saíamos pela porta dos fundos sem pagar." Ele era atraído pelo senso de humor espalhafatoso de Janis, e os dois passavam as noites divertindo-se e se embebedando, e depois ele a levava às escondidas até sua pensão apenas para homens.

Apesar de ter passado algum tempo ausente, Janis não fora esquecida pelos proprietários dos clubes ou pelos músicos, e sua reputação como cantora extraordinária continuava a se espalhar. Ela comprou uma Vespa de segunda mão para deslocar-se com mais facilidade até os locais onde se apresentava em Berkeley e por toda a Área da Baía. De acordo com sua carteira de motorista da Califórnia, expedida em 21 de fevereiro de 1964, ela estava morando na rua Gough, 1515, em Lower Pacific Heights, à época um bairro barato de San Francisco. O Cabale, fundado em 1963 por Debbie Green e Rolf Cahn (ex-marido de Barbara Dane), dois apreciadores de folk, ambos de Cambridge, era o principal café de Berkeley. Originalmente fora uma loja de sapatos, e era longo e estreito, com fileiras de mesas e cadeiras de frente para o palco. Durante uma noite de fevereiro, Janis apareceu cedo, antes de uma apresentação que faria no Coffee Gallery. Apresentava-se no Cabale, naquela noite, Bob Neuwirth, um músico e pintor da Costa Leste que logo se tornaria assistente pessoal de Dylan e, anos mais tarde, de Janis. Green perguntou a Neuwirth se Janis poderia cantar uma música antes da apresentação dele.

"Ela se levantou e cantou *a cappella* e deixou todo mundo de queixo caído", recordou Neuwirth. "Então ela disse: 'Preciso voltar para North Beach!'. Ela pulou em sua *scooter*, saiu pela San Pablo e foi atingida por um carro. Todo mundo correu para a rua. Coloquei minha jaqueta debaixo da cabeça dela e então a ambulância a levou. Ela não queria ir para o hospital – ela queria voltar para San Francisco."

A gravidade dos ferimentos de Janis – possivelmente um ferimento sério na perna – e a duração de sua internação no hospital são desconhecidas; ela não comunicou a família. Mas o acidente a tirou ainda mais dos eixos. "Gente das gravadoras [havia vindo] de Los Angeles, ouvido Janis e dito 'Ah, ela é incrível'", recordou seu amigo Chet Helms, que acompanhava a carreira dela. "Uma das pessoas era da RCA, e Janis estava a ponto de fechar um grande contrato que teria transformado totalmente suas finanças e sua carreira. Aí ela sofreu o acidente que destruiu a Vespa e acabou no hospital. A negociação simplesmente evaporou durante sua convalescência."

Depois de se recuperar, Janis viajou para Los Angeles com Linda Gottfried, que era de lá, para tentar a sorte nos dois principais clubes folk da cidade: o Troubadour, de Doug Weston, e o Ash Grove. Por meio de Gottfried, ela conheceu o violonista de sessão Steve Mann, que se ofereceu para dar-lhe apoio durante a noite de palco aberto no Troubadour. Preparando algumas músicas nos bastidores com Janis, Mann ficou impressionado com a forma como "ela conseguia entrar de corpo e alma no som daquele blues profundamente negro", segundo disse. Depois da apresentação, "ela não tinha para onde ir, e eu a convidei para ficar na casa de meus pais. Janis era divertida, com ela não havia um momento de tédio". Janis cantou para ele algumas de suas canções próprias, outro aspecto da musicalidade dela que o fascinou.

Em San Jose, Janis retomou o contato com Jorma Kaukonen, recém-casado e terminando a faculdade. Ele havia continuado a dedicar-se à música, às vezes tocando com Steve Mann, e havia comprado um gravador de rolo Sony. Ele convidou Janis para ir a sua casa, na rua Fremont, a fim de ensaiar algumas músicas: "Nós combinávamos", de acordo com Kaukonen. "Janis sempre era ótima quando eu estava com ela, porque tudo girava em torno da música, que ambos amávamos demais." Kaukonen ligou o gravador para capturar o ensaio, enquanto sua esposa, a sueca Margareta, sentada no pequeno aposento, datilografava uma carta para a família. As assim chamadas *Typewriter Tapes* [fitas da máquina de escrever], uma gravação *bootleg*[31] que circula há décadas, documenta os músicos, que também incluíam Steve Mann, rindo e divertindo-se, trabalhando nos arranjos e trocando elogios à medida que as músicas ficavam prontas. Brincando, Janis demonstrou uma "voz de teatro" com um soprano exagerado e fez uma piada sobre um vestido de *chiffon* que planejava usar no palco, diante de uma "cortina de lamê dourado". A gravação capturou suas execuções de "Hesitation Blues", de Reverend Gary Davis; "Nobody Knows You When You're Down and Out", de Smith; e de uma música original de Janis, "Long Black Train Blues", com uma letra triste, como: "Aquele trem parte lentamente, com minhas lágrimas rolando / Lamentei, 'Ah, Senhor, por que fui deixada nesta cidade esquecida por Deus?'".[32]

Com Kaukonen tocando, Janis ficava mais à vontade do que quando se apresentava sozinha. Enquanto ele exibia seu dedilhado exímio, ela

---

[31] Termo normalmente traduzido no Brasil por pirata. Trata-se de um registro em áudio ou vídeo de determinadas *performances* de um artista ou banda que não foi lançado em formato comercial, considerado não oficial, mas ainda assim um item altamente colecionável e muito procurado por fãs do artista. [N.E.]

[32] No original, em inglês: "That train start off slowly, my tears keep streamin' down / I cried, 'Oh Lord, why was I left in this godforsaken town?'". [N.T.]

improvisava nos vocais. Entre os músicos que às vezes se juntavam a eles, estava o experiente violonista de blues Steve "Richmond" Talbot, que também trabalhava como guarda-freio na ferrovia Southern Pacific. Quando tocaram "Mary Jane", de Janis, muita gente achou que a música era de Bessie Smith. Inspirada nas músicas de jazz *hokum*[33] dos anos 1920, a letra glorifica as alegrias da marijuana: "Bom, já conheci mulheres que não querem nenhum homem / Algumas que queriam dizer / Mas nunca soube o que aconteceu neste mundo / Até que encontrei Mary Jane [...] / Ah, quando me sinto sozinha e quando me sinto triste / Só tem um jeito de mudar isso / Saio pela rua agora procurando algum homem / Algum homem que conheça minha Mary Jane".[34]

Quatro meses depois de seu retorno a San Francisco, Janis uma vez mais deixou a cidade em abril de 1964, dessa vez com uma ex-namorada de Jae Whitaker chamada Linda Poole, uma apreciadora de sua música. Janis comprou um Morris Minor usado e barato e foi dirigindo o conversível amarelo inglês direto até Austin, tomando bolinhas durante todo o caminho. Em 16 de abril, autoconfiante e alegre, Janis apresentou-se no Threadgill's pela primeira vez em quinze meses, na companhia de seu mentor, o sr. Threadgill, e dos Waller Creek Boys. Um amigo registrou a apresentação, que incluiu o antigo repertório deles, bem como a música de *honky-tonk*[35] "A Six Pack to Go", de Hank Thompson, de 1960, com Janis tocando kazoo. A noite terminou com todo mundo se juntando em uma animada versão de "Will the Circle Be Unbroken", da Carter Family.

O destino final delas era a cidade de Nova York, onde Janis e Poole ficaram no Lower East Side, no apartamento do barman e ator Ken Hill, que antes morara em San Francisco. A vizinhança, repleta de edifícios

---

[33] *Hokum* é um tipo particular de música humorística, que faz insinuações de cunho sexual por meio de analogias e eufemismos. [N.T.]

[34] No original, em inglês: "Well, I have known women that wanted no man / Some that wanted to say / But I never knew what happened in this world / Til I met up with Mary Jane. [...] / Oh, when I'm feelin' lonesome and I'm feelin' blue / There's only one way to change / I walk down the street now lookin' for a man / One that knows my Mary Jane". [N.T.]

[35] Em termos musicais, *honky-tonk* é um estilo de piano de ragtime, especialmente um piano acústico. *Honky-tonk* também é um tipo de música country, geralmente realizada por uma pequena banda com guitarras elétricas e com cordas de aço. [N.E.]

abandonados e carros queimados, oferecia abundantes apartamentos baratos para artistas plásticos, músicos e escritores, além de imigrantes ucranianos e poloneses e famílias porto-riquenhas. Assaltos e roubos eram rotina na área, e traficantes de drogas ficavam pelas esquinas. Hill trabalhava no bar da Old Reliable, uma taverna leste-europeia na rua Três, entre as avenidas B e C, com um pequeno teatro nos fundos. Janis passou a frequentar o local e também o Slugs' Saloon, uma casa de música que ficava na mesma quadra; ambos estabelecimentos vendiam bebidas a preço de nada. O proprietário do Slugs's, Jerry Schultz, trazia principalmente jazz moderno, incluindo Sun Ra, Ornette Coleman e Sonny Rollins (décadas mais tarde, o local abrigaria o Nuyorican Poets Café). Nas noites de menor movimento, ele permitia que Janis tocasse violão e cantasse, diante de uma plateia diminuta. Na segunda-feira, 25 de maio, ela se apresentou no Gerde's Folk City, dividindo o palco aberto com o exímio violonista folk Jerry Silverman.

Nos clubes folk do Village, ela notou que os violonistas tocavam violões acústicos de doze cordas, mais potentes, e comprou um, tentando aprender sozinha a tocar esse instrumento, considerado mais difícil. Mas o rock & roll elétrico da Invasão Britânica predominou naquele verão, saindo a todo volume pelas janelas dos carros e dos apartamentos. Os Beatles emplacaram seis primeiros lugares em 1964, tomando o lugar da música folk entre os formadores de opinião e os fãs de música.

Janis ligou para os pais para tranquilizá-los e dizer que estava trabalhando como perfuradora de cartões e cantando em clubes nos fins de semana. Para demonstrar seu apoio, Dorothy Joplin costurou e enviou pelo correio um traje para as apresentações da filha, uma blusa enfeitada com espelhos e bordados cor de laranja e uma capa de cetim vermelho e branco. Janis doou as roupas e continuou usando seu uniforme diário de camiseta preta e *jeans*. Ela havia perdido peso, devido ao consumo de anfetaminas, e cortara o cabelo.

Durante os quase quatro meses que passou em Nova York, não está claro com que frequência ela realmente trabalhou ou se apresentou. Pessoas que a conheceram achavam que ela ganhava a vida de forma precária, em jogos de bilhar nos bares da vizinhança. Ela passava boa parte do tempo bebendo em bares *gays* e consumindo bolinhas com uma "lésbica machona e de cabelos curtos" chamada Adrianne, de acordo com Janice Knoll, cujo apartamento no quarto andar de um prédio sem elevador da rua Dois Leste, entre as avenidas A e B, era um dos locais onde Janis passava a noite. Janice e o marido, Edward Knoll, como muita gente na vizinhança, injetavam-se anfetaminas. Em julho, Janis e Adrianne "disseram que queriam injetar anfetaminas", então Janice as iniciou. Poucos meses antes, Ed Sanders, poeta e um dos fundadores do coletivo folk-rock anarquista The Fugs, havia filmado um documentário *underground*, *Amphetamine Head: A Study of Power in America* [Viciados em anfetaminas: um estudo do poder nos Estados Unidos], que mostrava os moradores da vizinhança drogando-se em um local perto do apartamento dos Knoll. "Qualquer um que morasse no Lower East Side e convivesse por algum tempo com a cultura de rua encontrava os viciados em anfetaminas injetáveis", escreveu Sanders em suas memórias, em 2012. "Eles ficavam pelas ruas, em bistrôs e apartamentos, injetando-se, cheirando ou ingerindo quantidades absurdas de anfetaminas [...] Em alguns apartamentos, uma agulha hipodérmica fervendo em um fogareiro era quase tão comum quanto um violão folk ao lado da cama."

Janis mais tarde lembraria da "atmosfera sufocante" de seu verão em Nova York como parte de "meu período *gay* – primeiro Jae, depois Linda Poole, então fui para NY onde ia para todo lado com bichas e [...] tomava deximil [Dexamil] o tempo todo. Finalmente escapei disso". O motivo para sair de Nova York, ela afirmaria depois, foi voltar "a San Francisco pela primeira vez meio que querendo achar algum cara e ser feliz". Mais tarde, ela descreveria sua estada em Manhattan e a volta para San Francisco como "lançando-se no mundo com muito vigor e necessidade, e todas as vezes se fodendo para valer".

No caminho para a Califórnia, no fim de agosto, Janis parou em Port Arthur, onde pintou um cenário alegre de como havia sido ótima a viagem a Nova York. Ela foi buscar sua irmã Laura, então com 15 anos, no ensaio da banda da escola e lhe deu o velho violão acústico que substituíra pelo violão de doze cordas. "No quarto da frente, do lado da cozinha", Laura escreveu mais tarde, Janis tocou e "cantou alguns blues guturais e mostrou-me como fazer acordes de pestana e técnicas de *slide guitar* por cima dos trastes do instrumento". Laura também contou que, durante a breve visita, o pai "analítico" avisou Janis de que o precário conversível estava vazando muito óleo, mas ela respondeu com "Eu adoro ele! É tão bom cruzar o país dirigindo, com meu cabelo ao vento!". Para tranquilizá-los, Janis mandou dois cartões-postais durante a viagem: um de Reno ("Infelizmente o Nugget estava lotado, e tive que dormir no banco de trás do meu carro, no estacionamento de um posto de gasolina Royal") e outro com uma imagem da Ponte San Francisco-Oakland Bay com os dizeres, em grandes letras de forma: "Quinta, 10h30. (SUSPIRO!)".

Depois da volta de Janis, seu amigo Dave Archer, do Coffee and Confusion, recomendou-lhe que fosse morar no Edifício Goodman, construído no século XIX, situado no bulevar Geary, 1117, no distrito de Fillmore, onde os aluguéis eram baratos. "Logo ela estava morando no quarto em frente ao meu", Archer escreveu em 2002, "um cubículo com um mezanino como dormitório". Janis juntou-se a Malcolm Waldron, um motoqueiro de Detroit, e durante algum tempo ele morou com ela.

Voltando a cantar nos lugares de sempre, em Berkeley, Janis conheceu Dick Oxtot, popular líder de uma banda de Dixieland jazz. Um multi-instrumentista de 41 anos de idade e ex-carteiro, era um dos raros músicos que contratava mulheres. Anos depois, Oxtot recordou que, uma noite, enquanto seu conjunto de seis integrantes estava tocando no Cabale, "uma garota de aparência durona chegou em uma moto" com Waldron. Depois que Janis cantou com eles, o líder da banda ficou tão impressionado que a contratou como sua nova cantora. Logo depois, ele a convidou para gravar algumas músicas em um estúdio em Berkeley. Embora ela já tivesse sido gravada várias vezes com gravador de rolo, aquela ocasião marcou a primeira sessão de gravação de verdade de Janis. Com uma introdução ao estilo de Nova Orleans, com clarinete, trombone e corneta, Janis soltou seu vibrato no clássico folk-gospel "River Jordan". Gravaram também a alegre "Walk Right In", música de 1929 dos Gus Cannon's Jug Stompers que se tornou um grande sucesso com os Rooftop Singers, em 1963. Janis "cantou do fundo do útero", nas palavras de Erik Darling, violonista do trio folk, com uma modulação, no final, alcançando as notas mais altas em sua extensão vocal. Com o acompanhamento de piano e metais, sua "Mary Jane" complementou a seleção de músicas dos anos 1920. Ela também foi "sensacional" em "Black Mountain Blues" e "Careless Love", disse Oxtot.

Oxtot tocou as gravações para o aclamado jazzista e líder de banda Turk Murphy, para saber se ele gostaria que Janis cantasse com ele. Murphy gostou do som e, sem ter visto Janis, disse a Oxtot que a trouxesse a sua próxima apresentação, para que ela se juntasse a ele em uma música. Usando um *cocktail dress*[36] preto emprestado pela mulher de Oxtot, Janis sentou-se com o casal bem de frente para o palco, mas Murphy ignorou-os. Durante um intervalo, Oxtot foi até ele para perguntar quando Janis poderia cantar, e Murphy respondeu: "Não posso deixar que ela suba ao palco! *Ela é uma* beatnik!". Humilhada, Janis deixou de cantar também com Oxtot.

Logo depois, ela chamou o violonista Steve Mann para acompanhá-la. Mudou-se para um apartamento maior, em um andar superior, dividindo-o com Linda Gottfried, e pediu que Mann trouxesse seu gravador de rolo. "Embalei meu gravador, com um rolo de fita e um microfone, e fui de ônibus até a casa dela", recordou Mann. Ela enrolou uns baseados para ele "a partir de um vidro de maionese cheio de erva. Fumei um e *bateu*. Era da boa. Mas quando cantava, ela não fumava maconha". Às vezes dando um trago em uma garrafa, Janis "soltava a voz naqueles blues e punha toda a sua energia na música", Mann disse. "A voz dela simplesmente jorrava através de mim e saía pelos dedos. Gravamos umas oito ou nove músicas, todas blues. Todas as músicas eram do repertório dela, não meu, mas, qualquer coisa que Janis cantava, eu conseguia encontrar o tom certo para ela, e começávamos a tocar, porque era o bom e velho blues do interior sendo cantado da melhor forma que se podia imaginar. Ela era muito boa em pegar a deixa e sentir quando era a hora para uma pausa para o violão. Nós dois sabíamos quando a música devia terminar, e a gravação ficou ótima. Ela era uma profissional."

Desde sua volta de Nova York, Janis havia deixado de tomar corações púrpura e passado a injetar-se com metanfetamina. Assim como no Lower East Side, a droga que mais tarde seria conhecida como *crystal meth* proliferou na Área da Baía. No mês de janeiro anterior, para atender à demanda

---

[36] Vestido elegante, com a bainha na altura do joelho. [N.T.]

crescente, o químico autodidata Augustus Owsley Stanley III mudou-se de Los Angeles para Berkeley e montou um laboratório artesanal para a produção da droga, antes de passar a produzir o composto do qual o nome Owsley tornaria-se sinônimo: o LSD. Em North Beach, os fornecedores de *meth* ficavam no Hot Dog Palace, na avenida Grant. "Entramos e havia uma multidão de viciados", Chet Helms contou, mais tarde, sobre o boteco "pé sujo vinte e quatro horas", também conhecido como Amp Palace. "Conheci Linda [Gottfried] e virei uma viciada em *meth*!", foi como Janis resumiu tudo. "Puta que pariu!"

No começo, "achávamos que nossa criatividade estava aumentando", explicou Linda Gottfried. "'Uau, a gente pode trabalhar dia e noite sem parar' [...] Janis estava pintando, compondo, estudando a fraseologia dos cantores de blues." O quarto alugado tornou-se uma galeria de peças de arte induzidas pela droga. Dave Archer contou que "Janis e Linda ficavam lá, sentadas na cama dia e noite, durante semanas, fazendo centenas de desenhos a nanquim que terminavam [...] espalhados pelo chão e pelas paredes. Os desenhos delas cobriam as paredes, o piso, a cama, a cômoda e o peitoril da janela".

Os períodos de euforia pelos quais Janis passava, induzidos pela metanfetamina, davam lugar a períodos de depressão, aliviados apenas pela dose seguinte. Uma noite, sentada em um bar, ela escreveu uma carta angustiada ao pai, enviando-a ao escritório dele (a correspondência particular entre ambos não existe mais – Seth a destruiu). Janis mais tarde contou que havia escrito sobre "como vocês sempre me disseram que ia melhorar, e eu sempre achei que era uma ladeira que subia e que um dia ficaria plana. E sabe de uma coisa, caralho, não está ficando plano. Senti que Deus tinha feito uma brincadeira conosco. Fiquei furiosa".

Seth Joplin, inventando uma viagem de negócios, viajou de avião para San Francisco, para ver como a filha estava. Preparando-se para a chegada dele, contou Archer, Janis colocou os amigos para limpar os "1.800 desenhos" que enchiam o apartamento e disfarçar a real situação dela. "O plano era que Linda ajudasse [a mudar] o visual de Janis, de 'garota *beat* usuária de drogas pesadas e álcool' para '*beat* experiente semiprofissional'", explicou Archer. "Dei de cara com Janis no corredor certo dia, pronta para um ensaio, com o cabelo preso em algo 'meio estiloso', maquiada, com uma saia bonita e sapatos baixos e comportados. Dei risada. '*Para de rir, filho da puta!*' Mas era Janis quem mais ria [...] Vai ser sempre uma de minhas melhores lembranças [...] [Janis] parada lá, com aquele traje absurdo, aquele sorriso irônico, e então rindo como um ventríloquo usando um boneco de bruxa."

O truque de Janis funcionou, ou o pai viu apenas o que queria ver: "Ela estava morando em um apartamentinho velho e bagunçado", Seth disse depois, "e parecia estar indo bem. Não estava visivelmente drogada. Estava recebendo dinheiro da seguridade social. Estava fazendo o que queria fazer", incluindo subir e descer pelas ladeiras de San Francisco em seu Morris Minor, com o pai segurando-se como se sua vida dependesse daquilo. "Fiquei assustado, com certeza", ele contou. "Ela nunca diminuía a velocidade; os dois pés pisavam fundo, um no acelerador, o outro no freio."

Seth não conseguiu tranquilizar a filha, dizendo que as coisas iam melhorar, e da mesma forma foi incapaz de reagir emocionalmente ao desespero dela. Em vez disso, ele confirmou que ela havia descoberto o que, na cabeça dele, era o segredo sombrio da vida. Ele chamava aquela verdade de "a grande Farsa do Sábado à Noite": as pessoas se enganando, achando que, se trabalhassem duro a semana toda, poderiam se divertir no fim de semana – que haveria uma compensação pelo tédio e pelas dificuldades da vida diária. Mas o que na verdade acontece é que essa recompensa nunca se materializa; você é enganado pelas vicissitudes da vida – a Farsa do Sábado à Noite, em suas palavras –, o que leva a uma vida de decepções e infelicidade. Seth somente pôde aconselhar Janis a aceitar intelectualmente esse fato deprimente, como ele fizera, e aguentar.

Linda Gottfried recordou-se da visita de Seth. Ele era "inteligente de verdade e falava com ela de forma direta, olhando-a nos olhos". Janis jamais se esqueceu da conversa que tiveram sobre a Farsa do Sábado à Noite: "É uma das poucas coisas de que me lembro claramente" daquele período regado a drogas, contou ela ao jornalista David Dalton cinco anos depois.

"Aquilo me atingiu como a porra de um raio", recordou Janis. "Aquilo era tudo." A compreensão só a deixou mais furiosa, levando-a a drogar-se e a beber ainda mais. Mais tarde, ela daria à Farsa seu próprio nome: *kozmic blues*, a tristeza cósmica, que para ela "significa que, não importa o que você faça, vai ser derrotado de qualquer modo".

Em janeiro, ao completar 22 anos, Janis já estava totalmente viciada *em meth, com o* intervalo entre as injeções diminuindo dia a dia: "Eu queria fumar droga, ingerir droga, lamber droga, cheirar droga, foder droga... Qualquer coisa em que pudesse pôr as mãos, eu queria consumir. Ei, cara, o que é isso aí? Quero experimentar. Como se faz? Você cheira isso? Não? Você engole? Vou engolir".

Janis continuava procurando por um companheiro e foi para a cama com vários homens, incluindo um de seus guitarristas, Michael Pritchard, segundo o qual os seis primeiros dias juntos foram "vinte e quatro horas por dia, intenso mesmo". Ela estava interessada em Patrick Cassidy, um atraente poeta *beat* cuja ex-esposa mais tarde seria a amiga mais próxima de Janis. Linda ficou com o antigo caso de Janis, Malcolm Waldron, enquanto Janis estava de olho em um dos frequentadores mais pitorescos do Amp Palace: George "The Beast" ["o animal"] Howell. Trabalhando ocasionalmente como vigia noturno do Hotel Dante, George "The Beast" era um homenzarrão e "meio que um poeta", escreveu um dos moradores de North Beach. "Ele dormia onde podia e cultivava a amizade de vagabundos, cafetões, poetas e vendedores de *meth* que frequentavam o Hot Dog Palace depois da meia-noite." Ele parecia um motociclista, usava uma jaqueta do exército e um brinco de ouro – e tinha oscilações severas de humor, que mudavam de simpático para violento. "A relação deles foi realmente turbulenta", observou Linda Gottfried. "Ele não fazia concessões a ela."

Janis vendia drogas para financiar seu vício cada vez mais pesado. Pat Nichols, que mais tarde adotou o nome Sunshine, recordou uma Janis "bem ferrada", que "bateu em minha porta. Era uma casa de três andares, e gritei pela escada abaixo 'Quem é?', e ela respondeu 'É Janis Joplin! Quero vender drogas para você!'". A *meth* cobrou seu preço em termos mentais e físicos; o rosto dela estava cheio de espinhas, e Janis ficou pele e osso, pois mal se alimentava.

Janis e Linda Gottfried mudaram-se para um apartamento mais barato, de porão e sem janelas, a 25 dólares por mês, na rua Baker, onde as duas se enfurnaram e se injetavam *meth* diariamente. Certa noite, na porta do Anxious Asp, Janis levou uma surra de motoqueiros, a quem provavelmente estava devendo, por conta das drogas. Ela perdeu seu *status* nos lugares onde costumava se apresentar e passou a ser conhecida como alguém que pedia um adiantamento, fazia uma pausa na apresentação e depois não voltava para terminá-la. Ou que sequer aparecia. No Coffee and Confusion, Sylvia Fennell pregou um cartaz escrito à mão, com a seguinte mensagem: "Qualquer um que for pego dando dinheiro a Janis Joplin antes do fim da apresentação dela será despedido. Qualquer cliente que lhe der dinheiro será expulso". Logo os shows de Janis minguaram.

Quando ela tentou entrar para os Mainliners, banda formada por George Hunter, aluno de artes na Universidade Estadual de San Francisco, ele a rejeitou. "Ela não estava lá muito bem", disse Hunter, que havia pegado emprestado dela um LP de jazz. "A expressão '*speed freak*' [viciada em metanfetamina] era bem apropriada no caso dela. Eu não conseguia imaginá-la em minha banda, porque ela estava um caos."

Por meio de Janice e Edward Knoll, que tinham se mudado do East Village para San Francisco, Janis conheceu um homem que parecia ser o oposto daqueles com quem vinha saindo: de uma beleza discreta, bem-vestido e articulado, o nova-iorquino Peter de Blanc dizia ser engenheiro – como Seth Joplin –, com um mestrado. Tinha um Land Rover e afirmava ser de família tradicional e rica. "Peter era uma pessoa muito carismática, um cavalheiro de verdade, senhor Fala Mansa", Linda Gottfried contou. Ele e Janis tornaram-se inseparáveis. "Ele amava Janis, e ela o amava", disse Gottfried. "Foi um caso de amor incrível [...] a primeira vez em que de fato vi Janis de coração aberto." E, assim como Janis, "Ele era louco por metanfetamina".

Janis quase parou de cantar; De Blanc não gostava de blues e preferia vozes sopranos bonitas. Os dias e as noites com Peter giravam principalmente em torno da droga e seus efeitos, e ele jogando uma bola de borracha durante horas contra a parede do apartamento. Janis pesava menos de 45 quilos, e De Blanc, sofrendo de delírios, começou a acumular armas em seu carro. "Ele tinha uma paranoia avançada e achava que estava recebendo mensagens do povo da Lua", disse Gottfried. De Blanc disse a Janis que queria se casar com ela depois que ficassem limpos das drogas. Alucinando e delirante, ele se internou na ala psiquiátrica de um hospital.

Chet Helms ouviu falar, por meio de alguns amigos, do estado em que Janis se encontrava e foi até o apartamento dela. "Estava emaciada, quase catatônica, e simplesmente não respondia", recordou ele. "Janis mudava de ideia duzentas vezes antes de chegar até a porta. Era tipo a fase final do vício em metanfetamina." Linda Gottfried planejava juntar-se a Malcolm Waldron no Havaí para ficar limpa, e Janis concordou em voltar ao Texas. Os amigos conseguiram juntar dinheiro suficiente para a passagem de ônibus de volta para casa. De Blanc, ainda sofrendo de delírios, foi outra vez hospitalizado. Eles prometeram reunir-se em Port Arthur quando estivessem livres de seus vícios. Em maio de 1965, depois de uma festa de despedida, Janis embarcou em um ônibus da Greyhound rumo ao Texas.

Alguns anos depois, ao recontar a história da época em que morou em San Francisco, Janis minimizou a forma angustiante como terminara e prolongou os esporádicos dois anos e meio que passou na cidade: "Fiquei cinco anos por lá", ela disse, "fazendo o que os jovens fazem – descobrindo e mudando e andando por aí e ficando com os amigos, por assim dizer. Decidi voltar para casa e me endireitar, voltar para a faculdade e até me casar". Pela primeira vez na vida, Janis havia entregado seu coração por completo para alguém. Mas o relacionamento dela com Peter de Blanc revelou ser a maior de todas as Farsas do Sábado à Noite.

Capítulo 10

Universitária no Texas

É uma vida tão quieta e pacífica, e eu a estou desfrutando muito.
— Janis Joplin

Depois da longa viagem de ônibus de volta para Port Arthur, Janis chegou à Lombardy Drive esquelética, pesando 40 quilos. Desabou na cama de Laura, então com 16 anos, e dormiu durante dias. Enquanto deixava o vício das anfetaminas, sofreu de ansiedade, depressão, alterações de humor e problemas estomacais. Com 22 anos de idade, começou a avaliar o passado e o futuro. Assustada de fato por ter chegado tão perto da morte, dedicou-se a uma mudança de vida, transformando-se na filha "normal" que os pais desejavam, e afastou-se daquilo que quase a levou à destruição: a música, bem como o estilo de vida e as drogas a ela associadas. Graças ao noivado com Peter de Blanc, a "cerquinha branca" parecia estar a seu alcance: a vida como dona de casa e mãe era uma opção segura. Ela poderia afinal encaixar-se, e a vida doméstica aplacaria a escuridão e o turbilhão que trazia dentro de si. No entanto, ao longo do ano seguinte, que passou no Texas, as sombras retornaram, enquanto ela se dividia entre o amor pela música e o desejo de agradar os pais. Embora uma parte de si continuasse sempre ansiando pela vida com cerquinhas brancas, seu talento era grande demais para ser contido por qualquer tipo de limite, mesmo quando era ela própria quem tentava estabelecê-lo.

Aos poucos, o apetite de Janis voltou, e ela devorava os jantares reconfortantes e familiares preparados por Dorothy Joplin. Os legumes cozidos, o joelho de porco com feijão, o rosbife e o frango frito ajudaram Janis a recuperar a saúde e ganhar peso. Laura levou-a ao *shopping center* de Jefferson City para comprar roupas, inclusive lingerie, que ela não tinha, e blusas de manga comprida para esconder as marcas das agulhas.

À mesa de jantar, Janis discutia o retorno a Lamar e seu casamento com De Blanc. Nos cinco meses seguintes, ela escreveu cerca de setenta cartas a Peter. A correspondência era como um diário, no qual ela podia dissecar seus sentimentos, carta a carta, fazendo as pazes com o passado enquanto relatava a nova vida. Exatamente como Seth Joplin certa vez pedira a Dorothy que escrevesse o que *pensava*, de uma maneira que a mãe era incapaz de fazer, Janis colocava no papel seus pensamentos mais íntimos. Ela se agarrava aos planos com De Blanc como se fossem uma boia de salvação. E, em seu intenso desejo, Janis ignorou os sinais de alerta de que Peter não era o "cavaleiro de armadura reluzente" que certa vez ela pedira ao antigo namorado Jack Smith que fosse. Quando conheceu De Blanc, os delírios e pensamentos desencontrados resultantes do vício em anfetaminas explicariam que ela deixasse de perceber os muitos defeitos dele. De volta a Port Arthur, apesar de estar limpa da droga e com a saúde em recuperação, Janis aferrava-se de forma desesperada a sua fantasia. Para ela, De Blanc era a única coisa que poderia salvar-lhe a vida, enquanto sua própria voz excepcional somente a levaria à destruição.

"Espero que você consiga sair de San Francisco. Uau, todo mundo deveria sair – é tão bom aqui fora, no mundo real, onde as pessoas são felizes e orgulhosas de si mesmas e boas!" Assim começava a primeira carta que escreveu a De Blanc, que ainda estava na Área da Baía. Entretanto, Peter não vivia no "mundo real" e nem era "bom". Ele viajara para o México logo depois da partida de Janis e começara um caso com Debbie Boutellier, uma nova-iorquina que era funcionária de uma empresa aérea e aluna da Universidade Estadual de San Francisco. Eles planejavam morar juntos no apartamento dela em Manhattan. Em San Francisco, Linda Gottfried conheceu outra amante dele, grávida de vários meses, que dizia que ele estava legalmente casado com *outra* mulher de Nova York, com quem tinha um filho. Gottfried contou isso a Janis, mas tais revelações pareceram não afetar os sonhos desta de um futuro com Peter.

"Quero tanto estar com você", Janis escreveu a ele. "Não me importa sua [...] analogia com as nove vidas de um gato.[37] Não me importa se você teve oito esposas antes de mim, e serei o que eu quero – a última e permanente –, aquela com quem você ficará. Mas consegui contar só três ou quatro, poderia, por favor, confirmar se são realmente oito? Uau, então você teria que ficar comigo, porque eu seria a sua última chance."

Claro, Janis escondeu de sua família essa informação e relatava apenas as muitas realizações de Peter, da forma como ele as contava: um gênio em eletrônica, mestrado pela Universidade McGill, de Montreal, afiliação à Mensa,[38] agente secreto do exército francês durante a Guerra da Argélia em fins da década de 1950. Ele dizia ter dupla cidadania e vir de uma família abastada do norte do estado de Nova York. Na verdade, De Blanc havia crescido em Niagara Falls, Nova York, e nunca fizera faculdade. Hábil mentiroso desde a adolescência, casou-se muito jovem, mas abandonou a esposa e o filho; assumiu a identidade de outra pessoa e mudou-se para a Costa Oeste, onde usou diversos nomes falsos, passando-se por um próspero empreendedor. Ele sabia como bajular mulheres inteligentes, e uma de suas ex-amantes contou à escritora Alice Echols: "Com ele, você podia ser cem por cento você mesma. Sei que foi assim que Janis se sentiu. Ele era muito liberal e aceitava quem você era".

De Blanc era tão cativante na correspondência por cartas como em pessoa. Desesperada por estabilidade e amor, Janis permitiu que o sentimento dele a envolvesse. "Nunca havia lido uma carta tão bonita", ela respondeu uma vez. "Comecei a chorar e a dizer (SUSPIRO) [...] Puxa vida, *baby*, tomara que você esteja falando sério!" Depois de receber outra carta, ela respondeu: "O motivo pelo qual quis lhe escrever foi para lhe dizer como achei bonita sua carta – minha primeira carta de amor [...] Foi adorável, Peter, e estou muito feliz por você sentir isso – amo você para sempre".

De Blanc às vezes telefonava para Janis. Ela esperava ao lado do telefone com o mesmo desespero com que costumava aguardar seu fornecedor

---

[37] Nos países de língua inglesa, diz o mito que o gato tem nove vidas e não sete, como no Brasil e em outros países. [N.T.]

[38] Organização que reúne pessoas cujo quociente de inteligência está nos dois por cento superiores de algum teste de inteligência reconhecido e aprovado. [N.T.]

de drogas. Era como se tivesse substituído o vício em *meth* pela obsessão por Peter. Ao fazerem planos para a primeira visita dele a Port Arthur, ela o preparou descrevendo sua família em uma carta longa e tocante:

> *Minha mãe – Dorothy – preocupa-se muito com os filhos e ama-os demais. Republicana e metodista, muito sincera, fala por meio de clichês nos quais de fato acredita, e é muito boa para as pessoas (ela acha que você tem uma voz adorável e está totalmente preparada para gostar de você).*
>
> *Meu pai – mais rico agora do que quando eu o conheci, e meio que envergonhado disso – é muito culto – história é sua paixão –, calado e muito feliz por ter-me em casa, porque sou inteligente e podemos conversar (até sobre antimatéria – ele ficou impressionado com isso)! Digo a ele o tempo todo como você é inteligente, e como me orgulho de você. [...]*
>
> *Minha irmã – 15 [sic] anos –, uma garota doce e adorável (muito magnânima, comprei para ela uma sacola de maquiagem, sabe, para ensinar-lhe uns truques, hehe. Você precisava vê-la! Duas gavetas de bobes – uma penteadeira com dois espelhos e três prateleiras de maquiagem –, uma mocinha e tanto! Estou tendo aulas com ela). Ela aprendeu a tocar violão muito bem, com um violão que lhe dei no ano passado, e canta baladas de Joan Baez com uma voz muito doce. Na verdade, hoje à noite ela vai cantar na MYF [Congregação Jovem Metodista] e vou assistir à sua apresentação. Ela me tem em alta conta – muito mais do que eu imaginava. Meu pai e eu estávamos conversando e ele me contou que Laura havia dito que achava que eu não tinha errado em nada do que já havia feito, e isso me fez sentir muito bem. Eu vivo errando o nome dela, chamando-a de "Linda", e ela considera isso um elogio – isto é, que ela é como uma amiga para mim. Conversamos sobre música folk e falo de você e ela está muito feliz por mim.*
>
> *Meu irmão – Michael – agora está com 1,5 metro de altura! Está enorme e quase crescido [12 anos de idade] – um sorriso largo de menino e cabelos rebeldes –, jeans e bicicleta. Ele me adora – quer que eu more em casa e gosta de se exibir para me*

impressionar – orgulhoso, envergonhado, quer meu afeto, uau, ele é um garotinho legal! Eu o amo muito. Sempre quis ter um filho como Mike – gosto dele.

Janis matriculou-se na Lamar, inscrevendo-se nas disciplinas de história mundial e literatura inglesa. Nadava e jogava golfe regularmente, jogava badminton no quintal e participava de jogos de cartas com a família. Muitos dos antigos amigos foram visitá-la para dar as boas-vindas. Embora Patti e Dave McQueen morassem em Houston, Patti foi a Port Arthur para visitá-la. "Janis estava esperando por aquele cara por quem havia se apaixonado", recordou ela. Agora casado, Philip Carter e sua esposa, Diane, moravam perto da casa de Janis, assim como Adrian e Gloria Haston; quando as aulas começaram em julho na Lamar, Janis ia de carona com Adrian, que era aluno de pós-graduação. Mas ela passava a maior parte do tempo em casa. Gostava particularmente dos domingos a sós com o pai, ouvindo Beethoven, enquanto os "três Joplin religiosos", como Janis se referia aos irmãos e à mãe, iam à igreja.

Quase como se tivesse assumido uma nova identidade, ela escreveu ao noivo sobre quem havia sido e a pessoa na qual estava se transformando. "Estranho, é uma vida tão quieta e pacífica, e eu a estou desfrutando muito [...] Não é diversão o que eu quero no momento. Estranho, nunca pensei que diria isso. Sou um daqueles jovens das antigas, loucos por emoções, sabe, ou pelo menos era. Nunca consegui achar qualquer valor ou qualquer coisa em relação aos quais valesse a pena ir atrás, exceto a diversão – e agora, olha só, tenho coisas melhores a fazer do que ir atrás de diversão."

No fim de julho, as cartas de amor revelavam a ansiedade pela tão esperada visita dele, assim como detalhavam as aulas na Lamar ("lendo *Sir Gawain e o Cavaleiro Verde* – um romance medieval") e as realizações acadêmicas. Finalmente, em agosto, De Blanc chegou a Port Arthur, vindo de Nova Orleans – onde estivera secretamente com Boutellier, sua namorada. Os Joplin o acharam agradável, educado e aparentemente feliz por ver Janis. "Ele era alto e magro, com ar digno", Laura escreveu em seu livro *Com Amor, Janis*. "Tinha cabelo liso e loiro, que dividia de lado e ficava caindo na cara. Suas tentativas de afastá-los dos olhos revelavam certo nervosismo. Ele usava um terno amassado, mas transmitia um ar de força serena."

Dorothy Joplin não permitiu que o casal dormisse junto. "Ele olhou para Janis, e ela olhou para ele", contou Seth, "e Dorothy disse: 'Não me importo com seus olhares – vocês não vão dormir daquele jeito nesta casa'." Apesar de tudo, De Blanc conquistou Dorothy e os irmãos de Janis; antes de partir, pediu a Seth para terem uma conversa a sós no quintal. "Daí a pouco, papai nos chamou de volta e anunciou: 'Peter pediu a mão de minha filha em casamento e eu consenti'", recordou Laura. "Janis pulava de alegria, abraçando Peter e agarrando-se a seu braço firme, como se ele fosse uma âncora que a prendesse à realidade. Aquele momento deixou todos nós empolgados." Ele tinha planos de voltar no Natal com um anel e pediu à família que esperasse até lá para anunciar o noivado no jornal local.

Depois de receber o que deve ter sido um telefonema previamente combinado com Boutellier, de Nova Orleans, De Blanc afirmou que precisava partir de imediato, em razão de uma morte na família. Ele explicou que estaria em Nova York com sua tia, seu tio e a "prima Debbie" e deu a Janis seu novo endereço: uma casa na rua 75 Oeste, entre o Central Park e a avenida Columbus.

Ao voar para Nova York, ele continuou com sua encenação, escrevendo aos Joplin "a bordo", com papel timbrado da Eastern Airlines. Ainda insinuando-se, agradeceu profusamente a eles pela hospitalidade e, dirigindo-se a Dorothy, pediu desculpas porque a "gramática e a construção de frases nesta nota são horríveis". Logo depois, ele enviou a ela um conjunto para café banhado a prata; durante a visita, Dorothy havia ficado com vergonha por não poder servir café de forma adequada. Ele ligou para Janis e perguntou se a mãe gostaria de castiçais que combinassem, e ela respondeu: "Não, só usamos velas durante furacões". Quando ela contou à mãe sobre a conversa, Dorothy "lamentou-se", e Janis escreveu uma nota apressada para Peter, dizendo: "Se não for tarde demais, mamãe gostaria que você enviasse os castiçais [...] Ela odeia meu pragmatismo".

Dorothy começou a planejar o vestido de casamento que faria para a filha, enquanto Janis começou a costurar uma colcha de retalhos no padrão "estrela solitária", como a que sua mãe confeccionara na década de 1930. Ela escreveu: "Minha mãe realmente apreciou sua carta (de qualquer modo, ela parece encantada com você). Preciso lhe dizer quanto minha família gostou de você. Meu irmão diz o tempo todo: 'Puxa, com certeza eu gostaria que Peter fosse meu cunhado', e Laura lançou um olhar por baixo de seus cabelos, certa vez, para dizer: 'e ele tem ombros tão largos!' (Suspiro.) Mamãe acha que você é muito educado e tem bastante potencial – isso é um elogio [...] E até papai levantou da cadeira de leitura dele (!) e veio até meu quarto para dizer que parecia que eu tinha escolhido um jovem ótimo, capaz de fazer tudo que quisesse – 'ele com certeza é inteligente!'. E eu, bom, eu ainda acho que você é perfeito [...] Amo você. E minha família também".

Na carta de seis páginas, com data de 21 de agosto, Janis também contou que Linda Gottfried, agora casada com Malcolm Waldron, conseguira um emprego de professora no Havaí e que ela e Dorothy estavam mandando "toneladas de conselhos" a Linda. Janis descreveu as novas "roupas de escola" que havia comprado e juntou o esboço de uma delas. Depois dos exames finais, ela planejava levar os irmãos a um jogo de basquete dos Houston Astros, costurar vestidos novos, trabalhar em sua colcha, tirar uma foto de noivado e ir ao médico – "agora desconfiamos de uma úlcera". Com o senso de humor intacto, ela divagou sobre o enxoval. "Mamãe me disse que, quando eu me casar, ela vai me dar um uma linda colcha de crochê que a mãe dela fez. Meu enxoval está ficando maior. Tenho que arranjar um baú [...] Ainda fabricam? Deus do céu, serão caros, grandes, pesados? Sabe o que são? Acho que são um mito americano. Acho que eu simplesmente vou ter que colocar meu precioso enxoval em um canto qualquer por aí."

A ansiedade, porém, ainda torturava Janis, e quando as cartas de Peter cessaram por algum tempo, ela ligou para ele em Nova York. Boutellier, que atendeu o telefone, disse ser a "prima Debbie" e mentiu, alegando que De Blanc não podia escrever por ter ficado sem papel e envelopes. Janis pressentiu a mentira e, mais tarde, depois que Debbie atendeu o telefone de novo, confrontou De Blanc por carta: "Quando aquela garota atendeu, eu me senti realmente enganada. Eu só queria que você dissesse, 'Ah, uau, *baby*. Eu te amo e é claro que ela é só minha prima, sua tonta' [...], mas você não fez isso. Ficou na sua e agiu como se não ligasse para o que pensei ou se havia ficado magoada".

Janis também tinha percebido com clareza que, por mais que tentasse, não se encaixava na Lamar (ela chegou a ter "aulas de postura", de acordo com Laura), os colegas ainda a consideravam esquisita, e que nunca poderia ser como eles. Ela escreveu a De Blanc: "Achei que, por não ser mais a RAINHA *BEATNIK* e a CAÇADORA DE ATENÇÃO, e por usar vestidos e sapatos e maquiagem, ser discreta e [...] ter a mesma aparência que todo mundo... Mas, de algum modo, eu ainda sou meio diferente [...], e todas aquelas estudantes tontas com seus vestidos estampados de algodão e cabelos loiros armados, com sotaque e expressões texanas, simplesmente sabem que não sou uma delas. Mas é justo, acho – eu sei que elas também não são o mesmo tipo de pessoa que eu sou".

Janis dependia mais do que nunca de sua família para conseguir a atenção de que precisava. "Mamãe está ficando preocupada comigo porque fico muito tempo em casa", escreveu ela a De Blanc. "Ela acha que não passo tempo suficiente com 'pessoas da minha idade'." Dorothy comprou flautas doces para a família, talvez para oferecer a Janis uma atividade musical sadia, e os Joplin começaram a praticar os instrumentos à noite. Dorothy, escreveu Janis a De Blanc, era "a mais séria tocadora de flauta doce que já vi, marcando o ritmo com o pé, teimosamente, e olhando o livro através de seus óculos bifocais".

Quando De Blanc finalmente ligou, a mentira sobre a fortuna da família ficou mais elaborada; disse ter ido velejar com o tio e mencionou uma herança iminente. Ela lhe escreveu em 24 de agosto: "Falar com você sobre dinheiro hoje à tarde meio que me fez cair na real. Depois que desligamos, eu estava meio zonza e em pânico – sabe, andando de um lado para outro na ponta dos pés, torcendo as mãos e rasgando guardanapos, me lamentando, 'Ah (GEMIDO), dinheiro! Que vou fazer! (Lamentos). Nunca sequer conheci alguém que não fosse uma pessoa comum. Nós somos jovens demais! Eu queria ser capaz de preparar bolo de carne e ensopados e economizar dinheiro de forma inteligente no orçamento doméstico. Ah, por que isso tinha que acontecer comigo? Eu daria uma ótima pessoa pobre [...] Como podia saber? Ele não parecia rico! Caramba, ele parecia tão ferrado quanto todo mundo. [...]' Minha família só deu risada, sem poder acreditar. Minha mãe repetia: 'Bom, Janis, você pode ser feliz e também ter dinheiro. Quer dizer, você não precisa preparar cozidos de atum para ter um casamento feliz'. Mike falou: 'Nossa, Janis, por dentro ele ainda é o mesmo, só é melhor por fora'. Papai só colocou o rosto entre as mãos e riu, enquanto Laura disse: 'Bom, se acha que não vai dar certo, diga a ele que você tem uma irmã'. [...] Eu finalmente decidi que, se você tem dinheiro, mesmo que isso seja um obstáculo para os meus planos de Peter-e-eu-enfrentando-juntos-as-dificuldades.-Pobres-mas-ainda-assim-felizes, você fará algo útil com ele – tipo começar seu próprio negócio de novo ou guardá-lo para pagar a faculdade das crianças, ou torrar tudo em uma lua de mel na Europa (eu meio que gostei dessa ideia...) e ele não nos atrapalharia de fato.

"O que eu estou tentando dizer é que ficar sem fazer nada é muito nocivo – nós dois sabemos muito bem disso, droga – e eu não quero apenas viver uma vida inútil e entediada de comodidade ignóbil [...]

"Na verdade, fiquei tão transtornada com o que você me contou que precisei ir até o quintal e jogar duas partidas rápidas de badminton para me acalmar. [...] Mais tarde, papai me puxou de lado, colocou a mão em meu ombro, me olhou nos olhos muito sério e disse: 'Lembre-se apenas, Janis, de que sempre fizemos todo o possível por você'. Ele então olhou para fora, pela janela, carrancudo, depois se virou de novo para mim, com os olhos brilhando, e foi rindo até a sala de estar".

A fantasia de Janis com a cerquinha branca, aliada ao fato de estar limpa de drogas pela primeira vez em anos, levou-a a tornar-se mais introspectiva, lidando com pensamentos e sentimentos que antes direcionava para a música ou afastava por meio das bebidas e das drogas. Assistindo à cobertura televisiva sobre o voo tripulado da Gemini 5 em órbita da Terra, Janis ficou fascinada – e talvez até mesmo invejosa – com a liberdade dos astronautas para "orbitar [...] sem a atmosfera, que logo abandonariam por completo", escreveu a De Blanc, que tinha interesse em trabalhar para a NASA, em Houston. "O que me traz à mente seu atestado de antecedentes, como anda isso?"

Quando falou sobre sua suposta busca por emprego, De Blanc havia mencionado que precisava de um atestado de antecedentes. Dorothy prontamente pesquisou quais empresas de tecnologia estavam procurando profissionais com as "qualificações" de Peter, e Janis enviou-lhe uma lista de "firmas que estão contratando e precisam muito de técnicos", incluindo Dow Chemical, National Cash Register, IBM e Texas Instruments.

Enquanto isso, Janis, com medo das consequências de seu vício, fez um exame médico completo e escreveu ao noivo que "este foi meu último confronto com minha fase fodida – para ver se eu tinha mesmo me livrado dela ou se ela ainda estava me fazendo mal. E me livrei mesmo! Caramba, está tudo bem comigo, e ninguém vai me fazer ficar mal de novo! Não estou anêmica, não há nada errado com o fígado ou o sangue, e não foi detectado nenhum problema ginecológico, embora o médico tenha dito que, se eu tiver mais alguma coisa, talvez me receite alguns hormônios. Ele acha que posso ter um desequilíbrio hormonal, pelo fato de nunca ter ficado grávida [Janis pode não ter considerado como gravidez o aborto espontâneo que sofreu em 1962]. Falar sobre isso [hormônios] me deixa meio envergonhada".

Ao longo dos três meses seguintes, De Blanc apresentou várias desculpas detalhadas para adiar o casamento, inclusive doenças e uma hospitalização, um emprego novo que não deu certo e falta de fundos. Por motivos desconhecidos, ele chegou a sugerir uma visita da "prima Debbie" aos Joplin, em seu lugar, mas isso nunca se concretizou. Ele mandou um bilhete bizarro, escrito em russo. Janis escrevia cartas cada vez mais alarmadas e fazia ligações quase histéricas para tentar esclarecer o que estava acontecendo. "Céus", escreveu a ele, "não quero esperar dois anos nem nada do tipo! Gostaria que nos casássemos em fevereiro ou março, assim que eu terminar o semestre. [...] Então, por favor, vamos tentar economizar dinheiro para podermos nos casar. É muito bom estar noiva e tudo o mais, mas acho que vou gostar mais de estar casada."

Num dado momento, De Blanc contatou Seth no trabalho deste, pedindo um empréstimo até receber sua "herança", que estava demorando para sair. Seth aparentemente enviou a De Blanc um cheque para cobrir supostos exames médicos no Centro Médico Beth Israel, em Nova York. Em uma carta de 11 de setembro, ele pede desculpas a Seth por "tomar a liberdade de telefonar para você" e, em outra nota, pela demora em anunciar publicamente o noivado e por "todo o jogo de palavras esotérico". Ele rabiscou em grandes letras no rodapé da página: "Quero Me Casar Com Sua Filha – O Que Acha?".

Naquele outono, Janis se matriculou em período integral na Lamar e concentrou-se nos estudos. Ela enviou a De Blanc, orgulhosa, um ensaio de sociologia pelo qual recebeu um A, com um bilhete bem-humorado: "Acho que ter um deprimente conhecimento em primeira mão dos problemas sociais ajudou. [...] Mamãe me disse para considerar este ensaio como uma candidatura ao cargo de esposa de um membro da Mensa. Espero que não me ache boba por enviá-lo a você".

Na carta seguinte, ela incluiu sua foto de noivado – na qual aparece elegante e solene, com um olhar sofrido e cabelo bem penteado, puxado para trás e preso em um coque no alto da cabeça. Ela escreveu: "Espero estar bonita o bastante para você mostrar a sua família ou aos amigos. *Ah, puxa*, é a primeira vez em meu histórico de egocentrismo que me sinto tímida. [...] Sou tão insegura – me preocupo o tempo todo". Na mesma carta de 28 de setembro, ela descreveu o *kozmic blues*: "Ultimamente tenho me lamentado sobre as dores de ficar adulta. Todo tipo de dor. Minha queixa mais recente é uma dor muito real, por conta de um dente do siso. Minha mandíbula está toda inchada e tudo é um saco. Mas parece haver uma quantidade quase insuportável de um tipo de dor menos literal, mas igualmente potente, que nós (os jovens) temos que enfrentar. Ultimamente, venho dizendo como estou satisfeita por estar me afastando da borda do abismo – por ser feliz e adulta e capaz de relaxar e não sentir dor o tempo todo. Meu Deus, eu não gostaria jamais de voltar a ser jovem. Teria que chorar tudo de novo. Meu pai e eu estávamos rindo disso outra noite, durante o jantar. Ele citou um velho clichê sobre como a juventude é desperdiçada com os jovens, e respondi, com toda a seriedade, embora todo mundo tenha dado risada, que você não deveria precisar ser jovem até ter idade suficiente para lidar com isso. Mas, saca só, agora sou uma adulta de verdade, em carne e osso, com rotina estabelecida e ajuizada! Meu Deus, finalmente!".

Em outubro, com De Blanc ainda distante, Janis por fim voltou-se para a música. Como no passado, cantar proporcionou a ela um bálsamo e a ajudou a reconquistar a autoestima. "Estou tocando violão cada vez melhor", Janis escreveu a ele. "Faço uma versão muito boa de um blues chamado 'Come Back Baby' [uma música de Ray Charles de 1955], em sol. Nela eu solto a voz de verdade. Se a gente pode chamar de soltar a voz quando faz isso sozinha no quarto, com a porta fechada. [...] Tem uma parte com um falsete agudo que é demais! Gostaria de ter fãs que me achassem tão boa quanto penso que sou. Acho que é o melhor que já fiz até agora. Estou trabalhando em algumas outras músicas e estão bem boas, mas ainda não são suficientes para uma apresentação ou algo assim. Além do mais, onde me apresentaria? Meu pobre pai está ficando bem incomodado com meus ensaios. Laura não o incomoda muito quando toca violão. Ela toca e canta baixinho. Mas eu tenho uma dedeira grande e toco de verdade! E canto de verdade também. E ele fica sentado na sala de estar, tentando desesperadamente permanecer calmo e plácido enquanto ouve Bach. Coitadinho." Em uma das raras vezes em que saíram juntos, Janis e o pai foram ver *A Nau dos Insensatos*, baseado no angustiante romance de Katherine Anne Porter, de 1962, mas em vez do "bom e velho escapismo", Janis escreveu a De Blanc, era "muito deprimente, e me identifiquei com absolutamente todo mundo no filme".

Janis procurou sua antiga amiga de faculdade Frances Vincent, cantora que trabalhava como garçonete na Halfway House, em Beaumont, um café de música folk instalado em um bangalô construído em 1909. Por indicação de Vincent, Janis foi chamada para fazer uma apresentação e começou a ensaiar seu antigo repertório. "O pessoal da Halfway House queria que eu trabalhasse neste fim de semana", ela escreveu a De Blanc, "mas achei que não havia ensaiado o suficiente, então não fui. De qualquer modo, eu não estava a fim." Philip Carter sugeriu que ela gravasse na casa de seu amigo Neil, um músico clássico que fazia parte da sinfônica de Beaumont. Em 10 de outubro, ela escreveu a De Blanc que havia "ficado lá umas nove horas trabalhando naquilo e consegui gravar só três músicas! Credo, que saco! Neil não sabia usar o gravador direito. Foi uma dificuldade. Cantei e cantei, e fiquei nervosa, Jesus Cristo! Senti uma fraqueza e fiquei trêmula, mas, por fim, paramos para comer. Então me senti melhor, mas o gravador quebrou e desisti. Droga, estou exausta. Mas voltando à fita. Duas canções: 'Come Back Baby' e 'Once I Lived the Life of a Millionaire' [versão de 'Nobody Knows You When You're Down and Out'], e uma balada muito bonita, 'Once I Had a Sweetheart' [balada tradicional inglesa, gravada por Baez]. Espero que tenham ficado boas e espero que o blues não assuste as pessoas. Vou mandar para você assim que puder. De qualquer modo, foi gravada com o sangue de meu rosto, e espero que goste".

Janis continuou a refletir sobre sua irresponsabilidade de antes, como se tentasse convencer-se de que havia mudado e estivesse "tentando olhar para minha vida de forma objetiva a partir desta nova perspectiva feliz", escreveu para De Blanc em 14 de outubro. Descreveu seus períodos turbulentos em Venice, Austin e San Francisco. Sua conclusão:

"Parece que eu realmente tenho tentado acabar comigo mesma. [...]. Tenho me preocupado um bocado quanto a isso, mas decidi que não há chance de isso acontecer.[...] Acho que o que quer que eu costumasse odiar em mim mesma, não odeio mais. Ou talvez eu apenas tenha crescido.[...] Não existe mais. [...] Depois de cada experiência horrível pela qual passei em meu período de recuperação, sempre mantive a convicção de que o que havia feito ou o que acabava de abandonar era de fato legal. [...] Mas, droga, nunca tive tanta certeza quanto a algo não ser desejável. Acho que dessa vez realmente mudei meu modo de pensar. [...]

Toda noite, tento adormecer, mas minha cabeça fica cheia das tristezas do passado – será que estou obcecada, e por quê? Por que fico pensando sobre tanta merda? [...] Acho que nós dois conseguimos superar um monte de merda. [...] Foi o suficiente para que eu desenvolvesse a determinação quase fanática de fazer a coisa certa ao menos uma vez, e é o que estamos fazendo, certo? [...] Queria que pudéssemos estar juntos, puta merda, quero tanto ser feliz.

Noite após noite, acordada na cama, a mente dando voltas, Janis conseguiu convencer-se de que suas tendências autodestrutivas haviam diminuído e que era seguro voltar para a música. Ela começou a canalizar seus sentimentos para letras, compondo melodias para acompanhá-las ao violão. Uma das músicas novas fantasiava o que ela esperava alcançar com De Blanc: "Vamos embora comigo / E construiremos um sonho / As coisas parecerão / Como nunca pareceram / Poderiam ser [...] Ninguém vai chorar sozinho durante o sono / Não haverá solidão escondendo-se bem lá no fundo / Como o flautista de Hamelin / Percorrerei as ruas / Reunindo todas as pessoas felizes que encontrar / Daremos as mãos e / voaremos pelos céus / Deixando aqui os problemas / Para que morram, abandonados".[39] Ela ensinou a música a Laura, que a adorou e memorizou. Anos depois, porém, Janis ridicularizou essa canção, rotulando-a de clichê e dizendo à irmã: "Cante-a quanto quiser, Laura, mas não diga a ninguém que escrevi isso".

"Turtle Blues", por outro lado, trazia um autorretrato mais autêntico de Janis, escondida em sua carapaça, "pensando demais". A música apareceria em *Cheap Thrills*, de 1968:

> *Acho que sou como uma tartaruga*
> *Que se esconde sob sua carapaça enrijecida.*
> *Whoa, whoa, oh yeah, como uma tartaruga*
> *Escondida sob sua carapaça enrijecida*
> *Mas você sabe que estou muito bem protegida*
> *Conheço bem demais esta maldita vida.*[40]

Depois de quase um ano, Janis apresentou-se diante de uma plateia pela primeira vez na Halfway House [casa do meio do caminho], de nome muito apropriado. "Foi muito bom", escreveu a De Blanc. "Eles têm um velho cego, chamado Patty Green, que toca piano. Pode ser que eu trabalhe lá neste fim de semana [...] Se o fizer [...] talvez cante algumas baladas e faça meu próprio acompanhamento. Melhorei muito ao violão e agora posso tocar de forma decente. Tenho aprendido algumas baladas novas com Laura e em alguns livros dela. Você gostava desse tipo de música, e eu vou poder cantá-las [...] tenho tocado o dia inteiro e é muito bom. Mas [o folk] me assusta mais que o blues. A coisa pode evoluir para um show de fim de semana, também." E ela então acrescentou, mentindo para ele – ou

---

[39] No original, em inglês: "Come away with me / And we'll build a dream / Things will seem / Like they never seemed / They could be… No one will cry alone in their sleep / There'll be no loneliness hidden down deep // Just like the Pied Piper / I'll walk through the streets / Gathering all the happy people I meet / We'll join hands and / Fly through the sky / Leaving our troubles / Here to die, all alone". [N.T.]

[40] No original, em inglês: "I guess I'm just like a turtle / That's hidin' underneath its hardened shell. / Whoa, whoa, oh yeah, like a turtle / Hidin' underneath its hardened shell. / But you know I'm very well protected / I know this goddamn life too well". [N.T.]

para si mesma: "Mas é engraçado. Já não tenho mais nenhuma ambição. Mesmo assim, gostaria de fazer isso".

Em meados de outubro, De Blanc informou a ela que voltaria para o hospital a fim de descobrir se um parasita estava causando seus problemas no baço. Janis implorou: "Por favor, peça a sua prima Debbie para me escrever. Há alguma possibilidade de que ela consiga uma passagem aérea para que eu possa ir ver você?". Ela incluiu alguns biscoitos que havia feito – "A receita favorita de mamãe" –, mas alertou que eram "muito gordurosos, então verifique se pode comê-los". Em 19 de outubro, Janis escreveu a ele uma carta alegre, enviada ao Beth Israel, descrevendo suas compras mais recentes para a futura casa: "Dois lençóis e duas fronhas – roupa de cama realmente bonita, com borda ondulada, por 15 dólares! Sei que é [...] um absurdo de caro, mas são uma graça e vão durar para sempre (mamãe disse que nunca teve roupas de cama tão bonitas desde que se casou). [...] Você não acreditaria o que fiz ontem à noite – fiquei lendo o catálogo da Sears & Roebuck e fazendo listas do que eu quero e do que preciso e quanto as coisas custam etc. (Suspiro) Estou mesmo feliz". No fim da carta, ela pergunta: "Como estão as coisas no hospital? Como está reagindo ao tratamento? Você se sente mal? Seus leucócitos estão morrendo?".

Pouco depois dessa carta, De Blanc alegou que seu psiquiatra, que lhe receitara tranquilizantes, dissera que ele não deveria se casar até que sua saúde melhorasse. A "herança" nunca se concretizou, muito menos o diagnóstico de seus problemas de saúde. Para lidar com isso, Janis tomou Librium, um tranquilizante usado para ataques de pânico, e começou a tratar-se com um assistente social psiquiátrico, Bernard Giarratano. Em uma das primeiras sessões, recordou ele, Janis lhe disse: "Quero ser direita [...] como Port Arthur".

Finalmente, ela não podia mais evitar a verdade sobre De Blanc. Janis lhe escreveu pela última vez em 11 de novembro: "Está [...] ficando difícil para mim acreditar em você e compreendê-lo!". Na carta, ela explorava sua angústia e seu terror, bem como sua determinação de lidar com os medos de forma mais clara, coisa que o terapeuta a ajudara a fazer.

Tenho sido muito firme em minha determinação de não me ferrar de novo. Bom, parece que agora ela se transformou em algo muito

> *neurótico. Agora não relaxo nunca. [...] Pareço ter um medo mortal de que as coisas, por algum motivo, não deem certo e que eu acabe voltando para aquela selva infernal que me obceca. [...] O motivo que me levou ao terapeuta foi ter percebido de repente que estava construindo minha estabilidade e meu progresso com base no terror, e que isso não daria certo! É precário demais. Assisto às aulas e nunca faço nada errado, mas só porque tenho um medo horrível. Vivo dizendo que "um passo para trás" seria meu fim e o fim de tudo. [...] Vendo as coisas a partir de minha nova perspectiva ligeiramente objetiva, induzida pelo Librium e por alguns dias em que foi mais fácil respirar, acho que eu também tinha um medo um pouco desproporcional de você. Sabe, eu tinha certeza, de verdade, de que você não estava conseguindo lidar com as coisas, e que eu não podia confiar em você, isto é, depositar em você minha confiança. [...] Assim, de qualquer modo, é isso – estou bem mais calma agora. Já não tenho terror de conversar com as pessoas, e vou tentar manter sob controle esse medo irracional.*

Não está claro se De Blanc chegou a confessar sua infidelidade ou se Janis o confrontou quanto a sua vida dupla. Mas o "noivado" deles terminou. Sem dúvida, o Librium manteve as emoções de Janis sob controle enquanto a fantasia matrimonial ruía à volta dela. No entanto, a traição e a farsa de Peter teriam efeitos duradouros, tornando quase impossível para Janis confiar naqueles que afirmavam amá-la.

Durante o luto, ela voltou toda a sua atenção para a música. Agendou outra apresentação na Halfway House e visitou o Jester, um clube folk em Houston onde o cantor e compositor Townes Van Zandt tocava blues e country-and-western, bem como músicas obscuras de sua própria autoria, como "Waiting 'Round to Die" [Esperando a hora de morrer]. Fez uma audição lá, com avaliações mistas, de acordo com Frank Davis, seu antigo caso e frequentador do Jester: "Ela era forte demais para todo mundo".

Janis teve mais êxito no café Sand Mountain, em Houston, fundado por Corinne Carrick, uma mulher de meia-idade, e seu filho John, para apresentar "garotas de voz bonita e caras de voz grave", disse o artista Don Sanders. Janis fez uma audição com os "Winin' Boy Blues", recordou Sanders, que "não soube que diabo pensar daquilo. Seu rosto ficou vermelho, e ela meio que se balançava para a frente e para trás, e castigava o violão e cantava com o corpo todo [...] cruzando com vigor a linha divisória dos gêneros. Achei que ela não tinha a menor chance de se comunicar com a plateia. [...] Ela era realmente selvagem, mas John Carrick gostou muito dela." Janis passou na audição e uma apresentação foi agendada para dezembro.

O show de Janis no fim de semana de Ação de Graças na Halfway House, em Beaumont, rendeu-lhe a primeira resenha entusiástica: seu velho amigo Jim Langdon, à época escrevendo para o jornal *Austin Statesman*, assistiu ao show. Em sua coluna "Night Beat", ele descreveu a odisseia de Janis na Califórnia e referiu-se a ela como "a melhor cantora de blues do país". Depois de ser tão humilhada por Peter de Blanc, os elogios significavam muito para ela, elevando sua autoestima, e eram um lembrete de que cantar podia dar-lhe um barato rápido e confiável.

Aterrorizada com a ideia de uma recaída, Dorothy Joplin não quis que a filha se apresentasse. Mas Janis não podia ser impedida, embora "estivesse muito nervosa com a apresentação", recordou Frances Vincent. Indo para Houston de carro, em dezembro, Janis deixou para a mãe um bilhete com detalhes sobre o café, a companheira de viagem Frances Vincent e Corinne Carrick, que a hospedaria naquela noite.

No palco, Janis usou um vestido tubinho preto e sapatos de salto e prendeu o cabelo para trás, de forma recatada. O café estava lotado, e ela "fez todo mundo pirar", de acordo com Vincent. "Foi incrível ver todo aquele pessoal, constituído por respeitados cantores folk. [...] Ficaram perplexos." Na plateia estava o cantor, compositor e violonista Guy Clark, que havia visto Janis no Jester e achava que ela não "fazia qualquer concessão [...]. [F]oi demais".

Janis visitou os Langdon em Austin nas festas de fim de ano, tocando violão e cantando para os dois filhos pequenos deles, junto à árvore de Natal. Deve ter sido doloroso sentir um gostinho da vida que desejara construir com De Blanc. Quando foi ao Threadgill's e a outros clubes de Austin, Janis descobriu que o rock & roll agora dominava a cena. Até Kenneth Threadgill tinha montado uma banda, the Hootenanny Hoots, com Julie Paul na bateria. Powell St. John, ex-integrante do Waller Creek, tocava no grupo de rock Conqueroo, e Johnny Winter, de Beaumont, havia montado um trio de blues rock com um baterista de Port Arthur e tocava nos clubes. Mas Janis continuou voltada para o blues e as músicas folk que aprendera ao violão, incluindo "Wild Women Don't Have the Blues", de Ida Cox, que ela havia conhecido na Coffee Gallery, por meio de Dan Hicks, colega de banda de George Hunter.

Um ponto alto do novo repertório de Janis era sua interpretação arrepiante de "Cod'ine", da cantora nativa americana Buffy Sainte-Marie. Janis escrevera sua própria letra para essa música que falava sobre o vício em codeína, do álbum de estreia de Sainte-Marie, de 1964. Ao cantar a música, Janis deu os créditos a Sainte-Marie, mas informou ter alterado a letra para incluir este trecho lancinante: "No dia em que nasci, a morte sorriu. [...] A codeína virou o objeto de meus sonhos. [...] É a razão pela qual respiro, pela qual caminho, pela qual durmo, pela qual falo / Logo minha devoção será recompensada / A codeína vai me matar, é o acordo que fizemos".[41] Sua interpretação arrebatadora convenceu a plateia de que ela havia vivido algo semelhante à terrível situação cantada.

Janis retornou à Lamar em janeiro de 1966, mas uma vez mais a música havia capturado seu coração. Ao visitar Austin, durante um fim de semana, ela cantou para Powell St. John sua nova música, "Women Is Losers", que "encapsulava o lado feminista de Janis", disse St. John, "conectando-se à mulher forte que havia nela. Janis era inteligente. A música era um lamento sobre quão difícil é ser mulher". Janis, acrescentou ele, "tinha muita dificuldade com relação a isso". Janis pediu a St. John que lhe ensinasse uma de suas músicas, e ele lhe deu "Bye, Bye Baby". Ela a aprendeu a tempo para sua estreia em um novo clube em Austin, o 11th Door, situado na rua Red River, no primeiro fim de semana de março. St. John, Tary Owens e outros amigos ficaram surpresos com a nova *persona* de palco de Janis.

---

[41] No original, em inglês: "On the day I was born, the grim reaper smiled... Cod'ine became the object of my dreams... It's the reason I breathe, it's the reason I walk, the reason I sleep, the reason I talk / Soon my devotion will all be paid / Cod'ine will kill me, that's the bargain that we made". [N.T.]

"Ela apareceu com um vestido preto muito adulto e sóbrio", disse Bob Brown, colega de banda de St. John. "Tudo era muito formal, o tipo de apresentação que você esperaria que fosse feita para uma plateia de professores universitários. [...] Estávamos orgulhosos dela, respeitosos, mas incrédulos. Era uma transformação incrível em relação a Janis de *jeans*, moletom, brigas e palavrões que conhecíamos."

Jim Langdon havia organizado o show e chamado um fotógrafo e uma estação de rádio local para documentarem a apresentação. A gravação *bootleg* demonstra a confiança de Janis em lidar com o repertório que mesclou covers de blues e de músicas folk com canções originais. Sua música "Apple of My Eye", um blues acelerado de sonoridade moderna, possivelmente foi inspirada na versão dos Animals de "House of the Rising Sun", sucesso em 1964, ou no cover dos Rolling Stones de "It's All Over Now", de Bobby Womack. Já "2:19", de Jelly Roll Morton (composta por Mamie Desdunes), era um blues com levada jazzística, cantado com um contralto sensual, enquanto "I Ain't Got a Worry", cujo crédito ela atribuiu ao cantor e compositor Hoyt Axton, documentava, em um soprano cheio de saudade, sua melancolia em relação à Área da Baía: "Vou voltar para Frisco / Todos os meus amigos estão lá. [...] É um paraíso junto à Baía".[42] E sua canção "Turtle Blues" imitava as músicas de Bessie Smith que ela amava, com versos como: "Não sou o tipo de mulher / Que transforma sua vida em um mar de rosas [...] Mas se quiser continuar bebendo, doçura / Por favor me convide".[43] Na introdução a cada música, Janis soava formal, até mesmo professoral.

Embora o show tenha transcorrido bem, Langdon recordou que "a plateia era mista. Muita gente foi esperando ouvir algo como Joan Baez ou Carolyn Hester [cantora folk texana]. Em vez disso, ouviram Janis cantar freneticamente como nunca haviam visto uma mulher branca cantar o blues. Metade do público ficou louco por ela, e a outra metade não sabia nem o que pensar – era como se tivessem sido atingidos por uma bomba de nêutrons".

---

[42] No original, em inglês: "I'm going back to Frisco / All my friends are there. [...] It's heaven by the Bay". [N.T.]

[43] No original, em inglês: "I ain't the kind of woman / Who'd make your life a bed of ease... But if you want to go on drinkin', honey / Won't you invite me please". [N.T.]

No domingo seguinte, Janis voltou a Austin para um evento importante organizado por Langdon no Methodist Student Center Auditorium, em prol do violinista Teodar Jackson, que era deficiente visual. Janis foi a única mulher no show da tarde, entre meia dúzia de atrações de blues e de rock, incluído um novo grupo, o 13th Floor Elevators, liderado por Roky Erickson, um cantor jovem, com um charme desleixado. O repertório de Janis foi bem recebido pelas quatrocentas pessoas que lotavam a casa, em especial seu bis, "Turtle Blues", que ela apresentou como "semiautobiográfico".

Embora Janis tenha "roubado o show", de acordo com Langdon, os vocais estridentes de Roky Erickson foram uma revelação para Janis. O cantor adolescente não demonstrava qualquer moderação ao cantar as letras surreais, com uivos roucos e gritos. "Era o que havia de eletrizante em Roky", disse St. John, "o modo como alcançava aquelas notas – os guinchos agudos, como de uma *banshee*."[44] O som emotivo e incontido de Erickson inspiraria as primeiras tentativas de Janis de tornar-se uma cantora de rock.

Com ambição e confiança cada vez maiores, Janis escreveu a Langdon, de Port Arthur, agradecendo-lhe pela ajuda e pedindo que agendasse mais apresentações, bem como que enviasse cópias das matérias da imprensa e fotos do concerto. Em apenas cinco meses desde suas tensas apresentações na Halfway House, estava pronta para mergulhar de volta no "mundo do espetáculo". Ela começou um novo álbum de recortes, o primeiro desde 1959, e colou em suas páginas, com capricho, uma cartela de fósforos do 11th Door, uma filipeta de show, fotografias dela no palco e recortes de resenhas sobre suas apresentações.

Durante suas sessões de terapia com Bernard Giarratano, porém, ela expressava o mesmo receio da mãe de que se apresentar poderia destruí-la. Dorothy não permitia que Laura assistisse aos shows de Janis, mesmo que fossem em cafés onde não eram vendidas bebidas alcoólicas. Vendo a alegria de Janis retornar, Giarratano encorajou-a a tocar, e ela às vezes levava o violão para as sessões. Janis envolvia-se vez por outra com mulheres e homens e discutia suas relações abertamente com o terapeuta: "Ela dizia

---

[44] A *banshee*, criatura da mitologia celta, é uma espécie de fada ou espírito que anuncia a morte de alguém da família, em geral com gritos e lamentos lancinantes, assustadores, lançados durante a noite. [N. T.]

que gostava daquilo", recordou ele, "mas ela ficava muito decepcionada [se] a noitada não tivesse dado muito certo [...] [dizendo que] uma trepada de quinze minutos não valia a pena".

Pouco depois do término do semestre na faculdade, Janis voltou a Austin para passar uma semana com a família de Jim Langdon. Ela havia escrito antes a ele, dizendo estar "pensando seriamente" em passar o verão lá, embora achasse que "provavelmente seria um desastre". Janis perguntou se ele poderia "conseguir para mim trabalho suficiente para que eu não morresse de fome".

Então, sem aviso, ela soube por meio de um amigo que seu antigo caso Travis Rivers, que agora morava em San Francisco, havia viajado a Austin de carro para encontrá-la. Como Janis explicou em uma carta para a amiga Linda Gottfried Waldron: "Ele trazia um recado de Chet Helms, que agora é um cara importante em SF, dá festas tremendas com grandes bandas de rock & roll, e Bill Ham faz seus espetáculos de luz. Ele queria que eu fosse para lá e cantasse com sua banda de blues. Aí liguei para ele [...] e ele confirmou tudo, entusiasmado, e disse que, se eu não aguentasse a barra, ele pelo menos me daria uma passagem de volta para casa. Eu pensei, então vou. [...] Falei com todo tipo de gente e ninguém me desencorajou!". Por mais empolgada que estivesse, porém, Janis pressentiu o perigo à frente: "Todos achavam uma boa ideia! (GEMIDO.) Eu queria muito que me desencorajassem!".

Ela, porém, havia mentido a Waldron sobre não querer ir e sobre o incentivo dos amigos para que fosse. Langdon, por exemplo, achou que era uma má ideia ela ir. "Eu não confiava em Travis", recordou Jim, que já havia agendado várias apresentações para Janis em Austin. Temendo que ela pudesse ser magoada de novo, ele recomendou que Janis refinasse sua arte e reconquistasse a confiança em Austin, antes de enfrentar de novo a batalha em San Francisco. Mas depois que Janis e Travis Rivers se reencontraram, na casa de um amigo, tiveram uma noite apaixonada de amor. "Travis [...] é tipo um maluco, mas é um barato! (Tipo um Pat Cassidy menos refinado [...])", Janis escreveu sobre seu *crush* de longa data. "E ele é enorme e peludo." Langdon recordou-a contando que "fazia muitíssimo tempo que não tinha uma boa transa, e Travis era uma boa transa!". Isso era motivo suficiente, disse Janis, para ir com ele a San Francisco. Quando ela ligou para Helms – "Você acha mesmo que desta vez vou conseguir?" –, ele garantiu que ela conseguiria e que as bolinhas haviam desaparecido da cena. Helms deixou de mencionar seu papel nas festas movidas a LSD em San Francisco.

Rivers, que já conhecia Seth e Dorothy, insistiu com Janis para que ela lhes contasse sobre seus planos, e assim pegaram a estrada e foram para o Triângulo de Ouro. Em 27 de maio, ela compareceu à sessão de terapia e disse que queria "ir embora para ser quem eu sou", recordou Giarratano. "Ela estava sofrendo em Port Arthur e precisava sair de lá."

Enquanto Rivers esperava no carro, estacionado na Lombardy Drive, Janis entrou em casa e não teve coragem de contar a Seth e Dorothy seus verdadeiros planos; em vez disso, ela disse que voltaria para a casa dos Langdon. Em 30 de maio, nervosa e animada, ela entrou em um Chevy 1953, levando uma sacola de viagem com roupas, livros e um pouco de maconha. Com Rivers ao volante, Janis sentou-se ao lado de outro passageiro: "um viciado em metadrina [sic] esquisito de verdade (terrível e nervoso e feio e onipresente, com um monte de droga e de seringas)", como ela descreveu em uma carta para Linda Waldron, que não chegou a enviar. "Estou muito assustada! Na verdade, é engraçado, isso era o que eu mais queria evitar – sempre muito preocupada quanto a isso –, finalmente garanti a mim mesma que não precisaria conviver com eles, e aí está ele! Meu Deus, é outro George, o Animal, só que nada simpático!"

Como fizera com Peter de Blanc, Janis agora começou a refletir, nas cartas que enviava a Linda Waldron – uma antiga cúmplice que, assim como ela, se tornara certinha –, sobre seus sentimentos conflitantes quanto a retomar a carreira musical. "Quero de verdade tentar algo novo, com o rock & roll", escreveu ela a Waldron, "e Chet diz que já tem o esquema montado e quer mesmo que eu cante, diz que todos os caras da banda já me ouviram e acha que seria demais. [...] No fim das contas, digo para mim mesma – é verão –, eu poderia chamar isso de férias de verão e voltar para a faculdade. [...] Estou gostando de viajar de novo, e tenho bastante erva, e é tipo legal de verdade. [...] Mas eu queria que você estivesse aqui comigo. Tenho um pouco de medo da cidade, gostaria de ter algum amigo por lá. [...] Linda, dá para imaginar o nó no estômago que isso me dá? Puxa, estou morta de medo! *Mais notícias depois.*"

CAPÍTULO 11

A Garota Cantora do Big Brother & The Holding Company

Tocar é a coisa mais divertida que existe – sentir as coisas e realmente estar nelas. No fundo é isso.
— Janis Joplin

"A cena musical de San Francisco [...] é, acima de tudo, a liberdade de criar que existe lá", disse Janis, nove meses após sua chegada. "Os músicos acabaram vindo para cá junto [com] a completa liberdade de fazer o que quisessem [e] criaram seu próprio tipo de música." Em San Francisco, Janis expandiria seu estilo vocal e encontraria validação dentro de uma nova turma: um grupo unido de iconoclastas que constituiu a vanguarda da contracultura que surgia. Sua família musical adotiva, o Big Brother and the Holding Company, serviu para propiciar-lhe estabilidade e oportunidade, permitindo que forjasse uma identidade artística única. A voz de Janis, que a lançou à fama, viria a tornar-se, porém, tanto a chave para o sucesso da banda quanto a razão para o seu fim. O Big Brother estava fadado a ser deixado para trás. Mas a imersão de Janis na cena de Haight-Ashbury culminaria na descoberta de sua voz e de um novo tipo de cantora.

Nesta que era a terceira viagem de Janis para San Francisco, seus companheiros de viagem não tiveram pressa em chegar à Cidade Esmeralda. Para seu grande deleite, Travis Rivers encontrou tempo para o romance ao longo do caminho. Paradas amorosas em El Paso, Texas; Juarez, México; e Golden, Novo México, cimentaram os laços entre eles.

"Enquanto cruzávamos o Novo México", afirmou Janis no ano seguinte, "fui tapeada por um cara que transava bem e que me fez entrar no mundo do rock. Fui comida para entrar no Big Brother." Em seu mito de origem, ela minimiza a voraz ambição de tornar-se uma cantora de sucesso. Contudo o verdadeiro trapaceiro na vida dela havia sido, é claro, Peter de Blanc, um episódio doloroso do qual ela raramente falava. Rivers, por outro lado, conduziu Janis para seu destino, um destino que ela mesma traçou.

Na sexta-feira, 3 de junho de 1966, chegaram a San Francisco, onde contataram Helms, recém-casado com uma aspirante a atriz. Ele agora tinha cabelos longos, abaixo dos ombros, e deixara crescer uma densa barba. Com seus óculos de armação de metal e terno *vintage*, parecia um personagem do Velho Oeste. Helms pagou 35 dólares por mês pelo novo lar de Janis: um quarto no número 1947 da rua Pine, no decadente distrito de Haight-Ashbury. Quando Janis foi embora, em 1965, a rua Pine estava se tornando o epicentro da incipiente contracultura. Helms juntou-se à Family Dog House: uma comunidade de moradores da rua Pine, cujo nome vinha de seu amor pelos cães, ou possivelmente de um esquema de lavagem de dinheiro proveniente da venda de drogas por meio do Family Dog, um cemitério de animais de estimação que seria criado em um terreno vazio, mas que nunca se concretizou. A Family Dog passou a organizar festas temáticas de rock & roll, começando com "Um tributo ao Dr. Strange", realizado no Longshoreman's Hall, no Cais dos Pescadores; nelas, pessoas em busca de diversão usavam LSD enquanto dançavam ao som de bandas como Jefferson Airplane e The Charlatans, fundada por George Hunter e Dan Hicks, amigos de Janis. No verão de 1966, a cena se expandira e promovia festas psicodélicas semanais no Fillmore Auditorium e, mais recentemente, no Avalon Ballroom.

Na segunda noite em San Francisco, Janis e Rivers foram ver o Grateful Dead no Fillmore, um velho salão de baile com acesso por uma escada precária, localizado em uma vizinhança predominantemente negra.

Dorothy East Joplin era muito dedicada a sua primogênita, Janis Lyn, e esforçou-se para proporcionar-lhe a infância perfeita, incluindo uma casa de tijolos na rua Procter, em Port Arthur, Texas, 1943.

Seth e Dorothy Joplin fizeram de Janis, então com 3 anos, o centro de suas atenções, por volta de 1946.

Janis, por volta de 1946, era uma moleca que adorava subir em árvores, e certa vez quebrou o braço ao cair de uma.

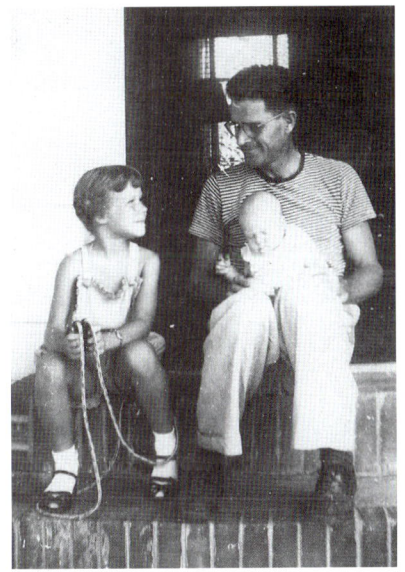

Janis tinha adoração pelo pai, aqui com Laura no colo, e herdou dele o amor pelos livros e uma visão cínica da vida. Dia dos Pais, 1949.

Dorothy adorava proporcionar à família o estilo de vida de classe média estável que ela não teve, o que incluía receber em casa o grupo de escoteiras que ela ajudou a organizar; Janis, 7 anos, é a primeira à direita, ensaiando uma mesura.

Janis, com 10 anos, a contragosto dividia com os irmãos Laura e Michael, recém-nascido, a atenção do pai, 1953.

Seth Joplin construiu balanços, como o *"Giant Stride"*, para Laura, Michael e Janis, 13 anos, no quintal da casa da família na rua Lombardy, em Port Arthur, junho de 1956.

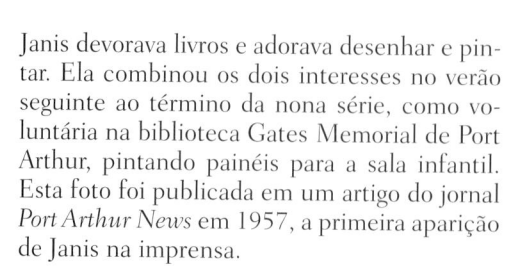

Janis devorava livros e adorava desenhar e pintar. Ela combinou os dois interesses no verão seguinte ao término da nona série, como voluntária na biblioteca Gates Memorial de Port Arthur, pintando painéis para a sala infantil. Esta foto foi publicada em um artigo do jornal *Port Arthur News* em 1957, a primeira aparição de Janis na imprensa.

No jardim em frente à casa da família, Dorothy posa com os filhos, em seus melhores trajes dominicais. Janis logo deixaria de ir à igreja para ficar em casa com seu pai ateu.

Janis disse que o pai "costumava conversar bastante comigo, mas parou por completo quando eu tinha 14 anos. Talvez ele quisesse um filho inteligente [...]". Na casa dos Joplin, 1957.

Foto de Janis no segundo ano do ensino médio, publicada no *The Yellow Jacket*, anuário da escola Thomas Jefferson High. No ano seguinte, ela seria marginalizada em razão de suas ideias progressistas e de seu amor pela música negra.

Com 18 anos, Janis tomou um ônibus para Los Angeles, e morou com uma tia e depois com outra, antes de alugar seu próprio espaço em Venice, ao estilo *beatnik*. Aqui ela posa com as primas da Califórnia, Jean Pitney (à esq.) e Donna MacBride (à dir.), por volta de 1961.

Janis ganhou seus primeiros fãs em Austin ao tocar com os músicos folk conhecidos como The Waller Creek Boys, dois colegas da Universidade do Texas: Powell St. John (à esquerda), gaita, e Lanny Wiggins (no centro), violão e banjo, 1962.

Desesperada para fazer sucesso como cantora de blues nos cafés de San Francisco, Janis posou para fotos publicitárias, pouco depois de chegar de Austin, viajando de carona, em 1963.

Janis pediu ao violonista Jorma (Jerry na época) Kaukonen para acompanhá-la no Folk Theater em San Jose, Califórnia, no dia em que se conheceram nos bastidores. Aqui, na companhia de um gaitista não identificado, Janis vestia seu traje habitual, camisa masculina e jeans.

Janis fez uma parada em Port Arthur com o violão de doze cordas que acabara de comprar, depois de passar o verão jogando bilhar e usando anfetaminas em Nova York, 1964.

Janis na sala de estar da família, com os pais e a irmã, Laura, antes viajar de carro para San Francisco, setembro de 1964. Voltou nove meses depois, viciada em metanfetaminas e pesando 40 quilos.

Em 1965, Janis posou para esta foto de noivado, em Port Arthur, enquanto se recuperava do vício, num momento de abstinência e retorno à faculdade. O casamento com Peter de Blanc, um mentiroso e vigarista, não se concretizou; a traição dele marcou Janis por toda a vida.

Janis e Chet Helms na rua Pine, pouco depois do retorno dela a San Francisco para integrar a banda da qual ele era empresário, Big Brother and the Holding Company, 1966. A fama estava próxima.

Janis encontrou sua tribo na Family Dog, cujos membros e os amigos da rua Pine aparecem nesta foto de 1966. Janis é a sexta da direita para a esquerda (de óculos escuros), entre James Gurley e Peter Albin e rodeada por vários integrantes dos Charlatans. Em cima do furgão estão Chet Helms e Sancho (a mascote da Family Dog). Sam Andrews está na frente do furgão e Nancy Gurley (de preto) está na fileira da frente, à direita, segurando o bebê Hongo. Janis mandou a foto para sua família com um bilhete: "Essas pessoas são todas amigas minhas! Não são demais?".

A nova família de Janis: Sam Andrew, David Getz, Janis apaixonada, James Gurley e Peter Albin, em San Francisco, 1966.

Depois desta bucólica sessão de fotos no Dixon Ranch, em Woodacre, condado de Marin, Janis escreveu para a família: "Vão usar uma foto minha em um pôster da Family Dog! Nossa, estou tão empolgada!".

Janis pouco antes de apresentar-se com o Big Brother, em um dos inúmeros concertos gratuitos no Panhandle do Parque Golden Gate, em Haight-Ashbury, 1966. A sua esquerda está o guitarrista Sam Andrew e à direita, o amigo da banda Ariel Wilcox. Ao microfone, o "Buda de Muir Beach", que com frequência era o MC dos shows.

Big Brother posa do lado de fora de "Argentina", sua casa comunitária na área rural de Lagunitas, condado de Marin. A foto teve direção artística do artista gráfico psicodélico Victor Moscoso, que a usou em seu pôster para os shows da banda no Matrix. Janis veste uma de suas blusas favoritas, feita com uma toalha de mesa reciclada, 1966.

Janis e seu querido cão, George, que ela resgatou quando filhote, pouco depois de se mudar de Lagunitas para a rua Haight. Ela uma vez se referiu ao vira-lata, meio pastor-alemão, como sua "salvação".

Janis adorava encontrar os fãs e dar autógrafos, como aqui, em um concerto ao ar livre em McNear's Beach, Califórnia. "Eu curto isso. FAMA, FAMA, he, he", escreveu ela a sua mãe.

O Big Brother divertindo-se durante uma sessão de fotos no Palácio de Belas Artes, em San Francisco. Embora brigassem entre si como irmãos, os integrantes da banda amavam-se profundamente.

No hotel Fairmont, Janis com o diretor britânico Richard Lester (*Os Reis do Iê Iê Iê*, *Help!*), que colocou o Big Brother em seu filme *Petulia*, estrelado por George C. Scott, Julie Christie e Richard Chamberlain. Na tentativa de capturar o clima *hippie* de San Francisco, o filme também mostrou o Grateful Dead tocando no Fillmore.

Janis e seu querido cão, George, que ela resgatou quando filhote, pouco depois de se mudar de Lagunitas para a rua Haight. Ela uma vez se referiu ao vira-lata, meio pastor-alemão, como sua "salvação".

Janis adorava encontrar os fãs e dar autógrafos, como aqui, em um concerto ao ar livre em McNear's Beach, Califórnia. "Eu curto isso. FAMA, FAMA, he, he", escreveu ela a sua mãe.

O Big Brother divertindo-se durante uma sessão de fotos no Palácio de Belas Artes, em San Francisco. Embora brigassem entre si como irmãos, os integrantes da banda amavam-se profundamente.

No hotel Fairmont, Janis com o diretor britânico Richard Lester (*Os Reis do Iê Iê Iê*, *Help!*), que colocou o Big Brother em seu filme *Petulia*, estrelado por George C. Scott, Julie Christie e Richard Chamberlain. Na tentativa de capturar o clima *hippie* de San Francisco, o filme também mostrou o Grateful Dead tocando no Fillmore.

Janis com seu então namorado, Country Joe McDonald; a relação de ambos passou muito depressa de um caso de amor inebriante ao que McDonald descreveu como a batalha de egos de duas pessoas muito controladoras.

Janis cobriu uma parede de seu novo apartamento, na rua Lyon, com o pôster icônico que trazia seu retrato feito por Bob Seideman. "Uma foto bem dramática e estou muito bonita", foi como a descreveu para os pais.

Apresentando-se no Festival Pop Internacional Monterey, Janis foi a grande revelação, com suas *performances* espetaculares. Sua versão de "Ball and Chain", de Big Mama Thornton, é um dos destaques do documentário sobre Monterey feito por D. A. Pennebaker, que exigiu que Janis aparecesse no filme.

Em seu quarto na rua Lyon, com George (que foi com ela para Monterey) e seu gato. Ela se referia a seus bichos como sua "família"; eles ajudavam a aliviar a solidão que a corroía.

Depois do festival de Monterey, Janis curtiu a companhia de Jimi Hendrix, que a filmou, com Sam Andrew (à esquerda) e Ken Weaver, do Fugs, no camarim do Fillmore. Durante uma apresentação do Big Brother, Jimi Hendrix tomou conta de Hongo Gurley.

O Big Brother ao vivo no Carousel Ballroom, em San Francisco. Janis havia se tornado o foco das atenções nas apresentações do grupo.

Janis na sala de seu apartamento da rua Lyon, decorado com fotos e pôsteres de Bob Dylan, do Grateful Dead e de si mesma. Sua amiga, estilista e confidente Linda Gravenites dormia na cama extra.

Albert Grossman, o mais poderoso empresário de rock dos Estados Unidos, tornou-se uma espécie de segundo pai para Janis. Ela ouvia cada palavra que ele dizia, e Grossman achava que o talento dela era grande demais para uma banda como o Big Brother.

"Janis gargalhava, ela ria com gosto e era uma companhia muito divertida – muito franca, muito engraçada", disse Grace Slick, vocalista do Jefferson Airplane, sobre a amiga. "Não rolava essa de falso recato." Quando as duas posaram para Jim Marshall, "Janis e eu combinamos: 'Por mais que ele diga 'sorria', não amos sorrir'". No fim, a teimosia de Marshall acabou vencendo.

O Big Brother celebrando sua boa fase no enorme espaço de ensaios que chamavam de "armazém". Tendo agora Albert Grossman como empresário e um contrato com a Columbia Records, estavam fazendo um grande sucesso, e isso levaria a banda a se separar.

O Big Brother, agora contratado por um grande selo, posa com Albert Grossman (primeiro à esquerda) e o presidente da Columbia Records, Clive Davis, no restaurante Piraeus My Love, em Manhattan, no dia 19 de fevereiro de 1968. "Assinamos o contrato no vigésimo sexto andar do edifício da CBS, conhecemos o presidente, houve uma festa para a imprensa e ficamos bêbados", contou Janis aos Joplin. "Tudo indica que vou ficar rica e famosa. Incrível!"

O Big Brother tocou para uma plateia extasiada no Fillmore East, em Nova York, tendo como pano de fundo o Joshua Light Show, 1968.

Os lugares mais frequentados por Janis em Nova York eram o Chelsea Hotel e o Max's Kansas City. No salão dos fundos do Max's, ela está com o diretor Paul Morrissey, Andy Warhol e Tim Buckley (com quem o Big Brother dividiu um show no Fillmore East), 1968.

Janis sempre viajava com livros, que lia em aeroportos e entre apresentações; sua enorme bolsa de pele era grande o suficiente para acomodar um livro e uma garrafa de bebida. Elliott Landy acompanhou a banda em suas apresentações no Grande Ballroom, em Detroit, e tirou esta foto de Janis nos bastidores em março de 1968.

Após as apresentações no Fillmore East, Janis com frequência ia fazer um lanche noturno no Ratner's, um restaurante judaico situado no número 111 da Segunda Avenida, que ficava aberto 24 horas. Bill Graham abastecia o bar de sua casa noturna com os produtos do Ratner's.

Janis teve uma longa amizade com Pigpen (atrás dela, de chapéu), com quem frequentemente fazia duetos em "Turn On Your Love Light" quando o Big Brother e o Grateful Dead se apresentavam nos mesmos eventos, como aqui, no Festival de Folk-Rock do Norte da Califórnia, no condado de Santa Clara, em 18 de maio de 1968.

Janis foi fotografada tantas vezes com uma garrafa de Southern Comfort que a companhia de bebida a "presenteou" com um casaco de peles. Jim Marshall tirou essa foto icônica no camarim do Winterland, em 1968.

Depois de sua temporada na Costa Leste, o Big Brother voltou aliviado para a Califórnia, sua terra natal, em maio de 1968, onde a banda tocou no Festival de Folk-Rock do Norte da Califórnia, com o Grateful Dead, o Jefferson Airplane e The Doors. Em um dado momento, Janis procurou Marty Balin e Jerry Garcia para pedir conselhos sobre sua carreira.

"Janis era a deusa em San Francisco", disse Mick Fleetwood, cuja banda abriu shows para o Big Brother em 1968.

Janis faz uma conquista logo após chegar ao Festival Folk de Newport, em julho de 1968, sob os olhares de Sam Andrew e do produtor de turnê John Cooke.

Big Brother fazendo a passagem de som em Newport, um festival ao qual Janis desejava comparecer desde 1961. A banda foi a atração principal, com ingressos esgotados, no sábado, 17 de julho de 1968.

Dentre as alegrias em Newport, Janis reencontrou Kenneth Threadgill, seu mentor em Austin, Texas, que também se apresentava no festival.

A Rainha do Rock & Roll no saguão do estúdio do fotógrafo Baron Wolman. Em uma das sessões com Wolman, na época o principal fotógrafo da revista *Rolling Stone*, Janis levou um microfone e um toca-fitas, para cantar enquanto tocava as músicas. "Ela começou fazendo sincronia labial por uns cinco minutos", contou Wolman, "aí pelos cinco minutos seguintes ela cantou em voz alta para ouvir a si mesma, e depois fez um show inteiro de uma hora – só para mim."

Janis, vestida com peles, com um símbolo de seu sucesso, seu próprio Porsche – um Super-90 conversível, com pintura customizada feita por seu amigo e antigo *roadie* Dave.

Para sua primeira apresentação depois de deixar o Big Brother, Janis tocou no show Stax-Volt Yuletide Thing, em Memphis, e foi a uma festa na casa do presidente da Stax, Jim Stewart, em dezembro de 1968, onde foi fotografada com os artistas da gravadora: Judy Clay, William Bell, Carla Thomas, Rufus Thomas (primeira fileira, a partir da esquerda), Steve Cropper, Donald "Duck" Dunn, Ben Cauley e James Alexander (fileira de trás, a partir da esquerda).

Janis relaxando em seu quarto favorito no Chelsea Hotel, na rua Vinte e Três Oeste, em Nova York. O fotógrafo David Gahr teve uma relação especial com Janis desde a primeira sessão de fotos que fizeram, quando ela descobriu que ele fotografava para a revista *Time*, publicação sempre presente na casa dos Joplin durante a infância da cantora.

Membros da Kozmic Blues Band, na época ainda sem nome (tecladista Richard Kermode, guitarrista Sam Andrew e saxofonista Snooky Flowers, a partir da esquerda), ensaiam com Janis antes de aparecer no programa de Ed Sullivan, 16 de março de 1969.

Janis adorou conversar no palco com o lendário apresentador Ed Sullivan, a cujo programa de TV ela assistia religiosamente com a família nos anos 1950.

No palco do Fillmore East com a Kozmic Blues Band, 1969. Amalie R. Rothschild, integrante do Joshua Light Show e fotógrafa não oficial do Fillmore East, fotografou Janis inúmeras vezes.

Em Chelsea, Janis posou na frente de um cartaz dilapidado que anunciava uma peça off-Broadway sobre Lester Maddox, político conservador da Georgia.

Um dos pontos altos da turnê de Janis pela Europa em 1969 foi um show em Frankfurt, Alemanha, em abril; a *performance* dela assombrou o baixista Brad Campbell – bem como o público, parte do qual subiu ao palco no fim da apresentação.

Membros da Kozmic Blues Band, na época ainda sem nome (tecladista Richard Kermode, guitarrista Sam Andrew e saxofonista Snooky Flowers, a partir da esquerda), ensaiam com Janis antes de aparecer no programa de Ed Sullivan, 16 de março de 1969.

Janis adorou conversar no palco com o lendário apresentador Ed Sullivan, a cujo programa de TV ela assistia religiosamente com a família nos anos 1950.

No palco do Fillmore East com a Kozmic Blues Band, 1969. Amalie R. Rothschild, integrante do Joshua Light Show e fotógrafa não oficial do Fillmore East, fotografou Janis inúmeras vezes.

Em Chelsea, Janis posou na frente de um cartaz dilapidado que anunciava uma peça off-Broadway sobre Lester Maddox, político conservador da Georgia.

Um dos pontos altos da turnê de Janis pela Europa em 1969 foi um show em Frankfurt, Alemanha, em abril; a *performance* dela assombrou o baixista Brad Campbell – bem como o público, parte do qual subiu ao palco no fim da apresentação.

Janis fazendo uma social e compartilhando garrafas de champanhe no pavilhão dos artistas em Woodstock, agosto de 1969.

No Festival de Woodstock, Janis teve a companhia de sua amiga e namorada Peggy Caserta, agosto de 1969.

Durante a apresentação de Janis e da Kozmic Blues Band em Woodstock, que começou às três da manhã, Snooky Flowers cantou "Don't Turn Me Loose", enquanto Janis dançava descalça.

Janis relaxando com membros da Kozmic Blues Band e sua equipe (Richard Kermode, o produtor de turnê Joe Crowley, Snooky Flowers, Linda Gravenites e o saxofonista Terry Clements, a partir da esquerda) durante uma folga na Flórida.

Janis juntou-se a Tina Turner no palco do Madison Square Garden em 27 de novembro de 1969, quando o Ike and Tina Turner Revue abriu o show dos Rolling Stones.

Durante a apresentação final da Kozmic Blues Band no Madison Square Garden, em 19 de dezembro de 1969, Janis dividiu o palco com Johnny Winter, de Beaumont, Texas. Os dois haviam tido um caso naquele mesmo ano e ele havia sido o acompanhante dela na estreia do filme *Homem e Mulher só Até Certo Ponto*, com Raquel Welch e Mae West.

O canto do cisne da Kozmic Blues: Janis entre Terry Clements (à esquerda) e o guitarrista John Till (à direita). Till e o baixista Brad Campbell integrariam o grupo seguinte de Janis, o Full Tilt Boogie, em 1970. Eles se despediram em grande estilo; um repórter escreveu que o Madison Square Garden quase afundou "sob o peso de tanta loucura e tanta gente pulando".

Janis, com os olhos brilhantes, fotografada em seu quarto de hotel na Quinta Avenida, em 19 de dezembro de 1969. Naquela mesma noite, depois do show no Madison Square Garden, ela voltaria a usar heroína.

Janis gostava de jogar bilhar na garagem de sua nova casa, em Larkspur. Logo ela estaria ensaiando com a nova banda nessa garagem.

Janis se apaixonou perdidamente por David Niehaus (à direita), um nativo de Ohio que ela conheceu junto com Ben Beall (à esquerda) no Carnaval do Rio de Janeiro.

A bela do Carnaval, fevereiro de 1970. Janis e Niehaus tentaram, sem sucesso, criar o primeiro festival de rock do Brasil, para prolongar o Carnaval.

Durante a turnê do Festival Express, Janis fez amizade com o cantor e compositor Eric Andersen, de Nova York, visto aqui em uma parada em Winnipeg. Pouco depois da turnê, ele compôs a canção "Pearl's Good Time Blues", sobre Janis.

Em Truchas, Novo México, Janis visitou o rancho de seus amigos Lisa e Tom Law, depois de filmar um comercial de charuto perto dali, em Taos. Ela disse a Lisa Law estar "procurando um homem da montanha", e criou laços com o vizinho do casal, Tommy Masters, que depois seria o motorista do ônibus de turnê de Bob Dylan. Esta foto, de 1970, foi a última que Lisa tirou de Janis.

Janis conquistou o respeito e o amor do produtor de *Pearl*, Paul Rothchild, que disse a ela: "Nossa trepada vão ser as gravações".

Janis adorou Kris Kristofferson e passou algum tempo na Califórnia com o compositor andarilho de "Me and Bobby McGee".

Antes de se apresentar com o Full Tilt no Garden State Arts Center em Holmdel, Nova Jersey, Pearl (como a nova banda a chamava) relaxou com o tecladista Ken Pearson e o baixista Brad Campbell. Foto tirada pelo baterista Clark Pierson, em 11 de agosto de 1970.

Janis sendo Janis no jardim do terraço do Chelsea Hotel em 1970. "Não traia a si próprio. É tudo que você tem."

No Fillmore, ela se juntou à multidão que dançava, homens e mulheres de cabelos compridos, vestidos com uma mistura eclética de roupas *vintage*, tecidos exóticos e trajes étnicos – "sete séculos diferentes amontoados em um único recinto", de acordo com um frequentador habitual.

"As grandes festas [...] fazem você pirar!", foi como mais tarde Janis as descreveu em uma carta que mandou para a família. "Fantásticas – as roupas e as pessoas! Pura sensualidade [...] bombardeando os sentidos [...] surpreendem a gente." Janis já conhecia, da cena folk de Palo Alto, os líderes e vocalistas principais do Grateful Dead: o guitarrista Jerry Garcia e Ron "Pigpen" McKernan, que tocava órgão e gaita. Ela logo de cara se ligou nas prolongadas *jams* de blues da banda, reconhecendo "Stealin', Stealin'" e outras músicas. O som alto e o show psicodélico de luzes projetado por Bill Ham (também da rua Pine), mesclando manchas de cor sobre a banda, transformavam a música em algo que ela nunca havia experimentado. "[Aquilo] me deixou completamente chapada!", recordou Janis. "Uau!" Ela não se sentia tão energizada desde que dançara o *dirty bop* nos bares de estrada da Louisiana, e nem tão empolgada por uma cena desde que conhecera o Ghetto de Austin.

Na manhã da segunda-feira 6 de junho, Janis escreveu aos pais "com grande apreensão", depois que Jim Langdon lhe contou que Dorothy ficara histérica ao saber, por meio dele, onde Janis estava. Pedindo desculpas por ter ido a San Francisco sem dizer nada, ela explicou que "Chet Helms, velho amigo, é agora importante em SF. Tem três grandes bandas de rock & roll com nomes estranhos, como Captain Beefheart & His Magic Band, Big Brother and the Holding Company etc. [...], parece que toda a cidade adotou o rock & roll, e [ele] me prometeu fama e fortuna".

Janis pintou um quadro saudável da viagem de carro para o oeste: "acampamos de noite ao longo do rio Grande, recolhi rochas etc.". Ela tentou minimizar o entusiasmo e convencer os pais – e talvez a si mesma – de que nao estava voltando para a vida que quase a matara. Fez uma referência casual ao primeiro encontro com o Big Brother and the Holding Company, marcado para aquela mesma tarde, e brincou quanto ao resultado, comparando-se a uma das poucas mulheres que eram estrelas do rock à época. "Devo ensaiar com a banda hoje à tarde e acho que então saberei se quero ficar aqui e fazer isso por algum tempo. Neste exato momento, minha posição é ambivalente – estou feliz por ter vindo, é bom ver a cidade e alguns amigos, mas a perspectiva de me tornar uma Cher de segunda categoria ainda não me convence."

A carta evidencia sua preocupação com os sentimentos dos pais e consigo própria:

> *Só quero dizer-lhes que estou tentando manter a cabeça no lugar com relação a tudo e não extrapolar no entusiasmo. Tenho certeza de que vocês dois estão convencidos de que meu lado autodestrutivo ganhou de novo, mas estou me esforçando de verdade. Eu planejo, sim, voltar para a faculdade – a menos, admito, que isto resulte em algo bom.*
>
> *Chet agora é muito importante aqui, e queria a mim, especificamente, para cantar com essa banda. Ainda não fiz o teste, e não sei dizer quais serão meus planos – por enquanto, estou segura, bem alimentada e nada foi roubado. [...] Sinto muitíssimo por ser uma decepção tão grande para vocês. Entendo o medo de vocês por eu ter vindo para cá e devo admitir que eu os compartilho, mas realmente acho que há uma chance enorme de que eu não estrague tudo desta vez. Não há de fato mais nada que eu possa dizer agora. [...] Ninguém mais além de eu mesma quer tanto que eu vença.*

Naquela tarde – e era somente seu terceiro dia na cidade –, Janis encontrou-se com o Big Brother and the Holding Company pela primeira vez, em seu local de ensaio na rua Henry, uma velha garagem de carroças, construída para os carros de bombeiros puxados a cavalo. "Era um lugar orgânico", recordou o guitarrista Sam Houston Andrew III, então com 24 anos. "O pessoal cuidava de bebês em um canto e fazia impressão com *silk screen* em outro." Um dos inquilinos do local, o artista plástico Stanley "Mouse" Miller – que criava, com seu parceiro Alton Kelley, os pôsteres psicodélicos de divulgação das festas da Family Dog e outros eventos –, era de Detroit, assim como James Gurley, de 26 anos, guitarrista do Big Brother. De seus dias de cantora folk, Janis recordava-se do baixista Peter Albin, de 22 anos, que montou a banda na primavera de 1965 com Andrew, então aluno de pós-graduação na Universidade da Califórnia em

Berkeley. O Big Brother originalmente tocava em uma grande pensão vitoriana, no número 1090 da rua Page, de propriedade do tio de Albin, Henry, e havia sido descoberto por Helms, que deu nome à banda e cobrava uma entrada de 50 centavos para as *jam sessions* de quarta à noite. Ele então os apresentou a Gurley, que ensaiava suas estranhas músicas sozinho, dentro de um *closet*. Helms agendava shows do grupo em clubes e *happenings* – incluindo o primeiro Trips Festival, em San Francisco – e no Avalon Ballroom, da Family Dog, que ele havia inaugurado dois meses antes, em abril. Depois de várias trocas de integrantes, o Big Brother completou sua formação em março, com o baterista David Getz, de 26 anos, nascido em Nova York e bolsista do Programa Fulbright.

Em 1963, James Gurley ouvira Janis cantando no Coffee Gallery, ocasião em que "a força e a potência da voz dela me fizeram pirar", isso aconteceu mais ou menos na época em que Peter Albin a viu pela primeira vez em Berkeley e Palo Alto. Sam Andrew nunca havia visto uma apresentação de Janis, mas ouvira falar dela por meio de amigos. Apenas Getz não tinha conhecimento prévio de Janis e na noite anterior havia sonhado com uma mulher linda como a nova vocalista deles.

Janis parecia mais uma moleca texana do que uma cantora glamorosa. Com o cabelo preso atrás, vestia bermudas *jeans* com a barra desfiada e uma camisa larga, exibindo um aspecto saudável. Os rapazes, por outro lado, tinham uma aparência moderna, com cabelos compridos e roupas transadas; Gurley, em particular, parecia um xamã, com seus longos cabelos castanho-claros, a face angulosa e os olhos azuis projetando uma intensidade silenciosa; Peter Albin, com um corte pajem crescido e camisa colorida; e Dave Getz, com uma cabeleira escura rebelde, trocavam provocações bem-humoradas. Sam Andrew, alto e magro, com uma face bem formada e atraente, emanava uma calidez amistosa. "Quando conheci Janis, ela não era uma estranha para mim", disse ele. "O sotaque, as atitudes e até as roupas faziam com que parecesse uma irmã ou alguma prima do lado materno de minha família, que era da mesma região do Texas que Janis."

"Conheci todos eles, e você sabe como é quando conhece alguém: você nem lembra da cara deles, fica meio atordoada com o que está acontecendo", recordou Janis. "Eu estava fora do ar, cara. Estava morta de medo. Não sabia como cantar aquilo. Nunca tinha cantado com instrumentos elétricos, nunca tinha cantado com bateria."

No começo, o volume do som, com os amplificadores no máximo, deixou-a aturdida. "Foi como se ela tivesse se agarrado a um trem cargueiro que passou à toda no meio da noite e não soubesse se conseguiria segurar-se", de acordo com Sam Andrew. "Mas ela sempre teve total controle sobre o tom, sem desafinar um momento sequer. Ela cantava muito depressa e falava muito depressa. Janis sempre teve esse lance de total insegurança e de total poder ao mesmo tempo, e era de fato um desafio ser confrontado com ambos. Nunca dava para saber com qual dos dois se conectar."

Quando começaram a tocar, ela percebeu que os rapazes a tratavam como uma colega de banda, e não como uma candidata em teste. O Big Brother dera dezenas de shows nos meses anteriores, construindo uma entusiástica base de fãs. Mas os músicos almejavam o tipo de sucesso que o Jefferson Airplane, grupo de seis integrantes, havia alcançado. Primeira das novas bandas a assinar um grande contrato de gravação, o Airplane tinha dois vocalistas principais, os ex-cantores folk Marty Balin e Signe Anderson, e a dinâmica entre homem e mulher funcionava bem. O também promissor Great Society tinha uma vocalista carismática, Grace Slick. O Big Brother queria uma voz feminina para complementar o barítono de Peter Albin. Haviam feito testes com várias cantoras, mas nenhuma parecera a certa, até Janis. Ela "nos conquistou, *instantaneamente*", disse Dave Getz, e o Big Brother aceitou-a como nova integrante.

O show seguinte do Big Brother seria em menos de uma semana: uma apresentação dupla com o Grateful Dead, no Avalon. Todos eles conheciam os blues "Trouble in Mind" e "C.C. Rider", da década de 1920, e Janis atacou nos vocais. "No começo, ela soava como Bessie Smith em um 78 rotações acelerado", relembrou Sam Andrew. "Estava agudo demais [...] fino demais, no registro mais alto, como uma fita em *fast forward*." Sem experiência em cantar por cima de guitarras elétricas e bateria, ela rapidamente mudou seu estilo e ajustou a voz para que ficasse acima do potente paredão de som, às vezes dando gritos agudos como Roky Erickson, do 13th Floor Elevators, de Austin.

"Ela parecia muito assustada", contou Suzy Perry, moradora da rua Henry e frequentadora da cena, "tentando agradar, querendo muito ser aceita. Fiquei com pena dela." Janis finalmente se soltou na canção gospel "Down on Me". "Eu já havia ouvido essa música antes e achei que podia cantá-la, e eles tocaram todos os acordes", ela recordou. Ela secularizou a música, transformando-a em um blues sensual e apaixonado. "Janis mudou a letra, bem como a forma de cantá-la", cortando as referências religiosas, disse Sam Andrew. "A voz de Janis foi perfeita desde o primeiro minuto em que cantou conosco."

"Ainda trabalhando com Big Brother and The Holding Company, e é bem divertido!", escreveu ela aos Joplin mais tarde, na mesma semana, às vésperas de sua estreia no Avalon. "Quatro caras no grupo – Sam, Peter, Dave e James. Ensaiamos todas as tardes em uma garagem que faz parte do estúdio de um artista plástico amigo deles, e o tempo todo as pessoas chegam e ficam ouvindo – todo mundo parece gostar muito da forma como canto, embora eu esteja um pouco ultrapassada. Esse tipo de música é diferente do que estou acostumada."

Na carta, ela mandou junto um anúncio divulgando o show no Avalon, recortado do *San Francisco Chronicle*, e comentou sobre a cena musical, com a intenção de agradar a família: "Ah, colecionei mais nomes bizarros de grupos para mandar (dá para acreditar nestes?!) – The Grateful Dead, The Love, Jefferson Airplane, Quicksilver Messenger Service, The Leaves, The Grass Roots. [...] Amanhã à noite, na festa [no Avalon], um pessoal da Mercury [Records] vai aparecer para ouvir o Grateful Dead (com um nome desses, eles têm que ser bons [...]) e o Big Brother *et al*. E eu vou cantar! Puxa, estou tão empolgada! Nós preparamos umas cinco ou seis músicas esta semana – uma de que realmente gostei chama-se 'Down on Me' – um antigo *negro spiritual*, revitalizado e ligeiramente bastardeado com um novo tratamento".

Janis garantiu aos pais que estava a salvo e morando em um lugar respeitável: "um quarto em uma pensão. Um lugar muito bom, com uma cozinha, sala de estar e até ferro e tábua de passar. Há quatro outras pessoas morando aqui – uma é professora, outra é artista e o resto não sei". Ela também pintou um quadro positivo quanto a suas chances de sucesso e sobre o profissionalismo da "companhia" de Helms, a Family Dog, embora na realidade ela fosse um exemplo claro da desencanada desorganização *hippie*. "Chet Helms tem uma companhia de rock & roll chamada Family

Dog – que tem até logotipo e serviço de atendimento telefônico. Bem chique. Sendo meu empresário (e tendo me trazido para cá sem dinheiro – ainda tenho 30 dólares no banco), Chet alugou este quarto para mim por um mês. Ele diz que, se a banda e eu não conseguirmos, deixamos para lá, e se conseguirmos, vamos ter bastante dinheiro."

Janis disse a eles o que queriam ouvir sobre ela própria, mentindo ao afirmar que era "quase uma reclusa". Ela também acenou com a esperança de que poderia voltar à faculdade e garantiu aos pais que não estava consumindo anfetaminas: "Ainda estou OK – não se preocupem. Não perdi nem ganhei peso, e minha cabeça ainda está bem. Ainda estou pensando de fato em voltar para a faculdade, por isso não desistam de mim". O que Janis não escreveu foi que a faculdade era seu plano B, para o caso de não ser aceita pelo público descolado da banda. Dave Getz, que lhe dava carona para os ensaios, recordou que ela tinha uma preocupação constante em estar seguindo o caminho certo. "Janis tinha um monte de receios", disse.

Nos ensaios, porém, Janis aprendeu depressa, experimentando novas técnicas vocais. Seguindo outra vez o exemplo de Roky Erickson, ela passou a dar uivos de *banshee* enquanto as guitarras de Gurley e Andrew iam em um crescendo, nas *jams*. Com o barítono de Peter Albin assumindo a liderança na maioria das músicas, Janis emitia guinchos agudos, pontuando-as. Na versão acelerada que o Big Brother fez de "Land of 1000 Dances", os sons rascantes de Janis sugerem a versão repleta de emoção de Wilson Pickett, que à época rumava para as 10 Mais. De seus dias de adolescente em que percorria Port Arthur com o rádio do carro a todo volume, Janis já conhecia parte do repertório de rock & roll do Big Brother: "Ooh! My Soul", de Little Richard, e "Let the Good Times Roll", de Shirley and Lee. Nos blues de doze compassos, como "Hi-Heel Sneakers", de Tommy Tucker, Janis levou a voz até onde podia, na tentativa de não soar "antiquada" como uma cantora folk de cafeteria. O Big Brother distorcia os blues, criando outro reino sonoro, de forma que ela mal os reconhecia: em "I Know You Rider", gravado originalmente em 1927 por Blind Lemon Jefferson, Janis adicionou vocais de chamada e resposta, enquanto James Gurley – apelidado de "Arquivilão do Universo", por seu estilo sombrio e cacofônico na guitarra – tocava solos atonais, angulares. Albin iniciava "Moanin' at Midnight", de Howlin' Wolf; juntando-se a ele nos vocais,

Janis acrescentava gritinhos inesperados. Cinco dias depois de se conhecerem, ela estava pronta para sua estreia.

O Avalon Ballroom ocupava os dois andares superiores de uma antiga escola de dança, na rua Sutter, não muito longe do antigo apartamento de Janis no Edifício Goodman. Antes de inaugurar o local, em abril de 1966, Helms instalara luzes estroboscópicas para ressaltar as pinturas feitas com tinta fluorescente na pele dos frequentadores. As projeções psicodélicas de Bill Ham, feitas a partir do balcão, constituíam a única iluminação do palco.

Na sexta-feira, 10 de junho, "Nós, os rapazes, fomos lá e fizemos nossa *jam* rápida e pesada, insana, estilo free jazz", recordou Sam Andrew da noite de estreia de Janis. Então, depois das primeiras músicas de "freak rock", Janis foi até o palco, tomando seu lugar junto a Peter Albin, que casualmente comunicou ao público: "Agora gostaríamos de apresentar-lhes Janis Joplin". "Ninguém ali jamais tinha ouvido falar de mim", contou Janis mais tarde. "Eu era apenas uma garota qualquer, não tinha trajes legais nem nada assim. Estava vestida com as roupas que usava para ir à faculdade. Fui para o palco e comecei a cantar – *uau!*"

A plateia, já sob a influência do assalto sonoro, estava ligada sobretudo na guitarra Les Paul de Gurley. "Ele estava tocando muito", disse Bill Ham. Com o show de luzes de Ham projetando cores sobre o vulto esguio de Gurley, seus improvisos abstratos fascinavam o público chapado. Mas quando Janis começou a mover-se ritmicamente, tocando seu pandeiro, e mandou ver com "Down on Me", o impacto sobre o público foi instantâneo.

"*Que viagem, cara! Uma viagem como a da droga, mas verdadeira, viva!*", Janis recordava vividamente o momento. "Tudo de que me lembro é a sensação – *que puta gás, cara!* A música ecoava *bum, bum, bum*, e o povo todo dançando, e as luzes, e eu estava lá cantando ao microfone e mandando ver, e uau! Eu curti! Então disse: '*Acho que vou ficar, rapazes* [...]'."

Daquela noite em diante, o mundo de Janis passou a girar ao redor do Big Brother. Ela "foi fabulosa", disse Helms sobre a estreia de Janis. "O público concordou: nunca haviam ouvido nada igual." Ensaios quase diários seguiram-se, e Janis, tendo passado "no teste", integrou-se ao grupo cada vez mais. Rápida para aprender, ela diligentemente tomou nota das letras, e a banda ajustou sua abordagem, para acomodar a nova e dinâmica vocalista. "Começamos a tentar fazer harmonias com Janis e acrescentamos começos e fins bem definidos a nossas músicas", disse Dave Getz. Os músicos encurtaram alguns de seus longos improvisos para acomodar as partes cantadas dela, enquanto Janis expandiu sua paleta vocal, que ia de gritos agudos a "testemunhos" reveladores inspirados na música gospel, e aos blues de Bessie Smith. O Big Brother prezava a democracia, e cada membro, exceto Getz, tinha sua vez no microfone, de modo que Janis era a vocalista principal em somente quatro ou cinco músicas, acrescentando harmonias às músicas cantadas pelos rapazes.

Duas semanas depois da estreia de Janis em junho, o Big Brother retornou ao Avalon para um fim de semana de apresentações – dois shows por noite. Seria o primeiro de vários agendamentos ao longo dos meses seguintes, e estabeleceu o padrão para a nova vida de Janis. No palco, ela ficava menos inibida a cada apresentação. Chet Helms comparou-a com a artista que vira pouco tempo antes, nos cafés: "De repente, aquela pessoa que antes ficava parada, rígida, com os punhos cerrados, estava ocupando o palco todo. Roky Erickson havia moldado a si mesmo copiando o estilo de gritos de Little Richard, e a presença de palco de Janis veio inicialmente de Roky e, em última análise, de Little Richard. Era uma Janis muito diferente".

Ela se transformara de uma tímida cantora de folk e blues em uma artista emotiva e sensual. Logo seus vocais apaixonados passaram a atrair as plateias para a beira do palco. "Eu não conseguia ficar parada", Janis explicou mais tarde. Eu nunca havia dançado enquanto cantava; era só a boa e velha coisa de um banquinho e um violão do blues. Mas ali estava eu, sacudindo e pulando. Eu não conseguia ouvir, então cantava cada vez mais alto. Você precisa cantar alto e se mexer muito quando tem tudo aquilo atrás de você. Peter Albin continuava sendo o líder da banda, fazendo comentários maliciosos ou absurdos. Janis inclinava o corpo para ele e provocava *"Do que é que você está falando?"* enquanto tocava pandeiro.

Com capacidade máxima para 800 pessoas, o Avalon ficava lotado de fãs do Big Brother e curiosos, a 2 dólares a entrada. "O ambiente como um todo fazia parte do show", disse Helms. O público era "um elemento tão fundamental da apresentação quanto os próprios músicos". No palco baixo, sem iluminação, a banda fundia-se aos ouvintes, criando uma intimidade casual que ajudava Janis a sentir-se à vontade. "Havia uma sensação de que você fazia parte da plateia", disse Getz, "e a *vibe* da plateia e a energia que o público transmitia a você e que você transmitia ao público era uma coisa interativa. Todo mundo curtia um barato." Janis havia encontrado sua tribo – e a si mesma. "Quando canto, sinto, ah, como quando você se apaixona pela primeira vez", contaria ela em uma entrevista no ano seguinte. "É como quando você toca uma pessoa pela primeira vez. Calafrios, coisas deslizando por todo o corpo. Era tão sensual, tão vibrante, intenso, doido!"

Os colegas músicos estavam devidamente impressionados com o talento de Janis. Embora não houvesse alto-falantes para dar retorno de palco aos artistas, ela em geral conseguia manter-se no tom – uma raridade entre os cantores locais – e ao mesmo tempo ser ouvida acima do rugido das guitarras da banda. Seu velho amigo Jorma Kaukonen, agora o guitarrista principal do Jefferson Airplane, levou o colega de banda Jack Casady para ver Janis.

"A primeira vez que a ouvi cantar", recordou o baixista, "ela foi fantástica – uma das poucas pessoas brancas que conseguia cantar bem o blues. Ela acertou aquele estilo Bessie Smith com perfeição, acertou em cheio." Casady, um voraz colecionador de discos, terminaria dando a Janis a música de R&B que a levaria às 10 Mais.

Janis logo começou a formar um vínculo pessoal com os companheiros de banda. Albin, casado e com uma filha pequena, era um pouco distante, mas ela se tornou próxima de Dave Getz e dos demais. "Nós nos pegamos no banco de trás do meu carro, três ou quatro vezes", contou Getz. "Achei que talvez pudesse rolar algo, mas ela não queria um envolvimento sexual comigo. Em certo momento disse: 'Não, não posso fazer isso. Preciso ir embora'."

Ela e Travis Rivers ainda eram "namorados", de acordo com Rivers, mas estavam se distanciando. Morando na rua Pine, onde antes costumava comprar drogas, Janis receava cruzar com viciados em bolinhas e fornecedores. "Janis tinha muito medo das drogas", Getz recordou. "Ela dizia: 'Não quero nem ver alguém se injetando'." Então, certa noite, quando encontrou Rivers e um amigo injetando-se no quarto deles, Janis surtou. Desculpando-se, Travis alegou que estavam se injetando mescalina, e não anfetaminas, mas Janis estava furiosa. "Ela ficava magoada com facilidade", disse Rivers. "Uma vez feri seus sentimentos e precisei segurá-la com os braços virados para longe de mim, para que não me machucasse. Ela berrava. Nunca me perdoei por isso."

Tentando reconquistá-la, ele a pediu em casamento no dia seguinte, mas Janis recusou o pedido. Com certeza as lembranças da traição e das falsas promessas de Peter de Blanc ainda estavam frescas. Rivers recordou: "Ela disse: 'Estou a ponto de me tornar incrivelmente famosa e vou ter acesso a qualquer cara que quiser, quero aproveitar isso'". Durante os quatro anos em que conhecia Janis, ele havia visto os "dois lados" dela, explicou. "Uma garota perfeitamente doce, maravilhosa, bem-criada, de cortinas de renda" – a Janis que ansiava por uma cerquinha branca. Do outro lado, a arruaceira e risonha *persona cowgirl*/marinheira do oeste do Texas – que ela exibia quando não tinha certeza de como ia ser recebida. Era esse lado que ela usava no palco."

Rivers mudou-se do pequenino quarto que dividiam – uma cama, uma pia e não muito mais do que isso – e passou a dormir em um *closet* no corredor, perto do banheiro comunitário. Janis começou a se enturmar com a banda e, em certo momento, quando foi com Getz ao Anxious Asp, cruzou com sua antiga namorada, Jae Whitaker.

"Era uma jovem graciosa e atraente", Getz recordou. "Estávamos jogando bilhar com ela e, quando fomos embora, Janis me disse: '*Aquela garota*, ela mexe comigo. Rolou algo entre nós, faz tempo, e ela realmente me deixa ligada'. Janis não fez isso para me chocar; aquilo era natural para ela." Embora fosse um artista experiente de Nova York, que estudara no Instituto de Artes de San Francisco, Getz admitiu não ter "familiaridade alguma com tal possibilidade. Eu não sabia o que pensar".

Janis logo fez as pazes com sua antiga paixão, e Jae passaria a levar a nova namorada aos shows do Big Brother. No entanto, Janis mais uma vez foi abruptamente confrontada com seu passado, ao receber uma carta de Peter de Blanc, que de algum modo conseguira seu endereço. Escrevendo de Rochester, no estado de Nova York, ele a criticava por abandonar a faculdade e voltar para San Francisco: "É verdade que você agora é uma *go-go girl*, que você se rebaixou ao papel de dançarina barata?". Fingindo preocupação com "a Janis de verdade", ele questionou os "instintos de preservação e autocontrole" dela. Janis guardou esta e outra carta dele, embora não esteja claro se respondeu a De Blanc ou se voltou a vê-lo.

Entre os companheiros de banda, Janis sentiu-se atraída por Sam Andrew, um leitor ávido e ex-aluno de pós-graduação em linguística, mas interessou-se particularmente pelo distante e aéreo Jim Gurley. Natural de Detroit, havia sido músico itinerante depois de servir brevemente como "ornamento vivo de capô" no número de direção perigosa de seu pai, cujo carro atravessava um círculo de fogo, com James preso ao capô. A esposa de Gurley, Nancy, ex-professora e natural de Detroit também, era uma presença vívida e constante ao redor da banda, assim como o filho deles, Hongo, ainda bebê. Os Gurley haviam vivido com os índios Huichol, no México, no início dos anos 1960, e Nancy transmitia o conhecimento esotérico que havia recolhido entre os índios e por meio de seus estudos sobre ocultismo. Descrita por Albin como "a mãe terra original", Nancy era tão comunicativa e extrovertida quanto seu marido era quieto e introspectivo. Enquanto ele passava horas tentando replicar com sua guitarra o som do saxofone de John Coltrane e executar os *riffs* de blues de John Lee Hooker, Nancy fazia mandalas olho de Deus de lã colorida. Um símbolo místico que significa o poder de "ver e compreender o invisível e o incognoscível", o olho de Deus tornou-se o símbolo da banda. Nancy e a esposa de Peter Albin, Cindy, faziam olhos de Deus grandes e multicoloridos que enfeitavam os amplificadores do Big Brother. O estilo de Nancy – vestidos longos de camponesa, complementados com colares de contas coloridas feitos artesanalmente – influenciou muito o incipiente visual de Janis, e ela começou a usar os colares que Nancy lhe dava.

No primeiro fim de semana de julho, Nancy não foi com a banda em uma viagem para Monterey, onde o Big Brother foi a principal atração em uma "Festa da Independência" de dois dias, no local exato onde Janis havia encontrado Bob Dylan em 1963. Desta vez, Joan Baez estava na plateia. Janis, tendo ficado mais confiante no palco, dançava enquanto os rapazes tocavam. Albin, que disse "não dançar muito", ficou incomodado quando ela "tentou ser sexual" com os colegas de banda, em particular quando Janis "deu em cima de mim". Ele recordou: "Ela disse, 'Vamos dançar' e fez todo aquele lance de se esfregar".

Ao que parece, James Gurley não teve a mesma reação e, naquela noite, ele e Janis deram uma escapada e dormiram juntos. A atração entre eles ficou mais intensa, e ele se mudou para o quarto de Janis na rua Pine;

mais tarde, Gurley explicaria que estavam "apaixonados". O caso durou algumas semanas, até que Nancy irrompeu no local, certa manhã, enquanto estavam na cama, e exigiu que o marido voltasse para casa. Nancy era uma boêmia de mente aberta, que crescera em uma família rica e fizera mestrado em literatura. Acreditava no amor livre, mas tinha seus limites. James voltou para casa e, surpreendentemente, a amizade entre Nancy e Janis floresceu, mesmo que Janis ainda tivesse uma queda pelo intrigante guitarrista.

O Big Brother tinha algumas apresentações agendadas fora de San Francisco, começando pelo Red Dog Saloon, em Virginia City, Nevada, onde os Charlatans haviam dado início à contracultura no verão de 1965, com um renascimento do rock & roll, associado ao consumo de LSD. Enquanto se recuperava em Port Arthur, Janis soube, por meio de amigos, que a cidade mineira fundada em 1859 havia sido invadida pela Family Dog e associados. Virginia City tornou-se o campo experimental para a cena de Haight-Ashbury, com Bill Ham projetando os primeiros shows de luzes enquanto os Charlatans – estudantes de artes e músicos, vestidos com trajes do Velho Oeste – tocavam rock & roll no *saloon* do século XIX, para um público que, em sua maioria, viajava com cogumelos ou ácido. Os panfletos do Red Dog, desenhados por Alton Kelley, geraram uma demanda pelos excepcionais pôsteres de inspiração *art nouveau* destinados à divulgação de shows no Avalon e no Fillmore. Janis começou sua própria coleção, arrancando de paredes e postes os pôsteres fantasmagóricos que usou para decorar seu quarto.

Quando o Big Brother chegou a Virginia City para o fim de semana de apresentações, Janis deve ter achado graça na ironia de ter fugido do Texas apenas para ver-se rodeada no Red Dog por caubóis fajutos exibindo chapéus, calças de couro e cartucheiras – algumas com armas de verdade – e mulheres vestidas como dançarinas de cabaré. Dali a três anos, a revista *Cash Box*, especializada na indústria da música, ungiria Janis como a Jane Calamidade[45] do Rock & Roll.

O Big Brother também foi para Vancouver, Colúmbia Britânica, para tocar no primeiro Festival Trips do Canadá. Como ninguém foi buscá-los

---

[45] Martha Jane Canary-Burke (1852-1903), ou Jane Calamidade, foi uma exploradora profissional do oeste estadunidense, que serviu o exército em campanhas militares contra os índios. [N.T.]

no aeroporto, os integrantes da banda, praticamente sem dinheiro, tiveram que carregar todo o equipamento e ir de carona até o local do evento. Apresentando-se com eles no "Captain Consciousness Presents: The Trip: An Electronic Performance" [Capitão Consciência apresenta: A viagem: Uma *performance* eletrônica] estava o Grateful Dead, que levou consigo seu técnico de som, Owsley Stanley, químico pioneiro na produção de LSD; Janis certa vez havia provado sua potente metanfetamina. Quando não estava cuidando do som da banda, Owsley perambulava pelo concerto, distribuindo tabletes azuis de ácido. Getz "tomou uma dose e ficou muito, muito louco", ele recordou. Janis, de acordo com Sam Andrew, "não confiava em drogas psicodélicas porque [ela lhe contou] fazem você pensar demais".

Janis havia devorado O *Hobbit* e a trilogia O *Senhor dos Anéis*, de J. R. R. Tolkien, de modo que achou incrível apresentar-se na comemoração do "Aniversário de Bilbo", no California Hall, em San Francisco, no fim de julho. Os shows do Big Brother – gravados, distribuídos como *bootlegs* e lançados em CD décadas depois – documentam como ela havia se aprimorado, menos de dois meses após sua entrada na banda. Janis tinha ensinado a eles "Bye, Bye Baby", de Powell St. John, seu andamento compassado e arranjo enxuto dando destaque aos vocais dela. A julgar pelos aplausos, foi um dos números preferidos da plateia. O grupo também apresentou uma espécie de encenação satírico-psicodélica, que começava com uma execução desafinada *a cappella* de "Amazing Grace" (com Albin, Andrew e Janis nos vocais). Então uma fala de Albin satirizava uma viagem de LSD na qual um profeta da rua Haight oferecia "um santo sacramento, 350 mg de Owsleys", prometendo: "Vocês vão ver Deus, talvez o inferno e muitas coisas mais".

Enquanto Janis exclamava *yeahs*, a história de Albin segue, com o tablete de LSD preso na garganta do usuário, enquanto guitarras moduladas vão acelerando e crescem até um frenesi sonoro. Interpretando o personagem, Albin descreve vividamente uma alucinação na qual "Vi um show de luzes de Bill Ham inteirinho". A banda então passa a tocar "Land of 1000 Dances", antes de retornar a "Amazing Grace". Janis termina o tradicional *spiritual* com um solo vocal e seu prolongado uivo recém-desenvolvido. "Era quase impossível não olhar o tempo todo para ela", recordou Darby Slick, do

Great Society. "Ela saltava, ela atravessava o palco com passo decidido, ela dava gritos agudos, ela sussurrava. O boca a boca era: nasce uma estrela."

A cada nova apresentação, a autoconfiança de Janis crescia. Depois de tocar em um show de grande repercussão, ela escreveu à família sobre a recepção do Big Brother entre músicos já estabelecidos: "Duas das bandas têm discos de sucesso – o Grass Roots (que, aliás, são grandes fãs nossos, e até usam nossos bótons quando tocam) e o Jefferson Airplane – e foram muito bem recebidas, mas eu/nós recebemos uma ovação maior por um blues lento em um tom menor. Uau, não posso evitar – adoro isso! As pessoas me tratam mesmo com respeito. Sou alguém importante. (SUSPIRO!)". Janis nunca tivera esse tipo de aclamação antes, e a sensação era melhor do que a de qualquer droga. Ela vinha incluindo "SUSPIRO" nas cartas havia anos, mas agora o contentamento e a felicidade que a palavra irradiava quase saltavam do papel. Ela havia percebido que tomara a decisão acertada ao entrar para a banda.

O "blues lento em um tom menor" vinha de uma das artistas favoritas de Janis, Willie Mae "Big Mama" Thornton. Ela também tinha se mudado para a Área da Baía de San Francisco, onde havia se apresentado no Festival de Jazz de Monterey e em casas de shows. Janis, Peter, Sam e James foram vê-la no Both/And, um pequeno clube de jazz na rua Divisadero. Ela cantou seu famoso "Hound Dog", mas a música que de fato chamou-lhes a atenção foi sua composição original "Ball and Chain". Fascinada, Janis anotou a letra e, depois do show, eles foram aos bastidores para falar com a cantora, então com 39 anos, e perguntar-lhe se podiam fazer um cover da música.

"Ela era uma mulher durona, com um estilo caminhoneiro", Andrew recordou. Thornton deu permissão, mas alertou: "Não façam merda". No ensaio seguinte, o Big Brother remodelou a música em um tom menor e deixou-a muito mais lenta. Janis injetou cada molécula de sofrimento pelo qual passara em "Queria amar você e queria abraçar você, sim, até o dia de minha morte".[46] "Ball and Chain" tornou-se uma grande sensação do Big Brother; um ano mais tarde, essa música apresentaria Janis ao mundo.

---

[46] No original, em inglês: "I wanted to love you and I wanted to hold you, yeah, till the day I die". [N.T.]

O Big Brother, como outros grupos da cena, havia se transformado em uma espécie de família. Seguindo o exemplo do Grateful Dead, os integrantes decidiram mudar-se para o condado de Marin e viver em comunidade. Não muito longe de onde o pessoal do Dead havia se instalado em uma antiga colônia de férias para crianças, eles encontraram uma cabana rústica em meio a uma floresta de sequoias, com acesso por uma longa estradinha de terra, nos arredores da região de Lagunitas. A casa havia sido construída em 1904, pelo botânico e ornitólogo C. Hart Merriam, como uma base para estudar plantas e animais silvestres. O erudito naturalista fez amizade com os índios Miwok, habitantes locais, que o ajudaram a escolher o bucólico local no alto de uma colina cercada por nascentes. Estiveram na excepcional propriedade, como visitantes, o naturalista John Muir, a botânica Alice Eastwood e o presidente Theodore Roosevelt. Nos anos 1960, um guarda florestal era o dono do local e, quando seu casamento acabou, a ex-esposa alugou a casa para o Big Brother por seis meses. "Em Marin, as pessoas ainda reprovavam os cabelos compridos e toda a cena *hippie*", disse Albin, que assinou o contrato de aluguel. No início da estradinha de acesso havia um grande tanque de propano, no qual alguém havia escrito "Carlos está vivo e bem na Argentina", e assim a casa passou a ser conhecida como "Argentina".

No dia em que se mudou, em agosto, Janis escreveu aos pais, que ainda não tinham respondido a suas cartas anteriores. Ela continuava decidida a ser vista como a filha certinha:

> *Finalmente um dia e um horário tranquilos para escrever todas as boas notícias. Mudei-me e estou instalada com segurança em meu novo quarto, em nossa bonita casa fora da cidade. Até o momento, sou a única da banda que veio para cá [...] estou em uma poltrona confortável, junto à lareira, as portas abertas e uma visão de 180 graus das árvores, sequoias e abetos. Bem-aventurança! Nunca me senti tão relaxada na vida. São a casa e o cenário mais fantásticos. [...] Claro que parte de meu conforto deve-se ao fato de que este é o primeiro dia em dez ou onze que consigo descansar um pouco. Tenho trabalhado todas as noites por onze dias. [...] Estou com o melhor quarto da casa (cheguei aqui primeiro), com sol o dia todo.*

> *O clima aqui é muito mais quente que na cidade. Em SF, a gente precisa usar casacos pesados até de tarde, mas aqui é simplesmente perfeito. Planejo pegar um bronzeado maravilhoso. E não é quente demais como no Texas. É delicioso – 24-27 °C, vocês não me invejam? Se tiverem um mapa, procurem na costa a praia de Stinson – estamos a cerca de 16 quilômetros para o interior a partir de lá.*

Embora pequena, a casa acomodava confortavelmente o Big Brother e seus cônjuges. Dave Getz conseguiu um espaço atrás da cozinha; a alcova ensolarada de Janis, com uma parede envidraçada, ficava no segundo andar, junto ao quarto de Peter e Cindy Albin e sua filhinha. Os três Gurley ocupavam um terceiro quarto no andar de cima. Um barracão atrás da casa abrigava Sam Andrew e sua namorada Rita Bergman – uma amiga de Nancy, de Detroit, que todos chamavam de Speedfreak Rita ["Rita Viciada"]. Por mais que Janis estivesse tentando evitar a metanfetamina, a droga estava por toda parte.

A nova condição de moradia influenciou o guarda-roupa de Janis, e ela passou a copiar o estilo de Nancy Gurley e das outras mulheres da casa. Verdadeira filha de Dorothy, escreveu à mãe contando sobre a moda em San Francisco, ilustrando com seus esboços:

> *Uma nota sobre a moda – achei que vocês gostariam de saber como é o visual de todo mundo por aqui. As garotas são, é claro, jovens e de aspecto bonito, com cabelos longos e lisos. O visual beatnik, como eu o chamo, está definitivamente na moda. Calças, sandálias, capas de todos os tipos, acessórios artesanais incríveis ou vestidos soltos e sandálias. As garotas mais jovens usam calças bem justas boca de sino, com cós bem baixo e tops curtos – barrigas de fora. Mas os rapazes são os verdadeiros pavões. Todos têm o cabelo ao menos tão comprido quanto os Beatles (esboço), a maioria do pessoal do rock & roll tem cabelo mais ou menos deste comprimento (esboço), e alguns, como nosso empresário Chet, longo assim (esboço), muito mais que o meu. E roupas super ultramodernas – botas, sempre botas, calças justas de cintura baixa, com estampas pied de poule, riscadas e até de*

> *bolinhas! Camisas muito chamativas, estampadas, muito coloridas, gola alta, mangas longas tipo Tom Jones. Gravatas chamativas, bonés como os de Bob Dylan. [...]*
>
> *Adequando o estilo ao meu orçamento, tenho um par novo de calças de veludo cotelê com canelado bem largo, bem justa nos quadris, que uso com botas emprestadas. Pareço bem na moda. No palco, ainda uso minha blusa brilhante preta e dourada, ou com saia preta e botas de cano longo ou com jeans pretos e sandálias.*

Janis já planejava tornar mais marcante sua imagem de palco, produzindo-se e criando uma *persona* para as apresentações – como Bessie Smith, com seus vestidos de miçangas e chapéus com plumas, e Rose Maddox, com os bordados coloridos e franjas. "Quero conseguir algo de lamê dourado", escreveu. "Bem simples, mas com uma aparência bem *showbiz*. Quero que as plateias me vejam como uma artista de verdade, enquanto agora meu visual é 'só-um-de-nós-que-subiu-ao-palco'." Logo ela teria uma túnica sem mangas feita de tecido metálico dourado.

Morando em Lagunitas, o Big Brother com frequência se reunia com o Grateful Dead e o Quicksilver Messenger Service, que havia se mudado para um rancho dilapidado ali perto, em Olema. Em uma das reuniões na casa do Dead, Janis ficou conversando com Pigpen, que dividiu com ela sua garrafa de Southern Comfort. Até então, ela ficara longe de drogas, exceto pela maconha, mas havia voltado a beber e apreciava o uísque doce que era o preferido de Pigpen. Embora parecesse durão como um Hells Angel, Pigpen era um homem tímido e, como Janis, encontrava na bebida a melhor forma de soltar-se. Por fim, ambos selaram sua amizade e em geral passavam a noite juntos, na casa dos Dead. "Muitas noites eles costumavam matar umas garrafas de Southern Comfort, criar um clima romântico tocando e cantando e depois ir para o quarto de Pig", contou Phil Lesh, do Grateful Dead, "que ficava bem em cima do meu. Eu os ouvia claramente quando grunhiam e gritavam de prazer, e sempre me perguntei se o verso 'Alguma vez você já acordou com o som dos gatos de rua fazendo amor?',⁴⁷ da música 'Looks Like Rain', de Bob [Weir], seria inspirado na música que Pig e Janis faziam tarde da noite."

Embora o caso deles tenha durado pouco, Janis e Pigpen continuaram gostando um do outro, dividindo a garrafa, jogando bilhar e cantando blues juntos. Janis mandou aos pais uma página de fotos de uma revista que incluía os Dead e circundou a foto dele: "Pigpen não é uma graça? Agora fazem camisetas Pigpen com a foto dele – para os fãs. Tenho uma – vermelha". Nas programações duplas com os Dead, Janis às vezes se juntava a Pigpen em um dueto de "Turn On Your Love Light", de Bobby Bland. A apresentação da dupla geralmente encerrava o show.

Na casa "Argentina", o Big Brother ensaiava todos os dias, trabalhando músicas originais novas. O grupo preparava-se diligentemente para uma apresentação importante, abrindo o show de seu herói Bo Diddley no Avalon Ballroom, em 12 e 13 de agosto. "Todo mundo dedicou-se completamente à banda", de acordo com Getz. "Era tipo *'Vai ser agora!'*." Naquele fim de semana, a festa "Earthquake" do Avalon estava lotada, com 2 mil ingressos vendidos. O Big Brother fez um de seus melhores shows, e Janis andava de um lado a outro e cantava como se tivesse nascido para o palco. "Parecia que estava todo mundo viajando", disse Getz. "O lugar todo decolou como se fosse uma espaçonave."

Depois, no camarim apertado, Paul Rothchild, executivo da Elektra Records, visitou a banda. Em apenas dois meses com o Big Brother, o talento de Janis e sua presença de palco estavam atraindo o interesse de empresários do ramo musical. Rothchild se tornara conhecido por ter produzido, em 1965, o álbum de estreia da Paul Butterfield Blues Band, de Chicago, uma grande atração em San Francisco. Rothchild e o dono da Elektra, Jac Holzman, pediram que Janis comparecesse a uma reunião com eles, para discutir a entrada dela em um "supergrupo" de músicos de blues, sediado em Los Angeles. Alguns dias depois, eles a convidaram para ir a um estúdio em Berkeley para uma *jam session* com a possível formação: nos violões acústicos, o velho amigo de Janis, Steve Mann, e o nova-iorquino Stefan Grossman, da Even Dozen Jug Band. Nos vocais, com Janis, estava o vocalista de blues e violonista Taj Mahal, integrante recente do Rising Sons (com Ry Cooder), de Los Angeles.

---

⁴⁷ No original, em inglês: "Did you ever waken to the sound of street cats making love?". [N.T.]

"Estávamos todos empolgados por tocarmos juntos", Stefan Grossman recordou. "Tocamos e conversamos por três ou quatro horas, e o clima era cordial. Tocamos 'Get Out of My Life, Woman', de Lee Dorsey, e a combinação das vozes de Taj e Janis foi incrível."

Janis estava entusiasmada com o que estava acontecendo. Mas se ela entrasse para o grupo da Elektra, teria que deixar sua família Big Brother, a quem amava, mas que considerava sem perspectiva comercial. Ela escreveu aos Joplin sobre seu dilema, avaliando de forma inteligente tal movimento em sua carreira e pedindo o conselho deles.

> *Rothchild acha que a música popular não pode continuar ficando cada vez mais louca, mais barulhenta e mais caótica, como é hoje. Ele sente que vai haver uma reação, e que os blues, as danças e as coisas melódicas de antigamente vão voltar à moda. Bom, a Elektra quer formar o grupo para SER isso – e eles me querem. Querem que aluguemos uma casa – em Los Angeles – e vão nos manter até termos material suficiente pronto, então primeiro eles querem que gravemos um single e um álbum. Eles são uma boa companhia – e como seríamos o grupo deles, fariam com que rendêssemos ao máximo. [...] E, diz ele, não teríamos outra opção exceto dar certo. Agora, não sei o que fazer! Tenho que decidir se o rock vai sair de moda, quão profunda é minha lealdade ao Big Brother (a banda já está muito irritada comigo por eu ter ido à reunião, e posso entender) e, por outro lado, desde o começo eu teria um contrato com uma gravadora – estaria começando quase no topo, e ainda não sei se o resto da banda (Big Brother) vai, inclusive, querer se esforçar o suficiente para serem bons o bastante para chegar lá. No momento não somos, acho eu. Ah, Deus, estou dominada pela indecisão! E, sejamos honestos, estou lisonjeada. Rothchild disse que eu sou uma das duas, talvez três melhores cantoras do país, e que eles me querem.*

Quando ela comunicou ao Big Brother a oferta da Elektra, Peter Albin teve um acesso de fúria. O grupo reuniu-se ao ar livre no grande e ensolarado deque da casa e ele apresentou as razões pelas quais Janis não deveria sair do Big Brother. "Foi uma experiência terrível, traumática", Albin contou. "Estávamos todos morando juntos, e éramos como uma família. Ela disse que seu desejo sempre tinha sido gravar discos e ser uma estrela." A filosofia do grupo era "uma banda é como uma instituição sagrada", de acordo com Getz. "Havíamos presumido que ela estava assumindo um compromisso para toda a vida."

O Big Brother havia recebido uma proposta de residência de um mês em um clube de Chicago, perto do fim de agosto. Os outros quatro integrantes insistiram para que ela participasse dos shows com eles. "Coloquei isso para Janis de tal forma que ela deveria tomar a decisão certa – a ida para Chicago era muito importante para nós", explicou Albin. Janis começou a chorar e concordou. Mas ainda estava dividida quanto a suas perspectivas: "Tenho esperança [...] de que o trabalho em Chicago vai me mostrar exatamente quão bom o Big Brother é [...] e então vou poder decidir", ela escreveu aos pais.

Para complicar ainda mais as coisas, a banda decidiu demitir Chet Helms, que por dezesseis meses havia sido o empresário deles. Helms, que dera o nome à banda, tinha uma ligação tão estreita com o grupo que em 1965 era considerado o "Big Brother" [Grande Irmão] e os músicos eram a "Holding Company" [empresa de participações]. Mas agora as festas da Family Dog no Avalon exigiam sua atenção, e Helms tinha menos tempo para dedicar-se à carreira do Big Brother. Os integrantes da banda queriam um empresário mais profissional, que pudesse elevá-los ao patamar seguinte de sucesso. Eles tinham esperança de que isso persuadisse Janis a ficar.

"Tivemos que sentar e decidir quem falaria com ele", Albin recordou. "Ele estava muito envolvido com o Avalon e a Family Dog. Era evidente que estávamos em segundo plano. Precisávamos de alguém que se concentrasse apenas em nossa carreira." Helms recebeu a notícia com tranquilidade, sem demonstrar ressentimentos com o grupo ao qual apresentara Janis. "Eu não estava naquilo para ganhar dinheiro", Helms disse certa vez, cheio de idealismo. "Estava pela revolução."

Sem empresário e com uma vocalista cheia de conflitos, mas com as passagens de avião em mãos, o Big Brother partiu rumo a Chicago, para o que esperavam ser um novo capítulo. Janis teria sua primeira experiência de como era a vida de uma banda na estrada – e das diversões inerentes a essa condição.

Capítulo 12

"O Ídolo de Minha Geração"

Ou vamos todos à falência e nos separamos,
ou vamos ficar ricos e famosos.
– Janis Joplin

Apesar da confusão e do confronto ocorrido nos dias que precederam a partida, Janis estava otimista quanto à viagem da banda para Chicago, e sua ambição, a mil. "Chicago é o Paraíso do Blues e poderei ouvir e ser ouvida por pessoas importantes", escreveu aos pais. "Gosto muito de viajar de avião e de estar em uma banda de rock, e viajar de avião para me apresentar é ainda mais empolgante. (SUSPIRO!)" Janis tinha a expectativa de usar a residência em Chicago, longe dos formadores de tendência de San Francisco, para testar e aumentar suas habilidades musicais e suas contribuições para a banda. O Big Brother queria ampliar seu público fora da bolha da base de fãs da Costa Oeste. Em vez disso, a residência em Chicago tornou-se um pesadelo para a banda, um exemplo clássico de como se deve pagar pelas consequências dos próprios atos. Janis lidou com essa mais recente decepção e rejeição abusando da bebida, um hábito que levaria consigo ao voltar para San Francisco, em setembro. Apesar de tudo, durante o episódio ela desenvolveu uma *persona* de palco e se tornou a voz essencial do grupo.

A viagem deu errado desde o momento em que o Big Brother aterrissou no Aeroporto Internacional de O'Hare, no calor de agosto de 1966. Os integrantes da banda não tinham onde ficar, nenhum empresário a quem pedir socorro e muito pouco dinheiro. Conseguiram chegar à Cidade Velha, perto do distrito de entretenimento do lado norte, carregando suas bagagens e seus equipamentos, em busca de um hotel que os aceitasse. "Ouvimos um monte de merda do tipo 'É um garoto ou uma garota?'", disse Peter Albin – um indício da acolhida perplexa que receberiam na Cidade dos Ventos.

Albin entrou em contato com seus tios Leslie e Roger Rush, que moravam em Glenview, nos subúrbios, e o casal convidou o grupo desamparado para ficar em sua casa em Pleasant Lane. (Sam, com Speedfreak Rita a reboque, optou por dormir de favor na casa de outras pessoas.) O casal Rush ficou assombrado com a aparência desgrenhada da banda, embora seus filhos adolescentes, Nicky, Cathy e Chris, estivessem encantados em conhecer *hippies* de verdade. Os tios decidiram ir passar as férias na Flórida, deixando a casa para seus filhos e para os californianos – um fato que Janis omitiu ao escrever a seus pais: "São pessoas muito simpáticas, com três filhos supercriativos e inteligentes. Têm uma casa grande, com ar-condicionado, nos subúrbios, e nos emprestaram um carro. Mas estamos todos meio tristes por ter sido necessário sair de nossa casa no campo."

Mother Blues, um conhecido local de música folk, situado no número 1305 da rua North Wells, estava começando a apresentar também shows de rock. Pouco antes da residência do Big Brother, o Jefferson Airplane havia se apresentado em uma temporada de uma semana, com razoável sucesso – embora a vocalista Signe Anderson, que viajara com seu bebê, tivesse saído da banda logo em seguida. Sem uma divulgação prévia pela imprensa, porém, a noite de estreia do Big Brother, na quarta-feira, 23 de agosto, foi um fracasso total. O público esparso assistiu espantado, do fundo do recinto. Chicago, como a maior parte dos Estados Unidos da época, não tinha uma contracultura para dar suporte ao "freak rock" do Big Brother. A programação deles incluía cinco apresentações de uma hora por noite, com as duas primeiras horas abertas para menores de 21 anos. Mas "os adolescentes não dançavam nem gritavam nem aplaudiam nem nada", de acordo com Peter Albin; então, às dez da noite, quando o bar servia bebidas, "chegava o pessoal mais velho, e eram bêbados de colarinho branco – uma cena ruim".

"Eles não ficam chapados", Janis reclamou mais tarde a um jornalista. "Ninguém estava se divertindo, cara, eles só estavam bêbados." Em vez de encontrar o paraíso do blues, ela havia aterrissado no que chamou de uma "cidade estranha [...] Meio-Oeste de verdade! Em uma carta para a família, ela admitiu que "cinco apresentações por noite, seis noites por semana, UFA! [É] trabalho duro de verdade. [...] Nossa música tampouco está sendo notada. Em Chicago há tantas bandas boas de blues que elas nos ofuscam, e assim é mais difícil tocar". Os companheiros de Janis atribuíam a culpa a outra coisa. "Eles não entendiam a música, não conseguiam curtir – eles a detestavam, na verdade", disse Albin, mais tarde. Enquanto isso, depois de uma noite de bebedeira pesada, Janis e James Gurley reavivaram seu caso, dividindo um quarto na casa dos Rush.

Enquanto estava em Chicago, Janis finalmente recebeu notícias do pai, pela primeira vez desde que saíra do Texas, mais de dois meses antes. Em uma nota dura, ele indagava sobre o futuro dela: "Como você evitou o tema de forma tão cuidadosa, estamos supondo que você sente que sua presente empreitada promete sucesso e que você não vai estar aqui no próximo mês para voltar à faculdade. Se essa suposição estiver incorreta, informe-nos imediatamente, pois precisamos saber. Por outro lado, se estiver correta, tudo que podemos fazer, suponho, é desejar-lhe a melhor das sortes e todo o sucesso que espera alcançar".

Em sua resposta, Janis tentou dar uma longa explicação para sua decisão de dedicar-se à música, e o efeito positivo que as apresentações tinham sobre seu estado mental, permitindo-lhe deixar de tomar o Librium que o médico receitara por conta da ansiedade. Ela começou assim:

> *Papai mencionou a questão da faculdade, e isso é bom, porque eu provavelmente teria continuado a evitá-la, no meu estilo adulto inimitável, até que desaparecesse. Acho que não posso voltar agora. Não sei todos os motivos, mas só sinto que isto tudo dá uma sensação mais real. Mais fiel a mim mesma. Resolvi muitos dos conflitos pelos quais eu estava [...] indo ao [terapeuta] Sr. Giarratano. Não tomo mais tranquilizantes, não sinto mais que estou mentindo. [...] Eu gostaria de voltar à faculdade. Eu gostaria, mesmo, mas sinto que primeiro tenho que passar por isto e, quando eu puder, terminar os estudos. Se não fizer isso, sempre vou ficar pensando sobre cantar e ser boa nisso e reconhecida, e saber e sentir que traí a mim mesma, entendem? Assim, embora eu inveje muitos*

> *aspectos da vida de estudante e de morar em casa, acho que preciso continuar tentando ser cantora. Embora seja uma desculpa ruim, peço perdão por agir tão mal com vocês. Sei que meus valores instáveis fazem com que eu não seja muito confiável e que sou uma decepção e, bom, sinto muito.*

O bem-estar que sentia por fazer parte do Big Brother e de seu sucesso, embora limitado, pareciam propiciar-lhe a autoafirmação de que ela necessitava. Ao relatar sua relação com a banda, Janis enfatizava seus objetivos profissionais. Assim como estava dividida entre sua própria ambição e os desejos dos pais, ela deixava claro que se a banda – sua nova família – não conseguisse se firmar, ela terminaria por também a deixar para trás. "O lance da gravação sobre o qual lhes contei causou um grande abalo emocional no grupo", escreveu ela. "Isso levantou muitas questões relativas à lealdade. Decidi ficar com o grupo, mas ainda gosto de pensar sobre a outra coisa. Estou tentando imaginar o que seria musicalmente mais vendável, porque não basta que eu seja boa, tenho que estar em um bom veículo."

A falta de reação por parte das plateias de Chicago forçou Janis a ir mais além para obter a atenção pela qual ansiava. E ela e o Big Brother estavam literalmente famintos, de modo que ela estava desesperada para sair-se bem. O palco longo e estreito do Mother Blues tornou-se o laboratório de Janis. Sem muito espaço para se mover, ela ainda assim conseguia ampliar sua presença de palco por meio de experimentos com sua *persona*. Durante os intervalos instrumentais e enquanto cantava, ela punha uma energia considerável no pandeiro ou nas maracas, melhorando suas habilidades rítmicas e explorando mais a fundo sua musicalidade inata. Ela passou a tocar o guiro cubano, um tipo de reco-reco feito de cabaça, com talhos transversais e uma extremidade aberta, que é tocado raspando-se a vareta nos talhos, de modo a produzir um som rascante. "Janis tinha uma percepção excelente de ritmo", de acordo com Dave Getz, que lhe deu os instrumentos de percussão. "Mesmo quando tocávamos bem rápido, quando é difícil acompanhar o ritmo, ela o fazia muito bem. Seu ouvido para o ritmo era muito bom, e ela sempre sabia onde estava a batida."

Com cinco *sets* por noite para preencher, a banda aumentou seu repertório para quase quarenta músicas. O Big Brother tocava desde covers de Chuck Berry e Little Richard até "Rags and Old Iron", de Nina Simone, "que Janis cantava de forma linda", disse Getz. Janis escreveu um blues angustiado, "The Last Time", com mudanças no tempo musical e ritmo espasmódico. Eles também incorporaram músicas antigas do repertório de Janis em Austin, incluindo "Turtle Blues", usando-a como ponto de partida para os longos *riffs* de guitarra de James Gurley, indistintos e psicodélicos. Sua música acústica "Women Is Losers", cujo nome original, ela lhes disse, era "Whores Is Funky", tornou-se um blues psicodélico com uma cadência militar. Gurley, com seu barítono tranquilo, assumia o vocal principal em um par de músicas, incluindo um cover de "All Is Loneliness", uma canção obscura de Moondog, um músico excêntrico e vanguardista, que usava um capacete viking com chifres enquanto tocava nas ruas de Nova York. Janis e Peter faziam o acompanhamento harmônico nos refrões pungentes da música de Moondog. O outro vocal de Gurley era uma versão com instrumentos elétricos da velha balada dos Apalaches "Coo Coo" (também conhecida como "The Cuckoo"), à qual Janis acrescentou seu soprano agudo, como fizera ao cantá-la em seus tempos de Austin. O ponto alto de Sam Andrew era sua versão amplificada de "Na Gruta do Rei da Montanha", do compositor norueguês Edvard Grieg, que as duas guitarras lançavam em um longo festival sonoro, culminando com Gurley pegando seu amplificador e então o derrubando de propósito, para gerar uma tempestade de ruído com o som do retorno de palco.

Janis logo fez amizade com uma garçonete do Mother Blues, uma bela mulher afro-americana que tocava discos de R&B entre as apresentações e que "era muito antenada e sabia o que estava acontecendo", recordou Getz. Um dos favoritos entre os discos de 45 rotações era a balada "I've Been Loving You Too Long (To Stop Now)", um sucesso de Otis Redding, cuja música teria grande impacto na evolução do estilo vocal de Janis.

Outro antenado local, Nick Gravenites certo dia reconheceu o Big Brother caminhando pela rua Wells. Tendo morado em San Francisco, havia visto tanto Janis quanto Gurley apresentando-se separadamente no Coffee Gallery. Agora estava de volta a Chicago e era gerente de um clube de blues. "Meu cabelo estava bem curto, e eles acharam que eu era algum gângster grandão e seboso que estava indo para cima deles a fim de agredi--los, dar-lhes uma surra ou algo assim", contou Gravenites. "Eles causaram muitas reações estranhas na cidade." Aspirante a cantor e compositor, Gravenites assistiu ao show deles naquela noite e viu que as "pessoas não entendiam que porra eles eram. Eram muito esquisitos na época. As pessoas estavam perplexas [e] não sabiam se deviam ficar em pé e dançar. Não sabiam se deviam ou não gostar deles. Comigo não era diferente. Eles me deixaram muito assustado. Especialmente Janis – recendendo a patchuli, com um longo vestido de vovó e cheia de espinhas. Tinha uma voz esquisita, esganiçada – acho que ela estava com a garganta ruim, e sua voz estava ainda mais esquisita. Uma ou outra pessoa mais ousada talvez se levantasse para dançar. Dava a impressão de que tinham vindo de Marte." Apesar dessas apreensões iniciais, Gravenites viria a ser um colaborador da banda, depois de voltar a San Francisco.

De vez em quando, os músicos adolescentes da banda local Shadows of Knight, que recentemente havia emplacado o sucesso "Gloria", apareciam para assistir ao Big Brother, com seu produtor, George Badonsky, um dos proprietários da Dunwich Records, gravadora local. Depois, Badonsky "[sacudiu] a cabeça, dizendo: 'Caramba, eles são simpáticos – pena que ninguém vai querê-los'", contou Gravenites. "Era óbvio para ele que eram extravagantes demais para que qualquer pessoa sã sequer cogitasse gravá-los."

Em San Francisco, na verdade, algumas gravadoras haviam discutido com Chet Helms a contratação do Big Brother, enquanto ele ainda era o empresário da banda. Em meados de agosto, antes da oferta da Elektra, Janis escrevera para os pais que "estamos conversando com a ESP Records – eles querem que gravemos um álbum". O diminuto selo nova-iorquino (ESP-Disk) gravava principalmente free jazz, incluindo Albert Ayler e Sun Ra, bom como os Fugs, cujo cofundador Ed Sanders reclamou do contrato "restritivo" do selo e do não pagamento de *royalties*. Janis reconheceu que a ESP era "tipo uma gravadora *underground*. Não é grande e vistosa, só faz álbuns [em vez dos *singles* ou 45 rotações, principal produto da indústria fonográfica em 1966] e só trabalha com grupos meio fora do comum, coisa que admito sermos. Não teríamos um grande fã-clube nacional, como o Lovin' Spoonful, mas teríamos um público fiel entre os *hippies*".

Helms, cauteloso, havia rejeitado a proposta da ESP e, presciente, também rejeitara um contrato de gravação de Bobby Shad, de 46 anos, fundador da Mainstream, gravadora independente de jazz. Shad (cujo nome era Abraham Shadrinsky e que viria a ser avô do diretor de cinema Judd Apatow) começou sua carreira como produtor, na década de 1940, no selo Savoy, de jazz e R&B, e então atuou como descobridor de talentos na Mercury Records, trabalhando com artistas notáveis como Sarah Vaughan, Carmen McRae e Gerry Mulligan, entre outros. O nova-iorquino fundou a Mainstream em 1964, para relançar os discos de jazz de 78 rotações da Commodore Records. Farejando o rock *underground* de San Francisco, ainda no mês de julho, Shad realizou audições na histórica Mansão Spreckels, perto de Buena Vista Park. Enquanto o Big Brother fazia a audição no estúdio de quatro canais do local, Helms sentou-se ao lado de Shad, que tinha interesse em gravar esta e outras bandas ao vivo no Avalon.

"Eles tocaram umas três músicas e ele disse: 'Ei, isso é muito bom'", recordou Helms. Shad ofereceu um contrato de seis meses, com o lançamento de três *singles*. "Ele começou a me explicar como tiraria da banda os direitos de publicação", contou Helms. "'Vamos tirar deles isto, vamos tirar aquilo. Eles nunca vão saber a diferença.'" Chocado, Helms fez sinais para a banda de que a audição havia terminado; o Big Brother, sem ter certeza de que o empresário havia tomado a decisão correta, saiu do estúdio atrás dele.

Em setembro, Shad ficou sabendo que o Big Brother estava em Chicago e abordou o grupo de novo – e, fato crucial, agora sem Helms como intermediário. O resultado foi o pior desastre a atingir a banda durante sua estada em Chicago. Shad não poderia ter escolhido um momento mais oportuno. Após duas semanas frustrantes, o Mother Blues havia deixado de pagar à banda o valor estipulado em contrato, e o Big Brother recebia somente a escassa renda dos ingressos, em geral menos de 100 dólares por noite. Os membros da banda não tinham passagens de volta nem dinheiro para comprá-las. Estavam presos ali. O sindicato dos músicos não podia ajudá-los e informou que o único recurso seria apresentar uma queixa, que levaria ao fechamento do clube. Foi nesse ponto que Bob Shad ofereceu um contrato e uma sessão de gravação em Chicago. Imaginando que um adiantamento poderia financiar a viagem de volta, a banda foi receptiva; no caso de Janis, com aquele contrato ela queria provar aos pais que havia tomado a decisão correta ao ficar com o Big Brother e que "ela conseguia honrar um compromisso", de acordo com Dave Getz. "E nós vimos uma forma de manter Janis presa ao grupo. Lembro-me de ter pensado. *Se este lance de Chicago for um desastre total, ela vai ligar para Paul Rothchild, e estamos acabados como banda.*" Janis havia de fato telefonado de Chicago para Rothchild, mas disse a ele que havia se apaixonado por um dos companheiros de banda – Gurley – e não podia aceitar a proposta.

"Aquele cara esquisitão de Nova York estava nos pressionando", Sam Andrew recordou mais tarde sobre o contrato cuja rescisão custaria uma quantia absurda de dinheiro. O advogado do Big Brother, que havia sido indicado por Shad, garantiu a eles que o contrato de cinco anos, que não oferecia nenhum adiantamento e garantia à Mainstream metade dos direitos de publicação das músicas, com a banda recebendo apenas cinco por cento de *royalties* sobre as vendas, era padrão na indústria fonográfica e não negociável. "Éramos garotos ingênuos", contou Andrew. "Pedimos mil dólares [de adiantamento], e ele disse não. Dissemos 'Quinhentos dólares?'. Ele disse não. 'Bom, pode nos dar as passagens de volta pra casa?' Ele disse: 'Nem um centavo'."

A Mainstream agendou uma sessão de gravação em um estúdio de Chicago, pela qual a banda foi paga de acordo com a tabela do sindicato, cerca de 90 dólares cada um. Janis gostou do que chamou de "uma experiência e tanto", como escreveu aos pais. O grupo gravou quatro músicas, cada uma com um vocalista diferente: Gurley em "All Is Loneliness", Albin em sua própria composição "Blindman", Janis em "Down on Me", e um dueto de Sam Andrew com Janis em "Call on Me", uma balada cheia de sentimento que ele escrevera em Lagunitas. "Levamos nove horas para conseguir menos de doze minutos", escreveu ela aos pais sobre a gravação. "E nem erramos muito."

Ninguém no Big Brother jamais havia trabalhado antes em um estúdio profissional de gravação, e o engenheiro nunca havia gravado uma banda de rock barulhenta. O volume deles logo se revelou um problema. "O engenheiro [impedia] os medidores dos VUs de chegarem ao vermelho", de acordo com Andrew, o que impossibilitava a distorção sonora que era a marca registrada da banda. "O som da guitarra era puro anos 1950, e James e eu não estávamos felizes com isso, mas não sabíamos como corrigir. Não sabíamos pedir o que queríamos, e eles não se ofereciam para fazer nada." Shad havia orientado o engenheiro a manter curtas as músicas, com cerca de dois minutos, a duração necessária para os *singles* de 45 rotações – o que significava nada de longos solos de guitarra.

Aluna ávida, Janis mergulhou no processo de gravação. "Ela se saiu muito bem nas sessões", disse Andrew, que exigiam que Janis cantasse as partes dela exatamente do mesmo jeito duas vezes, para fazer o *"double track"* de seus vocais. Janis detalhou os procedimentos em uma carta para a família: "Primeiro, você grava só a parte instrumental. Então, quando você (e o engenheiro) estão satisfeitos, você coloca o vocal em outro canal, por cima do instrumental. Então, para um efeito dinâmico, você coloca outro canal com o vocal, mesmas vozes, mesma letra, por cima do primeiro, para dar à voz um som mais profundo". Janis mostrou-se orgulhosa da impressão que causara em Shad; ele disse que a cantora "havia ido muito bem nas primeiras sessões e acha que sou o aspecto mais vendável do grupo e quer algumas músicas minhas". Shad planejava lançar um *single* no outono, com o Big Brother retornando a seguir para uma nova sessão em um estúdio em Los Angeles. "Era emocionante, contou Getz. "Todos achávamos que a banda subiria a um novo patamar e que ficaríamos famosos."

No Mother Blues, o Big Brother finalmente começou a formar uma modesta base de fãs, incluindo algumas pessoas da cidade e um grupo de *hippies* itinerantes que viajavam pelo país em uma van – um "séquito de figuras muito estranhas e esquisitas", de acordo com Getz. O "líder era um cara muito bonito e doce", que teve um caso com Janis. "Ela o adorou." Os andarilhos *hippies* fumavam DMT, (dimetiltriptamina) que Janis, que ainda curtia maconha, também experimentou (o DMT é um ingrediente encontrado na ayahuasca, um alucinógeno natural). "Um pega, e você viaja como se tivesse usado ácido, por quinze minutos", recordou Getz. "Você alucinava, tinha algum tipo de faísca mental, uma epifania incrível, e então, de repente – bum – você caía de novo na real." Ainda com medo das drogas pesadas, Janis de forma geral ficava só no álcool e mais tarde disse aos amigos que detestara o DMT, alertando-os para que nao o usassem.

O Big Brother chamou uma de suas novas fãs, uma mulher alta e loira, de Nova York, para ser uma *go-go girl* no palco. "Miss Proton, a Garota Psicodélica" usava um turbante de filme plástico e um *collant* curtíssimo, a pele coberta com tinta fluorescente e purpurina. "Estou parada ali, cantando", contou Janis, "e lá está aquela garota seminua dançando bem na minha frente. Eu estava gargalhando. Era muito difícil cantar."

Durante a última semana do contrato com o clube, o Big Brother recebeu sua primeira cobertura por um jornal importante: uma resenha mista no *Chicago Sun-Times*, em 16 de setembro de 1966, com trechos que magoaram Janis profundamente:

> Carecendo da elegância e da garra do Jefferson Airplane, este grupo é, contudo, empolgante [...] e feio! Quero dizer que não chegam a ser como o Grateful Dead, outro grupo de rock da Área da Baía, liderado por um ex-Hells Angel de 140 quilos [Pigpen], mas ninguém no Big Brother and the Holding Company tampouco ganharia algum concurso de beleza. A verdadeira beleza do grupo é sonora, como em "Moanin' at Midnight", de Howlin' Wolf, ou em "Easy Rider" [de Gurley] ou qualquer outro blues potente. Teríamos ficado para ouvir mais do que uma apresentação, mas o baterista tocava uns licks tão inacreditavelmente cafonas que nos empurrou para a rua Wells.

Janis tomou como pessoal a resenha, perguntando: "Mas, e Sam? Ele não é feio!". De volta a San Francisco, ela voltaria a referir-se a isto, repetindo para um jornalista: "Eles disseram que não éramos tão feios quanto o Grateful Dead, mas que de qualquer modo éramos bem feios".

Depois de quase um mês em Chicago, as dificuldades variadas levaram a brigas e ressentimentos entre os membros da banda. Alguns dias antes da partida, Janis teve uma discussão particularmente desagradável com Peter Albin – depois que ela roubou um suéter de cashmere do apartamento que havia em cima do Mother Blues, onde a banda ficava. "Ela disse que era porque o clube 'não estava nos tratando direito'", de acordo com Albin. "Eu a vi [roubando] e disse: 'Você precisa devolver isso'. Ela respondeu: 'Esse cara nos deve dinheiro, e é isso o que ele recebe'. Eu disse: 'É do amigo [do dono do clube], não dele'. Foi quando tivemos nossa primeira briga aos berros, e ela me mandou me f... várias vezes – isso não caiu muito bem comigo."

Quando o compromisso finalmente terminou, a banda aproveitou uma oportunidade em que precisavam de alguém para entregar um carro na Costa Oeste. Exceto por Albin, cuja tia comprara-lhe uma passagem de avião, em 19 de setembro o Big Brother e Speedfreak Rita espremeram-se em um Pontiac Grand Prix 1965. "Era um carro grande, e no porta-malas levamos nossos dois amplificadores Danelectro, minha *trap case*, as guitarras e parte da bagagem", recordou Getz. "Meu bumbo ia no banco de trás. Só Sam e Janis dirigiram." A viagem para casa não foi mais tranquila do que as semanas passadas em Chicago. Cruzando Nebraska, Janis notou a saída para Clay Center, cidade da família de sua mãe. "Quase fui até lá para conhecer meus parentes", escreveu ela a Dorothy, no meio da viagem, "mas não conseguia me lembrar dos nomes deles, de modo que ainda estamos na estrada."

Mais a oeste, ainda em Nebraska, o carro freou subitamente. Alguém havia visto uma enorme plantação do que parecia ser maconha. Todos saltaram do carro, agarraram punhados das plantas tão apreciadas e esconderam a erva dentro do bumbo de Getz. A empolgação, porém, não durou muito. Alguns quilômetros adiante, com Andrew ao volante, uma viatura da polícia os parou. A habilitação do guitarrista estava vencida, mas ele ficou muito aliviado por não terem o carro revistado antes de receberem ordem de ir até a cidade de Ogallala e ver o juiz. No tribunal improvisado, os rapazes foram educados e respeitosos, mas Janis, furiosa, como se estivesse de volta a Port Arthur, discutia compulsivamente com os policiais. "Eles nos advertiram: '*Saiam já daqui – não parem*', depois que a banda pagou uma multa de 50 dólares", disse Getz. "'Se pararem em algum lugar no condado de Keith, vamos prender vocês e jogá-los na cadeia! Não queremos ver gente como vocês por aqui de novo.' Janis ficou o tempo todo tentando se controlar."

No fim de setembro, estavam finalmente de volta ao Avalon Ballroom, para um fim de semana de apresentações com a casa lotada. "*Vivaaa!* Agora sim, *esta é nossa turma!*", Janis declarou no palco. O Big Brother de imediato entrou em um ritmo de apresentações frequentes, enquanto estabelecia uma rotina em Lagunitas, que incluía ensaios diários e sessões de composição. O novo e contagiante acid rock de Albin, "Light Is Faster Than Sound", tornou-se um favorito da plateia, que Janis iniciava com seus "*whoaaaaah*" característicos.

"Janis trabalhou com Albin na parte dela", Getz contou. "Da mesma forma como havia trabalhado com Sam em seus vocais em 'Call on Me' e com James em 'Easy Rider'. A certa altura, ela disse: 'Dave, por que *você* não compõe uma música?'. Aí eu compus 'Harry' – uma coisa tipo abstrata. Eu disse a todos: 'Ok, vai ser uma frase rítmica; toquem as notas que quiserem'. No dia seguinte, entreguei a eles mais dois compassos, e desenvolvemos esse conceito." O instrumental caótico – um turbilhão sonoro nervoso – terminava com Janis dizendo *"Harry, please come home"* [Harry, por favor, volte para casa], como uma mãe suplicando a seu filho adolescente fugitivo. De acordo com Getz, "Ela se divertia muito com 'Harry', fazendo coisas engraçadas com a voz. O pessoal adorava".

O lado doméstico de Janis – cozinhar e costurar – floresceu em Lagunitas. Ela escreveu à mãe, pedindo que ela lhe enviasse itens que havia deixado para trás, incluindo sua sacola de agulhas de tricô e lã, a colcha de retalhos "estrela solitária" que começara, seu livro de culinária e as fichas com receitas. Ela ajudava a preparar as refeições comunitárias e comprou uma máquina de costura de segunda mão para fazer os trajes que combinariam com as botas de 35 dólares que comprara em Chicago. ("Tão legais! São antiquadas [...] justas e com botões na frente. Pretas. Vou fazer um vestido bonito/extravagante para usar com elas.") As cartas falando de moda continuavam sendo sua principal conexão com Dorothy.

Com o incentivo de Nancy Gurley e Speedfreak Rita, porém, Janis voltou a mergulhar em seu lado negro. Todas as noites, as três lançavam-se em uma maratona de artesanato com contas – colares, pulseiras, cortinas ornamentais, divisórias para ambientes –, num ritmo alucinado induzido pelos picos de anfetaminas. Não demorou para que Janis voltasse para as drogas que mais temia. "Nancy Gurley meio que estimulava [...] outras pessoas [...] a usar", de acordo com uma velha amiga de Janis, Pat "Sunshine" Nichols, com quem ela voltara a ter contato na rua Haight. "As mulheres à volta de Nancy eram muito influenciadas por ela." Não se sabe se a recaída de Janis simplesmente aconteceu certa noite ou se sua determinação foi enfraquecendo aos poucos, quando ela voltou a abusar da bebida. Talvez achasse que, tendo estado limpa por mais de um ano, poderia usar a droga sem se viciar de novo. De qualquer modo, assim como as amigas, ela parecia fascinada pelo ritual de atar o torniquete, preparar a seringa e injetar. Em um dado momento, Dave Getz, que nunca usara drogas injetáveis, perguntou às mulheres se podia juntar-se a elas. "Elas começaram uma tremenda discussão sobre quem iria me injetar", contou ele. "Acho que Nancy Gurley ganhou. Ela me aplicou uma injeção de metedrina e fiquei uns três dias acordado."

Para deslocar-se entre Lagunitas e San Francisco, Janis comprou um conversível compacto Sunbeam usado. Ela pediu a seu amante ocasional, o artista plástico Stanley Mouse, que pintasse "Big Brother & the Holding Company" e o símbolo do olho de Deus na porta do motorista. Mas, com o pouco dinheiro que recebia pelos shows, ela mal conseguia pagar os constantes reparos do importado britânico. "Era um bom carrinho, limpo e saudável", escreveu para a mãe, "e agora é um carro completamente *beatnik*, e sabe disso. [...] O motor de arranque já era, então preciso empurrá-lo para dar a partida. Pobrezinho, está lá fora, estacionado no alto de uma colina."

Em Haight-Ashbury, ela às vezes passava a noite no apartamento de Sunshine, na rua Ashbury, 640. "Logo começamos a ir juntas aos lugares", recordou. "Ela sempre me colocava na lista de convidados." Embora fosse apenas uma conhecida, Sunshine havia guardado os pertences que Janis deixara para trás ao retornar para o Texas no ano anterior. Ver os restos de sua antiga vida deve ter despertado lembranças amargas. "Ela ficou bem surpresa por tê-los de volta", disse Sunshine. "Um bocado de acessórios, roupas que ela havia feito com xales e um rádio FM de tamanho bem decente." Sunshine permaneceria como uma das amigas mais leais de Janis – além de companheira de drogas.

Janis estava ficando bem conhecida na Haight, sobretudo depois que a primeira entrevista do Big Brother foi publicada em 5 de outubro na edição número 8 do fanzine datilografado e mimeografado *Mojo-Navigator*. Editado por David Harris e Greg Shaw, o *MN* era o porta-voz da música da Área da Baía, tendo sido fundado em agosto de 1966, cinco meses depois que o primeiro zine sério de rock, *Crawdaddy*, foi lançado na Costa Leste por Paul Williams, aluno do Swarthmore College. *MN* e *Crawdaddy* fizeram pelo rock & roll o que o *Downbeat* fizera pelo jazz e o *Sing Out!* pelo folk. O *MN* publicava extensas entrevistas com as bandas; o número anterior incluíra uma sessão de perguntas e respostas com o Grateful Dead na qual Jerry Garcia chamava Janis de "uma cantora incrivelmente poderosa [...] seu conhecimento sobre estilo e seu controle são realmente excepcionais, bem como sua extensão vocal". Ele prosseguiu, sugerindo que "eles precisam de mais material adequado ao estilo dela [e] encontrar uma forma de dar destaque a Janice [sic] e conseguir material bom para ela, bem como ela e Peter trabalharem juntos. [...] O que eles mais precisam é experiência, e acho que vão voltar de Chicago bem mais coesos".

A previsão de Garcia foi acurada. Quando o Big Brother retornou à sua vida na Costa Oeste, com apresentações constantes, os frutos de seus esforços em Chicago tornaram-se evidentes. Quando os cinco se sentaram com Shaw e Harris, descreveram sua desagradável residência em Chicago e responderam às perguntas do *MN* sobre a cena de San Francisco. Embora Garcia tivesse diplomaticamente afirmado ao *Mojo* que admirava igualmente o Fillmore – administrado pelo empresário Bill Graham – e o Avalon – da Family Dog –, Albin e Janis disseram enfaticamente preferir o Avalon, e essa declaração impressa voltaria para assombrá-los.

Um nova-iorquino agressivo e homem de negócios perspicaz, Graham havia sido gerente de negócios para o San Francisco Mime Troupe e começou a promover shows no Fillmore com Chet Helms, no início de 1966. Logo depois, ele assumiu o controle, afastando Helms, que foi para o Avalon. Os dois eram rivais desde então, e ambos programavam shows de fim de semana. Leal a Helms, Janis disse ao *MN* que o Avalon era para valer, enquanto o Fillmore, onde o Big Brother raramente tocava, atraía mais "turistas e marinheiros bêbados em busca de garotas".

O *Mojo-Navigator* trazia notícias sobre a cena na Haight, incluindo a cobertura de uma lei iminente que criminalizava a posse de LSD na Califórnia, que começaria a valer em 6 de outubro de 1966. Como protesto, foi organizado o evento Love Pageant Rally, no Panhandle[48] do Parque Golden Gate, onde usuários fantasiados, liderados pelos criadores do Teste do Ácido, os Merry Pranksters e Ken Kesey – este último disfarçado de caubói, uma vez que era procurado pela polícia, por acusações ligadas a

---

[48] Área verde longa e estreita que forma um prolongamento a oeste do Parque Golden Gate, lembrando um cabo de panela (em inglês, *panhandle*). [N.T.]

drogas – viajavam com ácido. Janis e Sunshine estavam lá, dividindo vinho barato. "Todo mundo tomou ácido", recordou Sunshine, mas "ela e eu não. Ela disse [que o LSD] levava-a para um estado no qual não queria ficar: sem controle sobre si mesma." A injeção de anfetaminas, por outro lado, levava Janis de volta àquela euforia inicial e ao grau intenso de concentração que ela buscara antes.

No Love Pageant, o Big Brother e o Grateful Dead apresentaram-se na carroceria de um caminhão aberto, cercado por "milhares de usuários de ácido que estavam lá para mexer com as mentes dos policiais e de todo mundo mais, em uma festa de amor e euforia" – como descrito por Tom Wolfe em O *Teste do Ácido do Refresco Elétrico*. Inúmeros concertos gratuitos iriam seguir-se, culminando com o Gathering of the Tribes for a Human Be-In, no mês de janeiro seguinte.

"Algo vai acontecer", Janis predisse para o *MN* quando a Mainstream lançou o *single* de estreia da banda, "Blindman", com "All Is Loneliness" no lado B. Embora não fosse a vocalista principal em nenhuma das duas faixas, Janis estava encantada com a *ideia* de ter um disco lançado. "A coisa não vai continuar do jeito que está", disse. "Ou vamos todos à falência e nos separamos, ou vamos ficar ricos e famosos." Depois que a gravadora mandou para a banda, em Lagunitas, uma única cópia, Janis escreveu aos Joplin que "devemos receber cinquenta discos gratuitos, e vou mandar um para vocês. Ainda não os recebemos – deviam ter chegado há duas semanas. [...] Temos só uma cópia, que tocamos tanto que não aguento mais. Já nem consigo dizer se o disco é bom". Com dois minutos de duração, "Blindman" começa com o barítono de Albin, e Janis entra em cada refrão, com o acompanhamento de uma guitarra básica, bateria e baixo. "All Is Loneliness" destaca a guitarra drone de Gurley, ao estilo *raga*, por trás de vocais semelhantes a canto gregoriano, com Janis assumindo, a seguir, seu vibrato ecoado pelo murmúrio contínuo dos instrumentos. Depois de dois minutos e dezesseis segundos, a música vai sumindo, com a volta das harmonias do refrão.

Em sua resenha positiva, o *Mojo-Navigator* indagou "por que o disco ainda não está sendo tocado por aqui?". Ao contrário da opinião de Janis, David Harris achou o disco "excelente, tanto em termos de potencial comercial quanto como uma recriação real do som da banda ao vivo. A harmonia vocal talvez seja melhor do que a que conseguem ao vivo, e o som da banda resiste bem à técnica de gravação. 'Blind Man' é quase reminiscente de The Mamas and the Papas. [...] 'All Is Loneliness' é executada com uma harmonia de quatro partes muito interessante, utilizando o *overdubbing*.[49] A única reclamação [...] é que os solos de guitarra são bem mais simples do que [...] eles usam ao vivo, e isso é compreensível por motivos comerciais".

Embora o *single* não tenha sido tocado nas rádios AM, a banda apareceu em uma nova e reluzente revista de fotos, *I.D. 1966 Band Book: First San Francisco Edition*, que Janis enviou por correio para a família, com uma foto "minha em que estou linda, tirada da folha de prova que um fotógrafo fez de nós". Ainda buscando a aprovação dos pais, ela apresentou as pessoas de aparência estranha que estavam nas fotos da revista como seus novos amigos, de modo que "vocês podem ver como é legal o visual das pessoas na Califórnia", escreveu ela. "As bandas de amigos nossos são o Grateful Dead, o Quicksilver Messenger Service, os Charlatans, o Outfit e o P.H. Phactor Jug Band. Deem uma olhada neles [...] e na foto da Family Dog. O cachorro da família é Sancho, que está em cima do furgão – o símbolo para todas aquelas pessoas que formam uma empresa de rock & roll e que promovem festas todo fim de semana. Essas pessoas são todas amigas minhas! Não são demais?! As pessoas com estrelas depois do nome são membros do [Big Brother]. Estou atrás, à direita. [...] As pessoas não estão fantasiadas – elas se vestem assim o tempo todo. Agora, vendo em perspectiva, não sou assim tão estranha, não é?"

A crescente popularidade de Janis não a protegeu da ira de Bill Graham. Depois de fugir dos nazistas na Alemanha, seu país natal, Graham (nascido Wulf Grajonca) tornou-se durão ao crescer nas ruas do Bronx e então foi para o oeste, onde fez uma tentativa fracassada de trabalhar como ator. Em vez disso, encontrou seu lugar como um astuto promotor de shows, capitalizando de forma agressiva a florescente contracultura. Janis logo descobriu que contrariar Graham era muito pior do que comprar briga com um dono qualquer de clube: quando ela chegou ao Fillmore, em meados de outubro, para assistir a Butterfield Blues Band, Jefferson Airplane

---

[49] Técnica em que duas gravações iguais são sobrepostas com um ligeiro intervalo de tempo. [N.T.]

e Big Mama Thornton, Graham estava postado no alto da escada. "*Você não vai entrar aqui!*", berrou para ela. "*Depois do que disse sobre o Fillmore naquele pasquim! Saia daqui!*"

Gritando de volta "*Seu filho da puta!*" e chorando, Janis foi conduzida – algumas testemunhas disseram que foi empurrada – escada abaixo e para a rua. Nick Gravenites, que viera de Chicago com a Butterfield Band, ficou horrorizado. Graham "tinha o costume de expulsar as pessoas de seu clube", contou ao escritor John Glatt. "Ele gritava, berrava e humilhava você e corria com você de lá, como se você fosse lixo. Era horrível. [...] Janis saiu correndo pela rua, chorando." A vulnerabilidade dela tornava quase insuportáveis tais rejeições, mas Graham não guardava rancor por muito tempo – sobretudo se havia dinheiro envolvido. Depois da ascensão de Janis e do Big Brother, tudo seria esquecido.

Em outubro, Janis ficou sabendo que a mãe havia sido diagnosticada com câncer de mama e já tinha passado por uma cirurgia. Janis não pôde viajar ao Texas para ver como ela estava, ou talvez relutasse em fazer isso. Escreveu à mãe: "Nossa, sinto-me tão negligente por não escrever há tanto tempo" – embora ela, na verdade, tivesse mandado várias cartas nas semanas anteriores. "E você acaba de sair de uma operação tão séria. Sinto muito, muito. Estou muito feliz por você estar se recuperando bem – suas cartas soam otimistas – e por eles acharem que o encontraram a tempo. Estou realmente aliviada e muito orgulhosa de você pela forma estoica como lidou com tudo. Sei que é um pouco tarde para dizer tudo isso, mas como tenho carro, tenho grande mobilidade, de modo que se você precisar de mim ou me quiser aí, por favor, me chame."

A vida em Lagunitas ficara bem agitada. Os Albin, que acordavam cedo e gostavam da casa bem arrumada, não se davam bem com os Gurley, que dormiam até tarde e nunca faziam a limpeza, e seu bebê Hongo e um pastor-alemão que fazia as necessidades em qualquer canto aumentavam o caos. Janis explicou à mãe que "marcamos passo um dia após o outro, sem conseguir fazer muita coisa. Descobri que não consigo fazer nada a menos que haja um mínimo de tranquilidade e, com oito pessoas em uma casa falando e cuidado de seus bebês, não posso fazer as pequenas coisas, como escrever cartas, reparar roupas, costurar, nada. Por exemplo, agora todo mundo saiu (Alá seja louvado!) de modo que posso fazer isso".

Janis também se sentia isolada em Lagunitas, pois o Dead tinha se mudado para uma casa vitoriana, na rua Ashbury, 710, no centro da ação. No outono de 1966, o Haight-Ashbury havia se tornado um farol para a contracultura, com os *"freaks"* reunindo-se na "Colina Hippie" no Parque Golden Gate (a maioria dos residentes locais odiava a palavra *hippie*, criada por Herb Caen, colunista do jornal *San Francisco Chronicle*, para descrever *"baby hipsters"*). Um jornal *underground*, o *Oracle*, havia acabado de publicar seu primeiro número, e logo sua redação mudou-se para uma loja de pôsteres, gerenciada por Travis Rivers, ex-namorado de Janis, que iria tornar-se o editor da publicação. Na mesma rua, os irmãos Jay e Ron Thelin abriram a Psychedelic Shop, primeira *head shop* (loja voltada para usuários de maconha e outras substâncias psicoativas) dos Estados Unidos. Janis fez amizade com o grupo de ativistas de rua chamado os Diggers, em particular seus carismáticos fundadores Emmett Grogan e Peter Coyote, ambos vindos da Costa Leste. O autodescrito "grupo radical anarquista" acreditava que tudo deveria ser gratuito. Eles distribuíam comida no Panhandle do Parque Golden Gate e abriram uma loja gratuita onde não se pagava nada pelos produtos. Críticos do capitalismo e do materialismo, os projetos e eventos dos Diggers fizeram com que a "Haight se tornasse uma cidade dentro da cidade", de acordo com Stanley Mouse, "uma comunidade de verdade".

Por volta dessa época, Janis também conheceu Peggy Caserta, uma bonita jovem nascida na Louisiana, que havia aberto a Mnasidika, a primeira butique da rua Haight. Ela com frequência dava roupas para que as bandas usassem no palco e em ensaios fotográficos. As duas conheceram-se durante uma residência de uma semana do Big Brother no clube Matrix. "Fui derrubada da cadeira", recordou Caserta. "Os pelinhos do braço ficaram arrepiados, porque eu nunca havia visto ou ouvido nada como Janis – tão puro, cheio de sentimento, visceral. Mais tarde, fui até ela e disse: 'Você vai ser uma superstar!'. Ela riu e falou: 'Você acha mesmo?'." Caserta voltou nas duas noites seguintes, e uma semana depois Janis apareceu na Mnasidika e perguntou se poderia reservar um *jeans* de 7 dólares, com um depósito de 50 centavos. Chocada com o fato de que uma mulher tão talentosa não pudesse comprar as calças, Caserta deu a peça a Janis. Assim começou uma relação que acabaria se tornando apaixonada.

A reação de Caserta à *performance* de Janis no palco era cada vez mais comum. "As pessoas me diziam que aquela garota cantava de verdade, mas eu não acreditava", Ed Denson escreveu no *Berkeley Barb*, um periódico *underground* semanal. "A garota canta *de verdade*. É uma cantora de blues [...] com a capacidade de urrar e se jogar de corpo inteiro na música." Grace Slick, que acabava de entrar no lugar de Signe Anderson no Jefferson Airplane, recordou como ficou assombrada com Janis: "Uma garota branca do Texas cantando blues? Que ousadia! Que coragem! Acho que eu não teria a mesma audácia".

Depois que o Big Brother tocou no Avalon com a Jim Kweskin Jug Band, da Costa Leste, Janis conversou com a vocalista-violinista do grupo, Maria Muldaur. "Ela me deixou completamente alucinada", Muldaur recordou depois de ver o Big Brother tocando "Ball and Chain". "Então dividimos um baseado e ela perguntou: 'Ei, você gosta de Etta James?'. Nós nos tornamos amigas naquele momento."

Janis curtia aquele aumento em sua visibilidade. "Esta atividade não é divertida a menos que você possa se apresentar, escreveu Janis à mãe. "O aspecto monetário de não trabalhar é importante também, é claro, mas o real valor está em ser apreciado. Valem a pena todos os problemas e os ensaios ruins para ter 1.500 jovens curtindo você. E, para mim, ter uma integrante de outra banda [poderia ser qualquer uma entre tantas] dizendo que sou a melhor garota cantora de blues, sem exceção – nem mesmo Bessie Smith. Aconteceu neste fim de semana. (SUSPIRO!)" Entre o respeito que havia conquistado de outros músicos e o crescente coro de elogios vindos do público, os sonhos de Janis que foram frustrados na viagem a Chicago haviam se tornado realidade em San Francisco.

CAPÍTULO 13

"A Primeira *Pin-up* de Haight-Ashbury"

*O melhor de todos foi Monterey Pop. Nada parecido
jamais vai voltar a acontecer.*
– JANIS JOPLIN

Os meses que transcorreram entre o outono de 1966 e a transformadora apresentação de Janis no Festival Pop de Monterey, em junho de 1967, depois do qual se tornou uma estrela nacional, foram os mais felizes de sua vida. "Estou virando uma celebridade entre os *hippies* e o pessoal que frequenta as festas", Janis escreveu aos Joplin no fim de 1966, em uma das muitas cartas em que descrevia suas conquistas e prazeres. À medida que evoluía, passando de "um dos caras" do Big Brother para atração principal do grupo, as cartas que enviava deixavam clara sua ambição pessoal. Cuidadosamente escritas, as missivas destacavam, é claro, os pontos positivos e deixavam de fora o retorno às drogas e o consumo cada vez maior de álcool. Enquanto relatava a crescente popularidade da banda, porém, Janis deixava transparecer a mudança em sua própria identidade – que acabaria por afastá-la da banda e da família.

No fim de 1966, Haight-Ashbury atraía a atenção da mídia de todo o país, com foco nas bandas de rock em ascensão e na expansão da contracultura, refletida no número cada vez maior de jovens que participavam da cena. As casas de shows proliferavam, e o Avalon e o Fillmore começaram a apresentar atrações mais diversificadas, incluindo o astro do R&B Otis

Redding. Epicentro de um novo tipo de consciência espiritual, San Francisco estava atraindo devotos de religiões e filosofias orientais e, dentro do espírito dos Diggers, o Big Brother fazia um show beneficente atrás do outro, de graça, para todas elas: dos budistas e dos Hare Krishnas à Clínica Gratuita de Haight-Ashbury e os Hells Angels.

A banda tornou-se particularmente próxima dos Hells Angels de San Francisco, um componente importante da "Hashbury". Enamorada da imagem de foras da lei da gangue de motociclistas, Janis na verdade sentia maior afinidade com os motoqueiros do que com os praticantes do misticismo oriental, declarando aos pais que a apresentação do Big Brother em uma festa dos Angels foi "nossa maior realização até o momento". Esse vai e vem entre os esforços de paz e amor e um grupo de *outsiders* decididamente machões, como eram os Hells, por estranho que pareça era comum. Pouca gente pressentia que os dois subgrupos da cena Haight terminariam entrando em confronto, com resultados fatais. No mesmo fim de semana em que tocou em um "zenefit", em benefício do Centro Zen de San Francisco, o Big Brother foi a atração principal de um evento dos Angels, no Sokol Hall, em 12 de novembro. Organizado pelo Angel "Chocolate George" Hendricks – apreciador de leite com chocolate enriquecido com vodca –, o evento foi "um hospício completo", escreveu Janis aos Joplin.

"Você achava que estava indo para uma festa *hippie*", recordou o poeta budista Larry Litt, então com 19 anos. "Mas na entrada precisava passar por um corredor polonês de Angels. Fui com uma garota que usava uma camiseta arrastão sem nada por baixo, e os Angels gostaram daquilo, por isso entramos." Os Angels ficavam circulando no saguão, "entrando e saindo a noite toda, e nunca dançavam, mas vendiam drogas e tomavam cerveja", disse Litt. Dave Getz descobriu que as peles de sua bateria, que ficara sem ninguém tomando conta, tinham sido marcadas com o *slogan* "Quando fazemos algo certo, ninguém se lembra. Quando fazemos algo errado, ninguém nos deixa esquecer".

No meio da apresentação do Big Brother, um homenzarrão cambaleou pelo palco, arrancou o microfone de Peter Albin, berrou como um maníaco e então se foi. Comparados com aquilo, os gritos de Janis pareciam contidos. Quando o baixista perguntou a um Angel que estava por perto "Quem era *aquele*?", este respondeu: "Ah, é nosso amigo Gary, o Surdo-Mudo".

"Havia muita bebedeira e muita baderna", Getz contou. "Lembro-me de que fiquei meio assustado, mas sentia-me protegido pelos Angels. Freewheelin Frank e Chocolate George eram figuras poéticas, que curtiam o romance das estradas." No fim da noite, os motociclistas partiram todos juntos, fazendo "um barulho tremendo, como um avião a jato". Amigo do escritor *beat* Michael McClure, Freewheelin Frank Reynolds era artista plástico, fazia poesia e havia escrito uma autobiografia em parceria com McClure, publicada pela Grove Press. Não demorou muito e Janis estava na garupa da moto de Freewheelin Frank. Ela o levou, assim como outros Angels, para a cama, mas de forma geral eles a tratavam como sua "irmãzinha" – a vocalista de sua própria banda da casa (o que era atestado pela presença do brasão dos Angels na capa do álbum *Cheap Thrills*, do Big Brother). Janis permaneceria próxima dos Angels por quase quatro anos, mesmo depois do violento tumulto ocorrido durante o festival de Altamont,[50] em 1969, que fez com que outras bandas antes amigas os repudiassem.

Apesar do fracasso do *single* lançado pela Mainstream, Bob Shad agendou uma sessão de gravação do Big Brother para dezembro de 1966, em Los Angeles, "para me dar destaque", Janis escreveu aos Joplin, "de modo que estamos trabalhando em meu material". Até o reverenciado crítico de jazz Ralph Gleason notou Janis, mencionando-a pela primeira vez em sua coluna "Na Cidade", no *San Francisco Chronicle*: "ouvi um pouco do [Big Brother] no Avalon, um tempo atrás, e eles realmente estão entrando em forma. Janis Joplin é uma cantora notável, com uma voz forte e selvagem".

Embora Janis tivesse se tornado o ponto focal no palco, Peter Albin ainda assumia as funções de liderança da banda, negociando contratos e

---

[50] O *Altamont Speedway Free Festival* foi um concerto de rock com entrada gratuita que ocorreu em um sábado, dia 6 de dezembro de 1969, no autódromo de Altamont, no norte da Califórnia, nos Estados Unidos. Durante o show dos Rolling Stones, Meredith Hunter, um afro-americano de 18 anos, foi esfaqueado até a morte por um integrante dos Hells Angels, grupo de motociclistas que foi designado para fazer a segurança do local. Depois de uma briga inicial com os Angels, quando tentara subir no palco, Hunter retornou à frente da multidão e retirou um revólver de calibre 22 e cano longo de dentro de sua jaqueta. Um dos Hells Angels, chamado Alan Passaro, ao ver o revólver, sacou uma faca de seu cinto e feriu Hunter de lado, segurando a pistola de Hunter com a mão esquerda e esfaqueando Hunter duas vezes, matando-o. [N.E.]

lidando com as entrevistas. Ele foi mencionado com destaque em uma matéria intitulada "O som essencial", sobre a cena de San Francisco, publicada na *Newsweek* de 19 de dezembro. Nessa matéria, ele declarou: "As pessoas estão chegando ao aspecto essencial da vida emocional e pessoal. Elas estão se expressando por meio de movimento físico, e isso cria um vínculo real entre os músicos e o público". Janis estava prestando atenção. Daí a um ano, ela assumiria o papel de Albin, tornando-se exímia em frases de efeito e muito procurada para entrevistas.

Depois de dispensarem Chet Helms, o Big Brother começou a buscar um novo empresário e, por um breve período, contratou Jim Killarney, que deixou a função depois de se ferir em um acidente de carro. A banda ficou "toda desorganizada", escreveu Janis aos pais. Apresentavam-se constantemente, mas a maior parte dos shows era beneficente ou pagava pouco, de modo que o dinheiro era curto. Precisavam alugar carros e dirigir eles mesmos quando davam shows em Sacramento e Santa Cruz, e dormir no chão porque não podiam pagar hotéis. Boa parte dos escassos ganhos de Janis iam para os consertos do carro, consultas ao dermatologista – que lhe receitara tetraciclina para a acne – e comida para seu novo amor: um cachorrinho chamado George. "Tão bonitinho! Só tem 8 semanas e é fofo como um dente-de-leão!", ela reportou à família. "Meio pastor-alemão e meio pastor-inglês. Vai ser bem grande. [...] Também, enquanto estava em Santa Cruz neste fim de semana, peguei um camundongo. [...] Muito bonitinho. Ainda não tem nome." George tornou-se companheiro constante de Janis, e os dois com frequência eram fotografados juntos.

Seth Joplin rotineiramente mandava dinheiro para a filha, pois ela sempre reclamava, às vezes de forma bem-humorada, de seus problemas financeiros: "Meu carro sofreu uma trágica pane nas ruas de Berkeley e agora está parado no beco atrás da oficina mecânica, esperando que eu junte 75 dólares (!). Devo conseguir quando formos pagos pelo trabalho em Stanford. Mas, como minhas finanças são frágeis, acho que vou ficar com o cheque de papai [de 20 dólares] para ter certeza de que consigo chegar a Los Angeles. Então eu o destruirei! Depois de memorizar o conteúdo, é claro". Confessando que não poderia ir para Port Arthur nas festas de fim de ano, que se aproximavam, Janis tentou amenizar o golpe concentrando-se no que comprar para a família no Natal e pedindo para si um "bom livro de receitas, bem completo, de Betty Crocker ou Better Homes" e meias-calças coloridas – como as que usava no colegial.

A sessão de gravação para a Mainstream, realizada em dois dias em meados de dezembro, foi feita em um estúdio em Los Angeles muito parecido com o de Chicago, e de novo com uma equipe totalmente inexperiente no trabalho com o freak rock barulhento. Entretanto, Jackie Mills, o experiente engenheiro de som, que havia gravado Fred Astaire e numerosas trilhas originais de filmes, ficou impressionado com a voz de Janis. Ela "tinha uma qualidade incrível", recordou ele. "Quando cantava, dava para ouvir a liberdade." Com orçamento apertado, não havia tempo para pré-produção, ou para refazer as músicas ou consertar notas erradas. O grupo precisava gravar o material rapidamente, em um ou dois *takes*, com um mínimo de solos, e nenhuma música podia ter mais de dois minutos e meio.

Em cerca de doze horas no estúdio, o Big Brother gravou, de Jim Gurley, a compassada e meio country "Easy Rider", e sua versão surreal de "Coo Coo"; de Peter Albin, a animada "Light Is Faster Than Sound" e a quase infantil "Caterpillar"; e, de Janis, a soturna "Intruder", "Women Is Losers", com uma pegada de blues, e a espasmódica "The Last Time". Antes de lançar um álbum, porém, Shad insistiu em lançar um *single* no começo de 1967, com duas gravações feitas em Chicago nas quais os vocais de Janis tinham destaque, "Call on Me" (com Sam Andrew) e "Down on Me."

Enquanto estava em Los Angeles, o Big Brother tocou no Shrine Auditorium, e depois disso Janis passou a noite na casa de sua tia Barbara Irwin, o primeiro encontro entre ambas desde 1961. Em uma carta enviada antes de sua chegada, Janis informou a tia que "Agora sou uma nova sensação, o ídolo de minha geração, uma cantora de rock & roll", e convidou a tia e a família para irem à festa do Shrine. Barbara exigiu que Janis usasse sutiã durante a visita, mas de resto foi um encontro alegre; elas até jogaram uma partida de golfe. Como prova, Janis enviou à mãe "um cartão de pontuação, de minha partida de golfe com Barbara", comentando que sua prima Donna "me lembra muito Mimi – muito parecida com ela [...] os mesmos maneirismos, tudo". Embora estivesse rapidamente se tornando a rainha da contracultura, Janis ainda ansiava pelo amor dos pais, apesar de sua base de fãs estar crescendo, e talvez mais ainda por isso. Suas cartas da época podem ser lidas não só como a crônica de sua fama em ascensão, mas como um testemunho de sua necessidade de ter laços que a prendessem à família. Era uma necessidade que nem Janis nem os pais percebiam de forma consciente.

O Big Brother voltou correndo para San Francisco, para assistir a uma série de concertos muito aguardados no Fillmore, onde Janis fora perdoada por Bill Graham. O promotor havia programado Otis Redding – depois de pegar um voo para a Georgia e de tê-lo convencido a tocar para seu público *hippie* – para três noites no fim de dezembro. Antes que Graham assumisse, o Fillmore Auditorium apresentava sobretudo artistas negros, e Redding tinha cantado lá em 1965, em uma apresentação conjunta com B. B. King. Para os shows de dezembro, Graham encomendou dois pôsteres, um voltado para a comunidade afro-americana, e outro para seu público costumeiro, com um desenho tipicamente psicodélico, dando destaque para as bandas de abertura, o Grateful Dead e Country Joe and the Fish.

Janis já era fã de Redding e tornou-se sua devota depois de assistir às três noites do artista de 25 anos de idade, contratado da gravadora Stax/Volt, e sua banda de oito integrantes. Além de ter uma voz legendária, carregada de sentimento, Redding trabalhava a plateia com maestria, com um estilo que era ao mesmo tempo sensual e de um interiorano simples. "*Querem pular mais?*", ele gritava depois de alguma música rápida. "*Querem suar mais?*" Suas baladas foram o que mais afetou Janis: em "Pain in My Heart", ele massageava as palavras e usava uma força sutil para diferenciar cada verso, com ocasionais gritos "incontroláveis" de emoção. De acordo com Country Joe McDonald, que logo seria amante de Janis, ela "contou que inventou seu [vocal gaguejado] '*ba-ba-ba-baby*' depois de o ver".

O *single* mais recente de Redding, "Try a Little Tenderness", versão visceral de um pop clássico que tivera covers de Bing Crosby e Frank Sinatra, foi, de acordo com o biógrafo do cantor, Jonathan Gould, "a música mais complexa em termos de harmonia que Otis gravou, repleto de segundas e sextas menores. [...] A faixa é um belo exemplo do microcosmo musical do som da Stax Records, uma síntese perfeita das baladas românticas e chorosas do country, da emoção visceral do *rhythm and blues* com batidas pesadas e cheias de *grooves* da soul music". Janis assistia, ouvia e aprendia. "Ela queria *ser* Otis", McDonald observou mais tarde.

Para conseguir um lugar na frente e no centro, Janis chegava muito antes dos shows, que começavam às nove horas. Houve uma noite em que ela estava viajando, depois de involuntariamente tomar ácido em uma festa, de acordo com Dave Getz. Mas isso não impediu que mantivesse toda a sua atenção em Redding. Bill Graham descreveu, mais tarde, um momento da apresentação – possivelmente enquanto Redding cantava "I've Been Loving You Too Long" – em que o cantor viu "uma linda jovem negra, com um vestido bem decotado" que "começou a suspirar como se não pudesse mais se aguentar. [...] Ele atravessou o palco, abaixou-se e olhou para ela, e ele era um cara grande e atraente, e ela fazia 'Ah! Ah!', e ele disse, *'I'm gonna s-s-sock it to you, baby'*. Um, dois, e toda a casa fez *'Hah!'*.[51] Todo mundo junto". Janis tomou nota.

Em sua coluna no *Chronicle*, Ralph Gleason descreveu o estilo vocal de Redding como "uma forma de cantar carregada de emoção, abertamente sexual, que torna suas baladas lentas quase orgiásticas nas apresentações [...] exsudando sexo e balanço como louco". Com certeza Janis leu a resenha. Dusty Street era frequentadora regular do Fillmore; à época era universitária e logo se tornaria uma DJ pioneira da rádio FM. "Para mim, foi quase mais fascinante observar Janis observando Otis", recordou ela. "Porque dava para perceber que ela não estava só ouvindo, ela estava estudando algo. Rolava algum tipo de aprendizado ali. Eu estava pulando de um lado para outro como a garotinha *hippie* que era, pensando *Isto é genial!*, e aquilo me imobilizou – porque, de repente, Janis fazia você entender, em profundidade, o que era uma apresentação. Observá-la observando Otis Redding foi um aprendizado por si só."

Daquela semana em diante, até o fim da vida, Janis invocou Redding como seu cantor favorito. "Você não consegue se livrar dele; ele fica martelando em você; não dá para não senti-lo", ela diria a Nat Hentoff. Ela

---

[51] "*Sock it to me*" era uma gíria dos anos 1960 com o sentido geral de dar ou entregar algo, usada nos mais variados contextos. Redding decidiu incluir a expressão na música "Sweet Lorrene" com o sentido de "me dê emoção, me dê atenção", só porque soava bem e se encaixava no vocal, segundo seu parceiro Al Bell. Acabou virando uma frase de efeito típica do cantor e adquirindo conotação sexual devido à carga erótica das interpretações dele. [N.T.]

fingiria desmaiar ao citar Redding diante das câmeras de TV. As interpretações dela, cheias de erotismo, excitariam as plateias – gritos de *"Quero trepar com você, Janis!"* às vezes soavam na plateia. Alguns homens vocalistas de bandas, como Robert Plant, do Led Zeppelin – à época um adolescente que batalhava em bandas de blues na Inglaterra rural –, mais tarde imitariam Janis, assim como ela imitou Otis.

Antes que o contrato de aluguel de Lagunitas terminasse e os integrantes da banda fossem cada um para seu apartamento em San Francisco, o Big Brother deu uma festança de Natal. Compraram engradados de vinho, prepararam paneladas de comida e enrolaram uma centena de baseados com a maconha que haviam colhido em Nebraska. A erva revelou ser apenas cânhamo, e não deu barato em ninguém, mas o ácido circulou em abundância. Janis desenhou cartões de Natal para seus colegas de casa – foi assim que Getz descobriu o talento dela para as artes plásticas, contou ele depois –, e a banda decorou uma árvore de Natal, ao redor da qual os integrantes do Moby Grape, do Airplane, do Dead e do Quicksilver tocaram e festejaram. Outros convidados incluíram alguns Hells Angels, Chet Helms, Travis Rivers e Powell St. John, ex-integrante do Waller Creek Boys, que pouco antes se mudara do México para San Francisco. Alguém trouxe uma cabra de estimação, que comeu metade da colcha de Getz, e a árvore de Natal caiu mais de uma vez. Dezembro terminou com apresentações e shows beneficentes, para diversas causas, quase todas as noites, durante os quais persistiu "o sentimento comunitário de que era preciso assumir a responsabilidade por nós mesmos e resolver sozinhos nossos problemas", explicou Sam Andrew.

O ano 1967 – um dos mais agitados na história do rock – começou com outra festa dos Hells Angels, desta vez um encontro gratuito que reuniu uma multidão no Panhandle do Parque Golden Gate. Prenunciando o que estava por vir, o "Lamento de Ano Novo" foi pago e promovido pelos Angels como um sinal de gratidão aos Diggers, que haviam pago a fiança dos motociclistas Chocolate George e "Hairy Henry" Kot, quando estes foram presos em outubro. "Os Angels pagam suas dívidas", contou Peter Coyote, um dos Diggers. "Eles nos pediram para cuidar dos detalhes, mas pagaram tudo, inclusive a cerveja gratuita, e ofereceram Grateful Dead, Janis Joplin e Big Brother and the Holding Company como um imenso agradecimento à comunidade. Foi o primeiro concerto de rock gratuito em grande escala em um parque da cidade, e foi um grande dia." O escritor Charles Perry recordou "uma visão inacreditável – os temidos foras da lei bebendo e dançando com centenas de místicos *acidheads*, os usuários de LSD, em um enevoado parque de San Francisco". Os Angels agora moravam em uma casa de frente para a residência do Grateful Dead, na rua Ashbury.

"Fiz uma apresentação em uma festa *hippie* no Parque Golden Gate ontem", Janis escreveu aos pais em 2 de janeiro de 1967. "Copatrocinada pelos Hells Angels, que ao menos em SF são muito legais. Eles têm um código social diferente, mas parece ser algo interno, e não tentam impô-lo a ninguém." Ela também agradeceu à família pelos presentes de Natal – incluindo o livro de receitas que havia pedido, um castiçal ("meu favorito [...] adorável") e mais 20 dólares enviados pelo pai. Ela pediu desculpas por não ter telefonado para casa no Natal: "As pessoas começaram a chegar para a festa às duas da tarde e não consegui ligar".

Ansiosa pelo que avaliava que seria um ano de sucesso, ela contou aos pais sobre uma sessão de fotos recente, com a fotógrafa Lisa Law, que "tirou um monte de fotos minhas, e acho que vão usar uma em um pôster da Family Dog! Nossa, estou tão empolgada! Também, [Stanley] Mouse, que tem uma máquina de fazer bótons, fez bótons de Janis Joplin. Ah, que emoção – são raros, só as pessoas que estão por dentro têm, meus queridos. Sem nome, só uma foto, de modo que você tem que estar ligado para saber quem diabos sou eu. Mas eu curti. FAMA, FAMA, he, he". Era um objetivo que ela podia declarar para a família, mas mantinha em segredo entre seus amigos *hippies*.

O Big Brother era uma das bandas convidadas pelos editores do jornal *underground Oracle* para apresentar-se no sábado, 14 de janeiro, no Parque Golden Gate, no "A Gathering of the Tribes for a Human Be-In". Por meio de cartazes e de anúncios no *Oracle*, espalhou-se a notícia de que "todos os grupos de rock de SF" estariam lá, com poetas *beat*, acólitos do LSD e radicais das universidades. Mas o Big Brother já tinha outro compromisso e perdeu o evento do ano: Grateful Dead, Jefferson Airplane e Quicksilver tocaram para uma multidão imprevista de 40 mil pessoas, que se divertiram pacificamente nos campos de polo naquela tarde. Com ampla cobertura na mídia, o Be-In foi um chamamento para que os aspirantes a *hippies*, *freaks* e usuários de drogas se congregassem na Haight – dando início ao que logo seria chamado de Verão do Amor. O Big Brother estava em Los Angeles, apresentando-se no Shrine, ironicamente, com o grupo cujos Testes do Ácido originaram o Be-In: os Merry Pranksters de Ken Kesey.

O Ano Novo trouxe ao Big Brother o que o grupo mais precisava: um empresário. Julius Karpen, amigo do empresário do Quicksilver, Ron Polte – ambos originários de Chicago – voltara a San Francisco depois de viajar pelo México com Kesey. O ex-agente comercial da filial de San Francisco da poderosa Federação Americana do Trabalho e Congresso de Organizações Industriais (AFL/CIO) havia assistido a uma apresentação do Big Brother durante a temporada de meados de janeiro no Matrix. Karpen reconheceu Janis, que comemorara no palco seu aniversário de 24 anos, como a garota que tinha visto em uma festa em North Beach, em 1964, cantando "incríveis country-western [...] que fizeram todo mundo pirar". Ele também se apaixonou pelo som do Big Brother. "Eram tão poderosos, e o Matrix era tão pequeno", contou ele, que percebeu na hora que a banda seria "a maior coisa a acontecer no rock & roll." Depois do encontro com Karpen, o Big Brother, impressionado por suas credenciais como ex-integrante dos Merry Pranksters, contratou-o.

"Conseguimos um empresário que é ótimo", escreveu Janis aos Joplin, de forma muito otimista, "faz tudo e conhece bem seu trabalho – ele nos ajudou muito, comprou um Cadillac 1952, que era usado como carro fúnebre, para transportar a banda e o equipamento, e está procurando casas para nós na cidade – vamos nos mudar daqui no dia 15. [...] Nosso novo disco vai sair logo e, o melhor de tudo, estamos mesmo melhorando. Novo material e nova proficiência – isso empolgou a todos nós. Temos muita confiança em nossa capacidade agora e somos irrepreensíveis! Bom, de qualquer maneira, estamos muito entusiasmados."

Um dos primeiros problemas que Karpen precisou resolver foi a pilha de multas de estacionamento e de trânsito não pagas que Janis havia acumulado. Ela recusou-se a pagar as centenas de dólares que devia e, em vez disso, preferiu passar a noite na cadeia. "Quanto mais discutíamos o assunto, mais teimosa ela ficava", recordou Karpen, que se opôs à escolha dela. "Podemos pagar as multas", ele lhe disse, mas Janis respondeu: "*Não! Não vou dar a eles dinheiro algum!*". Quando Karpen exclamou "Você é *durona*!", ele recordou que Janis respondeu: "Não sou assim só quando canto, sabe?". A postura contestadora de Janis ecoava a de seus amigos fora da lei, os Diggers e os Hells Angels.

A carta seguinte de Janis para a família não mencionou sua breve passagem pela cadeia, mas abordou outros acontecimentos: "Até agora, a mudança para a cidade criou um problema para nós – não temos onde ensaiar. É muito difícil encontrar um lugar onde dê para fazer muito barulho, o aluguel não seja caro e o equipamento possa ser deixado em segurança durante a noite. Assim, estamos cada um em sua casa, tentando achar algo para fazer e esperando. E isso acontece em um momento muito inoportuno – estávamos conseguindo boas coisas juntos – estávamos melhorando bastante, e é muito frustrante!".

Sem dúvida, parte da frustração de Janis devia-se ao distanciamento forçado de suas companheiras de drogas. Seu afastamento – que se revelou afortunado – de Nancy Gurley e Speedfreak Rita fez com que Janis se libertasse das metanfetaminas. Enquanto procurava um apartamento, ela ficou hospedada com um amigo que morava na rua Haight, em frente à butique Mnasidika, onde ia com frequência para bater papo com Peggy Caserta.

"Fico em casa [...] e toco músicas folk no violão e vejo televisão e faço artesanato com contas e levo George para passear", escreveu ela aos pais. "George! Ele é minha salvação. Ele me tira de casa quando eu simplesmente ficaria lá sentada, apática. E é tão bom voltar para casa e encontrá-lo depois de um trabalho, quando me sinto especialmente solitária. Chego e ele fica tão feliz em me ver! Ele não cabe em si – é tão doce. Está cada vez maior, mas é realmente um bom cachorro. Quando sai de carro comigo, ele não desce a menos que eu lhe diga, nunca foge e faz as necessidades no lugar certo. E é tão doce – ele só quer carinho e amor. (Mas é isso que todo mundo quer, não é? [...])" Apaixonada por animais desde a infância, Janis adotaria uma sucessão de cães e gatos. Mas, diferente de George, a necessidade dela de "carinho e amor" aparentemente nunca seria satisfeita.

Janis tivera incontáveis casos ao longo dos seis meses anteriores, com fãs apaixonados, Hells Angels e colegas músicos, mas ansiava por um companheiro. Então, em Berkeley, durante um fim de semana de fevereiro, o Big Brother tocou na Golden Sheaf Bakery, com Country Joe and the Fish. "Eu tinha tomado ácido naquela noite e simplesmente me apaixonei por Janis", contou Country Joe McDonald. "Ela era legal demais. Estávamos fazendo palhaçadas e dançando, e em um dado momento todas as bandas tocaram juntas."

McDonald era um ano mais velho que Janis e havia se tornado cantor folk aos 20 anos, depois de passar três anos na marinha. Tendo se mudado de Los Angeles para Berkeley, participou como ativista no Movimento pela Liberdade de Expressão e entrou para o Students for a Democratic Society [Estudantes por uma Sociedade Democrática]. Formou o Country Joe and the Fish com Barry "Fish" Melton em 1965, que tocava música folk politizada, eletrificada com sonoridades psicodélicas acompanhado por uma cozinha[52] frenética. Janis curtia a presença de palco magnética, a inteligência e a ousadia do atraente McDonald. Havia acabado de se divorciar da esposa com quem estivera casado por cinco anos quando ele e Janis se juntaram; isso aconteceu logo depois que as duas bandas fizeram juntas um show beneficente, em 5 de março.

"As coisas aconteceram rápido", contou McDonald ao cineasta Bob Sarles. "Nós apenas nos apaixonamos [...] e começamos a sair e acabei indo morar com ela na rua Haight." Morador de Berkeley, McDonald não tinha carro e com frequência atravessava de carona a ponte para San Francisco. Quase inebriada, Janis escreveu aos Joplin: "Tenho um namorado. Um cara muito legal. É o líder do Country Joe and the Fish, uma banda de Berkeley. Chama-se Joe McDonald, é de capricórnio, como eu, tem 25 anos e até agora nos damos muito bem. Todo mundo na cena do rock acha que é a coisa mais gracinha que já viram. De fato é uma graça." Janis colou uma foto dela e de McDonald – ambos muito parecidos um com o outro – em seu álbum de recortes recém-iniciado, intitulando-o "Country Brother and the Company Fish".

A Mainstream por fim lançou o segundo *single* do Big Brother, com "Call on Me" – o dueto intenso de Janis com Sam Andrew – e, no lado B,

---

[52] Termo corrente usado como jargão no meio musical para se referir ao conjunto formado por bateria e contrabaixo. [N.E.]

a ardente "Down on Me", apresentando seus vocais agudos com *double tracking* em ambas as músicas. A voz de Janis e as melodias simples fizerem com que o *single* fosse mais acessível que o anterior – embora ainda não fosse representativo do som barulhento das apresentações ao vivo da banda, com seus longos solos de guitarra. O Big Brother novamente ficou decepcionado com o som pop limpo da gravação, e todos agora estavam arrependidos de terem assinado um contrato de cinco anos com um selo de baixo orçamento, sem força no mercado e sem nenhum interesse em particular por sua visão musical.

"Nosso novo disco foi lançado", Janis escreveu aos pais. "Estamos bem insatisfeitos com ele. Acho que vamos tentar sair do contrato com a gravadora, se pudermos. Achamos que eles não sabem como promover ou gravar um disco e, cada vez que gravamos, eles ficam com todas as nossas músicas, o que significa que não podemos gravá-las com outras companhias. Mas se o nosso novo disco conseguir algo, podemos mudar de ideia. De qualquer forma, não acho que vai acontecer. Mas veremos. [...] O mais importante é que sinto que estamos tocando melhor do que nunca. Parece que sabemos como trabalhar melhor juntos, e não brigar uns com os outros usando nossos instrumentos."

Quando o Big Brother procurou outro advogado para ver se poderiam quebrar o contrato com a Mainstream, ele foi "bastante pessimista" quanto a isso, relatou Janis. Sentindo-se "usados e abusados" pelo selo, com o qual não conseguiam se comunicar, de acordo com Janis, a banda tentou contato com Shad, sem êxito, e a falta de apoio fez a banda sentir-se "no limbo".

A Mainstream mandou o disco para as emissoras AM, a principal forma de fazer um *single* chegar ao sucesso. Mas, em San Francisco, uma pequenina estação FM estava começando a chamar atenção por fazer os ouvintes de Haight-Ashbury abandonarem o dial AM. A KMPX 106.9 era uma emissora em língua estrangeira quando o DJ e empresário de música Tom Donahue passou a ter quatro horas por dia no ar, tocando bandas de San Francisco e outros artistas que não conseguiam exposição nas rádios AM. E em vez de seguir o formato AM de *singles* curtos e rápidos, intercalados com comerciais, ele mantinha a agulha no vinil em faixas que duravam até quinze minutos. Com seu barítono grave, Donahue também informava os ouvintes quanto a eventos, protestos contra a Guerra do

Vietnã e concertos que aconteciam na Haight. Logo se juntou a ele Larry Miller, nativo de Detroit, que ficava no ar da meia-noite às seis, tocando discos, e também falava com os ouvintes, mais como amigo do que como DJ comercial. À medida que a audiência crescia, os negócios da Haight passaram a anunciar durante a programação de Donahue e de Miller.

Segundo McDonald, "Janis tinha um quarto em um apartamento que dava para a Haight. Passávamos muito tempo lá, e lembro-me de ficarmos ouvindo a rádio KMPX – que então era uma emissora minúscula. Tom Donahue e Larry Miller eram os DJs, e ficávamos deitados na cama, escutando rádio para ouvirmos nossas músicas, porque o Big Brother tinha um [*single*] e nós tínhamos um EP, e quando eles tocavam uma faixa do Big Brother, a gente ficava '*Uau! Uau! Isso é tão legal!*'. E então eles tocavam Country Joe and the Fish, e a gente: '*Uau, isso é demais!*'".

O lado B, "Down on Me", foi o mais tocado localmente, e acabou chegando à posição 39 em San Francisco. No Texas, o *Houston Post* resenhou o *single*, comentando: "A voz da garota me deixou impressionado. Mal sabia eu que ela é Janis Joplin, que costumava cantar aqui, no Jester e no Sand Mountain".

A imprensa *mainstream* de San Francisco agora estava notando o Big Brother, incluindo o crítico musical Phil Elwood, do *San Francisco Examiner*, que escreveu que "a mais dinâmica integrante da banda é Janis Joplin, com seus vestidos de vovó. [...] Ela canta tudo como se fosse um blues e baseia seu estilo na tradição de Ma Rainey–Ida Cox dos anos 1920, acrescentando uma pitada de Bessie Smith. A Srta. Joplin aquece o coração de um velho fã dos blues antigos, como este resenhista. E a banda Big Brother também está em boa forma no momento. Sua combinação guitarra-baixo adquiriu um fascínio harmônico e o ritmo antes pesado agora segue rumo a um padrão bem dançante".

O Big Brother estava sendo muito solicitado pelos jovens fotógrafos de rock de San Francisco, incluindo Herb Greene, conhecido por seus característicos retratos do Grateful Dead e do Jefferson Airplane. O conceituado fotógrafo Jim Marshall desenvolveu um vínculo com Janis quando fotografou a banda no palco, no Panhandle do Parque Golden Gate. O nova-iorquino Bob Seidemann tinha particular amizade com o Big Brother, que fotografou no novo estúdio onde o grupo ensaiava, "o Armazém", um espaço imenso no segundo andar de um prédio de três andares, na avenida Golden Gate. Como confidente da banda, Seidemann mais tarde capturou retratos intimistas das duas principais figuras do Big Brother, James Gurley e Janis. Primeiro ele fotografou Gurley usando uma camisa ao estilo Velho Oeste, seu longo cabelo realçado com uma grande pena. Janis adorou a foto e mandou para os pais o *flyer* com a imagem de Gurley, com uma nota explicando que "James é uma figura muito romântica na cena moderna de SF (que tem cerca de 5-10 mil pessoas, de acordo com o *SF Chronicle*), e informa que em breve estarão à venda pôsteres de 1 m × 1,5m com o seu rosto. Fantástico, hein?".

Durante a sessão com Seidemann, Janis tinha suas próprias ideias para a criação de uma imagem icônica. Depois que ele fez algumas fotos, ela começou a tirar a roupa, até ficar com nada além de uma dúzia de colares coloridos e uma capa negra cintilante ao redor dos ombros. Artisticamente fotografado em alto contraste, o provocante retrato em preto e branco mostra Janis, com a sugestão de um mamilo exposto através das contas, olhando de forma ousada para a lente, com expressão faminta no rosto. A foto passaria a ser a imagem definitiva de Janis, imortalizando-a como a Rainha de Haight-Ashbury. Outra foto, não publicada enquanto Janis estava viva, era dela sem a capa, a nudez obscurecida apenas pelos colares, as mãos cruzadas e cobrindo o monte de vênus. Os retratos vieram a representar a mulher a quem todo o país logo seria apresentado: uma mulher que não temia expressar sua emoção nua, no palco e nos discos.

Janis encontrou seu primeiro lar em Haight-Ashbury quando Julius Karpen alugou para ela um apartamento "bom de verdade!" na rua Lyon. Tinha dois cômodos grandes, uma cozinha, um banheiro e uma *bay window* curva, com varanda e vista para o verde e exuberante Panhandle do Parque Golden Gate, frequentado pelos *hippies* e local de frequentes concertos gratuitos. "Estou bem de frente para o parque, do outro lado da rua", escreveu aos pais. "Aqui, é possível percorrer 10-20 quadras sem ver uma única planta viva, mas eu só preciso olhar pela janela ou sair na varanda e tenho ar puro e árvores e grama! É maravilhoso. (SUSPIRO.)" Uma infecção respiratória levou Janis a largar o cigarro, hábito que adquirira aos 14 anos, e ela deu a notícia aos pais, demonstrando que se cuidava à medida que sua carreira decolava:

> *"Adivinhem o que fiz (especial para papai) – parei de fumar! Ainda tenho vontade, de vez em quando, mas já faz um mês. Achei que prejudicava minha voz. Fazia dez anos que eu fumava! Tive um resfriado muito forte e bronquite, e não pude fumar por cerca de uma semana, e quando fiquei boa recusei-me a começar de novo. Pode ser que eu ceda, mas espero que não. É realmente melhor para mim".*

À medida que as matérias sobre Haight-Ashbury e o Big Brother proliferavam, Janis mandava para a família um sem-fim de recortes, bem como produtos relacionados à banda. Para o irmão Mike, ela enviou uma camiseta com o logo da Family Dog, que trazia na frente sua mascote canina, Sancho, e "Big Brother and the Holding Company" nas costas. Os fãs de Janis na Área da Baía haviam se tornado mais expressivos em seu afeto, e ela desfrutava da atenção que sempre desejara. Depois que a banda tocou no grande encontro da Mobilização de Primavera pela Paz, em 15 de abril, no Kezar Stadium, no Parque Golden Gate, ela não escreveu aos Joplin sobre os discursos de Coretta Scott King (esposa de Martin Luther King Jr.) e Julian Bond (membro fundador do SNCC, então atuando na Câmara dos Representantes da Georgia). Em vez disso, falou de sua sensação de estrelato iminente: "Uma coisa simplesmente incrível aconteceu. Enquanto os meninos faziam a afinação, fui até a frente do palco para preparar os microfones e, quando levei o microfone do meio até a boca, toda a plateia aplaudiu! Demais! E então, quando estávamos nos preparando para tocar, uma garota gritou, 'Janis Joplin está viva!' Bom, isso não dá para contestar, e eles aplaudiram de novo. E uma publicação de rock chamada *World Countdown* colocou na capa uma colagem com fotos de personagens importantes na cena, e estou lá".

Na semana seguinte, Janis e o Big Brother apareceram na televisão pela segunda vez. Antes, em novembro de 1966, eles haviam feito *playback* de seu *single* de estreia em *Pow!*, um programa local, mas desta vez tocaram ao vivo no estúdio, com transmissão no programa de 25 de abril de

Come Up the Years, da KQED, futura afiliada da PBS. Os produtores construíram um cenário parecido com o Avalon Ballroom, com decoração no estilo show de luzes por trás da banda. Parecendo à vontade e relaxado diante das câmeras, o Big Brother fez uma apresentação tipicamente igualitária, com Albin, Gurley, Andrew e Janis protagonizando um número cada um, com "Down on Me", "Light Is Faster Than Sound", "Coo Coo", "Blow My Mind", "Na Gruta do Rei da Montanha, de Edvard Grieg" e "Ball and Chain". Janis, vestindo uma capa, minissaia de couro, blusa estampada, colar de contas e botas, participou com os rapazes de uma sessão de perguntas e respostas com o apresentador. Em meio a um papo bem-humorado, Janis descreveu com franqueza sua vida entediante em Port Arthur, a breve carreira como cantora folk e sua admiração pela cidade de San Francisco, onde "tocar [música] é a coisa mais divertida que existe". O show terminou com Janis olhando para a câmera e gracejando: *"Oi, mamãe!"*.

Embora Dorothy não pudesse ver o gesto da filha buscando a aprovação dos pais, pois o programa foi ao ar apenas em San Francisco, Janis pouco depois escreveu a ela para contar que "As coisas estão indo muito bem para nós e eu pessoalmente não consigo acreditar! Nunca pensei que as coisas pudessem ser tão maravilhosas!". Ela contou que estavam tocando "melhor do que nunca", que suas apresentações constantes estavam colecionando boas críticas e que as finanças estavam melhorando, com a banda ganhando mais de 1.000 dólares pelo trabalho de um fim de semana e de 500 a 900 dólares por shows únicos. "Não está mal para um bando de *beatniks*, hein?", Janis observou. "E nossa reputação continua melhorando. É engraçado de ver – dá para saber onde você está pelas pessoas que estão do seu lado. Sabe, seguidores da cena, as pessoas 'que acompanham a pulsação do público'. [...] Adivinhem quem estava aqui na semana passada – Paul McCartney!!! [...] E ele veio nos assistir!!! (SUSPIRO!) Juro por Deus! Ele foi ao Matrix e nos viu e disse a algumas pessoas que gostou de nós. Não é excitante?!!! Nossa, eu estava tão empolgada – ainda estou! Imagine, Paul!!! Se tivesse sido George. [...] Ah, tudo bem. Eu não o vi, de qualquer modo – ficamos sabendo depois. Puxa, se eu soubesse que ele estava lá, teria pulado do palco e bancado a idiota."

McCartney, soube-se depois, não esteve na plateia naquela noite, mas quem esteve assistindo a shows do Big Brother foi outra estrela da

Invasão Britânica, Eric Burdon, dos Animals, bem como Peter Tork e Micky Dolenz, dos Monkees, sensação do pop-rock – todos atraídos pela voz de Janis. O novo empresário Julius Karpen, inebriado com o potencial do grupo, pensava que "eles estavam em uma missão divina, ajudando a liderar a revolução de San Francisco", enquanto geravam uma quase histeria em apresentações como o Tribal Stomp do Avalon. "Meu lema é guiá-los, deixar a banda continuar fiel a si mesma." Com tantos compromissos, o Big Brother contratou seu primeiro funcionário, Dave Richards, artista plástico, carpinteiro e motorista de táxi, que se tornou gerente de equipamentos e amigo próximo de Janis. Karpen aumentou o valor do cachê das apresentações do Big Brother, contabilizou os rendimentos da banda, comprou equipamento novo e estipulou um salário semanal de 100 dólares para cada integrante (cerca de 329 dólares nos dias de hoje), sobre o qual Janis escreveu com alegria aos pais ("Deus do céu!").

Mais empolgante era seu *status* recém-adquirido de "primeira *pin-up* de Haight-Ashbury", como ela passou a chamar a si mesma. "Vão fazer um pôster meu!", Janis festejou. "Talvez vocês tenham lido na revista *Time* sobre os pôsteres de personalidades. São fotografias bem grandes, Jean Harlow, Einstein, Belmondo, Dylan e Joplin. Sim, pessoal, sou eu usando uma capa de lantejoulas, milhares de colares coloridos e *topless*. Mas mal dá para ver por causa dos colares. Uma foto bem dramática, e estou linda! Se vocês não ficarem envergonhados, vou lhes mandar um. Estou encantada!"

A cada apresentação, ficava mais claro que a maioria do público estava lá para ver Janis. Ensaiando quase diariamente, o Big Brother aumentou seu repertório e retrabalhou arranjos mais antigos para evitar que as guitarras atrapalhassem os vocais da cantora. Haviam montado um repertório com quase cinquenta músicas, e as novas davam mais destaque a Janis. Ela e Peter Albin colaboraram em "Road Block", numa interação frenética entre os vocais masculinos e femininos. Sam Andrew escreveu "Combination of the Two", uma ode à cena de San Francisco, seus vocais pontuados pelos *scats* psicodélicos de Janis – *"whooh-whooh-whoo yeah"* e *"whoah whoa whoah"* – e seu *"We're gonna knock ya, rock ya, sock it to ya!"* [vamos te derrubar, te sacudir, dar tudo de nós] inspirado em Otis.

Antes que Janis se juntasse ao Big Brother, o grupo havia tentado "Summertime", da ópera de 1935 *Porgy and Bess*, de George Gershwin, tanto como instrumental como com Peter Albin nos vocais. Janis adorava essa música desde a infância, cantando junto com o LP da trilha sonora da ópera. Mais recentemente, havia descoberto a versão de Nina Simone de 1959. Sam Andrew, que criou um *vamp*[53] introdutório para a música, afirmou que "'Summertime' era uma música particularmente eficiente para o Big Brother porque fugia à nossa barulheira despretensiosa de sempre. Essa música deu a Janis a chance de mostrar o que podia fazer com um clássico: um tom menor com sua sexta maior". Para introduzir o vocal suave de Janis, ele criou uma parte de guitarra, baseada no Prelúdio em Dó Menor de Bach, de *O Cravo Bem Temperado*, um favorito de Seth Joplin. "Toquei o tema desse prelúdio num andamento que era metade do normal", disse Andrew, que estudou teoria da música, "e era perfeito como ponto de partida e motivo central para 'Summertime'." Andrew mais tarde escreveu, sobre a "conquista" vocal de Janis em sua interpretação: "Foi como se metal derretido tivesse sido despejado no molde bastante convencional da música. A voz dela estava tão carregada de conteúdo emocional que se dividiu em duas linhas [...] uma linha modal que acompanhava outra a uma distância exótica, que sentíamos mais do que ouvíamos".

Sam Andrew também elogiou "o que Janis podia fazer com uma consoante". Em seu fraseado, ela "prolonga aquele *n* inicial em '*nothing's going to harm you*' [nada vai lhe fazer mal]. [...] Uma coisa é prolongar uma vogal, mas prolongar um *n* é algo muito diferente. A boca está fechada, e parece que não dá para ir a lugar nenhum com o som", mas Janis "cantava com uma espécie de melisma consonantal: *n, n, n, n, nnnn*". Depois de meses e meses de treino, Janis estava ampliando seu vocabulário vocal, acrescentando nuance e textura a seu timbre. Nos ensaios, ela refinou técnicas como quebrar o vocal em uma sílaba. Em "Combination of the Two", Janis experimentou adicionar um vibrato e uma qualidade áspera à vocalização. Ela também continuou trabalhando sua interpretação de "Ball and Chain", adicionando mais intensidade à lenta e ardente construção emocional da canção.

---

[53] Repetição de acordes, característica do jazz. [N.T.]

Por insistência de Karpen, Janis estudou por um breve período com a professora de técnica vocal Judy Davis, de San Francisco, que dera aulas para Judy Garland, Barbra Streisand e Grace Slick. Janis aparentemente não se deu bem com a lendária professora, especialista na fisiologia da projeção vocal. Mas Janis teve aulas suficientes com ela para aprender exercícios que fortaleciam as cordas vocais e ajudavam a projeção. Davis ensinou Janis como respirar corretamente, como usar o diafragma para dar suporte ao canto. Embora as aulas não tivessem ido muito longe, Janis ganhou resistência e aprendeu como controlar seu instrumento. Por fim, nas palavras de Tracy McMullen, musicóloga do Bowdoin College, Janis "podia conduzir um grito através de vários níveis dinâmicos (de pianíssimo a fortíssimo e o que houvesse no meio) à vontade, e mudar de um tom claro e potente para um tom encorpado e rascante, em um instante".

O Big Brother finalmente conseguiu um show no Fillmore, embora Karpen e Bill Graham tivessem se enfrentado, em uma relação conflituosa, discutindo sobre cachês e outros detalhes. Contudo, Graham contratou o grupo para uma cobiçada oportunidade, abrindo três das seis noites para Howlin' Wolf, o ícone do blues que o Big Brother havia visto uma vez durante sua residência em Chicago.

No último fim de semana de abril, eles se apresentaram com outro ídolo do blues, Willie Mae "Big Mama" Thornton, no California Hall. Embora sempre ficasse inquieta antes das apresentações, Janis estava particularmente nervosa por cantar "Ball and Chain" com a compositora presente. Do palco, ela saudou de forma efusiva a autora – desde seus dias de cantora folk, Janis sempre mencionava para a plateia o autor das músicas que cantava. Thornton parece ter apreciado a versão de Janis e disse a um jornalista: "Aquela garota sente o mesmo que eu". Big Mama respeitava a forma como Janis tornava sua uma música, como a própria Thornton estava inclinada a fazer: "Quando canto uma música de Jimmy Reed ou de outra pessoa", disse Thornton certa vez, "tenho minha própria forma de cantar. [...] Quero que seja eu. Gosto de colocar a mim mesma no que quer que eu faça, de modo a poder senti-lo". Janis via a si mesma como fazendo parte de uma sororidade musical: desde suas primeiras influências Ma Rainey e

Bessie Smith (que também influenciaram Thornton) a Odetta, Nina Simone, Etta James, Billie Holiday e depois Aretha Franklin e Tina Turner – as quais ela elogiaria no palco e em entrevistas.

Enquanto a fama local de Janis estava em ascensão, sua relação com Joe McDonald havia se deteriorado. Desde o começo, McDonald sentira atração pela aparência, pelo senso de humor e pela inteligência de Janis, disse ele, mas, embora "parecessem se dar muito bem em quase tudo", tiveram problemas quanto à política e ao LSD. Janis em geral abstinha-se de consumir ácido, preferindo beber, enquanto McDonald gostava de viajar. Sua postura contra a guerra tomava todo o seu tempo, enquanto Janis, de modo geral, "não se interessava por política de forma alguma", ele explicou. "Ela desconfiava dos políticos. Essa era a principal discussão entre nós." Como o Grateful Dead, Janis e o Big Brother concentravam-se em sua música em vez de protestarem contra a Guerra do Vietnã.

Mas talvez o maior problema na relação deles fossem seus egos competitivos, sendo ambos muito controladores, como McDonald apontou. Quando Janis e McDonald andavam pela Haight, fãs ardorosos com frequência a abordavam, para óbvia satisfação de Janis. Durante as apresentações do Big Brother, ela era tratada como uma deusa e assediada depois dos shows. McDonald pode ter ficado irritado com a atenção que ela recebia. Embora o Country Joe and the Fish tivesse um bom público, não era nada em comparação com o de Janis. Ela era determinada e ambiciosa, concentrando-se em sua música e em sua carreira em vez de dedicar-se ao namorado.

As discussões entre Janis e McDonald se intensificaram até que ele fez as malas e voltou para Berkeley. Embora McDonald recordasse que "nossas carreiras começaram a ter precedência, e não tínhamos mais tempo para ser um casal", os amigos de Janis lembram-se de que ela ficou profundamente magoada com a separação, e sua popularidade que explodia não lhe serviu de consolo. "Joe largou Janis", disse o velho amigo dela de Austin, Jack "Jaxon" Jackson, que agora trabalhava para a Family Dog. "Ela era vulnerável, e aquilo ferrou de verdade a cabeça dela." Janis estava aprendendo que a fama que tanto cobiçava não podia preencher suas necessidades.

Mais ou menos um mês depois da separação, Janis procurou McDonald com um pedido. "Ela disse: 'Antes que nos afastemos demais, você me faria um favor e escreveria uma música para mim?'", ele recordou. Assim, ele compôs a balada "Janis", com os versos "Mesmo sabendo que você e eu nunca conseguiríamos encontrar o tipo de amor que queríamos ter juntos / sozinho eu me pego sentindo falta de você e eu".[54]

A música prestava-se à "voz bonita de balada" de Janis, disse McDonald, mas o Big Brother nunca a tocou porque a música era folk demais e doce demais para o estilo deles. Embora Janis não quisesse cantá-la, ela colocou em seu álbum de recortes o disco de 45 rotações gravado por Country Joe and the Fish. A faixa também apareceu no segundo álbum da banda, lançado no fim de 1967, por volta da época em que McDonald voltou a casar-se.

Janis descarregou em sua música a angústia com o fim do relacionamento, compondo com a banda a comovente "I Need a Man to Love". Ela variava seus vocais na música, começando com uma abordagem de blues e aos poucos crescendo em uma torrente emocional, gritando "esta solidão, *baby*, que me rodeia!".[55] O Big Brother também colaborou em um exorcismo da solidão, "Catch Me Daddy", que começava com os vocais de *banshee* de Janis, um grito rasgado que nos anos 1970 tornou-se padrão no hard rock, por conta dos seguidores de Joplin, Robert Plant, Ian Gillan (Deep Purple), Steven Tyler (Aerosmith) e David Johansen (que o glamorizou no New York Dolls).

Quando não estava ensaiando ou apresentando-se, Janis buscava distração em outros lugares, às vezes com os Hells Angels e seus fãs homens no Avalon. Uma tarde, andando pela Haight com seu cão George, ela conheceu Mark Braunstein, de 20 anos de idade, aluno do San Francisco State College e filho de Ruth Braunstein, *marchand* influente da Área da Baía. Ele organizava concertos gratuitos no Panhandle do Parque Golden Gate e trabalhava na Psychedelic Shop.

"Ficamos amigos, só batendo papo", Braunstein recordou. Janis costumava visitá-lo no trabalho, onde comprava velas, pôsteres e outros elementos exóticos para decorar seu apartamento. Às vezes iam ao cinema,

---

[54] No original, em inglês: "Even though I know that you and I could never find the kind of love we wanted together / alone I find myself missing you and I". [N.T.]

[55] No original, em inglês: "this loneliness, baby, surrounding me!". [N.T.]

com Janis em geral escolhendo filmes estrangeiros, e emprestavam livros um ao outro; um favorito de Janis era o trágico *Judas, o Obscuro*, de Thomas Hardy, cujo malfadado protagonista certamente ressoava sua filosofia da Farsa do Sábado à Noite. Embora Braunstein tivesse namorada, ele e Janis terminaram por tornar-se amantes ocasionais. "Ela simplesmente não conseguia encarar a solidão", explicou ele. Braunstein mais tarde foi contratado para trabalhar como *roadie* do Big Brother.

Janis encontrou mais legitimação por parte do diretor de cinema Richard Lester, que pediu ao Big Brother que aparecesse em seu novo filme, a ser rodado em San Francisco. O inglês – que havia dirigido os filmes dos Beatles *Os Reis do Iê, Iê, Iê* e *Help!*, bem como o filme de humor sombrio *Como Ganhei a Guerra*, estrelando John Lennon – chamou o Big Brother para aparecer em *Petulia*, estrelando Julie Christie, Richard Chamberlain e George C. Scott. O drama aborda questões como violência doméstica e doença mental, em um cenário *flower power*. O empresário Julius Karpen, que conseguiu um cachê de 1,5 mil dólares para a banda, contratou o advogado Bob Gordon, de Los Angeles, para negociar com a Warner Bros.-Seven Arts e manter os direitos sobre a música do Big Brother usada no filme. Gordon iria tornar-se confidente de Janis e seu advogado por muito tempo.

Janis gostou da experiência cinematográfica, durante a qual aprendeu como ter presença diante da câmera. A cena do Big Brother em *Petulia* foi filmada no venerável Fairmont Hotel, com eles tocando na cena de abertura do filme. "Richard Lester estava tentando conseguir uma assinatura da atmosfera de San Francisco no filme", explicou Dave Getz. "Ele filmou o Grateful Dead tocando no Fillmore e nos filmou tocando no Fairmont para todas aquelas pessoas ricas que supostamente contrataram uma banda *hippie* psicodélica para sua grande festa beneficente." Na cena, Janis está no palco, com um vestido preto curto e meia-calça roxa, cantando, se sacudindo e tocando percussão em "Road Block", com a canção soando como "música de igreja do interior", de acordo com Sam Andrew. "A voz de Janis está aguda, soando solitária e perturbadora, com uma inflexão que causa arrepios pela espinha." Depois de sua abertura *a cappella*, o Big Brother entra com um "*lick* de *rhythm and blues* [que lembra] 'Rag

Mop', de Louis Jordan. O estilo da música contrastava estranhamente com os smokings e vestidos formais dos convidados que dançavam". Embora *Petulia* não tenha sido nenhum *blockbuster*, até hoje se sustenta, e é um raro documento visual de uma apresentação do Big Brother antes da fama, às vésperas do Verão do Amor.

Em maio de 1967, Chet e outros provocadores e empresários *hippies* fizeram uma conferência de imprensa para anunciar oficialmente e dar nome ao iminente "Verão do Amor", prevendo que algumas centenas de milhares de pessoas convergiriam para San Francisco em junho. Haight-Ashbury havia explodido, passando de uma pequena comunidade de *freaks* e usuários de drogas com ideias semelhantes, que conviviam com a diversidade racial dos moradores, para um mar de fugitivos, sem-teto, pessoas com doenças mentais e traficantes. Como North Beach e os *beats*, agora a vizinhança havia se tornado uma atração turística, com ônibus Gray Line "Hippie Hop" lotados de turistas curiosos percorrendo as ruas congestionadas. Tais passeios à "Hippielândia" eram anunciados como o "único tour estrangeiro dentro dos limites continentais dos Estados Unidos".

Quase tão estrangeiros para os moradores da Haight eram os emissários que vieram de Los Angeles para implorar às bandas de San Francisco que tocassem em um festival de música que planejavam para meados de junho. O produtor e executivo fonográfico Lou Adler e seu parceiro John Phillips, fundador do Mamas and the Papas, esperavam recrutar as bandas para seu Festival Pop Internacional de Monterey. Os promotores ofereciam pagar as despesas dos artistas, mas não o cachê, e os lucros seriam doados para diversas instituições de caridade. A maioria dos artistas de San Francisco enxergou nisso uma tentativa de lucrar em cima de sua cena. "Era como se Hollywood quisesse enfeitar a contracultura de San Francisco com um bonito laço rosa e vendê-la para os Estados Unidos", de acordo com Sam Andrew.

Depois de uma reunião com os promotores e sua equipe, Rock Scully, um dos empresários do Grateful Dead, relatou: "Todos tivemos a mesma sensação. [Eles estavam] aqui para explorar o fenômeno *hippie*/amor de San Francisco montando um festival ao redor de nós e de Janis e de Country Joe e do Quicksilver e do Airplane". Os artistas da Área da Baía desdenhavam o sucesso grosseiramente comercial de Scott McKenzie "San Francisco

(Be Sure to Wear Flowers in Your Hair)", composto por John Phillips. Para atestar sua credibilidade, os promotores convocaram Paul Simon, integrante do comitê do festival; Derek Taylor, publicitário do festival e relações-públicas dos Beatles; e os consultores Bill Graham e Ralph Gleason, para convencer as bandas de San Francisco a se apresentarem. O Big Brother estaria entre as 33 atrações, que fariam um total de cinco concertos durante três dias: sete bandas de San Francisco; estrelas pop de Los Angeles como o grupo de Phillips, o membro do comitê Johnny Rivers e o The Association; os baluartes do folk rock The Byrds e Buffalo Springfield; e numerosos artistas que viriam de Nova York e Londres, incluindo a então obscura Jimi Hendrix Experience e uma banda pouco conhecida do Reino Unido, o The Who.

Em 16 de junho, o Big Brother e seus acompanhantes – incluindo George, o cão de Janis, recentemente atropelado por um carro – saíram em caravana para o sul, ao longo da costa. A área de feiras de Monterey, onde Janis se apresentara duas vezes nos últimos quatro anos, não se parecia em nada com o que era antes. O "midway" (entrada a 1 dólar que não oferecia assento para os concertos) parecia um bazar exótico, repleto de vendedores de pôsteres, velas, artesanato, roupas e incenso. Os ingressos para a recém-renovada arena com 7 mil lugares custavam entre 3 dólares para a arquibancada e 6,50 dólares por uma cadeira dobrável na seção da orquestra. Grandes áreas foram reservadas para executivos de gravadoras, VIPs e mídia, para quem Taylor distribuiu mil passes de imprensa. O folheto do festival prometia que "o incomparável sistema de som hi-fi" garantia que "o som seria ouvido bem além da arena, na área de circulação", com o aclamado engenheiro de som Wally Heider gravando as apresentações.

A noite de abertura trouxe principalmente o pop de Los Angeles, mais Eric Burdon and the Animals e Simon e Garfunkel. Nos quase 100 mil metros quadrados do terreno da feira, as bandas se misturavam com os fãs – alguns com roupas *hippies*, outros de shorts e camiseta – com *jam sessions* tarde da noite em palcos improvisados na área de acampamento de uma faculdade próxima. As estimativas de público vão de 25 a 80 mil pessoas, pois os fãs chegavam ao longo do fim de semana e ficavam zanzando pelo terreno da feira. Owsley distribuiu milhares de tabletes de LSD "Roxo Monterey". "Aqueles eram filhos das flores de verdade", contou Janis mais tarde, melancólica. "Eles eram realmente belos e gentis e completamente abertos."

O Big Brother foi a segunda atração a tocar na tarde de sábado, batizado de "Dia do *Underground*", e pouca gente na plateia conhecia a banda. "Janis estava muito nervosa, era uma loucura", John Phillips recordou. "Nos bastidores, Lou Rawls lhe dizia: 'Vai correr tudo bem. Não se preocupe com nada'. Ela tremia muito. Mas então, assim que subiu ao palco, ela bateu o pé e o *Texas* baixou para valer."

Depois que Chet Helms apresentou a banda entusiasticamente, destacando Janis, ela mandou ver um "Down on Me" forte e confiante, seu vibrato conquistando a multidão de imediato. Todos os shows vespertinos no Parque Golden Gate haviam-na preparado e à banda para aquele momento. "Combination of the Two" abriu com Janis raspando ritmicamente o guiro, junto com a guitarra solo de Sam Andrew, seguido por energéticos gritos e uivos dela, enquanto ele cantava sua ode à cidade de San Francisco. O *scat* agudo de Janis o acompanhava, pontuando entre os versos; a plateia permanecia hipnotizada enquanto James Gurley tocava um solo nervoso para fechar o número antes de Janis exclamar: *"We're gonna sock it to ya!"*. O Big Brother imediatamente lançou-se à caótica "Harry" e terminou-a antes que a plateia pudesse entender o que os havia atingido. Peter Albin, fazendo as introduções das músicas, assinalou o início de "Road Block". Acompanhadas apenas pela bateria de Dave Getz, as vozes de Janis e de Albin combinavam-se bem na introdução de influência folk, "Tentando encontrar meu caminho".[56] Então, à medida que o ritmo acelerava, Albin assumia o vocal principal, com os vocais intercalados de Janis somando energia.

No último número, Gurley deixou correrem suas longas e contorcidas linhas de guitarra para abrir o lento blues "Ball and Chain". Transportada, como se estivesse cantando para si mesma e não para milhares de pessoas, Janis, de olhos fechados, suavemente entoou as linhas iniciais, num crescendo gradual, que foi do contralto vulnerável para um gaguejado cheio de sentimento, até os gritos e urros de múltiplas texturas do clímax catártico. O público estava atordoado. A intensidade da plateia impulsionou Janis

---

[56] No original, em inglês: "Trying to find my road". [N.T.]

ainda mais, com a dinâmica da música ampliada por suas pausas seguidas de uivos sentidos. Os fãs saltavam de seus assentos, aplaudindo em êxtase suas acrobacias vocais. Janis extraiu da música cada grama de emoção, indo sem esforço de vibratos semelhantes a sinos a uma fervente exclamação "*Diga-me por quê!*".[57] Ela batia o pé no ritmo das palavras, terminando o massacre com "Vou amar você até o dia em que eu morrer".[58] Enquanto Janis cantava suavemente a linha com o título da canção, um aplauso explosivo afogou o som.

"Foi como se a terra tivesse se aberto", Joel Selvin escreveu vinte e cinco anos mais tarde em sua crônica do festival, *Monterey Pop*. "O público estava enfeitiçado, assombrado com a força bruta liberada. [...] Ela foi o primeiro sucesso real do festival, um gostinho do que todo mundo tinha vindo ver." O documentarista D. A. Pennebaker capturou a reação em filme, ao dar um zoom no rosto de Mama Cass Elliott, sua expressão boquiaberta e os lábios formando a palavra "*Uau!*". Janis "deixou todo mundo hipnotizado", disse Cass. "David Crosby me falou dessa garota do Texas que cantava demais. E eu nunca tinha visto ninguém trabalhar sem sutiã antes. Ela era sensual. Foi uma apresentação eletrizante."

"Quando ela deixou o palco, estava chorando", John Phillips recordou. "Não podia acreditar que havia se saído tão bem. Foi uma experiência muito emocional para ela. Janis roubou o show – ela simplesmente o *arrebatou*!" Mais tarde, nos bastidores, ela perguntou a Mark Naftalin, tecladista da Butterfield Band: "Você acha que vou chegar lá?".

O que Pennebaker e sua equipe de cinegrafia *não* filmaram foi a apresentação de fato de Janis e da banda. Adler e Phillips haviam contratado o diretor de *Don't Look Back*, documentário sobre a turnê de Bob Dylan pelo Reino Unido em 1965, para fazer um *Filme da semana* para a ABC-TV (por um acordo de 400 mil dólares entre a emissora e os produtores). Os artistas de San Francisco, ainda receosos de serem explorados pelos "espertinhos" de Los Angeles, haviam se recusado a assinar o formulário de autorização que receberam antes de subirem ao palco. Uma vez que as bandas se apresentavam de graça, seus empresários – Karpen, Scully e

---

[57] No original, em inglês: "Tell me why!". [N.T.]
[58] No original, em inglês: "I'm gonna love you till the day I die". [N.T.]

Danny Rifkin (Dead) e Ron Polte (Quicksilver) – não permitiam que fossem filmadas sem ser pagas ou sem ter o controle criativo sobre as cenas gravadas. Mas Pennebaker, de 35 anos, criado em Chicago, mas nova-iorquino por adoção, estava determinado a ter Janis em seu filme.

"Ela apareceu e cantou, e meus cabelos ficaram em pé", contou ele. "Nos disseram que não podíamos filmar, mas eu sabia que se não tivéssemos Janis no filme, este seria um fracasso. Depois, eu disse para [o empresário de Dylan] Albert Grossman: 'Fale com o empresário dela, ou quebre a perna dele, ou o que for preciso, porque preciso tê-la neste filme. Não posso imaginar o filme sem esta mulher que acabo de ver apresentar-se."

Nos bastidores, Dave Getz entreouviu os integrantes do Paupers, que também eram clientes de Grossman e que haviam tocado na noite anterior, dizendo "Uau! Você viu o Big Brother and the Holding Company?". John Phillips imediatamente abordou Janis, dizendo-lhe que ela e a banda poderiam apresentar-se uma segunda vez, no domingo à noite, se concordassem em assinar o contrato do filme. Janis localizou Grossman, cujos clientes Paul Butterfield e o Electric Flag, de Mike Bloomfield, também estavam na programação da tarde de sábado. Ela correu até ele e perguntou: "Devemos permitir que nos filmem para o filme da ABC?". O empresário de 41 anos, conhecido por sua astúcia ao fechar negócios, disse simplesmente: "Sim, acho que devem".

Janis, que em um ano havia passado de recém-chegada a atração principal da banda, insistiu para que o Big Brother participasse. Mas Julius Karpen recusou-se de forma categórica a permitir que o grupo assinasse sem ser pago ou ter controle criativo. Ao longo das horas, Janis foi ficando mais frenética e determinada, defendendo que tal exposição nacional era muito mais importante do que um pagamento. Karpen recusou-se a ceder. Getz recordou: "Foram muitas reuniões. Janis falou conosco, então falou com Albert. Aí nos reunimos com Julius. Terminou com um confronto entre Janis e Julius. Ela disse: 'Nós precisamos estar nesse filme, e se para isso precisarmos nos livrar de Julius, que seja'". A banda finalmente concordou, e Karpen foi forçado a ceder.

O retorno do Big Brother ao palco estava programado para o domingo, último dia do festival. Durante a matinê desse dia, os comentários que rolavam entre a multidão giravam ao redor da apresentação de Janis no dia anterior. "Eu estava na primeira fila, no setor da imprensa", contou Richard Goldstein, do *Village Voice*, um dos pioneiros na crítica de rock. "[O jornalista Robert] Christgau estava sentado bem a meu lado. Quando a vimos, ficamos aturdidos. Desde as primeiras notas, a voz dela me atordoou com sua energia primal. [...] Eu soube na hora que seria uma grande estrela."

"O primeiro grande sucesso foi Janis Joplin", Christgau relatou em sua cobertura para a revista *Esquire*, "uma querida e admirada garota de Port Arthur, Texas, que talvez seja a melhor voz do rock desde Ray Charles, uma voz que é dois terços Willie Mae Thornton e um terço Kitty Wells, e uma presença de palco fantástica. Seu mamilo esquerdo ereto sob a blusa de malha parecia duro o bastante para furar o olho de alguém, enquanto ela se sacudia e batia com o pé e ameaçava a qualquer momento quebrar o microfone ou engoli-lo, tal visceralidade de sua apresentação e presença de palco. Ela conseguiu a única grande reação espontânea do fim de semana, baseada apenas em sua presença atraente e ao mesmo tempo obstinada."

Michael Lydon, um repórter da *Newsweek* que havia sido transferido de Londres para San Francisco, escreveu: "Ao sol brilhante da tarde de sábado [...] aconteceu um dos eventos mais fantásticos de todo o festival: a voz de Janis Joplin. [...] Janis saltava, se dobrava em duas e contorcia seu rosto comum enquanto cantava como um anjo demoníaco. Era o blues no estilo *big mama*, bruto, puro, visceral. [...] O grupo por trás dela a incentivava e se alimentava dela, construindo o volume total, um som que se tornou a marca registrada de San Francisco. O número final, 'Ball and Chain', no qual Janis cantava (cantava? falava, chorava, gemia, uivava) longas seções solo, colocou o público de pé pela primeira vez".

Os executivos das gravadoras também a notaram, incluindo o novo presidente da Columbia, Clive Davis. "Janis não estava na programação", ele recordou. "Era apenas 'Big Brother and the Holding Company'. Ela era absolutamente fascinante e hipnótica e envolvente, e mexia com a alma, de tal modo que claramente representou uma epifania que mudou o resto de minha vida."

A apresentação favorita de Janis no festival foi o clímax da noite de sábado: Otis Redding, que tocou para um público que ainda não fora exposto a seu som revigorante e carregado de emoção. Desde que Janis o vira no Fillmore, ele havia feito uma bem-sucedida turnê pela Europa, acompanhado pela soberba banda da Stax/Volt Records, Booker T. and the MG's, e a seção de metais de Mar-Keys, as quais também o acompanharam em Monterey. Esplendoroso em um elegante terno verde, Otis exigiu "*Shake!*" [chacoalhem], e a plateia ficou de pé pela primeira vez desde "Ball and Chain". Depois de "Shake", Redding cantou apenas mais quatro músicas, devido ao avançado da hora e por haver um toque de silêncio, mas cada uma delas foi potente: sua composição "Respect" havia acabado de permanecer duas semanas no primeiro lugar das paradas com a interpretação/gravação de Aretha Franklin, *single* do seu segundo álbum pela Atlantic Records após sua estreia no selo em 1967 com o magnífico *Aretha Arrives*. Na apresentação de "I've Been Loving You Too Long", Redding, que tinha fumado um baseado antes de subir ao palco, perguntou: "Vocês são a galera do amor, certo?". Com os metais à toda, Redding transformou "Satisfaction", dos Rolling Stones, em um R&B. Janis movia-se com a música, de pé sobre sua cadeira dobrável ao lado de Mark Braunstein, enquanto Redding encerrava a apresentação, por volta de uma da manhã, com uma pulsante "Try a Little Tenderness". Em seu livro de memórias *Living with the Dead*, Rock Scully diz que Janis foi até o quarto de hotel de Otis naquela noite, mas Peter Albin descarta a história, certo de que Janis teria contado vantagem para os colegas de banda por uma conquista dessas. De qualquer modo, ela mais uma vez absorveu a carga emocional e a *performance* sexualmente carregada do grande cantor, traduzindo-a para seu próprio estilo enérgico de soul.

Finalmente, na tarde de domingo, depois de uma apresentação bastante competente do Blues Project, de Nova York, o Big Brother retornou ao palco, desta vez apresentado pelo humorista Tommy Smothers, do programa de variedades da CBS *The Smothers Brothers*. Vestida com *leggings* boca de sino fazendo conjunto com o minivestido justo branco com fios dourados que usara no sábado, Janis brilhava sob as luzes. Havia delineado os olhos azuis com kohl e espalhado os cabelos ao redor dos ombros. Enfeitara-se apenas com alguns colares de contas e um par de bótons. A banda teria metade do tempo que tivera na primeira apresentação, e Pennebaker pediu "Combination of the Two" e "Ball and Chain". Quem viu os dois shows declarou que o segundo foi inferior ao primeiro, mas de qualquer forma as câmeras da equipe de filmagem documentaram uma apresentação poderosa e transformadora.

Relatou Pennebaker: "Quando você vê o que ela fez em Monterey ao cantar 'Ball and Chain', foi tão incrível e ao mesmo tempo tão simples. Eu estava no palco atrás dela, observando-a sacudir o traseiro, e ela simplesmente arrasou". Bob Neuwirth, que trabalhou com Pennebaker naquele fim de semana, recordou: "Assistir à apresentação dela foi como assistir a um grande violinista – alcançar as notas era o que criava a tensão".

Ainda sendo filmada, Janis foi para os bastidores, exultante, saltitando ao chegar às coxias. Entre as apresentações, em um dado momento ela se sentou na beira do palco com Pennebaker, conversando sobre o futuro da banda. Pouco depois, ela se juntou, nos bastidores, a uma *jam session* liderada por Jimi Hendrix e incluindo Mama Cass, Brian Jones (Rolling Stones), Roger Daltrey (The Who) e Eric Burdon. Cantando "Sgt. Pepper's Lonely Hearts Club Band", os músicos eram barulhentos. "Estávamos fazendo uma zona", disse Eric Burdon, "e Bill Graham veio do palco e disse: 'Calem a boca, porra! Vocês estão acabando com as outras apresentações!'." Hendrix e The Who fariam apresentações explosivas naquela noite, mas a maioria dos jornalistas e fãs saiu com o nome Janis Joplin nos lábios.

Outra revelação daquele fim de semana, o indiano Ravi Shankar, mestre do sitar, também ficou impressionado: "Senti a energia dela e o seu sentimento de estar atormentada, e ao mesmo tempo sua tremenda musicalidade. Muito, muito forte". De acordo com Adler: "Otis Redding ganhou a alma do público e Ravi Shankar tirou as pessoas de seus assentos. Janis arrancou-lhes o coração".

Capítulo 14

Uma Mulher no Limiar

*Pode ser que algum dia eu seja uma "estrela". Sabem, é engraçado:
à medida que fica mais próximo e se torna mais provável, ser
uma estrela vai perdendo o sentido. Mas, sei lá, estou pronta!*
— Janis Joplin

Janis já não era mais apenas uma garota-propaganda local para a estimulante nova música apresentada em Monterey. Os jornais e as revistas de circulação nacional nos Estados Unidos e no Reino Unido publicaram fotos dela, junto com artigos que elogiavam sua voz. No *San Francisco Examiner* da segunda-feira de manhã, a manchete que acompanhava a cobertura de Phil Elwood, "Os sonhos viram realidade em Monterey", parecia particularmente adequada. Ele chamava Janis de "a verdadeira rainha do festival", que "repetiu seu triunfo da tarde de sábado [...] na apresentação da noite passada". A maioria dos jornalistas saudava Janis, mas ignorava seus colegas de banda ou, na melhor das hipóteses, descreviam-nos como seus músicos de apoio. Richard Goldstein, do *Village Voice*, referiu-se a eles como "*sidemen*" [músicos de apoio] que "estavam focados em Janis, aconchegando-a com seus *riffs* e estimulando seus voos vocais". Uma das validações mais significativas para Janis chegou em 22 de junho, por meio de um telegrama de seus pais: "Parabéns por estar na primeira página do relato do *Los Angeles Times* sobre o Festival de Monterey. Barbara vai nos mandar uma cópia". O telegrama estava assinado: "Seu fã-clube de Port Arthur". Chegou também a notícia de que os Joplin estavam planejando uma viagem familiar à cidade onde sua filha se tornara uma estrela.

Por mais que os colegas apreciassem o avanço da banda em termos comerciais, eles não estavam ansiosos para entregar a Janis o controle do

Big Brother e apegavam-se à ideia do grupo como uma democracia. Mas a posição dela havia mudado quase da noite para o dia, com o advogado do grupo, Bob Gordon, percebendo que "ela estava levando a sério sua carreira. Havia muita contribuição de todos na banda, mas estava claro que Janis era a líder". Firmemente estabelecida como o ponto focal do Big Brother, ela se tornou a porta-voz do grupo – os jornalistas queriam falar prioritariamente com ela. Quando Peter Albin e James Gurley perderam seu *status*, pequenos ressentimentos começaram a ganhar importância. Quanto a Janis, "toda a sua personalidade alcançou uma intensidade quase assustadora", era como Sam Andrew via a situação. A fama que ela sempre quis estava ao alcance, e ela sabia.

Nas semanas que se seguiram a Monterey, Gordon e Julius Karpen começaram a receber ligações telefônicas de Clive Davis, da Columbia Records, bem como das gravadoras Mercury e Atlantic. Foram convidados para comparecer à convenção anual da Columbia, na Flórida, onde Davis fez uma proposta inicial baixa para contratar o grupo. Mas Bob Shad, da Mainstream, continuava não querendo discutir a venda do contrato da banda. Em vez disso, para capitalizar em cima da popularidade e do entusiasmo gerado por Monterey, ele rapidamente produziu e lançou *Big Brother & the Holding Company* – mais uma vez sem a colaboração da banda. Hoje esse álbum tem certo charme, com um som de folk rock e músicas peculiares dando destaque aos vocais espontâneos e autoconfiantes de Janis, o mais óbvio atributo do álbum. Mas as dez faixas gravadas em agosto e dezembro de 1966 não traduziam de forma acurada a música atual do grupo; o LP inteiro era mais curto do que uma única *jam* do Big Brother ao vivo.

Os membros da banda condenaram o álbum de imediato e recusaram-se a participar de qualquer esforço promocional. Eles disseram ao repórter do *Berkeley Barb* que esperavam que o disco fosse um fracasso, para que pudessem ser liberados do contrato com a Mainstream. Apesar de tudo, o LP estreou na lista de álbuns da *Billboard* em 2 de setembro, acabando por chegar ao número 60, embora os integrantes da banda não recebessem os *royalties*. A maioria das resenhas era morna, observando que a gravação não soava como a banda ao vivo. A *Playboy* elogiou os "soberbos" vocais de Janis em "Bye, Bye Baby", "Women Is Losers" e "na intensa 'Intruder', de sua autoria", mas, apesar de tudo, chamou-o de "decepcionante" e reclamou que ela não era a vocalista principal em todas as faixas.

———◆———

Em julho, a prima de Janis, Jean, e seu marido vieram de Los Angeles para visitá-la e assistiram a um concerto do Big Brother, parte de uma sequência interminável de shows. Era uma apresentação dupla com a cantora e compositora Janis Ian, de 16 anos, cuja controvertida música "Society's Child", sobre um romance inter-racial, era um sucesso à época, embora muitas emissoras de rádio a tivessem banido. Ian, nascida no Bronx e em sua primeira turnê na Costa Oeste, fez amizade com Janis e ambas ficaram em contato. "Ela era sete ou oito anos mais velha que eu, mas não importava", recordou Ian. "Nós duas tínhamos problemas de pele, nós duas nos sentíamos acima do peso. Nós duas éramos *outsiders*." Depois, o Big Brother foi a uma festa "Venha Vestido de Hippie", oferecida pela cunhada de Gurley. Os integrantes do Big Brother vestiram-se com roupas normais, e os parentes de Janis fantasiaram-se de *freaks* – "foi muito divertido", recordou Janis.

Àquela altura, fazia meses que ela não escrevia para a família. Mas a visita da prima motivou-a a enviar uma longa carta, anexando recortes "que marcam uma mudança real", ela observou. "Espero que vocês ainda se lembrem de mim depois de tanto tempo – que posso dizer? [...] Desde Monterey, aconteceu tudo isso. Gleason tem falado bem de nós em suas matérias e me usou como descrição de estilo (o inimitável estilo Joplin). [...] Agora estamos dando entrevistas, e minha foto vai aparecer na *Esquire* e na *Playboy* (não na página central, mas em uma matéria sobre o festival), e Julius (nosso empresário) disse que uma mulher da revista *McCall* ligou e talvez me usem em um artigo sobre 'Mulheres jovens que quebram barreiras' ou algo assim. Ah, vocês viram o que apareceu na *Time*, mas não viram a *Newsweek* – tinha uma foto minha! Espero que não achem que todo esse meu entusiasmo é superficial. Estou empolgada de verdade. Uau. Conheci dois dos Rolling Stones, a maior parte dos Animals [...] (e os dois são grupos graúdos – respeitados e ricos, *baby*), e eles dizem que sou a melhor coisa que já ouviram! Meu Deus! [...] Bom, de qualquer modo estou em êxtase! [...] Esta banda agora é toda a minha vida. É a vida para todos nós. Estou me dedicando totalmente a ela e curto isso. Fico muito orgulhosa de mim, pois estou me esforçando de verdade."

Janis assumiu abertamente sua ambição, mas também revelou sua profunda insegurança, com o receio de que sua boa sorte de repente a abandonasse: "Antes, quando vim para cá, eu só queria sair e me divertir, mas agora tudo isso é secundário (eu ainda quero me divertir, é claro), mas cantar me dá muito mais satisfação. Bom, o reconhecimento também me dá muita satisfação, devo admitir. Para resumir, o Big Brother está indo muito bem e pode ser que algum dia eu seja uma 'estrela'. Sabem, é engraçado – à medida que fica mais próximo e se torna mais provável, ser uma estrela vai perdendo o sentido. Mas, sei lá, estou pronta!".

Janis pode ter questionado o significado de ser uma celebridade por já temer que a "Farsa do Sábado à Noite" de Seth Joplin a levasse a uma decepção ou à infelicidade, ou pior, a um desenrolar que ameaçasse sua vida. Claramente, porém, como demonstrou a citação de nomes famosos, Janis apreciava a aprovação de luminares do rock, incluindo Jimi Hendrix. Logo depois de Monterey, Hendrix tocou seis noites no Fillmore, arrastando multidões alucinadas. O Big Brother tocou na programação da última noite, em 26 de junho. "O público foi à loucura com ele", recordou Peter Albin sobre a apresentação de Hendrix, carregada de erotismo. Depois, Janis contou a seus colegas de banda que as mulheres estavam fazendo fila para entrar no banheiro dos bastidores e dar uma rapidinha com Hendrix – mas ela não quis esperar a vez dela. No entanto, persistiram os boatos de que Hendrix e Janis "ficaram" nos bastidores do Fillmore, de acordo com Charles Cross, o biógrafo de Hendrix, cujas pesquisas revelaram que "nenhum dos envolvidos jamais confirmou diretamente tal encontro".

Jimi e Janis mantiveram uma conexão, tenha ou não ocorrido a consumação sexual. Quando Hendrix pediu a opinião dela sobre dar um show gratuito na carroceria de um caminhão aberto, no Panhandle do Parque Golden Gate, com organização de Mark Braunstein, Janis respondeu "Manda ver!", e Hendrix fez um concerto que desde então é considerado um de seus melhores. Sempre que os caminhos deles se cruzavam, Janis e Jimi demonstravam afeto e respeito um pelo outro – suas carreiras e vidas pareciam seguir caminhos paralelos.

Ela não se deu tão bem com outro novo artista badalado: Jim Morrison. Em julho, Janis conheceu o vocalista do The Doors quando eles tocaram durante um fim de semana de apresentações da banda no Fillmore. O segundo *single* da banda de Los Angeles, "Light My Fire", tinha acabado de se tornar um grande sucesso, e Morrison estava sendo considerado uma mistura de ídolo adolescente com Dionísio. Janis jantou com a banda uma noite e, em seguida, Morrison, sua namorada Pamela Courson, Sam Andrew e Dave Richards foram para o apartamento de Janis. Depois de horas de bebedeira, Morrison e Janis fugiram para o quarto dela; Courson foi embora aos prantos, e Andrew acompanhou-a de volta ao hotel. Mais tarde, Janis reclamou da "falta de resposta" de Morrison na cama e do hábito dele de mandar ver na bebida assim que acordava. Ambos tinham egos competitivos, e a relação de Janis e Morrison foi tóxica desde o começo, e só iria piorar.

Em meados de agosto, a família Joplin – Seth e Dorothy, Laura, com 18 anos, e Michael, com 14 – chegou a San Francisco. Meses antes, Janis havia incentivado a viagem, transbordando de entusiasmo: "Vocês vão amar San Francisco, sei que vão. Na verdade, sempre tive a esperança de que Laura tentasse fazer a faculdade aqui e acho que ela poderia aproveitar e ver alguns dos *campi* enquanto estiver na cidade. E é claro que vou levar vocês a uma das grandes festas. [...] E vocês podem nos ver tocando! Ah, eu adoraria mesmo que viessem [...] Há tantos lugares onde gostaria de levá-los para mostrar-lhes!". Ainda assim, Janis queria muito que os amigos causassem uma boa impressão, especialmente a sua mãe.

"Fomos os únicos adolescentes que estiveram no Verão do Amor acompanhados pelos pais", brincou Laura mais tarde. No dia em que os Joplin chegaram, o Big Brother havia acabado de voltar do concerto de inauguração da nova casa de shows de Chet Helms em Colorado, o Denver Dog. Depois de tocar na noite anterior em Santa Clara, Janis acordou bem cedo no dia 13 de agosto, um domingo, para ir encontrá-los. "Ela estava superempolgada", recordou Laura em *Com Amor, Janis*, "exibindo-nos orgulhosa a cena de Haight-Ashbury e sua própria posição de destaque dentro dela. Caminhamos pelas ruas, com Janis apontando suas *head shop* e lojas de roupas favoritas [...] e as roupas das pessoas interessantes que passavam. Ela não conseguia deixar de compartilhar sua emoção pela visita recente [de seu Beatle predileto, George Harrison] ao bairro e pelo fato de que ele tinha caminhado exatamente nas mesmas calçadas que percorríamos".

Na semana anterior, em 7 de agosto, Harrison, sua esposa, Pattie, e alguns amigos haviam passado a tarde na Haight, com a irmã de Pattie, Jenny Boyd, que então morava em San Francisco. Viajando com ácido enquanto caminhavam, eles despertaram a atenção de fãs, que queriam que Harrison cantasse. "Num minuto havia cinco, e então dez, vinte, trinta e quarenta pessoas atrás de nós", contou Pattie. "Foi horrível [...] indigentes sinistros, pedintes e jovens cheios de espinhas, todos alucinados. Todo mundo parecia chapado – até as mães e os bebês – e vinham atrás de nós, tão colados que estavam pisando em nossos calcanhares. Chegou um ponto em que não podíamos parar, com medo de sermos pisoteados. Então alguém disse: 'Vamos para a Hippie Hill! Então cruzamos o gramado [do Parque Golden Gate], com nossos seguidores nos encarando, como se estivéssemos em um palco. Eles nos olhavam ansiosos, como se George fosse algum tipo de messias."

A experiência da família Joplin não foi tão angustiante quanto a dos Harrison, mas foi perturbadora de outra forma. Janis convidou-os a subir para seu apartamento, para que conhecessem a "família" sobre a qual lhes escrevera: "George [... e] uma nova gatinha, ainda sem nome, cinza, com manchas marrons e brancas, e muito agressiva – quando está com fome ela me segue e fica gritando para mim. George cuida dela muito bem – ele a lambe, carrega-a na boca e ela por sua vez só aceita comida de cachorro e rói os ossos dele. É uma família estranha, mas é minha".

Para os Joplin, o apartamento dela – decorado com faixas de seda, brocado, renda, colchas com estampas indianas e folhetos do Family Dog e do Fillmore – pareceu tão exótico quanto *As Mil e Uma Noites*. Os amigos de Janis admiravam o modo artístico como ela havia decorado seu lar, mas os pais ficaram chocados. Permaneceram calados diante da parede que ela havia empapelado com várias cópias de seu pôster seminua, enquanto Janis se adiantava a qualquer comentário sobre seu mamilo exposto: "Mal dá para ver, mãe. [...] Posso dar um a Mike se vocês o deixarem ficar com ele". Ao contrário do nu feminino que Janis pintara na porta de seu armário quando adolescente, Dorothy nada podia fazer quanto a essa quebra de decoro. Ela se recusou a permitir que Mike – que tinha a mesma idade de Janis quando esta começou a se rebelar – levasse qualquer pôster que a irmã mais velha lhe oferecesse.

Naquela noite, o Big Brother não tinha nenhuma apresentação agendada no Avalon, mas Janis conseguiu que tocassem algumas músicas durante o horário de apresentação do Moby Grape, para que a família pudesse vê-la no palco. Em uma carta anterior, ela havia tentado de forma gentil, em vão, convencer os pais a "alterar ligeiramente seus planos de viagem para que possam ver-nos tocar em algum lugar. Sabem, nós trabalhamos todos os fins de semana [...] e aí vocês vão poder ir a uma festa e usar colares e ver-nos e assistir a um show de luzes e ficar orgulhosos de mim". Depois de subirem as escadas do Avalon, os Joplin foram recebidos lá dentro por Chet Helms, que "dispensou a cobrança de ingressos", Laura recordou, enquanto "Janis dançava de alegria, contando-lhe que éramos sua família. Quando entraram no salão de dança, o som fortíssimo e os corpos em movimento me atordoaram. [...] senti-me como uma estranha. [...] diferente de todos por minhas roupas e por não estar chapada. [...] O Big Brother tocou algumas músicas, de forma sincronizada com as luzes rodopiantes. [...] Eu estava assombrada por tudo, embora a música fosse só uma parte daquilo".

O outro membro da família que comentou publicamente a apresentação daquela noite do Big Brother no Avalon foi o discreto fã de Bach e de Beethoven, Seth Joplin, em uma entrevista de 1970 para Chet Flippo, repórter da revista *Rolling Stone*. "Eu não podia imaginar o volume de som – verdadeiramente incrível", disse ele. "Mas ela era boa. A banda fez uma apresentação especial, de graça, para nós."

Depois que o Big Brother tocou, Mike, que recordou ter ficado "muito empolgado", tentou sem sucesso convencer algum maconheiro a partilhar com ele um baseado nos bastidores. Com Janis sinalizando que não atendessem ao pedido, "ninguém cedeu a seus apelos", disse Laura, e toda a família foi em direção à porta. Como Laura relatou mais tarde à cineasta Amy Berg, "Lembro-me de ter ouvido meus pais dizendo um ao outro: 'Sabe, meu bem, acho que não vamos mais ter muita influência'".

Do lado de fora, na desolada rua Sutter, Janis viu a reação negativa dos pais ao Avalon e tomou-a como uma rejeição pessoal, como se o desagrado deles com a experiência significasse também que eles desaprovavam a ela própria e sua condição como a rainha da cena. Ela era uma Joplin, capaz de ser tão crítica com relação aos pais quanto eles eram com ela. Daquele momento em diante, assim como estava deixando de ser "um dos rapazes" no Big Brother, ela começou a se afastar da família. Janis buscaria sua crescente base de fãs, o círculo de amigos que se expandia e várias substâncias entorpecentes – o álcool e, por fim, a heroína – para anestesiar a dor de ter perdido aquela conexão. Embora telefonasse para casa de vez em quando, ela não escreveria aos Joplin por cerca de cinco meses – e a família nunca voltou a visitá-la em San Francisco.

Pouco tempo depois, Janis aumentou sua família na rua Lyon: Linda Gravenites, casada com o amigo do Big Brother, Nick Gravenites, de Chicago, de quem se afastara, havia se mudado para San Francisco em 1959. Como Dorothy Joplin, Linda era excelente costureira e havia desenhando e feito as roupas para o grupo Committee, de humor de improviso. Janis encomendou um conjunto para uma apresentação da banda no Festival de Jazz de Monterey. Uma morena escultural, que por um breve período fora *stripper* em North Beach, Gravenites havia assistido a várias apresentações do Big Brother, mas no começo não se deu bem com Janis, que lhe parecia "inacessível", recordou. "Parecia que ela ia arrancar minha cabeça a dentadas – ela me assustava."

Agora as duas se davam bem, especialmente quando Janis descobriu que o primeiro marido de Linda fora Patrick Cassidy, um morador de North Beach com quem Janis tivera um saudoso caso em 1964. "Ela disse: 'Ah, que maravilha! Um de meus homens míticos!'", contou Gravenites. "Foi por essa conexão que ela teve interesse em saber quem eu era, e nos tornamos amigas." Linda, quatro anos mais velha que Janis, ficara cuidando do número 710 da rua Ashbury para os Grateful Dead, enquanto eles estiveram em turnê; depois que voltaram, Janis a convidou para dormir em seu sofá, enquanto ela terminava o traje para Monterey. A posição de Gravenites como colega de quarto e ajudante de Janis tornou-se "oficial" quando, certo dia, Janis "estava olhando para a louça suja e disse: 'Preciso de uma mãe', e eu falei: 'Posso fazer isso'", contou Linda. "Eu podia fazer as coisas que ela não queria fazer – ou nas quais nem pensava." O momento não podia ser melhor. Janis precisava de uma substituta para a sempre enérgica e organizada Dorothy Joplin, bem como um sistema de apoio e uma voz da razão. Nos anos seguintes, Gravenites foi muito mais do que a figurinista, mãe substituta e colega de residência de Janis; ela era sua companhia mais próxima, que sempre dava sua opinião, quisesse Janis ouvi-la ou não.

Para sua surpresa, Gravenites, descobriu que Janis mantinha uma casa organizada, controlando cuidadosamente seu orçamento – definitivamente um traço aprendido com a mãe. Pagando um aluguel de 75 dólares por mês, "ela sabia exatamente, até o último centavo", quais eram suas despesas, notou Linda, e onde o salário semanal de 100 dólares era gasto. Em casa, Janis lia o tempo todo, e naquele outono ela não conseguiu largar *Ecstasy and Me: My Life as a Woman*, uma autobiografia da incompreendida atriz Hedy Lamarr. O símbolo sexual austríaco nunca recebeu o crédito que merecia por seu intelecto (na década de 1940, como parte do esforço de guerra dos Estados Unidos, ela ajudou a inventar um sistema de orientação de torpedos empregando ondas de rádio, o qual abriu caminho para a criação do Wi-Fi e do Bluetooth), um problema com o qual Janis se identificou, pois sua imagem de mulher livre ofuscava o fato de que ela possuía uma mente aguçada. Leitora contumaz, Janis sempre levava livros consigo ao viajar; Gravenites terminou desenhando e confeccionando para Janis uma linda sacola feita com contas, onde ela podia carregar de tudo, de *best-sellers*, como *O Bebê de Rosemary*, de Ira Levin, a seus romances favoritos, como os de Thomas Wolfe e F. Scott Fitzgerald, e à não ficção, incluindo uma coleção de cartas de Fitzgerald e a biografia de sua esposa, Zelda, escrita por Nancy Mitford.

Linda Gravenites tinha muitos amigos homens, um dos quais, o carismático Milan Melvin, tornou-se o mais recente amante de Janis. Alto e magro, com longos cabelos negros, ele vendia anúncios para a emissora de rádio KMPX e era amigo dos membros do grupo Committee. Ninguém sabia então, mas enquanto estudava em Berkeley, de 1960 a 1964, Melvin havia sido um informante pago do FBI, infiltrando-se em grupos comunistas e de ativismo estudantil. Quando deixou de ser informante, tentou desaparecer no deserto de Nevada, onde descobriu o Red Dog Saloon e adotou o visual de caubói cósmico, com chapéu Stetson, botas, camisa do Velho Oeste e ornamentos de turquesa. Um tanto trapaceiro, embora não fosse nenhum Peter de Blanc, havia se mudado para o apartamento de Carl Gottlieb, integrante do Committee (e futuro roteirista de *Tubarão*), onde ele e Janis se conheceram.

"A primeira coisa que me atraiu em Janis foi sua risada", contou Melvin. "Só garotas más jogam a cabeça para trás e gargalham daquele jeito. Lembro-me de Janis e eu juntos, como gatos selvagens enlouquecidos no cio, chutando e arranhando e mordendo e fazendo amor [...] até estarmos quase mortos, e então nos levantávamos e nos drogávamos mais um pouco e aí fazíamos tudo de novo." Melvin era um dos poucos com quem Janis consumia ácido.

Quando não estava se apresentando, Janis percorria a Haight com Linda, com frequência acompanhada por Sunshine e Suzy Perry, tomando cerveja e flertando com os passantes. "Quatro damas de capricórnio que iam ficando cada vez mais barulhentas", recordou Gravenites. "As pessoas meio que abriam passagem quando íamos pela rua com nossas Rainier Ale embrulhadas em sacos de papel." Às vezes elas se aventuravam até North Beach, onde provocavam os estivadores e jogavam bola 8 no bilhar Gino & Carlo. Janis em geral ganhava.

Seu novo círculo de amigos também incluía o artista Robert Crumb, nascido na Filadélfia, que ela conhecera por meio de Gilbert Shelton, de Austin, ambos agora expoentes da cena de quadrinhos *underground*, que então surgia em San Francisco. Janis "de mim e de S. Clay Wilson e dos outros cartunistas", recordou Crumb, um homem tímido e desajeitado, que havia criado *Mr. Natural* e que, com Wilson e Shelton, contribuía regularmente para a *Zap Comix*. Janis, vendo em Crumb seu antigo eu de artista visual *nerd*, sentiu-se atraída pelo talentoso artista e fã do blues. Com ele, podia ser ela mesma: retrucar, beber, rir e flertar. "Eu até fiquei com ela uma vez", recordou Crumb, que admitiu estar impressionado com Janis e "aquele grupo de [...] garotas *hippies* desbocadas e beberronas, com jeito de duronas, meio brutas, intimidavam." Se ela estivesse na cidade e recebesse um telefonema de Crumb, vinha na hora, "com aquelas amigas dela", disse o quadrinista. "Elas eram ligadonas, elas eram selvagens, elas topavam qualquer coisa." Tornando-se famoso pelas mulheres que desenhava, lascivas, de traseiros grandes e sem sutiã, Crumb parece ter sido inspirado por Janis e suas amigas, que "me infernizavam por umas horas", disse ele. "Elas eram as garotas mais antenadas e mais descoladas por lá."

De acordo com o marido distante de Linda, Nick Gravenites, "Eu as chamava de as 'mulheres de capricórnio' – mulheres selvagens e doidas, barulhentas, beberronas, liberadas! Elas saíam e aprontavam, falavam palavrões como lenhadores. Ninguém conseguia acompanhar o ritmo delas".

Enquanto isso, o que restava de camaradagem entre o Big Brother e o empresário Julius Karpen se deteriorou ainda mais depois de Monterey. Janis não o havia perdoado por sua obstinada oposição a que a banda fosse filmada por Pennebaker, e ela começou a achar que Karpen, que fumava muita maconha, era *hippie* demais para ocupar-se dos interesses da banda de forma adequada. Ela queria o estrelato nacional, e ele parecia não ter cacife suficiente para atingir esse objetivo. Ele com frequência importunava Janis por conta da bebida, e isso a irritava ainda mais. A banda concordou que havia um problema quando ele não lhes permitia ver o livro de contabilidade nem informava quanto dinheiro haviam ganho. Em vez de aumentar o salário deles, recordou Gurley, "Ele disse que precisávamos acumular uma boa reserva para cobrir as despesas da banda. Nós indagávamos: 'Quanto dinheiro temos, Julius?'. E ele respondia: 'Eu não sei', e não saíamos disso com ele". Peter Albin contou ao Big Brother que seu tio Henry, um sagaz homem de negócios, lhe disse que eles "mereciam ser roubados" se não insistissem em examinar os registros contábeis de seu empresário.

O ponto de ruptura veio em meados de setembro de 1967, quando Bill Graham agendou o Big Brother para abrir, no conceituado Hollywood Bowl, o evento "Bill Graham Apresenta a Cena de San Francisco", estrelando Jefferson Airplane e Grateful Dead. Como a apresentação estava marcada para a noite anterior ao concerto no Festival de Jazz de Monterey, Graham ofereceu arranjar um voo charter para os integrantes da banda. Cartazes e anúncios listavam o Big Brother, mas, no último minuto, Karpen não quis assinar o contrato porque Graham lhes deu apenas vinte minutos no palco. O promoter ofereceu aumentar o cachê para compensar a apresentação curta, e Karpen recusou. Graham então entrou em contato com Albin e conseguiu que ele assinasse, mas Karpen, indignado, exigiu que não tocassem. O Big Brother "cancelou sem aviso prévio", observou o colunista musical Pete Johnson, do *Los Angeles Times*, em sua matéria sobre o concerto do Hollywood Bowl.

Janis ficou furiosa com a oportunidade perdida, mas ficou ainda mais possessa com um incidente que envolveu Karpen no Festival de Jazz de Monterey em 16 de setembro. O Big Brother estava incluído no segmento "Big Blues Bag", na tarde de sábado, junto com B. B. King, o influente guitarrista texano T-Bone Walker e o importante grupo de artistas gospel The Clara Ward Singers. O lendário executivo da Columbia Records, John Hammond – que havia contratado Billie Holiday e Bob Dylan – convidou Janis para acompanhá-lo em seu camarote quando não estivesse no palco.

O público, uma mistura de fãs de jazz e blues, negros e brancos, era mais tranquilo do que a plateia do Festival Pop, de três meses antes. Janis havia voltado a fumar, e fumou com nervosismo até chegar a hora de o Big Brother subir ao palco. "Ela estava apavorada", de acordo com Ralph Gleason, que foi quem os agendou para o festival. "Acho que ela se apavorava toda vez que subia ao palco."

Como escreveu ele mais tarde, "Lá estava ela, aquela garota branca do Texas de aparência esquisita, no palco com toda a hierarquia do blues tradicional, encarando uma plateia calejada na tradição do blues, mais velha que seu público normal e com uma tendência inerente a encarar a música elétrica como inimiga. A primeira coisa que ela fez foi dizer '*merda*' e com isso conquistou-os de imediato. Então ela bateu o pé e sacudiu os cabelos e começou a gritar. O público ficou imóvel por alguns segundos, mas aqui e ali, na grande arena ensolarada, os cabeludos começaram a se levantar, a ir para os corredores e a bater o pé no ritmo da banda. No fim da primeira música, a [...] arena estava lotada de gente se mexendo e dançando. [...] Foi uma cena incrível. Nunca tinha acontecido nada como aquilo, nos dez anos de festival. [...] Era o dia de Janis, não havia dúvida. [...] Velhos e jovens, cabelo comprido ou curto, pretos ou brancos, todos reagiam como se alguém tivesse enfiado um arame quente em seu traseiro".

Depois da apresentação, Janis perguntou a Gleason sobre os cinegrafistas que estavam filmando o evento para um especial de TV sobre San Francisco. "'Vocês filmaram?', perguntou ela, tremendo, depois de sair do palco", recordou Gleason. "Tive que responder que não. Janis ficou decepcionada. Ela sabia o que havia acontecido. E sabe Deus, o mundo está menor do que poderia ter sido por não termos filmado aquela apresentação incrível. [Mas] o empresário de Janis à época, em um surto paranoico sem precedentes, não permitiu que filmássemos a apresentação de Janis."

Enfurecida, Janis exigiu que a banda demitisse Karpen. De volta a San Francisco, quando o Big Brother novamente pediu para ver os livros de contabilidade, ele continuou recusando. O fato é que ele guardava as pilhas de recibos, em vez de manter qualquer tipo de livro-caixa profissional. A banda e Karpen concordaram em separar-se seis semanas depois.

Para aumentar a tensão, os companheiros de banda de Janis receberam uma resenha desagradável no influente jornal *underground Los Angeles Free Press* depois de sua temporada de seis noites no clube Golden Bear, em Huntington Beach. No artigo "Janis Joplin é grande demais para seus parceiros da Holding Company", Larry Kopp destacou Janis por seu talento, escrevendo que ela possuía "a ousadia de Ma Rainey e Bessie Smith, com o controle e a precisão de Nancy Wilson ou Billie Holiday, com um estilo que faz James Brown parecer o Ziegfeld Follies". Em contraste, Kopp reclamou que o Big Brother "não chega ao nível dela" e então dissecou as deficiências de cada instrumentista. Ele observou que Janis "começa como se estivesse jogando um jogo, fazendo referências a drogas, apontando o dedo indicador de cada mão para cima, como Betty Boop, fazendo expressões engraçadinhas que parecem não ter qualquer relação com a música. Seu estilo parece fingido, até que algo entra no lugar e [...] suas mãos encontram a batida e [...] ela se torna a música". A resenha confirmava seu pior receio quanto aos companheiros de banda: eles não estavam à altura de seu talento.

A temporada em Huntington Beach foi tensa por outros motivos mais. Big Mama Thornton abria o show para o Big Brother, e Janis sentia-se culpada por ser a atração principal, além de achar que iria "parecer horrível perto dela", de acordo com Karpen. Ela bebeu mais do que o normal, a ponto de Thornton, ela mesma alcoólatra, dizer a Janis, nos bastidores, "Querida, é melhor você parar de beber. Isso vai matar a sua voz".

Então, uma noite depois de um show, a vida de Janis deu uma guinada horrível, que levaria à pior Farsa do Sábado à Noite possível: James

Gurley a fez usar heroína. Com certeza os motivos que a levaram a beber cada vez mais foram os mesmos que contribuíram para que ela se injetasse com Gurley: as pressões da corda bamba de sua carreira agora explosiva, a distância dolorosa de seus pais e o ciúme cada vez maior do Big Brother por conta de seu estrelato. "Quando descobri [o uso de heroína], aquilo acabou comigo", Karpen contou mais tarde ao escritor Joel Selvin. "Janis já tinha problemas com o álcool, mas isso parecia bem pior."

Quando Janis confessou a Linda Gravenites que havia usado heroína, a amiga implorou que ficasse longe da droga. Mas Janis havia encontrado um refúgio no entorpecimento, pelo qual logo ansiaria de novo. Melhor do que qualquer outra coisa, a heroína curava temporariamente sua solidão, ansiedade, insegurança e senso de deslocamento – tudo de uma vez. Gurley, que idolatrava *junkies* como os lendários saxofonistas de jazz John Coltrane e Charlie Parker, nenhum dos quais passou dos 40 anos, mais tarde minimizou seu próprio uso de heroína como um "novo mundo a explorar [...], mais como uma aventura". Ele sustentou a utilidade da droga como uma ferramenta "que fazia você relaxar [...] tentando queimar o excesso de energia. Que derrubava você e permitia dormir. Ficávamos tão pilhados depois dos shows que eu nunca conseguia dormir antes do amanhecer". Assim como Janis havia voltado a injetar-se anfetaminas com Nancy Gurley no ano anterior, ela agora seguiu James, que já andava às voltas com a heroína havia algum tempo.

Pouco depois, Janis injetou-se heroína de novo, segundo Linda Gravenites, com Paul Whaley, o baterista de 21 anos e cabelos loiros do Blue Cheer – banda cujo nome homenageava uma marca de LSD e que tinha como empresário um ex-Hells Angel, de nome Gut. Janis às vezes ficava na casa comunitária do trio de hard rock, em Marin. Guitarrista do Blue Cheer, Leigh Stephens recordou-se de uma vez em que ela e Whaley encontraram um escorpião e, por brincadeira, colocaram-no junto à escova de dentes de Stephens. A heroína e suas diversões com "garotos bonitos", disse Gravenites, ajudavam Janis a lidar com as pressões crescentes de sua vida.

A Haight havia saído de controle em termos de barulho, crime e drogas, e a polícia passou à repressão. Em outubro, o Big Brother quase foi preso por perturbação da paz enquanto tocava no Matrix. O clube foi fechado temporariamente devido a reclamações da vizinhança. A divisão de narcóticos deu uma batida na casa do Grateful Dead, na rua Ashbury, 710. Embora a polícia encontrasse apenas um pouco de maconha, foram presos empregados, amigos e dois membros da banda, Pigpen e Bob Weir, nenhum dos quais fumava maconha. Em 6 de outubro, os Diggers encenaram um desfile "Morte dos Hippies", que terminou na Psychedelic Shop, onde os proprietários Jay e Ron Thelin deram toda a mercadoria e fecharam a loja. Para Janis, doeu ver a destruição e a perda de sua antes tão bela comunidade – outro motivo para entorpecer-se.

Em novembro, o mais famoso empresário de rock dos Estados Unidos, Albert Grossman, chegou a San Francisco, vindo de Nova York, para encontrar-se com o Big Brother. Antes de contatá-lo, a banda havia discutido acaloradamente, entre si e com os amigos, as opções em termos de empresários. Haviam até sondado Bill Graham para a função, mas o promotor de eventos rejeitou a ideia. "[Janis] precisava de alguém que realmente se dedicasse à carreira e à vida dela", refletiu ele mais tarde. "Eu não estava qualificado para ser o empresário de Janis. [...] Lembro-me de ter dito a eles que, se queriam alguém de peso, deveriam chamar Albert." Karpen declarou mais tarde que *ele* havia recomendado que contratassem Grossman, tendo ligado para o escritório do empresário para marcar uma reunião.

Linda Gravenites também conhecia Grossman, por meio de Nick e de outros músicos de Chicago. Quando Janis lhe pediu opinião, sobre se deviam sair da bolha de San Francisco e assinar com ele, Gravenites disse, com franqueza: "Se você quer só continuar tocando por aqui, não. Se quer se tornar uma estrela internacional, *com certeza*". Com a intermediação de Bob Gordon, que no passado prestara serviços legais para Grossman, eles ligaram para Nova York.

Albert Grossman era um formador de tendências, conhecido por seu excelente gosto, sua habilidade como negociador e sua inescrutabilidade. Nascido em Chicago, em 1926, ele entrou para o show business quando foi um dos fundadores do clube Gate of Horn e depois passou a atuar como empresário, trabalhando com os artistas folk Bob Gibson e Odetta, uma das primeiras inspirações de Janis. Em 1959, ele colaborou com o empresário de jazz George Wein no primeiro Festival Folk de Newport, mudando-se depois disso para Nova York, em 1961. Ele formou o trio Peter, Paul and Mary, com quem teve seu primeiro grande sucesso comercial. Assinou com Bob Dylan logo depois da estreia deste pela Columbia Records, em 1962, e ambos tornaram-se quase inseparáveis – Grossman, parecendo uma mistura de Benjamin Franklin com uma velha e sábia coruja, uma figura paterna para Dylan, o jovem promissor, brilhante e de ar desleixado. Na mesa de negociação, a impenetrabilidade de Grossman trabalhava a seu favor, com os oponentes muitas vezes lutando para oferecer melhores condições, em resposta a seus silêncios frequentes. Entre muitas outras realizações, Grossman foi o primeiro empresário de música a conseguir que seu cliente fosse denominado, no contrato, como "Artist" [artista], como é padrão na indústria hoje em dia – em vez de "Act" [número] ou "Entertainer" [atração].

No fim de 1967, Grossman havia acumulado um naipe de artistas provenientes de Chicago, Nova York e Canadá. Ele ainda não havia encontrado ninguém de San Francisco que lhe interessasse – até ver Janis em Monterey. Quando fizeram uma reunião no apartamento dela, na rua Lyon, em novembro, o comportamento frio e reservado de Grossman perturbou a banda. Ele não falou muito, mas fez perguntas e escutou com atenção. O único tópico que pareceu despertar nele alguma emoção foi a heroína. Seu cliente Michael Bloomfield, entre outros, tinha começado a usar a droga, e a primeira esposa de Grossman havia sido viciada. Uma exigência para trabalhar com ele, informou ao Big Brother, era "nada de *schmeeze*". Reconhecendo um velho termo em inglês para a droga, todos assentiram com a cabeça.

"Ele era um cara que intimidava os outros, estranho", recordou Dave Getz, até mesmo na forma como segurava o cigarro entre o dedo mínimo e o anular. "Ele não falava muito, mas era grande e tinha muita presença e carisma. Estávamos intimidados, é claro, pelo fato de que ele era o empresário de Bob Dylan. Bob Dylan era quase como um deus para a maioria de nós – mais do que humano." Pregado na parede de Janis, aliás, havia um grande pôster em preto e branco de Bob Dylan fazendo uma saudação.

Também participou da reunião o advogado Bob Gordon, que ainda trabalhava para o Big Brother. O novo empresário em potencial exigiu vinte por cento dos ganhos de seus clientes, em vez dos tradicionais quinze por cento. Quando lhe perguntaram sobre a porcentagem mais alta, Grossman respondeu com um desafio: se não obtivesse para eles 100 mil dólares no primeiro ano, podiam rasgar o contrato e não lhe deveriam um centavo. Era uma quantia enorme para uma banda que, de acordo com Dave Getz, mal havia ganho 25 mil dólares naquele ano.

Depois de assinarem os documentos, em 11 de novembro, Grossman começou a colocar em ordem as finanças deles. Como fez com os outros clientes, ele criou a editora musical do Big Brother, com Bob Gordon como secretário, e cada integrante da banda designou um representante e recebeu ações. Dessa forma, eles podiam receber mais por suas composições. Também pegou os recibos que estavam com Karpen para que seu contador pudesse organizar os registros financeiros. E começou a negociar com Clive Davis para desembolsar o montante necessário a fim de rescindir o contrato do Big Brother com a Mainstream e assinar com a Columbia. Enquanto isso, o salário dos membros da banda foi dobrado e passou para 200 dólares por semana.

De volta a Nova York, Grossman contratou o primeiro produtor de turnê da banda, John Byrne Cooke, um músico folk de 25 anos, formado em Harvard e filho do jornalista e radialista britânico Alistair Cooke. Cooke foi recomendado por seu ex-colega de quarto e confidente de Dylan, Bob Neuwirth, que recusara o cargo. Aspirante a cineasta, Cooke havia trabalhado para Pennebaker em Monterey e testemunhara a revelação do Big Brother. Embora novato na produção de turnês, o nova-iorquino havia se cansado de Cambridge e estava aberto a coisas novas. O salário de Cooke, de 150 dólares por semana, seria pago pelos cachês das apresentações do Big Brother, com o escritório de Grossman organizando os agendamentos na Costa Oeste e uma turnê na Costa Leste e no Meio-Oeste, a ter início em fevereiro de 1968. Antes de ir para oeste, Cooke pediu a Neuwirth conselhos quanto a sua nova profissão. "Não carregue as guitarras deles nem vá comprar cerveja ou cigarros para eles", aconselhou Neuwirth. "Seja profissional: você é o *produtor* de turnê, não o *roadie*. E não faça amizade com os músicos, ou não vai conseguir dizer a eles o que fazer." Os modos cheios de autoridade do bem-nascido Cooke tornavam-no o candidato perfeito para o trabalho.

Durante sua primeira reunião no espaço de ensaio da banda, em 1º de dezembro, Cooke parecia o oposto completo das equipes de turnê *hippies* às quais eles estavam acostumados. Com 1,85 metro de altura, cabelo escuro curto e um bigode bem cuidado, ele vestia-se como um membro da Ivy League,[59] o que de fato era. Era um *"connoisseur*, um contador de histórias e um fotógrafo bastante bom", de acordo com sua ex-namorada e amiga de longa data, a cantora Judy Collins. Depois que Janis lhe perguntou qual seu signo (Libra), ela respondeu, com desdém: "Não sou muito chegada a librianos". Ainda assim, a boa aparência dele a atraía, e ela confidenciou depois a Getz que o achava uma gracinha.

Em dezembro, o Big Brother foi e voltou entre San Francisco e Los Angeles, começando com uma apresentação no Cheetah Club, seguida por vários agendamentos no afamado Whisky a Go Go, na Sunset Strip, no oeste de Hollywood. A noite de estreia no Whisky, lotada, não foi tão bem quanto a banda teria desejado: Sam Andrew quebrou uma corda e tocou desafinado, e Janis bebeu Southern Comfort demais. Mas ainda assim eles conseguiram "alterar de forma permanente [...] a atmosfera emocional da cidade", de acordo com Ron Koslow, no boletim *KYA Beat*. "Não seremos os mesmos até que Janis e sua voz voltem para nós. Ela é uma mistura de Bessie Smith, Joana d'Arc e um tigre-de-bengala, um animal muito, muito belo que, ao mesmo tempo, faz você querer rir e chorar e gritar de terror."

Pela primeira vez em dezesseis meses, Janis voltou para Port Arthur para as festas de fim de ano. A família acolheu-a de volta, e os amigos de longa data Adrian e Gloria Haston deram uma festa em sua homenagem. Janis estava encantada por ver a velha turma, e todos estavam orgulhosos de seu sucesso. As coisas não haviam mudado muito em Port Arthur, porém: vestida com seus trajes *hippies*, ela parou em uma loja de conveniências para comprar cigarro e foi alvo de zombarias por parte do atendente. Janis "avançou no cara", de acordo com Gloria, "mas ela não voltou a chorar por causa daquilo. Havia nela uma grande dose de temeridade e valentia".

Ela distribuiu cópias do disco de 45 rotações do Big Brother e encheu a família de presentes de Natal. Sobre a mesa de café dos Joplin, havia inúmeras revistas falando de Janis, incluindo uma cópia da *Look*, com uma foto de página inteira do Big Brother e do Grateful Dead, feita pelo famoso

---

[59] Grupo formado pelas oito universidades de elite dos Estados Unidos. [N.T.]

fotógrafo Irving Penn. Um encarte colorido do *San Francisco Examiner* apresentava Janis como modelo, com um poncho amarelo – seu cão, George, a seus pés –, na companhia de outras mulheres da Área da Baía, vestidas com conjuntos de uma estilista emergente de San Francisco. Dorothy havia informado o *Port Arthur News* sobre o retorno triunfante da filha, e o repórter Leonard Duckett passou uma tarde com a família, entrevistando Janis sobre sua carreira. Uma fotografia, com Dorothy e Seth com ar meio aturdido, e Janis, Mike e Laura sorridentes, acompanhou o artigo, "Janis Joplin recebe aplausos, cantora de blues com alma", que traz uma descrição dela – "cabelo longo e solto, à moda *hippie*, e suas roupas também seguem o estilo que ela usa nas apresentações [...] longos colares de contas, e anéis, anéis, anéis".

"Não quero fazer nada fora da banda", garantiu Janis a Duckett. "Tive algumas ofertas para sair, mas é isso que eu quero. A banda está ganhando dinheiro. É isso que importa, não é?" Duckett concluiu a matéria dizendo que "a esta altura, Janis Joplin está de volta a San Francisco, fazendo a música que ama". O que Duckett não poderia ter sabido era que ela havia deixado para trás Port Arthur e a família Joplin, e para sempre. Ela voltaria para outra visita, mas havia se afastado para muito além da influência dos pais e da cidade natal; o comentário acerca de suas finanças talvez tenha sido uma forma de passar tal mensagem. Os pais podiam estar orgulhosos do sucesso de Janis, mas desaprovavam seu modo de vida – e ela sabia disso. Quanto mais provocadores seus comentários e insultos sobre o Texas na mídia, mais furiosos ficavam. Mas ela descobrira uma nova família formada pelos seus admiradores, que lhe davam toda a aprovação e os conselhos de que necessitava. Com Albert Grossman e Linda Gravenites, ela talvez sentisse ter achado substitutos para Seth e Dorothy Joplin.

De volta a Los Angeles para outra residência no Whisky, Janis continuou recebendo tratamento de estrela. Seu agora querido amigo Peter Tork deu uma festa em homenagem ao Big Brother, em sua propriedade em Laurel Canyon, onde "todos usavam roupas indianas coloridas e ficavam largados pelo piso cheio de almofadas e cachimbos de haxixe", de acordo com Janis

Ian, também convidada. "Havia dezenas de pessoas nuas por ali; eu ignorei, tentando parecer descolada."

O Big Brother havia comprado um veículo para que Dave Richards e o *roadie* Mark Braunstein transportassem o equipamento. Ambos iriam juntar-se a eles na turnê da Costa Leste. A banda e sua equipe ficaram no Hollywood Sunset Motel, um pulgueiro barato, mas John Cooke deixou claro que, no futuro, escolheriam alojamentos melhores.

O Big Brother viu claramente o que o estrelato no mundo pop poderia proporcionar-lhes quando todos foram convidados para a mansão de John e Michelle Phillips, em Bel Air. Com os sucessos e *royalties* das composições do The Mamas and the Papas, o casal pôde comprar uma propriedade que antes pertencera a Jeanette MacDonald, estrela do cinema nos anos 1930, que tinha até pavões passeando livres. "John estava nos recebendo totalmente como se fôssemos estrelas", contou Dave Getz, "enchendo nossa bola, mostrando todo o lugar. Foi o tipo de momento em que sentimos que havíamos chegado a Los Angeles no degrau mais alto. Estávamos sendo adulados por todo mundo."

Na sala de exibição, o grupo reuniu-se para assistir à versão preliminar do filme de Pennebaker sobre o Festival Pop de Monterey. Ao ver a cena de Jimi Hendrix fazendo sexo com seu amplificador e pondo fogo na guitarra, a ABC vetara o projeto *Filme da Semana*, dando a Lou Adler e Phillips os direitos do filme. Os produtores então fecharam um acordo de distribuição do filme, com lançamento nos cinemas em 1968, que traria o rosto de Janis nos anúncios e a música "Combination of the Two", do Big Brother, como faixa título.

John Cooke havia "visto boa parte do material filmado, mas não o filme editado", recordou ele, embora o Big Brother ainda não tivesse visto nada. Ele notou como Janis arregalou os olhos quando o filme mostrou o Big Brother tocando "Ball and Chain". Embora o segmento comece com uma tomada de Getz tocando bateria, seguida por Albin no baixo, as câmeras então se fixam em Janis – e assim continuam por quase toda a filmagem. O longo solo de guitarra de Gurley foi cortado na edição. O filme captura de forma poderosa a magnífica *performance* de Janis e seu talento vocal, enquanto sua banda desaparece no pano de fundo. Quando Janis viu o close de Mama Cass assistindo ao show, assombrada, ela exclamou, "Sensacional! Como ele conseguiu filmar isso?".

A banda, compreensivelmente, não ficou feliz com o foco da câmera em Janis. "Não era o *grupo* que as pessoas queriam", disse Getz. "Era Janis. Havíamos achado que apareceríamos no filme como uma banda, mas ver aquilo foi um choque. Era só Janis. Eles a viam como uma *superstar* que estava nascendo. Percebi que, embora finalmente fôssemos ganhar dinheiro e atingir outro nível, isso também significava que nossa pequena família estava sendo dividida – havia Janis, e havia a banda."

A epifania do Big Brother naquela sala de exibição marcou o início do real sucesso da banda – e também o fim dela.

Capítulo 15

"Nasce uma Estrela do Rock na Segunda Avenida"

O que tivemos que fazer foi aprender a controlar o sucesso, colocá-lo em perspectiva e não perder a essência do que estamos fazendo: a música.
– Janis Joplin

Trabalhar com o mais famoso empresário musical dos Estados Unidos e estar a ponto de assinar com a gravadora mais importante do mundo causaram a Janis tanta ansiedade quanto causou felicidade. Estaria ela à altura das expectativas que havia criado e dos elogios que recebera? Seria isso possível, estando presa a músicos de menor talento, aos quais ela ainda assim amava como a seus irmãos? À medida que sua posição de poder dentro da banda foi aumentando, a igualdade familiar começou a desmoronar. Com um novo disco prestes a ser gravado e a turnê pela Costa Oeste se aproximando, Janis planejava dedicar-se mais do que nunca ao trabalho. Um de seus colegas de banda mais queridos e, talvez não por coincidência, aquele que lhe apresentou a heroína – James Gurley – não compartilhava tal determinação.

Antes de partir para a cidade de Nova York, em fevereiro, o grupo acrescentou material novo a seu repertório. Jack Casady, baixista do Jefferson Airplane e fã ávido de R&B, trouxe ao Big Brother a música que seria o primeiro sucesso comercial da banda. "Piece of My Heart", de Jerry Ragovoy e Bert Berns, tinha sido gravada por Erma Franklin, irmã de Aretha. Fora do radar das emissoras de música pop, havia estreado na parada de R&B em novembro, subindo até a décima posição. Quando Casady ouviu a gravação de Franklin, com os vocais lentos e jazzísticos acompanhados primariamente por teclados e sax, ele imaginou a voz de Janis nessa balada pungente.

"Erma é contralto, não soprano como Aretha, de modo que sua apresentação vocal é bem mais rouca", observou Casady. "Peter Albin me fez uma visita, ouvimos discos e lhe mostrei algumas músicas no baixo. Eu disse: 'Esta música seria perfeita para Janis'. Toquei-a para ele e lhe dei o 45 rotações, que ele levou para Janis. Era perfeito para o tipo de energia e adrenalina dela."

"Nós a 'Big Brotherizamos'", disse Dave Getz sobre a reconstrução que a banda fez da música. Andrew criou um fraseado irregular de guitarra para a abertura, com Janis implorando *"Come on! Come on!"* [vamos! vamos!] e na sequência cantando "Não fiz você sentir [...]".[60] A banda dobrou a duração de dois e meio minutos da música com solos dissonantes e ásperos da guitarra de Andrew. "Piece of My Heart" exibia a espetacular extensão vocal de Janis e diversas texturas, incluindo "sua repetição gaguejada de palavras e frases, a execução de versos como uma rajada de metralhadora" e sua capacidade de subitamente elevar a voz para uma "tessitura gritada", escreveu Tracy McMullen, professora do Bowdoin College, em um estudo acadêmico dessa música.

Um verso que Janis "Otisizou" – *"Nunca, nunca, nunca, nunca, nunca, nunca me ouve quando choro à noite, babe / e eu choro o tempo todo!"*[61] – assumiu especial significado para Janis, de luto pela morte trágica de Otis Redding e de vários integrantes de sua banda, passageiros do bimotor Beechcraft que caiu em um lago do Wisconsin em 10 de dezembro, quando iam para um show em Madison. Ela e Sam Andrew realizaram uma cerimônia fúnebre particular, tocando discos de Redding a noite toda, no apartamento de Janis.

Para aumentar sua angústia emocional, Janis descobriu que estava grávida. De acordo com Linda Gravenites, Janis pensou em ter o bebê, cujo pai provavelmente era "aquele baterista do Blue Cheer", Paul Whaley,

---

[60] No original, em inglês: "Didn't I make you feel [...]". [N.T.]
[61] No original, em inglês: "Never, never, never, never, never, never hear me when I cry at night, babe / and I cry all the time!". [N.T.]

que já estava em outra. Mas com sua carreira em ascensão e a vida pessoal em constante movimento, Janis tomou a decisão de interromper a gravidez, embora se sentisse "péssima por causa disso", recordou Gravenites. Em 1967, seis anos antes da decisão da Suprema Corte dos Estados Unidos no caso *Roe contra Wade*,[62] o aborto era amplamente ilegal nos Estados Unidos. Fora legalizado na Califórnia, mas só para casos extremos: mulheres vítimas de estupro ou de incesto, ou com risco de morte devido à gravidez. O México tornou-se a alternativa de Janis – alternativa que iria revelar-se perigosa –, e ela planejou uma viagem para realizar o procedimento, logo após uma série de shows em Los Angeles.

A relação do Big Brother com seu aristocrático produtor de turnês, John Cooke, teve um início acidentado, pois a postura distante e o autoritarismo deste irritou a banda. Depois de reclamar para Albert Grossman, a banda reuniu-se com Cooke a fim de discutir a "diferença de estilos de vida", contou Cooke. "Eu disse: 'Olha, cara, se vocês querem alguém cabeludo como vocês, para ficar por aí fumando maconha o tempo todo e carregar as caixas de guitarra, a gente contrata alguém para fazer isso, por 30 ou 40 dólares por semana. Mas eu preciso ter alguma autonomia. Não posso simplesmente ficar de bobeira. Vamos tentar um pouco mais'." Cooke acabaria entrosando-se com o grupo – embora ganhasse o apelido de "nazista da estrada" – e trabalharia com Janis pela maior parte dos três anos seguintes.

Grossman estava negociando com Bob Shad, da Mainstream, e Clive Davis, da Columbia, o contrato do Big Brother. Davis acabou aceitando a exigência de Shad de 200 mil dólares para liberar a banda (metade dos quais seriam reembolsados à Columbia a partir dos *royalties* da banda); Shad receberia *royalty* de dois por cento dos dois primeiros álbuns do grupo lançados pela Columbia. Davis ofereceu um adiantamento de 50 mil dólares para cobrir os custos do primeiro LP pela gravadora. Na época, a maior parte das bandas de San Francisco assinava contrato por valores totais entre 20 mil e 50 mil dólares. Para garantir Janis e o Big Brother para si, "A Columbia estava investindo um quarto de milhão de dólares – uma

---

[62] Decisão segundo a qual a Constituição dos Estados Unidos protege a liberdade da mulher grávida de interromper a gravidez sem interferência excessiva do Estado. [N.T.]

fortuna à época –, com quarenta por cento desse montante como despesa não reembolsável", escreveria Davis (com Anthony DeCurtis) em sua autobiografia. "Eu sabia com clareza que era uma jogada agressiva, e possivelmente sem precedentes no mercado de talentos, mas nas raras ocasiões em que você lida com um artista extraordinário – para não dizer histórico – precisa ser ousado." Sua expectativa era de que o álbum de estreia fosse um grande sucesso, e concordou com Grossman quando este escolheu John Simon para ser o produtor.

Nascido em 1941 e filho de um médico que fundou a Orquestra Sinfônica Norwalk, de Connecticut, Simon era um exímio tecladista, com ouvido absoluto. Depois de estudar em Princeton, ele treinou na Columbia Records como produtor, emplacando um sucesso pop em 1966, com "Red Rubber Ball", composta por Paul Simon e gravada por The Cyrkle. O diversificado trabalho inicial de produção de John Simon incluiu os álbuns de estreia de Leonard Cohen (o severo e sísmico *Songs of Leonard Cohen*) e do Blood, Sweat and Tears (*Child Is Father to the Man*, uma mistura de rock, blues e jazz repleta de metais). Grossman contratou Simon para produzir demos para The Band, e isso levou à contratação do grupo pela Capitol Records. Ele estava trabalhando no álbum de estreia dessa banda, *Music from Big Pink,* quando conheceu o Big Brother na Golden State Recorders, em San Francisco. Simon não era fã de música psicodélica e vetou na hora a sugestão feita por Sam Andrew de fazerem uma versão freak rock do hino dos Estados Unidos, "The Star Spangled Banner" (que, é claro, seria feita por Jimi Hendrix de forma lendária em 1969). Simon estava "regulando", de acordo com Andrew. "Ele não gostava de nada [...] como se devêssemos nos sentir privilegiados por ele ter vindo do leste para dar um jeito neste produto tosco do oeste. Seria impossível encontrar alguém mais diferente do Big Brother."

À medida que aumentavam as apostas para a banda, James Gurley continuava a afundar, bebendo demais e consumindo heroína e calmantes. Perdera seu protagonismo e tornara-se inseguro depois de ter testemunhado a perícia de Jimi Hendrix. Andrew assumiu boa parte do trabalho de guitarra solo e contribuiu com material novo, como "Flower in the Sun" e "Farewell Song", enquanto a criatividade de Gurley minguava. Nesse meio-tempo, o foco da mídia em Janis se intensificou. "James foi o que mais sofreu à medida que ela subia", observou Dave Getz. "Ele se retraiu e começou a autodestruir-se, e virou um caos, quase disfuncional."

Em meados de janeiro de 1968, Gurley quase caiu do palco no Golden Bear, enquanto Grossman, que viera de Nova York, assistia. Mais tarde, o novo empresário convocou uma reunião de improviso do Big Brother – sem Gurley – e sugeriu que substituíssem o guitarrista, e que lhe dessem 10 mil dólares e uma licença de seis meses para ficar limpo. A banda vetou a ideia de imediato, gritando "Somos uma banda! Ele é um membro importante! Não podemos tocar sem ele!". Os outros nunca confrontaram Gurley, de acordo com Getz. "Todo mundo tentou evitar isso, negar, olhar para o outro lado."

Janis e Sam Andrew também estavam usando heroína, como "amadores", disse Andrew, mas às escondidas, e depois do trabalho. "Usávamos heroína por achar que tínhamos que fazer isso – era o que Charlie Parker tinha feito, assim como tantos grandes nomes", contou ele. "Havia uma mística tipo Sagrada Comunhão naquilo. [...] É como um banho quente por dentro." Janis havia devorado *Lady Sings the Blues*, a autobiografia de Billie Holiday, publicada em 1956, que detalhava o vício que três anos mais tarde contribuiria para a morte da cantora, aos 44 anos de idade. De acordo com Linda Gravenites, Janis romantizava o uso dessa droga, enxergando-o como um sinal de autenticidade – como se precisasse de um buraco no braço para expressar o buraco que tinha na alma.

Janis passou o aniversário de 25 anos no palco do clube Kaleidoscope, em Los Angeles, e foi homenageada pelos amigos. Cooke arranjou champanhe e um bolo de aniversário, e os donos do clube encheram o palco com três dúzias de rosas vermelhas. Outras quatro dúzias chegaram, da parte da banda e de amigos, incluindo Peter Tork. Ela ficou encantada.

Logo depois, Janis viajou discretamente para o México, onde realizou o aborto. Voltou a tempo para outra apresentação em Los Angeles, mas estava com hemorragia e com muita dor. O agenciador de shows Todd Schiffman disse à banda que poderiam cancelar a apresentação, alegando problemas com o sistema de som do clube. Mas Janis se opôs. "Eu não acreditei!", contou Schiffman à escritora Alice Echols. "Ela deu um show de uma hora, e não dava para perceber que estava passando mal. Eu não podia crer em meus olhos. Isso demonstra a que ponto chegavam a dedicação e a loucura dela."

De volta a San Francisco, Janis tirou um tempo para recuperar-se. Em 31 de janeiro, ela escreveu aos Joplin pela primeira vez em meses e refletiu sobre o fato de ter feito 25 anos: "Um quarto de século! Ah, mas é incrível. Nunca pensei que iria sobreviver tanto tempo". Contou que estivera doente por uma semana e meia, custando à banda 8 mil dólares em apresentações canceladas no Fillmore:

> *Finalmente tive um descanso maravilhoso. [...] Sinto-me tão bem e tranquila agora. Foi minha primeira folga em meses! Muito divertido, esta foi a primeira vez que fiquei doente e tive que permanecer em repouso, na cama, desde que saí de casa. Só percebi isso numa tarde em que estava deitada na cama, tomando uma cerveja, e de repente caiu a ficha de que o melhor jeito de ficar doente é deitada na cama tomando uma cerveja! [...] As pessoas me mandaram flores (três vasos cheios) e muitos rapazes charmosos vieram me visitar. Linda e eu nos divertimos bastante.*

A mãe lhe enviara um recorte sobre Aretha Franklin, um ano mais velha que Janis, que havia estourado em 1967, redefinindo a música soul com sua magnífica "I Never Loved a Man (The Way I Love You)" e com "Respect". Janis venerava a voz de Franklin – "ela é, de longe, a melhor coisa na música neste momento" – e sonhava cantar com semelhante força. Começando a achar que poderia chegar ao elevado nível de Franklin, Janis escreveu aos pais que "*Rolling Stone*, um jornal nacional sobre rock & roll" lançado em San Francisco, em novembro de 1967, "disse que sou 'possivelmente a melhor voz feminina de sua geração'. Mas suponho que [Franklin] e eu sejamos de gerações diferentes". Prestes a gravar para a Columbia, que havia sido a gravadora de Franklin antes que ela assinasse com a Atlantic, Janis disse, "com certeza isso deve testar nosso valor".

Na mesma carta, Janis, certamente por empatia em relação a seu irmão Mike, um artista iniciante, encorajou-o com o tipo de elogio sincero pelo qual ela mesma sempre ansiava:

> *Seu pôster ficou MUITO LEGAL e desejo realmente boa sorte com seu show de luzes. Parece uma ótima ideia. Se precisar de*

alguma orientação, escreva, porque conheço muita gente que trabalha com isso, inclusive quem criou a coisa toda. Você pretende usar projeções líquidas? São as melhores, porque podem refletir o clima da música e manter o ritmo. Se conseguir usá-las, e incorporar slides, vai ter algo bom de verdade. Você e seu amigo precisam conseguir o equipamento e ensaiar com discos. De novo, boa sorte, é uma boa ideia.

Janis continuaria mandando mensagens afetuosas ao irmão, cuja iniciativa de criar um jornal *underground* claramente fora inspirada pela viagem a San Francisco; em uma nota, ela disse, "querido, parabéns de verdade, e todo o orgulho e amor que tenho por seu trabalho, em *Agape*, especialmente o poema – ah, é tão bom!!! Eu o coloquei na parede de casa".

Na segunda semana de fevereiro de 1968, Janis, usando um gorro branco felpudo, e o Big Brother, todos bem encapotados, por fim voaram para a cidade de Nova York, com John Cooke, Dave Richards e Mark Braunstein. Montaram acampamento no venerável e descolado Chelsea Hotel, na rua 23 Oeste. Janis escreveu aos Joplin sobre a "fama do hotel por abrigar intelectuais", onde Dylan Thomas e Brendan Behan tinham morado. O bar e restaurante espanhol El Quijote, junto ao saguão do hotel, e o vizinho clube Max's Kansas City iriam tornar-se os quartéis-generais de Janis em Nova York.

O Max's, originalmente um reduto de pintores expressionistas abstratos, tinha um salão nos fundos onde Andy Warhol, estrelas do rock e seu círculo íntimo se reuniam. Quando o Big Brother entrou no clube pela primeira vez, acompanhado de Albert Grossman, a jukebox tocava "Janis", de Country Joe, a todo volume: "Em minha vida, trazida por ondas de som elétrico e luzes brilhantes, ela entrou".[63] As cabeças se voltaram para ver a nata da cena *hippie* da Haight ou, como Janis rotulou sua turma: "um bando desleixado de freaks de rua". Uma garçonete do Max's comentou:

---

[63] No original, em inglês: "Into my life on waves of electric sound and flashing light, she came". [N.T.]

"Eles parecem tão alegres, comparados com todo mundo em Nova York". Janis e o Big Brother achariam Manhattan "tensa" em contraste com a descontraída San Francisco. "[A] cidade [...] enlouqueceu todos nós", Janis disse algumas semanas mais tarde. "Estava acabando com a união da banda."

No escritório de Grossman, em uma casa na rua 55 Leste, Janis e o Big Brother conheceram Myra Friedman, recém-contratada para cuidar da assessoria de imprensa da banda. Com 35 anos de idade e formada em música clássica, Friedman era originária de St. Louis e trabalhara com relações públicas na Columbia Records. Ela ficou deslumbrada com Janis, descrevendo-a como "grandiosa, crua, poderosa, com uma base sólida de rebeldia e sexualidade". Friedman iria transformar-se em outra Dorothy Joplin, repreendendo Janis por seu mau comportamento e ao mesmo tempo sentindo por ela um profundo carinho, e seria para Janis mais uma mãe substituta.

Janis sentia-se em casa no refúgio pessoal de Grossman – "uma sala sóbria, uma espécie de mausoléu onde jaziam estranhos e tenebrosos segredos [...] sua sombria quietude refletindo a personalidade de seu ocupante", nas palavras de Friedman. Depois de um abraço demorado, Janis prestava atenção a cada palavra de Grossman – embora estas não fossem muitas. Como o pai dela, Grossman irradiava uma inteligência afiada e um cinismo perspicaz, em geral falando menos do que qualquer outra pessoa na sala.

Grossman havia montado um local de ensaios em um armazém no centro, onde o Big Brother iria preparar-se para sua estreia na Costa Leste, marcada para 16 de fevereiro, uma sexta-feira, no ginásio Palestra, da Universidade da Pensilvânia; na noite seguinte aconteceria a primeira apresentação em Nova York, no Anderson Theater, na Segunda Avenida, 66, um velho teatro iídiche convertido havia pouco em uma casa de rock de aluguel barato. O Big Brother seria a atração principal em dois shows, às oito e às onze da noite, com B. B. King abrindo a programação. Janis estava nervosa durante a passagem de som, e o diretor de operações John Morris tentou tranquilizá-la. Oito meses haviam se passado desde seu triunfo em Monterey e, apesar da grande cobertura da imprensa desde então, Janis ainda teria que se pôr à prova na cidade de Nova York.

Tendo o Joshua Light Show pulsando atrás de si, o Big Brother abriu a apresentação com o virtuosismo vocal de Janis em "Catch Me Daddy" e a banda entrou a seguir, em um rugido estrondoso. A plateia foi à loucura enquanto o Big Brother arrebentava, com "Magic of Love", "Brownsville" e "Light Is Faster Than Sound". "Ela fez a casa vir abaixo!", recordou Morris, décadas depois. "Fiz uns quatrocentos concertos em minha vida, e devo ter assistido a uns oitocentos, e aquele ficaria entre os dois ou três melhores de todos."

Tirando fotos, estava Elliott Landy, de 26 anos, um fotógrafo iniciante que trabalhava principalmente para um jornal *underground* de Boston. Ele ficou impressionado: "Que mulher maravilhosa para fotografar! Eu nunca tinha visto ninguém como Janis! Era tão destemida, corajosa. Ela dava tudo de si". Na plateia também estavam o engenheiro de som Elliot Mazer (outro cliente de Grossman) e o engenheiro da Columbia Fred Catero; ambos tinham sido alertados por John Simon, que não comparecera ao show, "quanto à falta de musicalidade e a desunião da banda", de acordo com Mazer. No entanto, eles acharam empolgante a apresentação do Big Brother, sobretudo a poderosa voz de Janis.

Depois do show, músicos e jornalistas lotaram os bastidores, incluindo Richard Goldstein e Linda Eastman, uma fotógrafa amiga de Sam Andrew que fotografara os Rolling Stones e que mais tarde se casaria com Paul McCartney. Goldstein publicou uma resenha exuberante no *Village Voice* da semana seguinte; alguns meses depois, ele escreveria na *Vogue* que Janis era "desconcertante"– ela "ataca uma música com os olhos, os quadris e o cabelo. Ela desafia a tonalidade, berrando em um verso, cuspindo as palavras em outro e agarrando-se a uma estrofe final, implorando-lhe que não se vá". Goldstein estava encantado com Janis e, certa noite, depois de comerem *blintzes* na *delicatessen* Ratner's, caminhou com ela até o Chelsea e trocaram um beijo de boa-noite.

Robert Shelton, crítico musical do *New York Times* cuja resenha de um show de Bob Dylan, em 1961, levou à contratação desse artista pela Columbia, escreveu uma matéria intitulada "Nasce uma estrela do rock na Segunda Avenida", ilustrada com uma foto só de Janis, o resto da banda recortado e excluído. "Por melhor que tenha sido a noite, ela pertenceu sobretudo à efervescente e ousada Srta. Joplin", disse Shelton. "Há poucas vozes com tanta força, flexibilidade e virtuosismo na música pop. Em certos momentos, a Srta. Joplin parecia atingir duas notas harmônicas ao mesmo tempo. Sua voz bradava em êxtase ou fúria em um minuto, para atenuar-se em floreios elegantes no instante seguinte, e deslizava dos agudos do soprano aos graves robustos do contralto.

"Em uma seção desacompanhada de 'Love Is Like a Ball and Chain', a Srta. Joplin embarcou em um voo que sugeria primeiro uma *cadenza* de violino, a seguir o clímax de uma sessão de flamenco. Em 'Light Is Faster Than Sound' e 'Down on Me,' ela irradiou mais energia do que a maioria dos cantores usaria em um show inteiro."

Na segunda-feira, depois de pegar uma pilha de cópias do *New York Times*, Janis e os rapazes rumaram para o Black Rock, o formidável arranha-céu situado na Sexta Avenida com rua 53, que abrigava a CBS e a Columbia Records. Grossman, a quem Janis havia se declarado de brincadeira no sábado à noite, depois do show – "Albert, estou tão feliz que quero trepar com você" –, ligou para Clive Davis a fim de lhe dizer que Janis também queria "trepar com ele", para fechar o negócio. Davis declinou com educação.

Depois de fazerem um tour pelo escritório e de conhecerem Bob Cato, o diretor de arte que se encarregaria da capa do álbum, o Big Brother foi até o vigésimo sexto andar, para assinar o contrato com Davis. Ninguém se lembra bem, mas em um dado momento, James Gurley ou ficou nu em pelo ao trocar de roupa para a festa daquela noite com a imprensa, ou sentou-se despido à mesa de conferência. Da forma como Davis conta, ele havia acabado de dizer que a gravadora poderia ser bem informal, quando percebeu que Gurley, sentado à mesa, estava sem camisa e também sem as calças. "Janis percebeu que eu tinha ficado espantado e riu", recordou Clive Davis em seu livro *The Soundtrack of My Life*. "'Bom', disse ela com um brilho nos olhos, 'isto é quão informais *nós* somos!'."

Na festa lotada daquela noite, no Piraeus, My Love, um restaurante grego situado na rua 57, a banda ficou bêbada no meio dos jornalistas e profissionais do ramo, atraídos pela resenha do *Times* daquele dia. Janis era a queridinha da cidade. No dia seguinte, ela escreveu uma carta entusiástica para Linda Gravenites: "Veja! Nossa primeira resenha em Nova York depois da primeira apresentação que fizemos aqui! Demais! Realmente maravilhoso! [...] Assinamos [com a Columbia] e anunciamos a grande novidade, e assim você pode contar para todo mundo – é oficial!

Vamos começar a gravar *ao vivo* assim que possível, e parece que tudo está entrando nos eixos bem rápido. Até agora, estamos curtindo NY de verdade. As pessoas têm sido bem cordiais e bebemos muito. Esta é a chave para adaptar-se em NY. Beber bastante e acostumar-se a passar um tempo em bares e, uau, somos o grupo certo para isso!".

Janis também mandou a resenha para os Joplin, com um bilhete exultante:

> *Demais, hein? Assim, agora estamos no processo de invadir a Costa Leste. Ainda, desde ontem somos da Columbia, e é oficial. Assinamos o contrato no vigésimo sexto andar do edifício da CBS, conhecemos o presidente, houve uma festa para a imprensa e ficamos bêbados. Estou agora no escritório de Albert e acabei de dar uma entrevista. Tudo indica que vou ficar rica e famosa. Incrível! Revistas de todos os tipos estão querendo fazer matérias e fotos comigo. Vou fazer todas. Uau, tenho muita sorte – passei tanto tempo sendo uma adolescente (e jovem adulta) confusa, e acabei caindo aqui. E finalmente parece que algo vai dar certo para mim.*

A mitologia de Janis sobre si mesma – dando destaque à juventude problemática e minimizando a ambição e os anos de trabalho para tornar-se uma grande cantora – havia começado. Ela logo aperfeiçoou a arte da entrevista, dando aos jornalistas citações excêntricas e alimentando-os com histórias exageradas de uma adolescência torturada e de um sucesso acidental. Aprendeu depressa que podia cativá-los pela palavra impressa da mesma forma como fazia no palco. Mulher alguma já se apresentara como ela – ou falara à imprensa como ela. "Quando estou cantando [...] é como um orgasmo", diria ao escritor Michael Thomas depois de um concerto em Providence, Rhode Island. "Você não consegue se lembrar, mas você se lembra."

Na primeira vez que a banda foi a Boston – para um fim de semana de apresentações no Psychedelic –, ladrões entraram no clube depois do show da sexta-feira à noite e roubaram equipamentos do Big Brother avaliados em 5 mil dólares. Foi necessário que Cooke saísse juntando aparelhagem para os dois concertos seguintes. Quatro dias depois, eles pegaram um voo rumo a Detroit. Para o planejado álbum ao vivo, a Columbia mandou o engenheiro de som Fred Catero, que gravaria os shows do Big Brother no Grande Ballroom, um local antigo com atmosfera semelhante à do Avalon. Dentro do salão, Catero instalou uma unidade móvel de gravação para capturar as duas apresentações programadas para o início de março. A banda que fez a abertura, o MC5 (Motor City 5), um grupo de protopunk e hard rock politicamente feroz, executou uma apresentação estrondosa, que tirou o impacto do próprio Big Brother. Intimidado e possivelmente cansado, o Big Brother teve uma noite ruim; errou mais notas do que o normal, perdeu deixas e falhou em conectar-se com a plateia – o oposto total do triunfo de Nova York. A reação morna do público frustrou o propósito da gravação ao vivo, na qual o *feedback* da multidão pode levar a banda a superar-se e até mascarar os erros. Depois da apresentação, Janis passou pela cabine de controle para ouvir a gravação. Catero recordou-se de ter tocado a fita para ela, e Janis reagiu com um "*Ah, merda!*", derramou a bebida que tinha nas mãos e se afastou pisando duro.

Na noite seguinte, a apresentação não foi muito melhor, embora Catero se lembrasse de Janis "cantando como nunca" e da banda tocando "ok". Mais tarde, no bar com Catero, Janis estava desolada e tomou cinco drinques, um atrás do outro. Quando Gurley se ergueu de onde estava sentado, um pacote de heroína caiu de seu bolso. Até então, naquela primeira viagem ao leste do país, Janis havia obedecido a outro ultimato de Grossman, abstendo-se de usar a droga; escrevendo a Linda Gravenites, ela contou sobre "um longo sermão e uma ameaça implícita de Albert com relação à heroína (ou paramos ou ele nos dispensa)". Outra carta confirmou: "até agora, pelo menos, larguei a heroína". Embora tivesse continuado a consumi-la em San Francisco, ainda não desenvolvera o vício. E sabendo tudo o que estava em jogo nas semanas seguintes de gravação e apresentações, ela evitava a droga.

De volta a Nova York, o Big Brother reuniu-se no escritório de Grossman para ouvir as gravações feitas em Detroit. Cientes de que haviam tocado mal, os membros da banda só ouviram os erros, guitarras desafinadas e ritmos irregulares. O empresário, aborrecido, sugeriu que Andrew passasse para o baixo e que Albin, que tocava guitarra em algumas músicas, assumisse a guitarra solo. A banda vetou a ideia, mas todos concordaram que as gravações tinham sido um erro inútil e caro – o álbum teria que ser gravado nos estúdios da Columbia em Midtown Manhattan e em Los Angeles.

Depois da reunião, Grossman chamou Janis de lado e disse-lhe que ela se sairia melhor com músicos experientes. Anos depois, contudo, quando a Columbia lançou as gravações ao vivo dos shows do Grande Ballroom, o influente crítico Lester Bangs elogiou muito a versão "irregular mas correta" de "Piece of My Heart" e a "adrenalina do rugido de metais" em "Down on Me", afirmando que "o solo de guitarra de James Gurley [em 'Ball and Chain'] é um dos melhores que ele gravou, uma tempestade de ruído tão ardente quanto [a de] *Cheap Thrills*, mas acelerada, executada com uma espécie de fúria jubilosa".

Na época, porém, a gravação frustrada resultou em intrigas e acusações. O bilhete enviado por Janis para a mãe, em 5 de março, tinha um tom muito diferente do anterior: "Muito ocupada, e NY é muito estranha – competitiva e feia e virando-nos do avesso. Em minha noite de folga, fui ver *Hello, Dolly!*, com Pearl Bailey. Ela é maravilhosa".

No dia seguinte, Janis escreveu para Linda Gravenites: "Muitos problemas na banda, relacionados com o fato de que acho que sou fodona (como todos me dizem pelas costas da banda, a começar por Albert) e a banda é desleixada. Acho que sobreviveremos, mas o disco ao vivo foi cancelado, depois de uma tentativa em que nos saímos péssimos (mas eu estava ok). Meu Deus, estou tão confusa!".

Todos tinham esperança de uma redenção no dia 8 de março, quando o Big Brother seria a atração principal no concerto de inauguração do Fillmore East. A nova casa de shows de Bill Graham, a primeira fora de San Francisco, era um teatro iídiche adaptado, situado na Segunda Avenida, 105. O muito alardeado evento trouxe, na abertura, o cantor e compositor Tim Buckley e o músico Albert King, que tocava blues elétrico. Graham, que foi a Nova York para a inauguração, quis dar destaque ao nome de Janis na marquise do teatro, mas ela insistiu para que figurasse apenas o nome do grupo.

Para muita gente que nunca tinha visto o Big Brother, o concerto foi uma revelação. "Quando Janis começou a cantar, fiquei atordoado", recordou o fotógrafo Bob Gruen. "Ela não estava representando – estava *sendo*, como se estivesse possuída. Apenas *sentindo* e compartilhando seus sentimentos. Não era como uma atuação – era *real*. Só passei por essa experiência uma outra vez, assistindo a Tina Turner." O artista/fotógrafo iniciante Robert Mapplethorpe, um jovem que trabalhava como lanterninha, voltou correndo para casa, no Brooklyn, e contou a sua amiga Patti Smith, com quem rachava o aluguel, sobre a cantora incrível que havia visto. Mas em comparação com a empolgante estreia nova-iorquina no Anderson Theater, a banda não tocou bem. Houve problemas no sistema de som, e as guitarras em certos momentos abafavam a voz de Janis, o que fazia com que ela tentasse compensar com gritos estridentes "como uma vendedora ambulante", disse um jornalista homem. No entanto, Nat Hentoff ficou intrigado o bastante para marcar uma entrevista com ela, para uma matéria extensa no *New York Times* de domingo.

No fim de semana seguinte, Richard Goldstein, crítico do *Voice*, acompanhou o Big Brother até a Filadélfia, para dois dias de apresentação no Electric Factory, "uma enorme garagem transformada em playground psicodélico, repleto de jovens certinhos que estavam lá para ver como eram os *hippies*", escreveu. Goldstein testemunhou o nervosismo de Janis antes do show: como ela "anda de um lado para o outro no camarim diminuto, tamborila com os dedos sobre uma mesa. [Ela] espia por uma fresta da porta do camarim e fecha a cara: 'Que merda. Nunca vamos conseguir agitar essa garotada. Quer ver a morte? Dá uma olhada ali fora'". No entanto, depois de tomar uma xícara de chá batizada com Southern Comfort, e de se enroscar nos bastidores com um sujeito fantasiado de gorila, o humor dela melhorou. Mais uma vez ela conquistou a plateia: "Os jovens cercaram o palco, transbordando com a alegria de quem sentiu uma conexão", relatou Goldstein. "Por que ouvir Janis cantar 'Ball and Chain' uma única vez é como ter feito amor, com carinho e muito bem."

O Big Brother entrou no Estúdio B da Columbia em 19 de março, às sete da noite, para começar a gravar o álbum que a banda queria que se chamasse *Sex, Dope and Cheap Thrills* [sexo, drogas e emoções baratas] – nome inspirado na frase que estampava o pôster de *Reefer Madness*, um filme cafona contra as drogas, de 1936. O trabalho se arrastou até as quatro da manhã, com o grupo tentando vários *takes* de "Combination of the Two" e falhando miseravelmente em gravar "Catch Me Daddy".

"Cada vez que ela gravava, era um arraso, perfeito", comentou Fred Catero. "Mas a banda simplesmente não estava no ponto. Precisariam de pelo menos uns cinco anos para serem considerados do nível dela." Segundo ele, os músicos não conseguiam lembrar-se de suas partes, ou cometiam erros frequentes toda vez que tentavam um novo *take*. John Simon demonstrou desagrado, advertindo-os: "Vocês precisam se entender".

Para dar um jeito no ambiente do estúdio, que os instrumentistas consideravam estéril, os técnicos construíram uma imitação de palco, simulando o cenário de um clube. O Big Brother voltou na noite seguinte para gravar "Piece of My Heart" e "Summertime". Também para simular a ambientação de um concerto ao vivo, os músicos usaram um PA para ouvir o que estavam tocando, em vez de fones de ouvido. Tocaram juntos no "palco", ao contrário das sessões típicas, em que as partes individuais eram gravadas em cabines de isolamento acústico para evitar interferências do som de um instrumento sobre outro, as quais limitavam a possibilidade de o produtor conseguir combinar os canais individuais.

"Quem estava tendo mais dificuldade era James", recordou Dave Getz. "Era uma agonia conseguir um bom solo sem que ele se atrapalhasse ou tocasse alguma nota errada." No começo, Janis não criticou nem Gurley nem os demais. "Estava resignada por não poder dirigir todo mundo", contou o baterista. "Ela não podia dar instruções pessoais e nem dizer: 'Dave, você toca assim, Peter toca assado'. Não combinava com o Big Brother. Nós não dirigíamos uns aos outros. Não era assim que funcionávamos." Às vezes, porém, ela perdia a paciência, de acordo com Catero: "Ela dava tudo de si ao cantar, então parava, entrava na sala de controle e dizia: 'Não vou cantar com aqueles filhos da puta ali!'", e pegava sua garrafa de Southern Comfort.

A irritação de Simon aumentava a pressão, e a mesma coisa acontecia com a presença de D. A. Pennebaker no estúdio. Ele filmou o Big Brother gravando "Summertime", para um possível documentário sobre Janis, projeto que depois foi abandonado. Nas cenas filmadas, Janis argumentava que uma nota errada na guitarra não afetaria o som como um todo, pois de qualquer forma eram os vocais dela que as pessoas mais queriam ouvir.

Registrado na filmagem de Pennebaker, Sam Andrew defendeu, ante Simon, suas partes de guitarra inspiradas em Bach, na tentativa de provar sua formação clássica e sua capacidade de ler música. Às vezes Janis conversava com Gurley quando ouviam os *playbacks*, distraindo-o para que não os escutasse. Quando Pennebaker focava as lentes em Janis, ela fazia caretas para a câmera. Contudo "Janis era uma poderosa força dentro do estúdio", relatou John Simon mais tarde. "Ela definitivamente não se calava quando tinha opiniões", que diziam respeito a tudo, de partes de guitarra e tempos à mixagem do som e à escolha de músicas.

"As coisas ainda estão muito esquisitas aqui", Janis escreveu a Gravenites sobre as sessões. "Está sendo difícil gravar – conseguimos fazer duas faixas – 'Combination of the Two' e 'Piece of My Heart'. Será dureza, mas vamos conseguir." Em sua entrevista para Nat Hentoff, Janis descreveu os problemas que enfrentavam no estúdio. "Fazer este disco não tem sido fácil", contou a ele. "Não somos os melhores técnicos que existem. Não somos daquele tipo de profissional objetivo capaz de entrar em um estúdio e produzir algo rápido e bem-acabado. Somos apaixonados – só isso. E o que estamos tentando passar para o disco é algo em que somos bons – é a determinação, tirar pessoas de suas cadeiras. O que também dificulta a coisa para John Simon [...] é que somos meio desleixados, ao mesmo tempo que somos felizes. Na noite passada, ele estava tentando fazer uma coisa qualquer e exclamou: 'Qual é! Quem é o chefe desta banda?'. Houve um silêncio porque [...] ninguém é chefe. Nós fazemos votações. Somos democráticos." Enquanto aumentavam as críticas a seus colegas, Janis inicialmente reiterou sua insistência de que eram uma unidade, temendo mais uma divisão familiar. O tempo todo ela sabia, porém, que no fundo isso seria inevitável. "Ela tentava manter-se a mesma", Dave Getz observou, "mas não dava."

A banda fez uma pausa nas gravações para apresentar-se em Chicago, retornando à cidade pela primeira vez depois da residência no Mother Blues, em 1966. O público do Agora/Cheetah era de 3 mil pessoas, com a banda do então jovem Bob Seger abrindo. Para seu desagrado, os integrantes do Big Brother descobriram que os anúncios e cartazes do concerto traziam escrito "Janis Joplin/Big Brother". Começaram o show furiosos. Mas "no minuto em que deixamos o palco, depois do primeiro *set*, tudo voltou ao lugar", disse Janis. "Olhamos uns para os outros, tipo, 'Lembra de mim?'. Nós recordamos a razão de tudo." Naquela noite, Janis usou uma nova criação de Gravenites: um minivestido dourado *sexy*, com ligas combinando (em entrevistas para as revistas de moda *Vogue* e *Glamour*, ela falava das criações de Linda com entusiasmo). Em uma matéria para a *Downbeat*, Mark Wolf destacou o cansaço físico e a aparência descuidada de Janis: "está descabelada, transpira muito e sua respiração é ofegante, como se ela tivesse acabado de terminar uma corrida".

Na entrevista a Wolf, Janis minimizou o trabalho duro e o planejamento envolvidos em sua apresentação. "A música tem a ver com sentir as coisas", foi como ela se expressou. "O que queremos com nossa música é apenas tentar voltar à boa e velha diversão, pulando, ficando chapados, seguindo em frente – '*Ei, baby! Suba aqui e vamos mandar ver! Aqui no palco!*'." Depois, fiel a si mesma, levou para seu quarto de hotel "um cara bacana de verdade", segundo ela própria o descreveu.

De volta a Nova York, as sessões de gravação foram retomadas. Uma noite, bem tarde, Janis tomou o elevador com um homem de aspecto professoral e olhar triste – era Leonard Cohen, então com 33 anos. Mais tarde, ele imortalizaria em duas variações de sua música "Chelsea Hotel" – números 1 e 2 – a aventura amorosa que se seguiu; a segunda versão incluía estas linhas sobre o encontro sexual: "Você falava com tanta bravura e doçura / dando-me prazer na cama desarrumada / enquanto as limusines esperam na rua".[64]

A versão de Janis sobre o encontro deles foi menos terna. No ano seguinte, durante uma sessão com o aclamado fotógrafo Richard Avedon, enquanto era entrevistada pela assistente dele, a escritora Doon Arbus, Janis falou a respeito dos altos e baixos de sua vida sexual: "Às vezes [...] você está com alguém e tem certeza de que a pessoa tem algo [...] para te dizer. Ou [...] você quer estar com ela. Então pode ser que nada aconteça, mas você fica dizendo para si mesma: tem algo rolando. Sabe, uma comunicação inata. Ele só não está falando nada. Ele está de mau humor ou algo assim. E você continua lá, insistindo, doando, conversando. [...] Aí, de

---

[64] No original, em inglês: "You were talking so brave and so sweet / giving me head on the unmade bed / while limousines wait in the street". [N.T.]

repente, lá pelas quatro da manhã, você percebe que, definitivamente, aquele filho da puta só está ali deitado. Ele não vai te comer. Quer dizer, isso aconteceu comigo, de verdade. Péssimo mesmo, tipo um tapa na cara, aconteceu. Duas vezes. Jim Morrison e Leonard Cohen. E é estranho, porque eles foram os únicos de que consigo me lembrar, tipo pessoas importantes que tentei [...], na verdade sem ter gostado deles logo de cara, só porque sabia quem eram e queria conhecê-los. [...] E aí nenhum me deu nada [...], mas não sei o que isso quer dizer. Talvez só estivessem num mau momento."

Leonard Cohen, no fim das contas, observou-a de forma muito atenta. Na letra e na melodia melancólica de sua música, composta nos meses seguintes à morte dela, Cohen capturou a perspicácia de Janis e a tortuosa relação que ela manteve ao longo da vida com a beleza, escrevendo "E cerrando o punho, por aqueles que como nós são oprimidos pelas figuras de beleza / Você curou a si mesma, você disse 'Bom, não importa, somos feios, mas temos a música'".[65]

Mais tarde, Cohen citou publicamente sua amante em "Chelsea Hotel", embora qualquer um que conhecesse Janis – cujos casos de hotel incluíram um "charmoso" guitarrista europeu, um jovem de 19 anos "da escola de gangues de rua de NY" (nas palavras de Janis) e um integrante da banda The Chambers Brothers – pudesse reconhecê-la por versos como: "Você era famosa, seu coração era uma lenda / Você me disse outra vez que preferia homens bonitos, mas que para mim abriria uma exceção".[66]

Janis teve outro embate com Jim Morrison, "o bonitão", enquanto curtia The Scene, de Steve Paul, um clube de rock & roll para iniciados, na rua Quarenta e Seis Oeste, onde os músicos iam tocar tarde da noite. Hendrix era frequentador regular, muitas vezes tocando até o amanhecer. Certa noite, por volta das três da madrugada, enquanto Janis assistia a Hendrix no palco com The Chambers Brothers, Morrison entrou bêbado.

---

[65] No original, em inglês: "And clenching your fist for the ones like us who are oppressed by the figures of beauty / You fixed yourself, you said, 'Well, never mind we are ugly but we have the music'". [N.T.]

[66] No original, em inglês: "You were famous, your heart was a legend / You told me again you preferred handsome men but for me you would make an exception". [N.T.]

De acordo com Danny Fields, então assessor de imprensa do The Doors, "Jim foi até o palco baixo, abraçou as coxas de Jimi e disse 'Quero chupar seu pau'". Para defender Hendrix, prosseguiu Fields, "Janis correu até o palco berrando '*Seu cuzão!*'. Ela acertou uma garrafada na cabeça de Jim. Os três caíram no chão embolados, como peixinhos. Os amigos deles vieram correndo para separá-los e os levaram embora". Familiarizada com as brigas violentas nos bares de beira de estrada da Louisiana, Janis tratou o episódio como apenas uma noitada mais.

Depois que o Big Brother finalmente terminou de gravar "Summertime", em 28 de março, Janis estava de bom humor e escreveu a Dorothy Joplin que "as três faixas que gravamos estão boas de verdade". A queridinha de Nova York ainda ansiava por aceitação da parte da mãe: "Não consigo nem dizer quanto suas cartas significam para mim – é tão bom. Sua primogênita está se saindo realmente bem no ramo da música. Já contei sobre todas as matérias sobre mim? Posso contar de novo? Acho tudo isso tão *empolgante*!". Depois de uma longa e minuciosa lista comentada sobre a farta cobertura de seu trabalho pela imprensa, Janis acrescentou: "NÃO É DEMAIS?!" e parafraseou uma fala do musical feito para a TV *Peter Pan*, de 1960: "Preciso me exibir".

Como no passado, Janis ainda tentava conectar-se com a mãe por meio da moda e – agora que podia – da decoração da casa: "Acabo de comprar 115 dólares em peles – uma pele de corça para a parede, cinco casacos usados que vou recortar e costurar para fazer um tapete enorme e um fantástico tapete de alpaca com uns 8 centímetros de espessura e imenso! Fantástico, adoro peles e coisas macias. Não comprei roupas enquanto estou aqui – só alguns sapatos. Na verdade, não fiz nada além do trabalho musical. Gravações, shows, entrevistas e sessões de fotos tomaram todo o nosso tempo. [...] Tchau por ora – vou tentar escrever de novo quando não estiver tão apaixonada por mim mesma".

Na semana anterior à volta para a Califórnia, o Big Brother estava agendado para tocar com B. B. King em uma residência no Generation, um clube novo do Village. O local, situado na rua Oito Leste, ainda não tinha licença para vender bebidas alcoólicas. Dois anos depois, Hendrix transformaria o Generation em seu Electric Lady Studios. Pennebaker registrou a noite de estreia do Big Brother, filmando uma versão bem executada de "Summertime". Em 4 de abril, logo depois do traumático assassinato de Martin Luther King Jr. em Memphis, o clube virou ponto de encontro para os músicos de luto. "B. B. King [sentou-se] sobre o amplificador de sua guitarra, no palco, e [tocou] músicas gospel", de acordo com John Cooke, "levando [...] a plateia às lágrimas." O clube ficou aberto a noite toda, com Hendrix e o *bluesman* Buddy Guy passando lá para tocar. Para uma homenagem mais organizada ao Dr. King, John Cooke convidou músicos para tocarem com o Big Brother em sua última noite de apresentação, incluindo Jimi Hendrix, Buddy Guy, Al Kooper, Paul Butterfield, Elvin Bishop, Richie Havens e Joni Mitchell.

Na primavera de 1968, o Big Brother havia conseguido chegar lá. Em menos de dois meses de concertos, a banda tinha faturado mais de 40 mil dólares, quase 250 mil dólares em valores atuais, e todos receberam um aumento. Na Califórnia, o ritmo não diminuiu. No dia seguinte à apresentação de 10 de abril no Anaheim Convention Center, eles retornaram a San Francisco. *"Estamos muito felizes por estarmos aqui com vocês!"*, Janis declarou durante uma série de shows para Bill Graham, primeiro no Fillmore e depois, para acomodar a multidão, no Winterland, local com capacidade maior. "Ela percorria o palco rindo como doida e batendo o pé, o que fazia quando estava feliz de verdade", recordou Sam Andrew.

"Voltar triunfantes para casa foi maravilhoso para todos nós", refletiu Dave Getz. "Por um momento, parecia mesmo que havíamos partido e conquistado o mundo." Gravados para um possível uso no álbum, os shows documentaram a banda com as energias recarregadas e em sua melhor forma. "As versões ao vivo têm mais daquela energia pura, insana, crua que era [nossa] marca registrada", disse Getz, "e que precisava ser atenuada no estúdio." Peter Albin, ainda dividindo com Janis as falas no palco, agradeceu à multidão entusiástica por ser "paciente" – ao contrário das plateias de Nova York.

Aninhada nos braços de San Francisco, Janis retomou seu caso com o caubói cósmico Milan Melvin, que agora estava na KSAN, uma nova emissora FM de rock. Então, na cabana de Peggy Caserta em Stinson Beach, sua amizade com a dona da butique deixou de ser platônica para tornar-se sexual. Elas já haviam passado a noite juntas no Chelsea, durante uma viagem de compras de Caserta a Nova York. Quando o envolvimento das duas se tornou mais íntimo, Janis iniciou Caserta no uso da heroína, que havia voltado a utilizar. Ao injetar nela a droga pela primeira vez, Janis murmurou "Diga adeus a sua dor", recordou Caserta, que na época estava em uma longa relação com uma mulher fisicamente abusiva. "Eu não havia conseguido entender a afinidade de Janis com a heroína até aquela noite", escreveu Caserta em sua autobiografia *I Ran into Some Trouble*. Na época, Caserta estava "desesperada para amenizar uma sensação de dor lancinante", e Janis "estava me oferecendo, com carinho e bondade, a solução [...] que ela mesma vinha usando para amenizar sua própria dor, e talvez também alguns medos". Caserta detalhou o aparato que Janis guardava de forma cuidadosa: sua seringa, uma colher e um lenço de seda roxo para amarrar o braço. Quando Caserta também ficou viciada, a droga "passou a ser mais um fator de união entre nós", escreveu. Ocasionalmente as duas faziam um *ménage à trois* – na droga e no sexo – com Milan Melvin, que em breve se casaria com a irmã de Joan Baez, Mimi Fariña. Janis referia-se a si mesma, brincando, como a Rainha do Amor Não Correspondido, recordou Caserta. Apesar de todos seus amantes, Janis continuava ansiando por aquele que lhe daria o amor completo e incondicional, e dava vazão a sua angústia nas apresentações. "Veja todas aquelas canções de amor", disse a Caserta. "Quantas delas são felizes?"

Enquanto estava em turnê, Janis havia perdido o apartamento que alugava na rua Lyon (devido a seu cão, George), e ela e Linda Gravenites mudaram-se para um imóvel maior, de dois quartos, na rua Noe, entre os distritos de Castro e Mission. Localizado no alto de uma colina, o apartamento de terceiro andar tinha uma ampla vista de Noe Valley. Na parede da cozinha, elas penduraram um retrato do "Tio Albert": uma imagem de William Penn recortada de uma caixa de aveia Quaker, que elas achavam parecido com Grossman.

Durante o restante de abril e o início de maio, a banda se apresentou na Califórnia, enquanto fazia viagens ao estúdio da Columbia em Los Angeles para terminar o álbum. A tensão retornou, enquanto os cinco se esforçavam para agradar ao implacável Simon. Ele disse a Janis que ela desafinava ao cantar, e desaprovava em particular a forma como ela usava fraseados idênticos em cada *take* vocal – prática que ela aperfeiçoara a fazer o *double tracking* de seus vocais nas sessões de gravação da Mainstream. Para as gravações da Columbia, ela havia ensaiado seus vocais ao ponto de conseguir repetir a si mesma sem uma falha sequer, *take* após *take*. Simon argumentava que Janis não estava sendo autêntica, uma vez que os cantores de blues e de jazz tendem a improvisar a cada vez que cantam.

No entanto, o estilo de Janis, que logo se tornaria icônico e influente, era resultado de muito planejamento e treino. Como ela explicou em uma entrevista a Nat Hentoff: "Não me sinto livre o bastante com meu fraseado para dizer que sou uma cantora de jazz. Eu canto com uma batida mais exigente, uma batida regular em vez de modulada. Eu não faço *riffs* por cima da banda. Eu tento pontuar o ritmo com a minha voz".

Simon, perfeccionista no estúdio, apreciava certos aspectos do talento e da dedicação de Janis. No entanto, parecia não entender totalmente com o que estava lidando. Os dois simplesmente não tinham química. A aspereza e a profundidade dela o incomodavam: "Ela dizia '*Ei, filho da puta*' – era assim que me chamava, nunca 'John'", reclamou ele, mais tarde. Ao ouvir Simon nos teclados, durante uma sessão do Electric Flag que ele estava produzindo, Janis insistiu para que ele tocasse piano estilo *barrelhouse* em "Turtle Blues". Eles tentaram uma gravação que parecesse ao vivo, com Gurley e Andrew levando um gravador ao Barney's Beanery, seu reduto favorito, para capturar o som ambiente. Depois, no estúdio, John Cooke, Bob Neuwirth e Howard Hesseman – que havia se mudado para Los Angeles com Carl Gottlieb, também integrante do elenco do Committee – quebraram vidro e adicionaram animação à gravação. Embora a maioria dos ouvintes tenha sido tapeada, e o Beanery recebesse crédito no LP pelo "clima", Simon menosprezou a faixa, considerando sua participação ao piano "uma de minhas duas *performances* vergonhosas em disco". O Big Brother finalmente terminou o álbum, com uma tórrida "I Need a Man to Love" e com "Oh, Sweet Mary", uma reconstrução de "Cuckoo" com nova letra, certamente inspirada na vida de Janis no Texas: "Por que é tão difícil? / Inspirar o ar".[67]

---

[67] No original, em inglês: "Why is it so hard? / Breathing in the air". [N.T.]

Durante as sessões de gravação, a banda havia se instalado no Landmark Motor Hotel de Hollywood, na Franklin Avenue, afamado no mundo do rock & roll e recomendado por Neuwirth, que então trabalhava para o The Doors. Sua imitação de decoração tropical e os carpetes felpudos davam um toque *kitsch*, e a administração não se importava com as festas que varavam a noite. Hendrix e os Chambers Brothers com frequência desfrutavam da piscina resguardada. Em todas as suas estadas, Janis preferia o apartamento 105, perto do saguão, com acesso rápido à piscina. Este iria tornar-se seu lar em Los Angeles. Enquanto esteve lá, Janis estreitou sua amizade com Neuwirth, que a apresentou a um novo círculo de amigos, incluindo o ator Michael J. Pollard. Este estava no auge depois de ser indicado para o Oscar por seu papel como C. W. Moss, em *Bonnie e Clyde*, de 1967, e logo tentou conseguir um papel para Janis em um filme de faroeste *underground*, que nunca se concretizou.

Em uma tarde de loucuras, Janis e seu grupo foram parar numa festa dada por amigas de Hesseman e Gottlieb, que cuidavam da casa do cantor John Davidson em Calabasas. Depois de horas de bebedeira, Janis uma vez mais meteu-se em confusão com Jim Morrison. Enquanto ela jogava bilhar e tentava ignorá-lo, o vocalista do The Doors, bêbado, de repente agarrou-a pelos cabelos e a empurrou de cara em uma mesa de café. Janis correu para o banheiro, chorando. Pouco depois, ela voltou, pegou uma garrafa de uísque e, quando Morrison cambaleou na direção da porta, quebrou-a na cabeça dele. "No dia seguinte", de acordo com Paul Rothchild, produtor do The Doors, "Jim disse: 'Que *mulher*! Ela é *incrível*'. Ele estava apaixonado. Ele adorava a violência".

A rixa entre Morrison e Janis persistiria. Algum tempo depois, como convidada no programa de televisão de Dick Cavett, Janis caiu na gargalhada quando o apresentador acendeu o cigarro dela, dizendo "Deixe-me acender para você". "É meu cantor *favorito*", ela declarou, transbordando sarcasmo, mas sem dar qualquer explicação.[68]

No palco, Janis começou a criar uma *persona*, uma versão exagerada de si mesma. Em privado, ela perguntara a Linda Gravenites "E se

---

[68] Cavett disse, em inglês, "Let me light your fire", e Janis fez alusão a "Light My Fire", do The Doors, cantada por Morrison. [N.T.]

descobrirem que sou apenas Janis?", mas em público e no palco suas bravatas se intensificaram. Entre as músicas, ela às vezes fazia graça, com uma voz que parecia uma mistura de Mae West e W. C. Fields, irritando os colegas de banda. "Comecei a perceber que Janis estava acreditando em toda a propaganda sobre ela", comentou Peter Albin quanto ao interesse da imprensa pelo talento dela. Ela estava se tornando uma diva, em parte devido ao "incentivo de seu séquito, toda aquela gente de Los Angeles – Paul Rothchild, Bobby Neuwirth, Michael J. Pollard. Janis começou a tornar-se uma impostora; uma caricatura de si mesma".

Clive Davis planejava colocar o nome de Janis acima do nome da banda na capa do álbum – mas Grossman, falando por Janis, vetou a ideia. O álbum de estreia pela Columbia foi rebatizado como *Cheap Thrills*, com a gravadora eliminando as palavras *Sex* [sexo] e *Dope* [droga]. Em Nova York, o Big Brother havia participado de uma sessão de fotos para uma possível capa, durante a qual todos os integrantes da banda se divertiram juntos na cama, nus – exceto Albin, que usou ceroulas longas. Sam Andrew recordou, quanto ao cenário: "Achamos muito engraçado chegar lá e encontrar a versão Avenida Madison de um quarto psicodélico, tipo algo que Peter Max faria, com tudo cor-de-rosa [...] a antítese completa da coisa de verdade, que seria [...] toda em tons escuros, se não totalmente preta". Quando Janis chegou ao local, de acordo com Andrew, "ela lançou um olhar e soltou uma exclamação e uma gargalhada texana [...] '*Vamos destruir isso, rapazes!*'". Isso deu mais autenticidade ao local, mas os seios de Janis apareciam nas fotos, de modo que a Columbia vetou a ideia.

O Big Brother foi atrás do amigo de Janis, Robert Crumb, em busca de uma solução, e suas ousadas ilustrações, retratando os títulos das músicas do álbum e cada membro da banda, compuseram a chamativa capa. Colecionador de discos de blues de 78 rotações das décadas de 1920 e 1930, Crumb combinou seu estilo próprio com imagens que aludiam aos primeiros blues, ou "*race records*" [gravações raciais],[69] e a anúncios, incluindo uma "mãe preta" para "Summertime" e imagens voluptuosas de Janis, com decote, mamilos e quadris exagerados. Para o verso da capa, a

---

[69] Gravações feitas, no início do século XX, exclusivamente por e para afro-americanos. [N.T.]

gravadora escolheu um retrato preto e branco de Janis – com um grande sorriso, cabelos esvoaçantes, numa postura em pé com as pernas bem separadas – tirada pelo fotógrafo Thomas Weir, de San Francisco. A parte interna da capa trazia uma foto de autoria de Elliott Landy, com a banda imersa em um show de luzes, no palco do Fillmore East.

Clive Davis rejeitou a mixagem inicial feita por John Simon para *Cheap Thrills*, e em junho o Big Brother voltou a reunir-se no estúdio com Elliot Mazer para completar a mixagem de som. Simon escolhera a torrente anárquica de "Harry" para abrir o lado dois, o que foi vetado por Davis, embora a ilustração de Crumb para a música – um *swami* (homem santo) de olhos esbugalhados, representando um "*Hare* Krishna" – tenha sido mantida na capa. Nesse ponto, Simon largou o projeto e saiu em turnê com o Taj Mahal. Ele disse à Columbia não querer créditos de produção na capa do LP, embora recebesse *royalties* sobre as vendas do álbum. Ao longo dos anos, Simon deu vários motivos para tal decisão: logo no começo, disse a um repórter que estava "só ajudando a banda" e que não era seu "tipo de música".

Janis estava entre os nomes listados nos créditos de engenharia na capa do disco. Assim como nas sessões de gravação do Big Brother pela Mainstream, ela ficou interessada na mecânica do estúdio, escrevendo aos pais que o processo de mixagem de som "significa estabelecer o equilíbrio de todos os instrumentos e vozes, uns com os outros. Pode ser um procedimento bastante simples ou muito complicado". Ao falar do envolvimento de Janis, Mazer descreveu-a como alguém "totalmente no controle. Por duas semanas, ficávamos só Janis, eu mesmo e o engenheiro, das duas da tarde às sete da manhã. [...] Nunca conheci outro artista que trabalhasse tanto". Sam Andrew recordava que Janis havia passado trinta e seis horas direto com Mazer, na sessão final de mixagem do LP.

No fim, *Cheap Thrills* recria o rugido e a espontaneidade em estado bruto do Big Brother nas apresentações ao vivo, com os vocais de Janis soando acima da batalha sonora. As feitiçarias sonoras do álbum incluem pequenos trechos de material ao vivo inserido na mixagem, criando a impressão de uma gravação ao vivo. O LP começa com a apresentação ressonante de Bill Graham, "*Quatro cavaleiros e uma grande, grande garota*", antes de uma gravação em estúdio de "Combination of the Two". Muitos resenhistas se equivocaram, achando que o álbum inteiro tivesse sido gravado ao vivo. Com a eliminação de "Harry", o lado dois consistia em apenas três faixas; "Ball and Chain", gravada ao vivo no Fillmore, fechava o LP. "Foi necessária muita edição, mas o que está em *Cheap Thrills* é incrível", disse Dave Getz. "Não se percebem as partes ruins. Havia uns *takes* tão horrorosos que doía ouvir. Mas, de algum modo, John Simon e todos nós – com milhões de *takes* editados juntos – conseguimos algo único."

A crueza do álbum, capturada por meio de meticulosas técnicas de produção, fez com que se destacasse entre a maioria das gravações da Columbia na época. Para ajudar a promover seu lançamento, em agosto de 1968, Clive Davis convidou a banda para tocar na convenção anual da CBS, em Porto Rico, no fim de julho. Janis passou a maior parte do tempo circulando pela convenção com Grossman, que claramente a paparicava. Os rapazes do Big Brother eram tratados como banda de apoio, enquanto Janis se enturmava com os executivos. O gerente de equipamento Dave Richards estava tão perturbado com a hostilidade entre os membros da banda que pediu demissão depois de voltar de Porto Rico. "Não havia mais amizade", recordou. "Antes todo mundo costumava brincar uns com os outros, então virou essa coisa fria, antes de cada show." A apresentação feita na convenção correu bem, empolgando o pessoal da Columbia, mas o "ressentimento tomou conta da banda", disse Dave Getz. Com apostas tão altas, "os erros não eram mais perdoados – todos jogavam a culpa uns nos outros. Já não era só Janis contra os demais".

No entanto, não havia qualquer sinal de conflito no alegre postal que Janis enviou aos pais: "Eu precisava escrever a vocês um cartão de Porto Rico. Até agora, infelizmente, tudo que consegui ver foi três hotéis por dentro e um pedacinho de praia – mas tem muito ponche de rum gratuito na Columbia. Vamos tocar esta noite às 7, saímos amanhã para Newport, mas pelo menos vou ver a ilha de cima".

Tocar no Festival Folk de Newport era um sonho antigo de Janis. Quando estava no Waller Creek Boys, ela tentara achar alguém que lhe desse carona de Austin até Rhode Island. Conhecido pelas apresentações de blues acústico, country das antigas, bluegrass, gospel e folk, o festival raramente incluía bandas elétricas – Dylan recebeu uma vaia célebre quando usou instrumentos elétricos, em 1965. A afinidade de Janis com Bessie Smith, alardeada no programa do festival e a associação de longa data de Grossman com o festival ajudaram a colocar o Big Brother na programação – assim como a crescente popularidade da banda entre os universitários.

Janis percorreu o local, observando as atividades da tarde. Ficou feliz em retomar o contato com Kenneth Threadgill, que usava o estilo tirolês ao cantar músicas de Jimmie Rodgers e outras canções de C&W. Janis abraçou e beijou o homem que considerava seu primeiro incentivador. Ela esteve com Maria Muldaur do grupo Kweskin Jug Band, e também assistiu à apresentação de baladas dos Apalaches, por Jean Ritchie, a quem ela admirava quando adolescente. E conseguiu que o "lindo" assistente do publicitário Danny Fields a acompanhasse até seu quarto de hotel.

"Fiquei observando todo mundo; foi bem legal – mas tenho estado ansiosa para tocar", disse Janis à plateia durante o show que foi a atração principal em 27 de julho, com lotação esgotada. Vestindo a última criação de Linda Gravenites, um minivestido preto justo, com corpete bordado e extremamente decotado, e meias rendadas, Janis irradiava entusiasmo. A apresentação, que foi gravada, variou entre o inseguro e o espetacular. A primeira música, seu novo *single*, "Piece of My Heart", soou meio trêmula, mas a banda entrou no clima em "Summertime". A tradicional "Cuckoo" – em vez da versão revisada de "Oh, Sweet Mary" – funcionou bem, mas "Combination of the Two" perdeu o ritmo em uma longa e dissonante *jam* de guitarras. O Big Brother terminou com um dinâmico "Ball and Chain" – que a multidão de 20 mil pessoas aplaudiu loucamente. Ao voltar para o bis, Janis confessou: "Desde os 17 anos eu tinha vontade de vir a este festival, mas nunca tive grana. É verdade". Então, ainda sob os aplausos pela execução cheia de emoção de "Down on Me", reprisaram o refrão de "Piece of My Heart", tocando melhor do que antes. "Obrigada, só temos tempo para isto! Vocês são demais, pessoal!" Janis gritou ao microfone, quando o toque de silêncio encerrou o show. O aplauso estrondoso continuou a soar muito depois que eles saíram do palco, triunfantes.

Mas para Peter Albin e Dave Getz, a letra de "Down on Me" – "Onde quer que eu vá, eles estão contra mim"[70] – realmente fez sentido quando

---

[70] No original, em inglês: "Everywhere I go, they're down on me". [N.T.]

viram o empresário nos bastidores. "*Não foi genial?*", perguntaram a ele. Grossman franziu o cenho, dizendo "A cozinha da banda ainda não está satisfatória". Para tornar pior a humilhação, ele deu o veredito diante de integrantes do The Band, que pareceram constrangidos.

"Foi um choque", contou Albin, "uma tremenda decepção." John Cooke, que havia adorado a apresentação, deu a Grossman sua avaliação positiva, mas o empresário apenas fez que não com a cabeça. Segundo contou Cooke, Grossman nunca mais pediu sua opinião musical.

Poucos dias depois, de volta a Nova York, no Chelsea Hotel, Janis convocou uma reunião da banda.

Capítulo 16

Kozmic Blues

Tocar outro tipo de música é o que você precisa fazer para crescer como músico. É isso que se espera de nós – que fiquemos melhores no que fazemos.
— Janis Joplin

Janis sabia que precisava sair do Big Brother. A questão era quando. Albert Grossman começara a plantar nela a ideia de formar uma nova banda cerca de quatro meses antes, em março, quando as gravações no Grande Ballroom deram errado. Ele a via como o único grande talento de verdade no Big Brother e considerava substituíveis seus colegas de banda. Grossman talvez não entendesse a importância deles como a família substituta de Janis, ou talvez pensasse que ela havia superado tal necessidade. Ele simplesmente os via como um obstáculo ao sucesso de Janis – e a seu próprio sucesso. Desde 1966, quando Janis quase se juntou ao grupo de blues que Paul Rothchild propusera, ela sabia que tais oportunidades existiam. Mas o histórico e a familiaridade com o Big Brother, o sentimento de terem formado uma unidade, compensavam a incapacidade do grupo de atingir os padrões musicais dela. Em sua iniciativa seguinte, como líder de sua própria banda, ela descobriria que tocar com músicos excelentes trazia seus próprios problemas.

No verão de 1968, porém, a hostilidade interna havia praticamente destruído os vínculos familiares do Big Brother. "Estávamos em nossos próprios mundos", contou Dave Getz. "Quando não estávamos tocando, todo mundo passou a ficar isolado, e não havia uma unidade." Durante meses, Janis discutiu com amigos a possibilidade de sair do Big Brother. Ela encurralou Marty Balin, do Jefferson Airplane, e Jerry Garcia, do

Grateful Dead, em 18 de maio, durante um festival no norte da Califórnia. Os três se acomodaram na cabine de uma camionete, com Garcia à direção, e Janis contou-lhes que Grossman lhe pedira que tocasse com uma banda melhor.

"Ela queria nossa opinião, se deveria ou não largar seus velhos parceiros", recordou Balin. "Janis estava chateada porque eram seus amigos. Havia algo tão puro e legal no Big Brother. Eles combinavam tão perfeitamente com ela, com Jim Gurley naquela sua guitarra doida de heroína. Mas Grossman dizia a ela que iria transformá-la em uma tremenda estrela. Dissemos a ela para seguir seu coração e seguir o caminho que fosse melhor para sua música."

Outros músicos não viam atributos no Big Brother. "Janis era a deusa em San Francisco", recordou o baterista Mick Fleetwood. Em sua primeira turnê nos Estados Unidos, o Fleetwood Mac abriu shows em junho para o Big Brother no Carousel (que logo se tornaria o Fillmore West de Bill Graham). Fleetwood e o guitarrista de blues Peter Green, o luminar do grupo, criticaram a qualidade do Big Brother: "Como músicos, não conseguíamos entender qual era a deles", observou Fleetwood. "Era tudo desafinado e desleixado. Dissemos: 'Bem que ela podia ter uma banda melhor'."

Acima de tudo, Grossman já estava farto. Em Nova York, depois do festival de Newport, ele chamou Janis para uma reunião. Peggy Caserta, que estava visitando Janis no Chelsea Hotel, acompanhou-a ao escritório do empresário. Ela contou: "Foi depois de uma noite de farra. Ele disse: 'Acho que deve haver mudanças – *agora*'. Ela olhava para Grossman, e ele falou: 'A banda precisa ir embora'. Ela levou um susto, mas já sabia que isso aconteceria. Disse: 'Mas, Albert, aqueles são meus rapazes. Não posso fazer isso'. Ela estava consternada, e Grossman falou: 'Escute, você me contratou para fazer um trabalho, e pretendo fazê-lo. Eles não são bons o suficiente. Posso conseguir para você músicos que estão à altura desse trabalho. Vamos escolhê-los a dedo'". Janis se sentiu péssima. "Quando saímos, ela tremia. No elevador, agarrou minha mão e começou a chorar, e o rímel escorria por sua face, e ela disse: 'Peggy, não posso fazer isso'."

Janis então entrou em contato com Clive Davis. "Tive o cuidado de ficar de fora das decisões quanto à saída de Janis da banda", o chefe do selo disse mais tarde, "limitando-me a discutir o assunto com Grossman quando ele o trouxe à baila. Então a própria Janis me ligou. [...] tive a impressão de que ela já havia tomado a decisão e que só queria meu apoio. O desejo dela de trabalhar com músicos mais experientes e versáteis me pareceu correto. [...] Ela era claramente a estrela da banda, e os críticos e até outros músicos criticavam abertamente as limitações musicais do Big Brother."

Janis preferiu não confrontar a banda antes de sua apresentação de retorno, no Fillmore East, com lotação esgotada, no fim de semana de 2 de agosto. Janis estava nervosa e ao mesmo tempo ansiosa para apresentar-se com os Staple Singers, cuja vocalista, a dinâmica Mavis Staples, era uma de suas cantoras favoritas. "Nunca vou ser capaz de cantar desse jeito", ela sussurrou para Myra Friedman enquanto assistiam ao grupo de gospel-soul. Os Staples retornaram ao palco após sua apresentação, juntando-se ao Big Brother na execução de "Down by the Riverside", de Rosetta Tharpe.

"Os Staple Singers tinham que pegar seu avião naquela mesma noite", recordou Sam Andrew. "Queríamos tocar junto com eles, e assim os chamamos no meio de nossa apresentação. Foi um momento incandescente. Mavis Staples dividiu o microfone com Janis. Eram cantoras muito diferentes. Mavis canta de uma forma muito calma e pausada, e a voz dela é grave e muito ressonante, fazendo um contraste interessante com o estilo supersônico de Janis."

Na semana seguinte, a banda reuniu-se no quarto de Janis no Chelsea. Ela deu a notícia de que sairia do Big Brother depois da turnê *Cheap Thrills*, que iria estender-se até dezembro. Assim como no confronto acontecido dois anos antes, em Lagunitas, Peter Albin explodiu, furioso. "Ele disse que era algo sujo e baixo", recordou Dave Getz. Mas o baterista não ficou surpreso com o anúncio de Janis e recebeu a notícia com tranquilidade, assim como Gurley e Andrew. Depois do conflito, "Ficamos todos aliviados", admitiu Gurley. Em novembro, depois de um de seus concertos finais, Janis diria a um jornalista: "Eles são minha família. Eu os amo de verdade. Mas ficamos juntos tempo demais. Passamos dois anos e meio muito próximos. Nunca fui tão próxima assim de ninguém antes".

—◆—

Para ajudar a amenizar sua ansiedade quanto ao futuro, Janis logo encontrou diversão nos velhos amigos – e na heroína. Os carismáticos líderes dos

Diggers, ativistas subversivos de rua – Emmett Grogan e Peter Coyote –, chegaram a Manhattan para "dar uma olhada na cena, ver o que podíamos fazer ali e [....] ter algumas aventuras", recordou Coyote em seu livro de memórias *Sleeping Where I Fall: A Chronicle*. "Janis Joplin, uma boa amiga, às vezes amante, às vezes companheira de drogas, sempre parceira firme, estava em Nova York quando Emmett e eu chegamos. Saímos por aí [...] juntos, levando-a para ouvir grandes cantores de jazz e blues." Grogan e Coyote usavam regularmente a heroína, droga que se tornara tão disponível no Haight quanto o LSD.

"Comecei a sair com Emmett e Peter", Janis escreveu a Linda Gravenites naquela semana. "Na primeira noite fizemos uma orgia de drogas, injetando-nos em meu quarto de hotel. A maior parte da droga era minha, agora que penso. Ah, mas eu estava tão apaixonada! Por todos eles! Eles têm uma mente tão interessante – adoro sentar e ficar ouvindo! Deus. Naquela noite, acabei ficando com Emmett (só dois anos de atraso, foi tudo o que ele disse, e foi demais), e assim estou passando bastante tempo com eles e muito feliz. Uma tarde, na semana passada, liguei para Emmett e disse que estava entediada, então ele mandou Peter e, meu bem!, agora sei que nossos gostos são parecidos. Deus, estou mesmo apaixonada por ele."

Em meados de agosto, quando o Big Brother partiu para sua turnê pelo Meio-Oeste, os Diggers permaneceram em Nova York. "Emmett e eu ficamos nos quartos deles no Chelsea Hotel, fingindo sermos 'empresários'", contou Coyote, que viria a tornar-se um ator de sucesso. "O truque foi descoberto, e fomos forçados a ficar mudando de quarto em quarto, arrombando as fechaduras frágeis para encontrar algum quarto vazio, e molhando a mão das arrumadeiras com garrafas de Southern Comfort, que os admiradores de Janis mandavam aos montes." Coyote e Grogan davam-se bem com Grossman, que apoiava causas progressistas e lhes deu espaço de graça no escritório. De lá, os Diggers terminaram por "intermediar um encontro de paz" entre os líderes de gangues de Nova York e a polícia municipal – com uma espécie de tratado sendo acertado tarde da noite na sala de reuniões da cobertura da CBS, também oferecida por Grossman.

Decidindo que queria um amigo próximo na futura banda, Janis surpreendeu Sam Andrew com um convite para que se juntasse a ela. Janis estava nervosa quanto a ficar por sua própria conta e ter que encontrar músicos capazes – e amigáveis – para dar-lhe apoio. "Quero uma banda maior, com agudos mais agudos, uma escala mais ampla, e quero mais graves", contou ela ao jornalista Al Aronowitz, para um perfil na revista *Life*. "Eu de fato sei cantar, mas também sei que tenho muito que aprender. Acho que tudo aconteceu cedo demais para mim. Isso significa que preciso aprender as coisas na frente de todo mundo. É assustador."

Janis lidou com esse medo da mesma forma de sempre: bebendo muito e usando drogas. Depois de uma apresentação em Cincinnati, os membros da banda – exceto Albin – foram a uma festa em uma casa *hippie* e compartilharam seringas de heroína com os anfitriões. "Há um certo tipo de liberdade que a heroína proporciona no início", contou Dave Getz. "De repente, toda dor e preocupação são removidas. Você fica totalmente relaxado, não está tenso, você pode apenas ficar lá e conversar com as pessoas. Para uma artista, alguém tão tensa como Janis, ela achava que o resultado era positivo."

Quando os outros souberam que Sam iria com Janis, ficaram indignados. "Aquele foi o maior golpe", revelou Getz, "quando Sam disse: 'Ah, também vou com Janis', depois que discutimos sobre continuar com a banda e chamar uma nova vocalista. Aquilo me arrasou de verdade." No Guthrie Theater, em Minneapolis, as tensões extravasaram para o palco. Depois de cantar e dançar furiosamente, Janis ofegava ao microfone. Albin, "sentindo-se meio sacana", recordou, "começou a zombar dela", dizendo ao microfone "Aqui ela está fazendo sua imitação de Lassie", e passou a ofegar também. Humilhada, Janis gritou: "*Vai se foder!*".

"Eu estava fazendo uma piada, e ela entendeu mal", explicou Albin. "Fiquei furioso quando ela gritou comigo no palco." Um repórter da *Rolling Stone* testemunhou a interação e notou o clima de irritação nos bastidores, relatando tudo em sua cobertura do concerto. Em Nova York, o Big Brother tocou em um concerto importante com Jimi Hendrix, The Chambers Brothers e Soft Machine, no Singer Bowl, ao qual compareceram 18 mil pessoas. "Aquela grande cantora, a Srta. Joplin, não estava em sua melhor forma", escreveu Robert Shelton em sua resenha no *New York Times*. "Ela não estava se entrosando bem com seu quarteto. [Ela] deixará o grupo no fim de novembro para formar uma nova banda."

O concerto frustrante coincidiu com o muito aguardado lançamento, em 31 de agosto, de *Cheap Thrills* e de seu primeiro *single*, "Piece of My Heart", com "Turtle Blues" no lado B. Para conseguir que "Piece of My Heart" fosse tocado nas emissoras AM, Clive Davis pediu a seu engenheiro que fizesse algumas edições, incluindo o corte do solo de guitarra de Andrew. A versão truncada agora era adequada para ser tocada no rádio, com pouco mais de dois minutos, em vez de mais de quatro minutos. Embora o Big Brother tivesse condenado ações similares por parte da Mainstream, dessa vez Janis deu sua permissão para a edição – qualquer coisa por um sucesso. "Piece of My Heart" imediatamente entrou para as Hot 100, onde permaneceu por três meses, alcançando a posição de número 12. Mesmo sem o solo de guitarra psicodélico, era uma amostra emocionante de blues rock – sem nada parecido no rádio.

Cheap Thrills teve tantos pedidos antecipados que chegou ao topo da parada de álbuns da *Billboard* dois meses depois. Ficou lá por oito semanas, permanecendo na parada por mais de um ano e rapidamente vendendo 1 milhão de cópias. A gravadora promoveu o álbum com anúncios no rádio como: "Ninguém pode lhe dizer como é. Você tem que sentir por si mesmo. Adquira seu *Cheap Thrills* na Columbia Records".

O álbum transborda entusiasmo e paixão, com a voz de Janis aflorando através do ocasional *sludge* de guitarra. As sete faixas variadas soam como se tivessem sido gravadas ao vivo, ainda que, com exceção de "Ball and Chain", tenham sido cuidadosamente montadas em estúdio. O som barulhento e rápido antecede o punk e o grunge, e o estilo vocal de Janis influenciou Robert Plant, Steven Tyler, David Johansen, Ann Wilson, Axl Rose, Kurt Cobain e outros vocalistas de rock.

No entanto, ao ser lançado, *Cheap Thrills* foi detonado por muitos críticos. Jon Landau, crítico da *Rolling Stone* sediado em Boston (e que viria a ser produtor e empresário de Bruce Springsteen) não gostava da maioria das bandas de San Francisco e havia escrito na revista uma resenha negativa da apresentação do Big Brother em Newport. Sua resenha do "decepcionante" *Cheap Thrills* – "uma boa amostra da cena de San Francisco, em toda a sua barulhenta, empolgante e desleixada glória" – notou a omissão do nome do produtor John Simon nos créditos. Simon, escreveu Landau, "sente que este álbum é tão bom quanto a banda, e nada mais. Na verdade, ele prefere o LP da Mainstream". Landau concordava com a avaliação de Simon. Três décadas depois, porém, *Cheap Thrills* seria incluído pela *Rolling Stone* entre os 500 Melhores Álbuns de Todos os Tempos, e "Piece of My Heart" entrou na lista dos 500 Melhores *Singles*.

Uma das resenhas mais ferinas saiu no *New York Times*, com o crítico de jazz William Kloman chamando o Big Brother de "jovens brancos de classe média com longos cabelos loiros, fingindo ser negros. A coisa toda parece uma paródia ruim, uma espécie de alma plástica que carece do humor e da relativa integridade de, digamos, os velhos shows de *Amos 'n' Andy*". Essa acusação de apropriação da música negra foi ecoada em uma resenha na *Downbeat* intitulada "De novo a rolha queimada", que chamava o Big Brother de "*blackface* constrangedor" e "impostores".

Al Aronowitz, que escreveu para a revista *Life* um perfil de Janis, intitulado "A cantora com voz de bordel", também criticou duramente o LP, mas reprovou-a por sair do Big Brother: "Janis Joplin decidiu mandar o Big Brother [...] de volta para San Francisco, enquanto parte em busca de outra banda. 'Eles não ajudam em nada, ou ficam brigando ou só ficam ali, como peixes mortos', ela disse". Janis estava tornando pública sua frustração com o Big Brother.

O que pouca gente percebia à época era que Janis tinha uma ideia clara do que ela queria no novo grupo: uma banda inspirada no R&B, com metais – um cruzamento entre o som funky-soul da Stax/Volt Records e o brass rock do Blood, Sweat and Tears, também da Columbia, e em especial o grupo Chicago, composto por sete integrantes e com os quais fizera amizade quando se apresentaram juntos. Em setembro, ela escreveu aos pais sobre "minha tarefa mais difícil. Contei a vocês, como se lembram, que eu estava saindo do Big Brother para ter minha própria banda. Bom, preciso achar os melhores músicos do mundo [...], reuni-los e trabalhar. Vai haver muita pressão, em razão do clima criado por minha saída do Big Brother e também pelo fato de eu ser tão grande agora. Assim, vamos ter que ser simplesmente o máximo quando começarmos a tocar – mas seremos".

Janis primeiro mirou a cozinha da banda, composta por Harvey Brooks, baixista do Electric Flag, e pelo baterista canadense Skip Prokop, que tinha tocado com os Paupers, clientes de Grossman. "Albert me chamou em seu escritório e disse: 'Quero que você monte a nova banda de Janis'", contou Prokop. "Ele falou: 'Quero que essa banda seja bem coesa e excelente – como se fosse o Muscle Shoals e pudesse tocar com Aretha Franklin'."

Janis de imediato fez amizade com Prokop, o qual sugeriu que, em vez de Brooks, fosse contratado o baixista dos Paupers, o canadense Brad Campbell, de 23 anos. Grossman organizou uma sessão demo em um estúdio em Midtown Manhattan com o produtor Elliot Mazer e músicos de sessão. Disse Prokop: "Gravamos material que as pessoas nunca ouviram Janis cantar, como 'Hey Joe' e músicas de Aretha. Ela foi fantástica. O engenheiro disse: 'Ela é incrível!'".

Em 7 de setembro, um dia depois da apresentação do Big Brother como atração principal no Hollywood Bowl, Janis assinou uma carta simples, declarando: "Por meio desta, peço demissão como diretora e vice-presidente do Big Brother and the Holding Company, a efetivar-se na data de hoje". Bob Gordon criou para ela a organização Fantality (combinação feita por ela das palavras *fantasy* e *reality* [fantasia e realidade]) e a Strong Arm Music. Janis escreveu aos pais: "Muita pressão, devido à forma como tudo será organizado desta vez – agora sou uma corporação chamada Fantality, que também tem muito mais chance de gerar dinheiro para mim, à medida que meu preço sobe, embolso o valor extra, ou melhor, a Fantality embolsa. Albert me disse que – estão preparados? – devo ganhar meio milhão! no ano que vem, incluindo os *royalties* dos discos".

Gordon levou Janis à Zipper Motors, em Beverly Hills, onde ela comprou, por 3,5 mil dólares, um Porsche Super-90 1965 conversível usado. Ele recordou: "Tinham acabado de colocar dezessete camadas de laca perolada, cada uma polida separadamente. Era deslumbrante, parecia uma pérola". Janis contou aos Joplin sobre suas compras: "Já estou me saindo muito bem em termos de dinheiro. Tenho a tendência de gastar tudo assim que ganho, mas ultimamente estou ganhando tanto que não consigo – tenho tudo de que necessito, mais vários milhares no banco. Na semana passada, comprei um Porsche 1965 conversível – muito sofisticado e cheio de classe e também um ótimo carro. E um novo aparelho de som estéreo e uma TV em cores e mais roupas, e Linda e eu agora estamos de férias – Lago Tahoe e Reno. Incrível. Quem iria imaginar?!".

Janis contratou seu antigo gerente de equipamentos, Dave Richards, para customizar a pintura do Porsche. Ele o transformou em uma colagem caleidoscópica, com um retrato do Big Brother, uma paisagem do condado de Marin e o cosmos, entre outras imagens surreais, batizando-o de "A história do universo". Cada centímetro foi revestido, até mesmo debaixo da aba do tanque de combustível e o painel. O Porsche tornou-se o carro mais reconhecível de San Francisco – possivelmente do estado da Califórnia.

Janis percebera sua elevação ao *status* de estrela do rock quando o Big Brother tocou no festival American Music Show, no Rose Bowl, em Pasadena, Califórnia, em 15 de setembro, alguns meses antes de sua saída da banda. Eles eram a atração principal em uma programação com doze artistas, incluindo The Byrds, Country Joe e Buddy Guy, além de outros que haviam influenciado Janis, como Buffy St. Marie, Joan Baez e Wilson Pickett. "A coisa mais fantástica de todas aconteceu", escreveu ela aos pais:

> *Fechamos a programação em um grande festival pop – havia um monte de atrações maiores. O palco estava montado no meio do campo de futebol, e a polícia não deixava a garotada entrar no gramado e chegar perto de nós – regras. Em nosso bis, eu fiquei pedindo que deixassem os garotos se aproximarem, mas eles não deixavam, e lá estava eu, olhando para a plateia que dançava "Down on Me", e de repente eles avançaram, como uma onda, e invadiram o campo. Correram para a beira do palco e começaram a tentar me tocar. Abaixei-me e apertei algumas mãos, e então me virei para descer pela escada de trás, quando cheguei lá, não havia nada além deles, milhares de jovens de braços estendidos. Puxavam minhas roupas, meus colares, gritando 'Janis, Janis, nós te amamos'. Eu estava completamente cercada, sendo empurrada de um lado para o outro, quando a polícia me resgatou e me colocou em um carro – que precisou me levar até o camarim. O carro estava cercado o tempo todo por jovens, nas janelas, teto, para-choque, capô. Entrei no camarim tipo Beatles, enquanto tentavam arrombar a porta de trás. Incrível! Mas não posso dizer que não tenha gostado. Cara, adorei!*

Dorothy datilografou um cartão de felicitações: "BOAS NOTÍCIAS o que você conta sobre como cantar faz você feliz, e sobre seu sonho estar se tornando realidade! Embora não saibamos quais partes de cada uma das muitas notícias são citações do que você disse etc., nós SABEMOS que você conseguiu um tremendo sucesso na área que escolheu, e que cada passo que você deu tornou isso possível".

O cartão de Dorothy prosseguia, com um tom inconfundível de preocupação pela filha: "Assim, sua família saúda a sua felicidade e o seu sucesso, e seu crescente tino comercial, e até mesmo sua percepção da necessidade constante de crescimento na área de sua escolha, como você mencionou quando nos telefonou e falou sobre a adição de novos instrumentos a sua banda e a respeito da profissionalização e da obtenção de talento nativo. Gostaríamos de ter notícias regulares sobre cada um desses passos, planos, itinerários, formatos, estilos e felicidade continuada. Feliz por falar com você. – Mãe".

Janis apreciou o cartão de Dorothy e o guardou, mas seus dias de organizar recortes e fotos em um álbum haviam terminado. Havia artigos demais, e ela não tinha mais tempo ou energia para compilá-los. Ela escrevia menos cartas, comunicando-se com maior frequência pelo telefone – uma vez que agora tinha condições de fazer interurbanos. A alusão cortante da mãe à veracidade das citações na imprensa tinha a ver com o crescente desconforto familiar diante das histórias publicadas sobre o sofrimento de Janis durante sua adolescência em Port Arthur. É provável que Janis sequer percebesse a preocupação de Dorothy.

Enquanto o Big Brother fazia seus dois últimos meses de apresentações, Janis começou a trabalhar com os novos músicos. Skip Prokop mudou-se para San Francisco, onde se encontrou com Janis para desenvolver material. Uma noite, depois que Prokop tocou no Fillmore, um Hells Angel abordou-o. Relatou ele o seguinte: "Ele vem e para bem na minha frente e diz 'Alguém quer falar com você!'. Sou escoltado para dentro de um mar de jaquetas pretas de couro, que se abre e se fecha como o Mar Vermelho, e um cara pergunta: 'Então você é Skip Prokop? Você está montando a nova banda de Janis, certo?'. Eu respondo: 'Sim, estou aqui para isso', e ele prossegue: 'E você vai tomar conta de nossa irmãzinha, certo?'.

Eu digo: '*Sim, é claro!*'". Prokop se deu conta de que Janis, de certa forma, tinha seus próprios guarda-costas.

Prokop também descobriu que ela usava heroína com muita regularidade. Ele conta: "Estávamos no apartamento de Janis e a namorada dela chegou. Daí a pouco elas estão tirando os vestidos e dizendo: 'Vamos nos injetar'. Janis ficou cada vez mais chapada até que estava quase caindo da cadeira. Então eu a peguei e a coloquei na cama, me assegurando de que ela estava bem, antes de ir embora. Lembro-me de Janis segurar meu braço e dizer, naquele sussurro dela: '*Skip, por favor, não conte a Albert*'".

Em 29 de setembro, o Big Brother fez sua primeira e única apresentação na TV em cadeia nacional. O espetaculoso programa de variedades *Hollywood Palace*, da ABC, apegava-se a uma outra época, como se a contracultura não existisse. O apresentador convidado daquela semana, o comediante Don Adams, da popular série cômica de espionagem *Agente 86*, apresentou o grupo de maneira insossa: "Ok, crianças, aqui estão eles, o grupo mais quente do país, Big Brother and the Holding Company, com Janis Joplin!". A banda então tocou uma versão abreviada de "Summertime" e "I Need a Man to Love" em um cenário com um falso "show de luzes" projetando cores psicodélicas e espiraladas. Os instrumentistas fingiram estar tocando – em sincronia com um *playback* pré-gravado –, enquanto Janis cantava ao vivo.

De aparência adorável e tranquila, com uma blusa de cetim roxo e pantalonas, ela foi entrevistada no palco de forma breve pelo apresentador claramente desdenhoso. A voz de Adams transbordava condescendência enquanto ele lia para o auditório respeitável e comportado, acomodado nas poltronas, um trecho da entrevista concedida por Janis à revista *Life*. Fingindo estar confuso quanto à declaração de Janis de que preferia as plateias que dançavam às plateias sentadas, Adams perguntou a ela o que quisera dizer. "Quando a plateia está dançando, está se comunicando com você", respondeu ela, com franqueza. Adams revirou os olhos, sacudiu a cabeça e a plateia gargalhou.

"Fiquei arrasada", contou ela a um jornalista, mais tarde. "Daquele lugar não sai amor nenhum. Eu sabia que ia ser difícil, então disse:

'Apenas feche os olhos [...] e cante. [...] Não faça nenhuma brincadeira com eles, tente apenas cantar, e tudo vai dar certo, está bem?'. Cheguei à metade do refrão de uma das músicas, e estava concentrada, com os olhos fechados, e senti que estava conseguindo, então abri os olhos e olhei para a plateia, e estavam rindo. Todas aquelas velhinhas do Kansas estavam rindo de mim. Aquilo me destruiu." Talvez não tivessem rido de fato durante a apresentação, mas o evidente desdém por parte do público provinciano trouxe-lhe lembranças dolorosas.

A agenda da banda estava lotada de shows, para capitalizar o sucesso do álbum e permitir que o Big Brother faturasse o máximo possível antes do término da turnê. "Estou ganhando 100 dólares por minuto", Getz deu-se conta em um show na arena fechada Spectrum, na Filadélfia. Janis não se refreou, "praguejando, gemendo, guinchando, batendo o pé, pulando, contorcendo-se, balançando e deixando em frangalhos a si e a outras 17 mil pessoas, enquanto cantava o blues como ninguém mais canta", relatou o jornal diário da Universidade da Pensilvânia. Antes do show, ela contou a um repórter que sua nova música seria "uma coisa mais sutil. Metais e órgão. [...] O tipo de coisa que extrai emoções de você em vez de te martelar".

Mas não parece ter havido nada de sutil no show da banda no Fillmore East em agosto, relatado por Ellen Willis na *New Yorker*: "Janis Joplin fez o concerto mais inspirador, mais exaustivo que já tive o privilégio de ver, ouvir e sentir. Eufórica com o champanhe de Bill Graham, ela cantou quatro bis, e o público, de pé nas poltronas, não ia embora. Finalmente, ela voltou ao palco. 'Eu amo vocês, queridos', disse, arfando, 'mas não sobrou mais nada de mim.' Algum dia, com certeza, isso realmente acontecerá – e será logo, se ela continuar entregando-se daquela maneira. Eu não sabia se queria a responsabilidade de extrair tanto dela; sentia-me um pouco como uma vampira. Então decidi, depois do segundo bis, eu pararia de aplaudir".

Em seu último show na cidade de Nova York, em 15 de novembro, no Hunter College, o Big Brother estava "severamente desarticulado", de acordo com a resenha do *New York Times*. Havia um grande desânimo: o republicano Richard Nixon acabava de ganhar a eleição presidencial. Janis ficara a noite toda acordada por conta das anfetaminas. Getz tomou LSD antes do show. Outro conflito irrompeu no palco. Durante o prolongado solo de bateria de Getz em "Mr. Natural", seus colegas de banda saíram do palco enquanto os holofotes estavam nele. Então Janis voltou para o palco dançando, trazendo um pequeno atabaque, que colocou no chão, perto de Getz. "Não consegui alcançá-lo, então eu o chutei, e ele voou uns 3 metros", recordou o baterista. Quando o tambor passou voando por ela, Janis equivocadamente achou que Getz havia tentado atingi-la e gritou: *"Vai se foder, cara!"*. Depois, ela e Getz começaram a discutir aos berros nos bastidores, e Janis disse: "Eu estava tentando ser gentil com você, cara, levando o tambor para você, e você me fez passar vergonha na frente de 3 mil pessoas!".

Depois de uma apresentação em Long Island, na noite seguinte, Janis mal conseguiu sair da cama e pediu ajuda à sua assessora de imprensa, Myra Friedman. Foi diagnosticada com bronquite aguda; o Big Brother cancelou seus shows seguintes, incluindo um em Austin, Texas, pelo qual Janis estivera ansiosa. Uma semana depois, ela já estava recuperada o bastante para apresentar-se em Houston. Os Joplin foram de carro desde Port Arthur, a 150 quilômetros de distância, assim como Kristin Bowen, velha amiga de Janis. Dave e Patti McQueen, de Houston, também foram ao show. Depois da apresentação, a família e os amigos viram Janis ter um acesso de fúria e berrar com um funcionário. Ele havia fechado as cortinas antes que ela terminasse de cantar, deixando-a do lado de fora sozinha e envergonhada, com a banda oculta por trás dos panos. Além disso, o teatro era muito rígido quanto ao ruído, como a maioria das casas de espetáculos nos Estados Unidos, e não permitia que a plateia se levantasse das poltronas para dançar, algo que também incomodava Janis. Depois do episódio, a cidade proibiu concertos de rock. Mesmo após a suspensão desse veto, Janis continuou proibida de apresentar-se em Houston – seu antigo território –, "por seu comportamento de forma geral".

A visita dos Joplin ficou ainda mais tensa porque Dorothy e Seth estavam magoados com os comentários negativos de Janis à imprensa sobre sua cidade natal e sua adolescência problemática, e com suas tiradas comparando o ato de cantar ao uso de "drogas pesadas" e a um orgasmo. "Chegaram a publicar que a família a expulsou de casa aos 14 anos", escreveu Laura Joplin em *Com Amor, Janis*. "Nossos pais ficaram arrasados. Janis não apenas fazia pouco de boa parte da moral que a geração deles prezava, mas mentia sobre sua relação com a família, de forma muito pública. Eles se sentiam impotentes e injustiçados." Quando os caçadores de autógrafos perseguiram Janis e a família até o carro, os Joplin ficaram ainda mais abalados, e o jantar tardio em família, no hotel de Janis, foi desagradável para todos.

Em 1º de dezembro, a turnê final do Big Brother terminou onde tudo havia começado dois anos e meio antes: um evento beneficente da Family Dog para o Avalon – que havia fechado em novembro em razão de problemas financeiros e legais. O público não escondeu sua ira ante a decisão de Janis de sair do Big Brother; a unida comunidade de moradores da Haight dos bons e velhos tempos sentia-se particularmente traída. Grafites apareceram nos muros da vizinhança, pedindo que Janis não deixasse o grupo. Alguns fãs e amigos confrontaram-na pessoalmente sobre largar a banda e abandonar a comunidade *hippie* que havia apoiado o Big Brother. Tendo ganhado o amor deles, Janis agora se arriscava a perdê-lo – uma perspectiva dolorosa para ela. Até seus defensores, como Ellen Willis, questionavam seu futuro: "Nossa preocupação: será que o sucesso iria acabar com Janis?", escreveu ela na *The New Yorker*. "Será que ela vai ficar convencida, preguiçosa, mecânica? Será que o Big Brother lhe deu mais do que imaginamos?".

A revista *Rolling Stone*, de San Francisco, previu que a nova banda de Janis seria um grupo impecável, ao estilo de Las Vegas: um artigo de novembro afirmava que Janis no palco tinha a "pose de uma prostituta arrogante". Ela disse a um repórter: "Achei que eram meus amigos, mas [a *Rolling Stone*] me abandonou". Embora Linda Gravenites insistisse para que ela largasse a heroína, Janis continuou a usar a droga como proteção contra tanta agitação: "Só quero um pouco de paz, porra!".

Janis não teve folga. De imediato precisou passar da participação nos concertos do Big Brother aos ensaios com o novo grupo, e a banda não estava se entrosando. Skip Prokop havia deixado o projeto quando Janis insistiu em incluir Sam Andrew na nova banda. "Eu disse a ela: 'Não acho que Sammy seja bom o suficiente para tocar nesse tipo de banda'", explicou Prokop. Quando ela declarou "Sammy é inegociável", Prokop pediu demissão, voltando para o Canadá e fundando a banda Lighthouse.

Para os teclados, Grossman havia convocado Bill King, nativo de Indiana, que tocava o órgão Hammond B-3 em clubes do Village com o baterista Roy Markowitz, o qual substituiu Prokop. Os dois viajaram a San Francisco para encontrar-se com o baixista Brad Campbell, ficando hospedados no apartamento da mãe de Mark Braunstein. "Nós três estávamos em sintonia e totalmente dentro do projeto", recordou King. "Roy e Brad eram caretas de verdade e não usavam drogas." Quando Janis os convidou para jantar em seu apartamento, a primeira coisa que notaram foi a escultura de um grande falo na sala. Então vários Hells Angels arruaceiros chegaram, o consumo de drogas e de álcool aumentou e "as coisas começaram a ficar bem esquisitas, de modo que fomos embora", disse King.

Para a seção de metais de Janis, Grossman contratou o ex-saxofonista tenor do Electric Flag, Terry Clements, e o trompetista Marcus Doubleday, este último viciado em heroína. No primeiro dia de ensaio, Doubleday chegou tarde, com uma seringa enfiada em seu instrumento. Para aumentar a pressão, Grossman já havia agendado uma apresentação da banda. Eles tocariam em Memphis, a capital do soul, no concerto Yuletide Thing, organizado pela Stax Records, a gravadora de Otis Redding. Grossman recrutou Mike Bloomfield para supervisionar escassos três dias de ensaios antes de pegarem o avião para Memphis. Embora Bloomfield e o baterista da The Band, Levon Helm, que assistiu a um ensaio, relatassem a Grossman que o grupo estava se entendendo, Terry Clements via as coisas de forma diferente. O inglês de 29 anos achou que os ensaios eram "caóticos e improdutivos e que ninguém assumia um papel de liderança destacado". A lembrança mais vívida de Sam Andrew é de ter comprado balões de heroína antes de cada ensaio. Janis continuou a se afundar no vício, junto com Andrew e Peggy Caserta.

Em 20 de dezembro de 1968, Janis e a nova banda chegaram a Memphis para ensaiar na Stax. Estar no estúdio onde Otis Redding havia gravado era emocionante, mas perturbador, para Janis, que tentou assumir o controle do ensaio. "Lá estava ela, com os cabelos esvoaçando – pulando para lá e para cá, berrando, 'Lento demais!', 'Ainda lento demais!', 'Não, muito rápido!'", relatou Ralph Garcia, escritor iniciante e fotógrafo que cobriu a estreia da banda para a revista *Circus*. "Eles ensaiaram por quase quatro horas, com Bloomfield orientando, pulando, berrando e aos poucos conseguindo fazê-los entrosarem-se."

Apenas oito meses haviam se passado desde o assassinato de Martin Luther King no Lorraine Motel, ponto de encontro dos artistas da Stax. O pôster do concerto trazia Janis como atração principal no alto, com "todos aqueles grandes artistas da Stax embaixo", disse Bill King, "e isso criou um clima ruim. Acho que algumas pessoas pensaram: 'Olha, aí, essa Janis Joplin vindo de fora e exigindo ser a estrela do festival'. Ela se sentiu muito mal e queria pedir desculpas a todos". Janis e a banda compareceram a uma festa na casa do presidente da gravadora, Jim Stewart; lá, tomaram coquetéis e posaram para fotos com estrelas como Rufus Thomas e sua filha Carla, Judy Clay, William Bell e membros do MG's e do Bar-Kays (refeito pelos membros sobreviventes da banda de Redding). Ela também conheceu o jornalista Stanley Booth, que fazia a cobertura do concerto para quem ela chamou de "aqueles merdas da *Rolling Stone*".

As coisas não foram bem no sábado à noite. Durante a passagem de som, Janis e a banda tiveram dificuldades com a acústica reverberante do Mid-South Coliseum e encontraram problemas técnicos persistentes com os amplificadores e o PA. Vestida com um macacão cereja debruado com plumas, Janis "parecia uma grande ave *sexy*", de acordo com Garcia. Depois de um número de abertura matador dos Bar-Kays, que, trajados com ternos zebrados, executaram uma dança chamada *sideways pony*, seus colegas do selo Stax apresentaram-se em rápida sucessão, todos com participações excelentes, às quais a plateia reagia com estrondosa aprovação.

Logo depois da apresentação de Eddie Floyd, a banda de Janis demorou-se acertando os equipamentos, enquanto a plateia esperava, agitada e impaciente. Janis finalmente abriu com os novos covers que haviam ensaiado: "Raise Your Hand", de Floyd, e "To Love Somebody", dos Bee Gees, que Janis interpretou ao estilo de Otis. Os aplausos foram mornos: o público majoritariamente negro não estava familiarizado com o som de Janis, e os poucos adolescentes fãs de rock conheciam apenas "Piece of My Heart" e "Ball and Chain", do Big Brother – músicas que Janis planejava cantar como bis. Depois de uma arrastada "Summertime", Janis e companhia retiraram-se do palco, sem pedidos para que retornassem. Em vez disso, Johnnie Taylor, da Stax, entrou apressado para encerrar o show com uma versão dinâmica de seu sucesso do momento "Who's Making Love". Embora admiradores demonstrassem apoio nos bastidores, Janis ficou arrasada. "Pelo menos não jogaram nada em nós", resmungou para Stanley Booth.

Depois, Janis, Doubleday e Andrew injetaram-se heroína e apagaram. "Foi loucura tocarmos no Templo do Soul", refletiu Andrew depois. "Tínhamos acabado de formar a banda e tocamos muito mal." Embora a matéria de Garcia na *Circus* afirmasse que a *performance* de Janis havia sido "fantástica", Booth a repreendeu na *Rolling Stone*, recomendando que ela "recomeçasse com músicos que já soubessem como dançar o *sideways pony*".

O fiasco de Memphis foi um prenúncio do ano que estava por vir: uma banda cuja composição mudava o tempo todo e sem uma liderança real. Com seu consumo de drogas e bebida, e sua inexperiência em liderar uma banda, Janis viu-se no comando de um navio sem leme. Ela queria ter o companheirismo do começo do Big Brother, ao mesmo tempo que ela, a estrela, estava no controle. Ficou claro que não era possível ter ambas as coisas – ao menos não naquele momento.

Uma semana mais tarde, Bill King desapareceu. Sem que a banda soubesse, o FBI o detivera por evadir o serviço militar e, para evitar a prisão, ele se alistara no exército (a seguir, ele fugiu para o Canadá, onde se estabeleceu). Viciado em drogas, Doubleday também saiu da banda. Em San Francisco, Janis descobriu o tecladista Richard Kermode, de 22 anos, tocando em um bar de *striptease* em North Beach, e alguém recomendou o trompetista Terry Hensley, um taxista em meio período. A nova banda passou o mês seguinte ensaiando músicas do Big Brother e material novo. Além das músicas de Memphis, acrescentaram "Try (Just a Little Bit Harder)", de Jerry Ragovoy, coautor de "Piece of My Heart". Nick Gravenites, outro "conselheiro" da banda, ensinou-lhes sua música com levada de blues "Work Me, Lord".

Apesar do material valioso, Janis ainda não conseguia transmitir à banda a música que ouvia em sua cabeça: algo como uma mistura de swamp pop com *rhythm and blues* de Jerry LaCroix combinada com sua própria interpretação do som da Stax Records. Vocalmente, ela inspirava-se em Etta James, Aretha Franklin e Tina Turner, mulheres cuja música ela agora citava como inspirações – assim como fizera com Bessie Smith e Big Mama Thornton. "Ela me respeitava", disse James mais tarde sobre

Janis. "Quando a ouvia cantar, eu reconhecia minha influência, mas também ouvia a eletricidade e a fúria em sua voz." Janis começava a reconhecer estar muito próxima do talento das artistas que lhe serviam de modelo, mas tal perspectiva também a intimidava.

A bebida e as drogas também não melhoravam em nada a situação para Janis. Embora oferecessem um alívio para a ansiedade, a culpa e a insegurança, elas embotavam sua capacidade de comunicação e de conexão profunda com seus músicos, consumindo a energia que seria necessária para liderar uma banda. Ainda por cima, ela agora tinha recursos suficientes para usar drogas caras quanto quisesse. Na competição entre ambição e autodestruição, a segunda estava ganhando. Quando o escritor Michael Lydon a entrevistou para uma matéria na *New York Times Magazine*, ela lhe disse "Estou aterrorizada", sobre sua nova direção musical, "mas nunca me refreio. Sempre estou nos limites extremos da probabilidade". Durante a longa conversa, que teve início em um ensaio movido a bebida, prosseguindo em um salão de bilhar e no apartamento dela, Janis reconheceu que usava a bebida como uma muleta: "Quando fico assustada e preocupada, digo a mim mesma, Janis, divirta-se. Aí eu bebo para valer". Ela então acrescentou uma afirmação profética: "Cara, eu preferiria ter dez anos de vida ultraintensa do que viver até os 70 sentada em uma maldita poltrona vendo televisão". Ela apontou para seu casaco novo de lince: "Este casaco de pele, sabe como o consegui? Southern Comfort. Demais! Pedi à garota que trabalha no escritório de meu empresário para fazer cópias de todas as matérias publicadas na imprensa que mencionassem o Southern Comfort e mandei para a empresa, e eles me deram um monte de dinheiro. Como poderia alguém em sã consciência querer a mim como sua garota-propaganda? Ah, cara, esse foi o melhor golpe que já dei – dá para imaginar, ser paga para cair bêbada por dois anos?". O artigo de Lydon perguntava, "Conseguirá ela? [...] Janis Joplin mudou de direção. Em vez de rock, é *rhythm and blues*".

Em fevereiro de 1969, duas semanas depois de seu aniversário de 26 anos, Janis e a banda nova, com seis integrantes, pegaram o avião rumo à Costa Leste, para uma nova tentativa. John Cooke ainda era o produtor de turnê, e Bobby Neuwirth tornou-se informalmente o assistente de Janis, função que desempenhara para Dylan. Além de Braunstein, atuavam como *roadies* George Ostrow e Vince Mitchell, este se tornaria um amante ocasional de Janis. Sob uma nevasca furiosa, eles retornaram ao Fillmore East no meio da semana, para quatro shows com lotação esgotada, começando em 11 de fevereiro. Nos bastidores, Janis deu entrevista a Mike Wallace, do programa *60 Minutes*, da CBS-TV, então em sua primeira temporada, para um segmento sobre o Fillmore chamado "O Carnegie Hall dos Jovens". Como uma estudante tentando convencer alguém mais velho, ela defendeu convicta a honestidade do blues, explicando a Wallace por que os jovens estavam "curtindo a música negra, qualquer tipo de música que fale a verdade".

Para aumentar o estresse da noite de estreia em Nova York, o visto do baixista Brad Campbell havia expirado e a banda receava que ele fosse reconhecido no palco e deportado de volta para o Canadá. Para escondê-lo em plena vista de todos, Friedman disse à imprensa que "Keith Cherry" havia substituído Campbell. Neuwirth usou lápis de sobrancelha para escurecer o bigode e as costeletas loiros de Campbell/Cherry; óculos escuros e o gorro de pele de Janis completavam o disfarce ridículo.

No palco, a seção de metais às vezes abafava ou competia com os vocais de Janis. Extremamente nervosa, ela tentava compensar forçando a voz e "estrangulava e matava as músicas", de acordo com o crítico Paul Nelson, da *Rolling Stone*. Ele a comparou tanto com o ator Richard Burton quanto com uma dançarina do Radio City Music Hall, e reclamou que Janis e a banda "não tinham liga". A guitarra de Andrew nem sempre se entrosava com os metais, e alguns dos novos arranjos de músicas do Big Brother eram precários. Imitando o estilo de apresentação de artistas da Stax e do Ike and Tina Turner Revue, Janis, com um pandeiro em mãos, dançava durante os solos dos instrumentistas. Depois, contra a vontade de Myra Friedman, ela deu uma entrevista a Nelson. Em sua matéria de capa, "Janis: a Judy Garland do rock?" (Garland morreria de overdose de drogas em junho), Nelson pintou Janis como um caos neurótico e dolorosamente na defensiva quanto a sua nova abordagem, que, segundo ele, parecia um "show burlesco de metais".

Seis semanas mais tarde, quando ela voltou a se apresentar em San Francisco, no Winterland, de Bill Graham, a plateia inerte não pediu bis – algo inédito em seu território. Indo ao encontro dela mais tarde, no camarim, o jornalista John Bowers observou: "Ela está pálida, como se estivesse em choque, dizendo 'San Francisco está mudada, cara. Onde está a minha turma? Eles costumavam ser bem doidos. Eu sei que cantei bem! Tenho certeza!'".

Ela deveria "acabar com essa banda e voltar imediatamente para o Big Brother, se eles a aceitarem", sibilou Ralph Gleason ao fim de sua maldosa resenha no *Chronicle*. Na noite seguinte, ela adicionou duas músicas do Big Brother à *set list*, e a resposta melhorou. Mas Janis recebeu mal as desfeitas do público, fugindo para um estupor de heroína com Caserta e sua velha amiga Sunshine, que agora era viciada e morava com Janis e Gravenites. Logo depois dos shows no Winterland, as amigas com quem Janis dividia o apartamento encontraram-na inconsciente e pálida; conseguiram ressuscitá-la da overdose de heroína, sua primeira. Em dezembro, Janis contaria a um médico ter tido várias overdoses ao longo do ano, sendo revivida por Gravenites e outras pessoas. Mas a heroína a dominava de tal forma que nem sequer as experiências de quase-morte impediam que a usasse.

A banda de Janis ainda não tinha um nome definitivo (algumas vezes ela usou o nome "Main Squeeze" para esta e para a banda seguinte), talvez porque ela não tivesse uma *vibe* de grupo, apenas de um agregado de músicos escolhidos para acompanhá-la. Uma adição notável foi Cornelius "Snooky" Flowers, que tocava saxofone alto e havia integrado o grupo de soul Johnny Tolbert & De Tang, de Oakland, tendo trabalhado com Mike Bloomfield. Flowers era um afro-americano veterano da marinha, criado em Leesville, Louisiana, perto de Port Arthur. Em setembro, Janis o convidaria para ficar hospedado com sua família – a primeira vez que um homem negro dormiu na casa dos Joplin –, e ele acompanharia Janis aos clubes de R&B no distrito negro da segregada Port Arthur.

"Eu nunca tinha ouvido uma garota branca cantar tão bem", recordou Flowers sobre a primeira vez em que viu Janis, em 1967, com o Big Brother. "Mas aquela banda era a coisa mais triste que eu já escutara. Eu disse: 'Cara, ela canta muito, mas aquela banda está tocando alguma outra merda qualquer'." Janis e Flowers ficaram amigos logo depois que ele se juntou à turnê em Nova York, em meados de fevereiro. "Ela abriu a porta do quarto do hotel só de sutiã e calcinha e disse: 'Oi, *baby*!'", contou ele. Uma noite, foram ao Village para ver o multi-instrumentista de jazz Roland Kirk, que anunciou no palco: "Esta noite temos uma estrela entre nós". Flowers relatou: "Isso a assustou, mas Kirk disse 'Suba aqui e cante conosco'. Janis estava aterrorizada, mas eles executaram 'Piece of My Heart' melhor do que nós".

A personalidade proativa de Flowers tornava-o um líder natural, e sua contribuição para o grupo aumentou até que ele passou a cantar um par de músicas em cada apresentação. Em 16 de março, Janis e a banda tocaram ao vivo no *The Ed Sullivan Show*, e Flowers foi apresentado com destaque – em uma época em que havia poucas bandas birraciais na televisão. Eles haviam tocado em Ann Arbor, Michigan, no dia anterior, e depois Janis passou a noite acordada, divertindo-se em clubes de blues. "Eu queria parecer o mais descolada possível no programa de Ed Sullivan esta noite", disse ela a John Bowers, "mas estou achando que talvez eu esteja descolada demais agora."

No entanto, ela parecia energizada, embora rouca, nas duas músicas que o grupo apresentou no *Sullivan Show*: "Maybe", a balada das Chantels, de 1958, que ela adorava na adolescência, e "Raise Your Hand", durante a qual ela dançou enquanto a seção de metais executava um *vamp*. Quando Sullivan, a quem ela tanto assistira junto com a família, apertou-lhe a mão depois, ela ficou eufórica – o aperto de mão era um sinal claro de aprovação, disse ela à banda. John Bowers, que estivera viajando com a banda, notou que Janis havia dormido apenas uma hora e meia nas últimas quarenta e oito horas.

Pouco depois disso, dias antes da partida da banda para uma turnê pela Europa, o trompetista veterano Luis Gasca – que trabalhara para Count Basie, Mongo Santamaria e outros – substituiu Hensley. Durante as três primeiras semanas de abril, a banda tocou na Europa, apresentando-se em Estocolmo, Amsterdã, Frankfurt, Copenhagen, Paris e Londres. Esta última cidade, onde a banda passou os oito primeiros dias ensaiando, recebeu Janis como se fosse um membro da realeza – de outro planeta – em visita. Acompanhada por Ian Kimmet, protegido de Grossman que trabalhava para sua editora no Reino Unido, ela fascinou os jornalistas de tabloides e radialistas por beber tanto e por suas provocações insinuantes, enquanto aperfeiçoava sua *persona* de *blues mama* irreverente. "Ela exibe uma fachada que choca totalmente", menosprezou um crítico, "uma saraivada constante de palavrões. Nesta semana, ela deveria ter sido a matéria de capa da *Newsweek*, mas a morte de [Dwight] Eisenhower [ex-presidente dos Estados Unidos] fez com que o artigo sobre ela fosse adiado. Ela disse algumas coisas muito antiamericanas sobre Eisenhower: 'Maldição, catorze ataques do coração, e ele tinha que morrer bem na minha semana!'." Janis apareceria em um número de maio da *Newsweek*, com a seguinte chamada de capa: "Renascimento do Blues".

Linda Gravenites estava a postos para cuidar do guarda-roupas dela, e ambas foram convidadas para jantar com George e Pattie Harrison – Janis finalmente pôde conhecer seu Beatle favorito. Durante os ensaios, Janis agia como um sargento, recordou Kimmet, berrando ordens e forçando a banda a entrar em forma. Com a integração recém-adquirida pelo grupo, as plateias não clamavam pelo Big Brother, saudosas, e o retorno positivo contribuiu para a crescente coesão dos integrantes. Os metais juntaram-se à guitarra de Sam Andrew na introdução de "Summertime" e de "Combination of the Two", onde acrescentaram mais *groove*, embora a cada momento Janis não conseguisse alcançar os *"whoah whoah"* agudos. Enquanto ela dava um descanso à voz, Flowers cantava dois números: uma música escrita por ele, chamada "Me" – na qual Janis tocava uma campana –, e um cover de "I Can't Turn You Loose", de Otis Redding, com Janis dançando o *dirty bop* da Louisiana. Em Copenhagen, ela juntou-se no palco à banda de abertura, o Fleetwood Mac, para uma música.

Vários dos concertos europeus foram gravados, e em Frankfurt a banda deu um segundo show para transmissão pela televisão. "Tenho a política de não pedir que ninguém se sente, para que todos fiquem em pé!", disse à plateia, formada por soldados americanos, suas esposas e alguns cabeludos alemães. *"Quero ver vocês se mexerem!"*, exigiu ela. No fim do show, durante "Piece of My Heart", Janis foi cercada no palco por soldados e garotas de minissaia, todos dançando com entusiasmo.

Na apresentação final, no Royal Albert Hall, com lotação esgotada, Janis conseguiu fazer a plateia britânica, em geral séria, levantar das poltronas e dançar. Eric Clapton e Fleetwood Mac estavam entre os músicos que compareceram; Mick Jagger, porém, teria dito que não iria, pois,

"Se quiser música negra, ouvirei cantores negros". A *performance* vigorosa foi um triunfo incontestável, e depois Neuwirth e Cooke recordaram a felicidade de Janis, que disse: "Deus, estou tão feliz! Fiz todo mundo tirar a bunda da poltrona! Acho que vou ligar para minha mãe!".

Em vez disso, ela pediu licença durante a noitada em sua suíte e juntou-se a Sam Andrew no banheiro para injetar-se. Ela vinha usando heroína em segredo durante a turnê, arriscando-se a cruzar as fronteiras entre os países com a droga. Bob Seidemann e Stanley Mouse, dois nativos San Francisco que estavam em Londres e participavam da festa lotada, perceberam que havia algo errado: descobriram que Andrew tivera uma overdose e que Janis e Gravenites o haviam colocado em uma banheira de água gelada, com uma *groupie* chamada Suzie Creamcheese montada a cavaleiro sobre ele. Ele reviveu. Seidemann aconselhou Eric Clapton, que havia começado a usar heroína, a ir embora da festa, para o caso de a polícia chegar.

Para Linda Gravenites – que sempre se opusera ao uso de heroína por Janis –, aquela cena terrível foi a gota-d'água. Ela decidiu ficar em Londres em vez de retornar com Janis. Pattie e George Harrison a haviam contratado para fazer uma sacola e uma jaqueta de contas, e ela se mudou para a mansão dos Harrison. "Volto para casa quando você parar de usar heroína", disse a Janis.

De volta aos Estados Unidos, a turnê prosseguiu, mas Janis, furiosa com a deserção de Gravenites, descontou sua irritação nos membros da banda, desmerecendo a forma como tocavam, enquanto os músicos, desalentados, criticavam as *performances* dela. Markowitz foi embora, sendo substituído por Maury Baker, baterista de rock, de Los Angeles. Mark Braunstein, amigo de longa data de Janis, também pediu demissão, incomodado com a discórdia. Janis começara um caso com o tecladista Richard Kermode, mas a relação logo esfriou. O tempo todo ela continuou mais próxima de Sam Andrew, cujas contribuições musicais eram prejudicadas por seu próprio uso de heroína.

Em junho, Janis – agora com um salário de 300 dólares por semana, e com boa parte de seus rendimentos aplicados – voltou ao estúdio da Columbia em Los Angeles para gravar um novo álbum. Desta vez, Grossman escolheu Gabriel Mekler, que havia produzido o segundo álbum do

The Paupers, bem como sucessos do Three Dog Night e do Steppenwolf. Em uma tentativa de ficar limpa [da heroína] e de preparar-se, Janis foi morar com Mekler e sua família. A voz dela estava acabada, por conta da turnê, dos gritos no palco, do fumo e da bebida. Mekler era um pianista com formação clássica e "um cara agradável", de acordo com Chuck Negron, do Three Dog Night, e queria colaborar com Janis na pré-produção e no processo de gravação. Negron, cujo primeiro encontro com Janis no Whisky a Go Go terminara em discussão, com ambos bêbados, visitou Mekler em sua casa em Hollywood, enquanto Janis estava lá. "Estava de pé na cozinha, ajudando a esposa dele a cozinhar", contou ele em sua biografia *Three Dog Nightmare*. De avental, com o cabelo preso, parecia "uma pessoa completamente diferente, sem [...] drogas e bebida [...] com um certo constrangimento, timidez e vulnerabilidade. Ela era, na verdade, muito simpática, muito doce."

As sessões de gravação tiveram lugar ao longo de dez dias, em meados de junho. Mekler encarava esse álbum como o primeiro esforço solo de Janis, e sua banda, como músicos de sessão medíocres, nada mais. Houve atritos no estúdio quando tentou dirigi-los. Mekler nunca havia trabalhado no Estúdio D da Columbia, onde somente engenheiros sindicalizados podiam tocar no equipamento. Em um dado ponto, um engenheiro acidentalmente apagou um *take* inteiro, enfurecendo a banda. E o pedido de aumento feito pelo grupo a Grossman, não atendido, gerou mais ressentimento. "Estavam todos diminuindo uns aos outros", disse o baixista Brad Campbell. "Era um caos total." Ainda assim, conseguiram gravar boas versões de músicas que estavam tocando ao vivo: "Try", "Maybe", "To Love Somebody" e "Work Me, Lord".

Enquanto estava na casa de Mekler, Janis escreveu novas canções, incluindo "One Good Man", sua atualização de um blues de Bessie Smith. A música ganhou vida no estúdio com um magnífico trabalho de guitarra – *bottleneck guitar*[71] e um solo intenso – de Mike Bloomfield, que não foi creditado no LP. A música "As Good as You've Been to This World", de Nick Gravenites, começa com uma longa abertura com a seção de metais,

---

[71] Técnica de tocar guitarra em que se usa, em um dos dedos, um pequeno tubo oco que desliza pelas cordas do instrumento, alterando seu som. [N.T.]

apresentando o trompete de Gasca e os saxofones de Clements e Flowers. Os vocais roucos de Janis entram após transcorrida boa parte da música, com uma letra que expressa sua filosofia: "Viva sua vida amorosa / Viva-a toda, da melhor forma que puder".⁷²

Durante a sessão final, eles aperfeiçoaram os pontos altos do álbum. A música de Richard Rodgers e Lorenz Hart, "Little Girl Blue", que Janis citou como uma favorita dentre seu repertório, foi um desafio para todos. Bloomfield e Mekler arranjaram partes para uma seção de cordas, e a voz de Janis nunca soou tão vulnerável. Inspirada pela gravação de 1959 de Nina Simone, Janis verdadeiramente tornou sua a música (Simone, conhecida por ser muito exigente, elogiou a versão de Janis ao executar a música no Festival de Jazz de Montreux e voltou a citar o nome dela na edição de 1976 do mesmo evento). Os *licks* de guitarra de Andrew, parecidos com os de sua introdução de "Summertime", eram parcimoniosos. As cordas entraram, enquanto a bateria permanecia suave. Janis executou uma de suas *performances* vocais mais fortes gravadas em disco, com a quantidade exata de melisma perto do fim da música. Ela *quase* usou a voz "bonitinha" que sua mãe tanto amava. "Deus! Ela queria muito cantar em vez de gritar", recordou Mekler. "Ela queria desenvolver a voz e alcançar um alto nível de arte."

Já havia algum tempo que Janis falava sobre o *"kozmic blues"*: a "tristeza cósmica", a escuridão existencial advinda das decepções da Farsa do Sábado à Noite e pelas quais era atormentada. Ela finalmente colocou aqueles pensamentos depressivos na letra de uma música devastadora, que inspiraria o nome de seu novo álbum, *I Got Dem Ol' Kozmic Blues Again Mama!*

> *O tempo continua indo em frente*
> *Os amigos, eles se afastam,*
> *Bom, eu continuo indo em frente*
> *Mas nunca descobri por quê*
> *Fico insistindo tanto com um sonho,*
> *Fico tentando fazer do jeito certo*

---

⁷² No original, em inglês: "Live your loving life / Live it all the best you can". [N.T.]

> *Bom, estou vinte e cinco anos mais velha agora*
> *E por isso sei que não pode estar certo*
> *E não sou melhor, baby, e não posso ajudar você*
> *Mais do que podia quando era uma garota.*
> *Vou segurá-lo, sim,*
> *Vou usá-lo até o dia em que eu morrer.*[73]

Mekler participou na composição de "Kozmic Blues" e trouxe dois membros do Steppenwolf, o baterista Jerry Edmonton e o tecladista Goldy McJohn, para tocar na banda. Seguindo a maravilhosa melodia de piano de Mekler, os vocais de Janis entram com uma emoção contida: "Fico insistindo demais". Ela vai se expandindo e descobre que sua contenção inicial contribui para o crescendo de emoção da música. Os metais juntam-se ao piano e à guitarra para o refrão pungente. Os vocais atormentados de Janis terminam a balada com uma dor penetrante.

Janis dedicaria o álbum "para Nancy G.". Em 4 de julho de 1969, Nancy Gurley morreu de uma overdose de heroína, depois que James injetou a droga em si e nela, durante uma viagem em que faziam *camping* selvagem. Quando ele foi preso por assassinato em segundo grau, Janis contribuiu com 20 mil dólares para sua defesa legal; mais tarde, Gurley foi absolvido. Ao saberem da morte de Nancy, Janis e Sam Andrew imediatamente se injetaram – a típica reação de um viciado a semelhante trauma. Mais tarde, talvez dando ouvidos aos conselhos de Grossman, Janis demitiu Sam. Depois de usarem juntos a droga, ela disse a ele, sem rodeios: "Seus serviços não são mais necessários". O guitarrista não reagiu. Quando Janis lhe perguntou: "Você não quer saber por quê?", Andrew respondeu: "Que diferença faz?". Como parte da despedida, eles fizeram amor pela primeira e

---

[73] No original, em inglês: "Time keeps moving on / Friends they turn away / Well, I keep moving on / But I never found out why / I keep pushing so hard a dream, / I keep trying to make it right / Well, I'm twenty-five years older now / So I know it can't be right / And I'm no better baby, and I can't help you no more / Than I did when I was just a girl. / I'm gonna hold it yeah, / I'm gonna use it till the day I die". [N.T.]

única vez. Andrew concordou em ensinar suas partes para o novo guitarrista, o canadense John Till, que Grossman foi buscar na banda The Hawks, grupo de apoio de Ronnie Hawkins, pelo qual haviam passado todos os cinco membros do The Band.

John Till, de 23 anos, entrou para a banda a tempo de tocar no Festival Pop de Atlanta, um dos primeiros onde o Led Zeppelin tocou nos Estados Unidos. Janis e a banda, que acabara de receber o nome Kozmic Blues Band, tocaram a seguir no estádio de tênis de Forest Hills, onde Dylan havia sido vaiado ao apresentar-se com o The Band como banda de apoio, em 1965. Seria o último show de Andrew e o segundo de John Till. "Janis fez sua entrada sob estrondosa ovação", relatou a jornalista Ellen Sander. "Ela se apresentou, e era energia pura; cantarolou e lamentou-se e virou-se do avesso. Ela dançou em todas as músicas, com a banda mandando ver." No país todo, a segurança havia ficado mais rigorosa, tentando evitar que os fãs invadissem o palco. Janis não aceitava tais regras. Em Forest Hills, quando a plateia exigiu mais, depois da última música, "os seguranças marcharam em uma orgulhosa fila única, a partir dos dois lados do palco, e postaram-se diante dele em uma fileira cerrada", de acordo com Sander. "Os olhos de Janis se arregalaram ao ver aquilo. Ela afastou o microfone do rosto e proferiu uma enxurrada de insultos, que os imobilizou. 'SAIAM!', ela exigiu. 'Vão embora daqui!', ela berrou, desta vez no microfone. A ordem dela ecoou pelo estádio e a plateia aplaudiu. Os guardas saíram por onde entraram, e os aplausos se intensificaram. Janis disse: 'Eles precisam entender, esses porcos, que o que está acontecendo aqui é para nós – não é para eles!'."

Tais declarações não terminariam tão bem em Tampa, quatro meses depois, em 16 de novembro. Quando um policial foi ao palco com um megafone durante "Summertime", para exigir que o concerto terminasse antes do toque de silêncio, Janis ficou furiosa. *"Saia do meu palco, filho da puta! Como se atreve a me interromper no meio de uma música!"*, ela berrou no microfone. Depois, ela foi detida e autuada por obscenidade e outras acusações. A foto de sua ficha policial foi tirada à uma e quinze; esta foi a primeira vez em que foi fichada desde que fora presa em Berkeley por furto, seis anos antes. Tudo seria resolvido fora dos tribunais (a acusação de obscenidade foi retirada com base na Primeira Emenda da Constituição dos Estados Unidos, sobre liberdade de expressão), e Janis pagou uma multa de 200 dólares e pesadas custas judiciais. Naquela altura, ela estava na lista de vigilância do FBI, sob suspeita de incitação a tumultos.

Durante o fim da primavera e o início do verão, o assunto mais quente eram "três dias de paz e de música" em um bucólico evento no norte do estado de Nova York, que prometiam ser monumentais. Em 15 de agosto, Janis e a banda chegaram ao Liberty Holiday Inn, um dia antes de sua apresentação na Feira de Música e Arte de Woodstock. Janis e seus amigos do Grateful Dead e Jefferson Airplane ficaram no *lounge* do hotel, bebendo, jogando pôquer e repetidamente escolhendo "Hey Jude", dos Beatles, na *jukebox*. Joe McDonald teve um breve encontro com Janis no quarto dela, que terminou com "um boquete", ele recordou. Então, logo após um caso dela com seu *roadie* Vince Mitchell, Peggy Caserta chegou e assumiu o lugar como parceira de Janis. Em certo momento, enquanto falava com a imprensa, Janis agarrou o seio de Caserta, de forma sugestiva. Segundo relatos, ambas aplicaram-se heroína durante a longa espera pela apresentação de Janis e da banda. No sábado, porém, enquanto estava na área dos artistas, no local do festival, Janis permaneceu animada e atenta, dando vida à festa, indo de um lado a outro e servindo champanhe para todos

Depois das apresentações já tardias do Grateful Dead e do Creedence Clearwater Revival, a Kozmic Blues Band finalmente subiu ao palco na madrugada de domingo, 17 de agosto. Olhando para a escuridão, povoada por meio milhão de pessoas, com luzes pequeninas cintilando até onde a vista alcançava, Janis dirigiu-se à multidão como uma mãe terra: "Vocês têm água suficiente e um lugar para dormir?". Seria a primeira apresentação de John Till como único guitarrista, e ele se mostrou à altura da ocasião, e seus leads interagiram com a seção de metais e os teclados. Às três da manhã, e depois de dias de pouco sono, Janis não tinha toda a sua energia habitual quando abriu com "Raise Your Hand", embora seus gritos com certeza tenham despertado quem cochilava. Ela passou boa parte da *vamp* instrumental de "As Good as You've Been to Me" dançando descalça, vestida com um conjunto multicolorido tingido e um colete longo com acabamento dourado (que logo tirou). Janis apresentou uma emotiva "To Love Somebody" e uma sensual "Summertime". Ela mandou ver em "Try (Just a Little Bit Harder)" e então desacelerou em "Kozmic Blues", em cuja introdução alertou: "Falando sobre o *kozmic blues*. Se não sabem o que eu quero dizer, logo vão descobrir".

Janis ficou no palco por quase sessenta minutos e estava exausta quando começou "Ball and Chain" – sua voz roufenha, sumindo no final que ela prolongou, enquanto seus colegas de banda explodiam em dissonância. Ela ainda voltou para o bis, com uma "Piece of My Heart" acelerada, mas potente. Ellen Sander relatou que "Janis Joplin dançou com [a plateia] como se fossem uma coisa só. Eles gritavam para ela e não a deixaram sair até terem drenado até a última gota de sua energia". Grossman se recusou a autorizar que a apresentação de Janis fosse incluída no documentário original de Woodstock, lançado em março de 1970, e isso gerou boatos de que sua apresentação tivesse sido um fiasco – mas as gravações e filmagens existentes provam que foi o contrário, na maior parte do tempo.

Os festivais multiplicaram-se durante o verão de 1969, e Janis e a Kozmic Blues Band tocaram em eventos no Texas, em Ohio e na Louisiana. Bruce Springsteen, então com 19 anos, e sua banda Child abriram para Janis no Convention Hall, em Asbury Park, Nova Jersey. Ele fazia bem o tipo de Janis, que deixou isso claro, mas Springsteen não foi na dela. "Me ajuda, ela está atrás de mim!", pediu ele a seu guitarrista "Little Steven" Van Zandt, que recordou, com uma risada, como seu colega de banda se escondeu para fugir ao assédio de Janis.

As viagens constantes não ajudaram o moral da banda. Quando o saxofonista Terry Clements conseguiu um momento a sós com Janis, confessou-lhe que queria ir embora. Luis Gasca saiu da banda e foi substituído pelo trompetista Dave Woodward. Então John Cooke, seu amigo de confiança e produtor de turnê, apresentou seu pedido de demissão, válido a partir de 5 de outubro, logo após o retorno da banda a Winterland. Um jovem promotor de eventos de Seattle, Joe Crowley, foi contratado para assumir a função.

Por sorte, Janis ainda tinha Neuwirth a seu lado, e naquele outono recebeu dele um presente maravilhoso. Um dia, no escritório de Grossman, Neuwirth conversou com Gordon Lightfoot, um cantor e compositor canadense, que lhe mostrou uma música fantástica que havia acabado de aprender em Nashville. "Ele pegou o violão e tocou 'Me and Bobby McGee'", contou Neuwirth. "Eu disse: 'Caramba! Essa música é boa.

Ensine-me'. Então anotei a letra e perguntei: 'Quem compôs?'. Ele respondeu: 'Um cara de Nashville chamado Kris Kristofferson. Ele tem um monte de músicas boas'. Isso foi antes de Kris gravá-la – talvez Roger Miller tivesse gravado, mas eu não havia ouvido. Naquela mesma noite, eu ia jantar com Janis. Fui buscá-la e, enquanto ela e a namorada se arrumavam, toquei a música no violão dela. Janis falou: 'Que música é essa, cara? Ensina para mim!'. E eu ensinei."

Janis começou a praticar "Me and Bobby McGee" em seu violão acústico, e quando ela e a banda se apresentaram no Fairgrounds Coliseum, em Nashville, em 16 de dezembro, ela sentiu que era o momento certo. Sem aviso, começou a dedilhar a música cativante, e a banda passou a segui-la. Quando ela informou à plateia que "Me and Bobby McGee" era de um compositor de Nashville, o aplauso foi estrondoso.

Janis estivera escutando country rock, executado pelo Flying Burrito Brothers e outros, no clube Palomino, em North Hollywood. Da mesma forma que Gram Parsons, do Burritos, ela encomendou alguns modelos personalizados a Nudie, o Costureiro dos Rodeios, inventor do caubói de estrasse. "Você leu sobre ele na *Rolling Stone*?", escreveu Janis a Linda Gravenites, que ainda estava em Londres. "Ele faz roupas de faroeste incrivelmente vistosas – espalhafatosas de verdade. Bem o que eu queria! Mandei fazer um conjunto de calça e colete. Roxo com flores e arabescos, incrustado com montes de estrasse colorido. Estou tão empolgada – estrasse colorido e bem chamativo!" Janis havia insistido com Gravenites para que ela voltasse à Califórnia. "Eu preferia que você fizesse algo para mim." Mas Linda continuaria longe, por ora.

I Got Dem Ol' Kozmic Blues Again Mama! estreou na *Billboard* em 11 de outubro, permanecendo lá por vinte e oito semanas e subindo aos poucos até a quinta posição. O álbum produziu apenas um sucesso menor, a música "Kozmic Blues", que estacionou pouco abaixo das Top 40. As críticas foram mornas, e Janis mais uma vez foi criticada por sua nova direção musical. Alguns críticos homens acusaram-na de estar "querendo tornar-se Aretha Franklin" e zombavam dela por ter abandonado o Big Brother. "Os jornalistas estupram-na com palavras como se não houvesse nenhuma outra forma de lidar com ela", lamentou a crítica australiana Lillian Roxon. Uma exceção foi um texto perspicaz publicado no *Village Voice* por Johanna

Schier, que escreveu que Janis "estava cantando com mais força e melhor. [...] A parte alta de sua extensão está mais sólida e seu controle vocal está amadurecendo. [...] Ela pode ser considerada grandiosa por qualquer parâmetro que se use". De fato, o álbum ainda parece atual nos dias de hoje e inclui algumas de suas melhores *performances* vocais, em particular "Little Girl Blue", "Maybe" e "Kozmic Blues".

Mas a relativa falta de sucesso do disco confirmou o pressentimento de Janis e de Grossman de que o grupo deveria ser desfeito. A Kozmic Blues Band havia tocado nos momentos de maior destaque da carreira dela, e também havia aparecido em vários programas nacionais de televisão, incluindo uma espetacular apresentação ao vivo, no programa de variedades de Tom Jones. Janis cantou uma "Little Girl Blue" de tirar o fôlego e a química entre ela e o galês no dueto "Raise Your Hand", em que dançaram juntos durante o *vamp* de metais, não teve igual no horário nobre, nem antes nem depois.

A última apresentação da Kozmic Blues Band seria no Madison Square Garden; ali, pouco antes, Janis havia dançado ao som dos Rolling Stones, depois de fazer um dueto imprevisto com Tina Turner, durante o show de abertura de Ike e Tina para a primeira turnê dos Stones nos Estados Unidos em três anos. Durante o concerto de Janis em 19 de dezembro, com lotação esgotada, alguns amigos juntaram-se a ela em um delirante "Bo Diddley": o guitarrista prodígio Johnny Winter, de Beaumont, que havia acabado de assinar com a Columbia, e o *bluesman* Paul Butterfield, cantor e tocador de gaita. Foi uma noite maluca; John Bowers recordou que o Garden estava quase "afundando sob o peso de tanta loucura e tanta gente pulando", com uma plateia alucinada. Janis dedicou o show ao time de futebol americano New York Jets: fazia pouco, ela havia passado a noite com "Broadway Joe" Namath, jogador do time.

Houve uma festa fabulosa depois do evento, oferecida por Clive Davis e sua esposa, em seu luxuoso apartamento no Central Park, onde Janis, vestida com *chiffon* negro e doidona de heroína, encontrou Bob Dylan pela primeira vez desde que se apresentou a ele em Monterey, em 1963. "Um dia vou ser famosa", dissera-lhe então. Não se sabe se ambos chegaram a trocar lamúrias quanto ao lado negativo da fama, mas, de acordo com Davis, em nenhum momento Dylan chegou a tirar as luvas ou o casaco.

Capítulo 17

Pearl

No palco faço amor com 25 mil pessoas,
e então vou para casa sozinha.
— Janis Joplin

Janis passou aquele que seria o último ano de sua vida em busca de novas músicas e novos colaboradores, mas acima de tudo ela tentou encontrar um modo de conciliar a ambição como cantora com sua necessidade desesperada de escapar da Farsa do Sábado à Noite por meio de algum vínculo amoroso. Ela contou a um jornalista, na primavera de 1969, que tentava "ser fiel a mim mesma". Mas "fiel" a qual Janis? Aquela que finalmente assumira sua ambição de destacar-se como artista, e que almejava entregar-se por completo a sua música e a sua carreira? Ou a Janis que fora condicionada a crer, em parte pelo próprio pai, que nada traria a felicidade duradoura, a qual no entanto ela tanto ansiava encontrar? Tais perguntas estavam em sua mente quando escreveu aos pais, poucos dias depois de completar 27 anos:

> *"Estive olhando à minha volta e percebi algo. Depois que você alcança certo nível de talento [...], o fator decisivo é a ambição, ou, da forma como vejo, quanto você de fato necessita. Quanto necessita ser amado e necessita orgulhar-se de si [...] e acho que a ambição é isso – não é de forma alguma uma busca depravada por posição [...] ou dinheiro, talvez seja uma busca por amor. Amor aos montes!"*
> *O que Janis havia percebido era que o sucesso e a fama que sempre quisera não eram capazes de preencher aquele poço de solidão.*

Janis passara em turnê boa parte dos dois anos anteriores. Em 1969 ela queria fincar raízes, e quando chegou o outono havia comprado seu primeiro imóvel: uma modesta casa térrea na avenida West Baltimore, 380, uma via sem saída do vilarejo de Larkspur, condado de Marin. Rodeada de sequoias, situava-se em um cenário bucólico parecido ao da casa que compartilhara com o Big Brother em Lagunitas. Coberta com telhas de madeira, a casa tinha, assim como "Argentina", uma lareira de pedra e vigas de madeira expostas – "bem robusta e rústica", nas palavras de Janis. Contava com duas espaçosas suítes, em alas separadas. Janis adorava especialmente o grande deque, "cheio de bancos, com uma churrasqueira, vista para um regato e [...] sequoias crescendo bem no meio do assoalho", escreveu ela a Linda Gravenites, ainda em Londres.

Para Janis, a casa em Marin representava tanto o sucesso quanto a necessidade de fugir dele. Novamente implorando a Gravenites que voltasse aos Estados Unidos, Janis escreveu que sua casa "maravilhosamente tranquila" lhe ofereceria refúgio, ajudando-a a manter-se longe das drogas:

> *Lembra-se de que discutimos os dois modos de encarar o Kozmic Blues [...]? Um, ficar chapado e tentar se divertir ao máximo, e dois, tentar ajustar-se a ele? Bom, vou tentar o número dois. Nada de drogas, vou fazer caminhadas na floresta, aprender yoga, talvez (não ria) andar a cavalo, tentar aprender a tocar piano – acho que tudo isso e a empolgação de ter uma casa e a paz incrível que se sente lá vão ser maravilhosos. Nós poderíamos ser felizes de verdade lá, e preciso muito de você. Por favor, volte.*

A crença de Janis de que uma casa bonita e afastada poderia ajudar em sua recuperação não era inteiramente uma ilusão sua. Pouco antes do Festival de Woodstock, ela havia passado uma semana com amigos, descansando – e divertindo-se – na ilha caribenha de Saint Thomas. Depois, durante o outono, fora acampar com o *roadie* Vince Mitchell na região montanhosa do Texas, onde usou botas prateadas de caubói e *jeans*. Dormir sob as estrelas e cozinhar em uma fogueira a tinham revigorado. Logo depois, porém, ela bebeu muito quando finalmente se apresentou na Universidade do Texas, em Austin. Nos bastidores, disse a sua antiga amante

Julie Paul: "Não é fácil estar à altura de 'Janis Joplin', sabe". Ela precisava dar um tempo na personificação constante da *"blues mama"* irreverente que havia criado, mas sua *persona* de palco entranhara-se em sua vida diária, ganhando cada vez mais controle sobre suas opiniões e seu senso do eu verdadeiro. "Se você usa a máscara tempo demais, cedo ou tarde você se torna a máscara", foi como Bob Neuwirth expressou-se ao discutir Janis com Laura Joplin.

Em novembro, Linda Gravenites voltou aos Estados Unidos, para mais uma vez morar com Janis e ser sua confidente e estilista. Como temia, logo descobriu que Janis ainda usava heroína. Furiosas, Gravenites e Myra Friedman, assessora de imprensa de Janis, interpelaram-na quanto a isso. Durante uma longa e traumática noite, em que Janis negava-se a aceitar a situação, aos berros, ela por fim cedeu e mais uma vez prometeu que pararia. Albert Grossman recomendou um endocrinologista de Nova York, Dr. Ed Rothschild, especializado no tratamento do vício em drogas.

Em 9 de dezembro de 1969, Rothschild examinou Janis e prescreveu dez dias de dolofina, que eram comprimidos de metadona, a serem tomados durante o período de abstinência. Mas Rothschild suspeitava que, embora estivesse disposta a largar o vício, Janis não estava cem por cento comprometida a permanecer limpa. "Ela deu a entender que outras pessoas queriam que ela se consultasse comigo, e que o fizera a contragosto", contou ele. Quando o exame de sangue indicou o funcionamento normal do fígado, ela exclamou para Rothschild: "Isso só mostra que sou mesmo uma pessoa forte e saudável. Porque, do jeito que eu bebo, meu fígado deveria estar ferrado!". O médico observou que a dieta de Janis "era horrível, ela comia doces demais e tinha grandes variações de peso [...] de 52 para 70 quilos". O consumo excessivo de álcool, drogas e açúcar era parte de "um padrão de comportamento que lhe faria mal", recorda-se Rothschild de haver dito. Ele poderia ajudá-la a largar a heroína, disse, mas "o resto seria com ela". Janis voltou ao consultório de Rothschild, mas, depois do concerto no Madison Square Garden, em 19 de dezembro, ofereceram-lhe heroína nos bastidores, e ela teve uma recaída.

Com a dissolução da banda Kozmic Blues, depois do show de Nova York, Janis fez uma pausa de três meses nas apresentações. Morando com Gravenites em sua nova casa, ela começou 1970 ainda se aplicando heroína ocasionalmente, em geral com as amigas Sunshine e Peggy Caserta. "Enquanto eu ainda achar que algum dia você vai parar, posso tolerar. [...] Vou ficar com você", Gravenites lhe disse. "Mas se eu achar que vai ser para sempre, não vou conseguir. [...] Vou embora." Janis concentrou-se em "fazer [...] uma reforma fantástica e cara na casa", escreveu ela aos Joplin. "Está virando um palácio – cheio de peles e madeira e vidro colorido e sofás de veludo e espreguiçadeiras e até um lustre pendurado no meio de um bosque de sequoias." Ela também teve aulas de piano pela primeira vez desde que a mãe lhe ensinara a tocar, ainda criança. Ela manteve pagamentos adiantados a dois integrantes canadenses do Kozmic Blues Band – o baixista Brad Campbell e o guitarrista John Till –, e Grossman começou a recrutar candidatos para juntarem-se a eles em uma nova banda quando ela voltasse a trabalhar.

Janis passou seu aniversário – 19 de janeiro de 1970 – em plena pausa prolongada nas apresentações, a primeira desde que entrara para o Big Brother, em junho de 1966. Ela escreveu à família: "Consegui passar meu aniversário de – nossa! – 27 anos sem realmente sentir. Não estou fazendo muita coisa no momento – só curtindo a casa. Assim passei o primeiro mês das férias, que devem durar três meses".

Janis também refletiu sobre as dificuldades do estrelato: "Ah, é um jogo engraçado [...] quando você é um zé-ninguém e pobre, você não liga – pode apenas se deixar levar, mas quando consegue certo destaque e algum dinheiro, você começa a se esforçar de fato para conseguir mais, e quando você é o número um, precisa ralar de verdade para que ninguém te alcance! Alcançar?! Dois anos atrás eu nem queria isso! Não, não é verdade [...]".

Janis parecia por fim compreender sua complexa mistura de necessidades e como era fácil misturar sua ambição profissional e sua ânsia por amor. Mas a compreensão intelectual não preenchia o vazio, nem atenuava sua solidão inata ou alterava de modo significativo o comportamento destrutivo que dava origem a muitos de seus problemas. Mais tarde naquela primavera, ela diria a um jornalista, de forma presciente: "O *kozmic blues* me pegou de verdade. [...] Você precisa entender que nunca tem tanto quanto deseja e que, quando morrer, vai estar sozinho. [...] Quando você aceita isso, então não dói tanto". Ela citou a letra de uma nova música que havia começado a cantar: "*Agarre-o enquanto pode*[74] – porque pode não estar lá amanhã". Tais sentimentos eram, com efeito, uma reinterpretação da lição de Seth Joplin sobre a Farsa do Sábado à Noite. Janis dizia para si mesma, compulsivamente, que aceitar essa sombria visão de mundo aliviava um pouco a dor.

Sua "tristeza cósmica" foi agravada pela perda de outro "membro da família" no ano anterior: seu querido cão George, de dois anos, havia desaparecido do Porsche enquanto este estava estacionado na frente de seu local de ensaio. Ela colocou anúncios, ofereceu uma recompensa e anunciou na rádio KSAN que ele estava perdido, tudo em vão. Grossman deu a ela uma cachorrinha branca peluda, que ela chamava de "a filha de George." Ela escreveu aos pais que queria "muitos cães". Naquela primavera, Janis adotou dois gatos e três cachorros, incluindo um cão de montanha dos Pirineus, "um cruzamento entre um são-bernardo e um mastim", escreveu aos pais. Ela contou que batizou seu enorme cão novo de Thurber, em homenagem ao humorista James Thurber, cujo trabalho o pai admirava havia muito. Em maio ela disse a uma repórter: "Os cães são melhores do que as pessoas. São meus melhores amigos". O amor incondicional que esses animais ofereciam, em combinação com suas necessidades pouco complicadas, dava a Janis um gostinho de família.

Desde que assistira ao filme ítalo-franco-brasileiro *Orfeu Negro*, de 1959, filmado no Brasil, durante o Carnaval, Janis tinha vontade de conhecer as festividades cariocas. Ela decidiu que seria a oportunidade perfeita para também livrar-se da heroína. Dessa vez, ela jurou manter-se limpa e deu todo o estoque que tinha de presente a Caserta, que não pensava em largar a droga. Com dolofina suficiente para dez dias, Janis e Linda Gravenites pegaram um voo para o Rio de Janeiro no início de fevereiro. Primeira estrela do rock feminina a visitar o Brasil, Janis foi recebida por personalidades locais e convidada para festas exclusivas.

Ela telegrafou a Myra Friedman, dizendo que "se sentia como Brigitte Bardot. Nunca tive uma recepção da imprensa tão incrível [...] eram tantos

---

[74] No original, em inglês: "Get it while you can". [N.T.]

paparazzi que dei uma coletiva de imprensa. Todos os jornais, todas as revistas, todos radiantes". Na conferência de imprensa, Janis descreveu os "belos" concertos gratuitos de San Francisco, aos quais "todo mundo ia para dançar". Dizendo que amava o Brasil "porque as pessoas parecem mais simpáticas uma com as outras do que em Nova York", ela também afirmou que seria "uma *beatnik*", se não fosse cantora, e que se a voz dela a deixasse na mão, ela iria "morar na praia".

Certa tarde, enquanto estavam na praia de Ipanema, Janis e Linda Gravenites conheceram os americanos David Niehaus e Ben Beall. Niehaus, com cabelo castanho-claro e barba, tinha viajado sozinho pela Amazônia durante um ano, antes de encontrar-se com Beall, colega seu na Universidade de Notre Dame. Nativo de Cincinnati, Niehaus tinha a idade de Janis e havia se apresentado como voluntário para o Corpo da Paz na Turquia, após a universidade, e depois cursou Direito. Ao ver Janis tomando sol de biquíni, sentiu-se atraído pela saudação cordial dela, "Oi, coisa fofa!", e logo percebeu que "ela era inteligente e tinha senso de humor", recordou. Niehaus não descobriu quem Janis era até o segundo dia em que estavam juntos. Embora Janis achasse gratificante ser uma celebridade, foi significativo para ela que David tivesse sido atraído por ela própria e não por sua condição de estrela do rock.

A folia de Carnaval – os desfiles das escolas de samba, as fantasias incríveis e as danças alegres – cativaram Janis. Ela aprendeu os movimentos sensuais do samba enquanto dançava nas ruas com Niehaus. "Ríamos muito", ele recordou. Quando o Carnaval terminou, em 10 de fevereiro, ela quis continuar a diversão, organizando um show gratuito no Rio. Batizando-o de *"Unending Carnival, Get It On"* [Carnaval sem fim, manda ver], ela escreveu a Friedman: "Nunca houve algo de graça aqui antes – o tema de nosso festival. É estranho, o Carnaval dura [...] só quatro dias – depois disso, é ilegal. Daí nasceu nosso plano". Mas as autoridades não quiseram saber, e os planos deles de "fazer o primeiro concerto de rock na América do Sul", de acordo com Niehaus, fracassaram. "Era uma ditadura militar, e eles tornaram a coisa impossível. Não queriam um bando de cabeludos tocando rock & roll." Embora o festival tivesse dado em nada, o casal queria continuar explorando o Brasil. Gravenites voltou para a

Califórnia a fim de supervisionar a reforma da casa, enquanto Janis e Niehaus planejaram uma viagem para a Bahia.

Quando a metadona de Janis acabou e a dor da abstinência a debilitou, Niehaus aproveitou a chance para ajudar. Ele a conduziu através de um detox angustiante, que "quase a matou", disse ele. Essa experiência fortaleceu os laços entre eles. Uma vez limpa, Janis parecia determinada a continuar assim. O calor da paixão por Niehaus e o fato de estar distante dos fornecedores e companheiros de vício ajudaram-na a ficar longe da droga. Ela mandou um telegrama a Friedman: "Finalmente lembrei-me de que fui *beatnik*, e por algum tempo vamos viajar por aí de carona, dormir na praia e apenas viver. E eu nem penso nas drogas". Friedman informou um dos editores da *Rolling Stone* que Janis estava "indo para a selva com um *beatnik* corpulento e cabeludo chamado David Niehaus" e que ela teria dito: "Lembrei-me finalmente de que não preciso estar no palco doze meses por ano. Decidi curtir outras selvas por algumas semanas".

Ao mesmo tempo, Janis mandou um telegrama para Albert Grossman, mencionando estar limpa e encontrando seu verdadeiro eu, e ao mesmo tempo suplicando o apoio paternal de seu empresário: "Sou a Janis verdadeira [...] tão Janis de novo, e tão feliz por ora, ou para sempre. [...] Por favor, não me abandone, mas você consegue ficar feliz por mim?". Deixando seus pertences para trás no hotel, os amantes alugaram uma motocicleta para uma viagem de cinco dias. "Dormimos em uma praia em Cabo Frio, ao norte do Rio, para onde viajamos de moto durante a noite", contou Niehaus. Indo para a Bahia, eles bateram em uma divisória de concreto no meio da estrada e perderam o controle, sendo ambos arremessados da moto. Janis ficou inconsciente e sofreu uma concussão. Niehaus parou um carro e levou-a para o hospital, onde ela foi medicada e liberada. Os dois prosseguiram viagem, parando em vilarejos diminutos ao longo do caminho – "como dois bons e velhos *beatniks* na estrada", contaria ela mais tarde ao apresentador de *talk show* Dick Cavett. Em uma cidadezinha, ouviram "Piece of My Heart" saindo de alto-falantes em uma rodoviária decrépita. Janis adorou a cultura africana da Bahia e em Salvador comprou bijuterias feitas no local, incluindo uma pulseira e uma gargantilha de miçangas vermelhas com um pendente em forma de coração. Ela usaria essas peças o tempo todo, como recordações da felicidade que experimentou no Brasil.

Depois de suas aventuras, eles planejavam voltar juntos para a Califórnia, mas no aeroporto descobriram que o visto de Niehaus havia vencido. Janis discutiu com os oficiais, mas em vão, e Niehaus precisou ficar para trás, a fim de regularizar os documentos. Subitamente sozinha de novo, e de volta à terra onde era fácil conseguir heroína, Janis parou em Los Angeles, chamou seu fornecedor, George, e comprou a droga. Dias depois, quando Niehaus chegou a Larkspur, ela estava doidona. Os dois discutiram, Janis prometeu que pararia, ele acreditou e o romance foi reatado.

Considerando-a seu "primeiro amor, sua primeira mulher de verdade", Niehaus relembrou em seu diário que Janis lhe disse que havia sentido "[amor] de verdade antes, mas que havia se transformado em tristeza e [ela] decidiu não amar mais". Não está claro se essa foi uma referência à traição de Peter de Blanc ou a alguma outra pessoa. Contudo, por mais que Janis gostasse de Niehaus, as decepções do passado, sua insegurança e, acima de tudo, seu fatalismo hereditário impediam que ela se entregasse totalmente a ele. A devoção dele e seu desejo de que Janis ficasse longe das drogas, os quais ela acolhia com uma parte do coração, ameaçavam sua *persona blues mama*, sempre à espreita, que havia possibilitado a carreira que ela sempre desejara – e a qual Janis achava que, aos 27 anos, deveria manter para ter sucesso.

Ainda assim, da mesma forma como havia se reinventado em 1965, para De Blanc, como uma aspirante a dona de casa, ela tentou ser uma "esposa" para Niehaus: "Ela me tratava muito bem, melhor do que qualquer outra mulher antes", refletiu ele. "Ela se esforçava para me fazer feliz – preparava o jantar e esfregava as minhas costas quando eu tomava banho." O outro lado da personalidade de Janis emergiu quando o casal foi despertado certa noite por um barulho na cozinha. Quando Niehaus foi investigar, descobriu vários Hells Angels grandalhões atacando a geladeira. "Tinham armas na cintura e queriam saber quem diabos eu era", recordou. Ele correu para o quarto, para contar a Janis, que entrou furiosa na cozinha e xingou os motoqueiros. "Janis assumiu o controle", explicou Niehaus. "Ela podia ser uma força incontrolável. Não apenas eles foram embora, como retornaram mais tarde com sacos e sacos de compras. Aqueles não eram bons sujeitos – mas ela os transformou em bons sujeitos."

De mãe terra e dona de casa a garota motociclista durona, ambos os lados de Janis atraíam Niehaus. Mas ele não estava preparado para lidar com a celebridade dela. "Íamos a algum bar", ele recordou, "e eu estacionava o Porsche; quando voltávamos, havia umas 150 pessoas ao redor dele. Isso logo começou a me incomodar." Para arejar a cabeça, ele tirou um fim de semana para esquiar e, quando voltou, encontrou Janis e Peggy Caserta juntas na cama e chapadas. Farto, ele disse a Janis que bastava e que ele ia embora para continuar suas viagens, no norte da África e na Ásia. "Ela disse: 'Vou parar de usar heroína, nunca mais usarei, se você ficar'", Niehaus recordou.

Ele recusou a oferta que Janis lhe fez, de ser o produtor dela durante a turnê de verão, e em vez disso pediu que ela viajasse pelo mundo com ele.

De acordo com Linda Gravenites, "David realmente a amava. Janis o amava também. [...] Ela estava dizendo 'Fique comigo', e ele estava dizendo 'Venha comigo'. Ela não podia, e ele também não". Niehaus disse a ela: "'Vá me encontrar nos Himalaias, e recomeçamos a partir daí'". Finalmente, em um momento ao estilo *Tarde Demais para Esquecer*,[75] ambos concordam em seguir caminhos separados, mas prometeram um ao outro reencontrarem-se dali a um ano e meio.

Janis e David Niehaus passaram em Los Angeles seus últimos dias juntos. Em 28 de março, Janis retornou com ele ao Estúdio D da Columbia, em Hollywood, para gravar uma música com o apoio de Paul Butterfield e sua banda, de sete integrantes. O produtor da sessão foi Todd Rundgren, outro cliente de Grossman, que, aos 21 anos, já contava com um sucesso de menor monta, "Hello It's Me", de 1968, com sua banda, Nazz. Rundgren era um compositor, cantor, produtor e multi-instrumentista iconoclasta, que Grossman considerava "um garoto prodígio". Mas Rundgren irritou-se com as restrições ao trabalho no estúdio da Columbia, onde apenas os engenheiros sindicalizados podiam operar a mesa de som.

---

[75] *An affair to remember*, filme de 1957 estrelado por Cary Grant e Deborah Kerr, em que ambos se conhecem em um navio e, envolvidos em relacionamentos com outras pessoas, marcam um encontro para dali a seis meses. [N.T.]

Ele não tinha apreço particular pela banda de Butterfield e considerava-os "difíceis de dirigir". Rundgren e Janis tampouco se deram bem: ele a achava "temperamental". Apesar de tudo, como costumava fazer no estúdio, ela se concentrou em cantar e ignorou tudo o mais, tomando chocolate quente e drinques de tequila entre os *takes*.

Tendo uma vez mais o apoio de uma seção de metais, bem como da gaita de blues de Butterfield, a voz de Janis soava tranquila e forte na melancólica "One Night Stand". Ouvindo a letra da música, Niehaus reconheceu a solidão que ela enfrentava nas turnês: "Tocando em uma cidadezinha sem nome e sinto-me triste e todo mundo parece igual / Bom, você chama minha atenção, e então você chega com tudo e tenta fazer seu jogo / Só porque fizemos amor esta noite, por favor, não ache que vai continuar assim / Não vê que você não passa de um caso de uma noite só / Amanhã vou seguir meu caminho, e pode tentar me alcançar, se puder".[76] Barry Flast, contratado da editora de Grossman, foi quem deu a ideia para a música, cuja letra Janis adaptou para si mesma, cantando-a como uma mulher que fala com franqueza de seus encontros sexuais durante as turnês.

Em um dado momento, sozinha com Niehaus no estúdio, Janis pediu ao engenheiro para tocar as faixas de acompanhamento de músicas que ela gravara anteriormente. "Entramos em uma cabine com um som perfeito", recordou Niehaus. "Ela colocou os fones de ouvido e cantou para mim canções de amor. Ela fez com que me sentisse 'o único homem', como dizia a letra de uma das músicas."

Ela o levou ao aeroporto, e eles se abraçaram e se beijaram ao se despedirem, com "promessas de amor e de uma família, que eu desejava tanto quanto ela", Niehaus refletiu mais tarde em seu diário. "Estávamos apaixonados", disse ele sobre os dois meses que passaram juntos. "Achávamos que seria para sempre, mas primeiro ela queria dedicar-se mais a sua carreira, e eu queria viajar pelo mundo."

---

[76] No original, em inglês: "Playin' in a town without a name and I'm feelin' low an' everybody looks the same / Well, you catch my eye, and then you come on strong an' try to make your play / Just because we loved tonight, please don't you think it's gonna stay that way / Don't you know that you're nothin' more than a one night stand / Tomorrow I'll be on my way, an' you can catch me if you can". [N.T.]

Ainda ansiando pela aceitação dos pais, ela lhes escreveu sobre Niehaus: "Conheci um ótimo homem no Rio, mas tive que voltar ao trabalho, de modo que ele partiu para conhecer o resto do mundo – África ou Marrocos, agora, acho, mas ele me amou de verdade e foi bom para mim, e quer voltar e casar comigo! Achei que eu morreria sem que ninguém, além dos fãs, fosse me pedir em casamento. Mas ele falou sério, e quem sabe – posso ficar cansada do mundo da música, mas no momento estou seguindo em frente para valer".

A relação apaixonada com Niehaus continuou a persegui-la. Ela contou ao *San Francisco Chronicle*: "Há um homem pelo qual estou apaixonada. [...] Ele queria conhecer o mundo e eu queria ser uma cantora. Estamos tentando descobrir o que realmente queremos". Niehaus começou a "aparecer" em novas músicas que ela acrescentava a seu repertório. Em "Cry Baby", de Jerry Ragovoy, ela interpelava um homem que a largara para "encontrar a mim mesmo" e improvisava: "mas como a capricorniana que sou, vou estar esperando" quando ele "voltar de Casablanca". Ele também inspirou uma nova música original, a primeira de Janis em um bom tempo, "Move Over", com versos como: "Decida-se / Você sabe que está brincando comigo".[77] Depois de apresentar a música no programa *The Dick Cavett Show*, ela a explicaria como a história de uma mulher frustrada por um homem "que oferece mais do que está disposto a dar". Na cabeça de Janis, apesar de ter dito que queria passar a vida com ela, Niehaus preferiu viajar pelo mundo em vez de ficar por perto.

Em San Francisco, em 4 de abril, Janis juntou-se ao Big Brother, no Fillmore West, para um show conjunto organizado e gravado por Bill Graham. Diante de uma multidão eufórica, eles tocaram oito músicas de seus dois álbuns juntos, começando com a caótica "Combination of the Two". Embora resfriada, Janis estava incrível e alternou músicas com Nick Gravenites, que agora cantava no grupo. Sua antiga banda juntou-se a ela em versões despojadas de duas faixas do álbum *Kozmic Blues*, de Janis, "Try", com Brad Campbell no baixo, e "Maybe". Durante uma versão jazzística de "All Is Loneliness", do Big Brother, com vinte minutos de duração, Janis improvisou algumas linhas sobre "a solidão que espera por mim

---

[77] No original, em inglês: "Make up your mind / You know you're playing with me". [N.T.]

em casa". Um ponto alto foi uma *jam* com Gravenites em outro longo improviso, um blues que ela chamou "Ego Rock", no qual detonou seu estado natal: "Tive que sair do Texas, *baby*, Senhor, aquilo estava acabando comigo / Percorri o mundo todo, mas Port Arthur é o pior lugar que já encontrei".[78] Janis terminou o primeiro verso declarando "Vou viver até bem velha e nunca vou voltar para o Texas".[79]

Tocar com o Big Brother pela primeira em quinze meses "foi muito divertido", disse ela, "tomando tequila, beijando". Mas ela já havia aceitado, com uma boa dose de tristeza, que provavelmente aquilo não voltaria a acontecer: "Não dá para voltar para casa", disse ela, citando Thomas Wolfe. O Big Brother e os fãs de sua cidade natal sabiam que o prazer nostálgico daquela noite não seria – e não poderia ser – replicado. O fato é que o reencontro só havia sido possível graças à profunda ligação que havia entre eles.

De qualquer modo, conseguir algo que se assemelhasse a tal vínculo passou a ser o objetivo de Janis, quando ela contratou músicos para tocar com Campbell e Till. Grossman chamou os canadenses Ken Pearson, tecladista que tocara em um álbum com seu cliente Jesse Winchester, e Richard Bell, de 24 anos, que havia tocado órgão em The Hawks com Till. Bell e Pearson fizeram seus testes na casa de Janis, e seus estilos de órgão e de piano combinavam perfeitamente com o tipo de som que ela desejava. O ex-saxofonista de Janis, Snooky Flowers, recomendou o baterista Clark Pierson, de Minnesota, que tocara com ele em um clube de *striptease* em North Beach, chamado The Galaxy.

Janis e o grupo começaram a ensaiar na garagem dela, onde testavam o material novo. Os quatro canadenses e o americano deram-se muito bem; constituíam uma unidade orgânica, não um agregado forçado de músicos de sessão. Janis sentia-se à vontade com eles, e o respeito entre ela e eles era mútuo. Embora fosse sem sombra de dúvida a líder da banda, ela podia mais uma vez ser "um dos caras".

---

[78] No original, em inglês: "I had to get out of Texas baby, Lord it was bringing me down / I been all around the world but Port Arthur is the worst place that I'd ever found". [N.T.]
[79] No original, em inglês: "I'm going to live to be an old lady and never go back to Texas". [N.T.]

Em uma aposta para criar uma *persona* alternativa à "Janis" estrela do rock, cujo nome era berrado e saía impresso, por vezes em matérias depreciativas e sexistas, Janis buscou um apelido – uma alcunha a ser usada só por quem a conhecesse melhor. Talvez tal *persona* a ajudasse a criar uma versão mais realista de si mesma. Ela escolheu "Pearl" [pérola]. Sugerido originalmente por Dave Richards, tornou-se seu apelido, de uso restrito a seus novos companheiros de banda e amigos próximos – que conheciam a *pessoa*, não a celebridade. "Não use a palavra *estrela*", disse ela a Dick Cavett depois que ele se referiu a ela como tal. "Ela me faz subir pelas paredes."

Quem às vezes assistia aos ensaios da banda eram Johanna e John Hall, este último músico, cantor e compositor. Em Nova York, Janis ficara amiga da jornalista Johanna Schier Hall, de 22 anos, depois que sua resenha positiva de *Kozmic Blues* saiu no *Village Voice*. Poucas semanas depois, ela e Janis passaram doze horas juntas, para uma matéria no *Voice* (que nunca foi publicada). "Ela era incrivelmente brilhante e engraçada, muito divertida", recordou Hall. Janis com frequência visitava o apartamento dos Hall, em East Village. "Vejo Janis através de um filtro feminista", comentou Hall. "Ela inventou a si mesma como uma *blues mama* irreverente – não havia ninguém como ela. Ela criou a si própria e trilhou seu próprio caminho, e isso foi difícil. Havia muito sexismo."

Os Hall, recém-casados, mudaram-se para Mill Valley, onde retomaram o contato com Janis, que estava "doida por aquele cara, o amor da vida dela, que se fora para Katmandu", recordou Johanna. "Ela disse: 'Escreva uma música para mim! Você é mulher. Você é escritora. [...] *Você pode fazer isso!*'." Pela primeira vez, Hall escreveu a letra para uma melodia que o marido havia composto. "Pensei: 'Talvez ela quisesse cantar para esse cara' e trabalhei na música por esse lado. Eu queria que, quando ela cantasse, fosse como um encantamento." Hall terminou a letra de "Half Moon", originalmente intitulada "Seven Song", com versos cheios de saudade, como "Tenho a esperança de trazer seu doce amor de volta para casa e para mim".[80] Foi uma das primeiras músicas que a nova banda de Janis aprendeu. Enquanto John Hall a ensinava ao grupo, Johanna observou o "malcriado" Todd Rundgren "fazendo caretas pelas costas de Janis. Eu tinha

---

[80] No original, em inglês: "I hope to bring your sweet love home to me". [N.T.]

grande respeito e reverência por ela e não gostei do modo como Todd se comportava. Acho que ele não gostava de Janis, e isso me incomodou". Logo depois, Janis "assumiu rapidamente o controle" e demitiu Rundgren, disse Hall. Ela queria um produtor experiente, com quem pudesse colaborar – que pudesse ajudá-la a registrar em fita a peculiar mistura de soul, blues, country e rock que tinha na cabeça – e decidiu ela mesma escolhê-lo.

Janis tivera sorte com seus novos colegas de banda, que eram muito pé no chão. Estavam tão entusiasmados quanto Janis por trabalharem juntos e logo estabeleceram uma grande amizade. Suas personalidades afáveis combinavam bem, e musicalmente eram profissionais, executando um tipo de rock cheio de sentimento no qual Janis podia expressar-se de forma plena. Campbell e Till, como antigos membros da Kozmic Blues Band, orientavam os demais, mostrando-lhes o caminho das pedras. Em uma carta enviada em abril aos pais, Janis parecia entusiasmada: "Estou correndo com os ensaios, tenho uma banda nova (dois caras são os mesmos. Três são novos), menor e está sendo fantástico! Novas músicas ótimas – eu realmente precisava de músicas novas – de modo que faremos um álbum durante a próxima turnê. Albert está deixando minha agenda um pouco mais tranquila, por causa de minha idade avançada, e porque bati o pé! Dois meses na estrada e depois dois meses sem viagens etc. Assim posso ter um pouco de vida pessoal, espero!".

Mas a recaída parecia inevitável. Enquanto estavam juntos, Janis confiara a Niehaus que a heroína era a única maneira de conseguir paz quando seus sentimentos a atormentavam. Ela havia descrito ao crítico Nat Hentoff o efeito de tal emoção: "Parece que eu nunca consigo controlar meus sentimentos. [...] Quando você sente com tanta intensidade, os períodos de baixo astral são super-horríveis. [...] Você faz coisas erradas, foge, se apavora, pira. Agora, porém, fiz os sentimentos trabalharem para mim, por meio da música, em vez de me destruírem. É uma tremenda sorte. Cara, se não fosse pela música, eu provavelmente teria me matado". Mas depois de três anos de apresentações, gravações e turnês, a música já não bastava para Janis. Ela não conseguia resistir ao aconchego do entorpecimento propiciado pela heroína.

Outro incidente com a droga incluiu uma noite em Larkspur com Peggy Caserta e Mike Bloomfield, culminando com uma overdose do guitarrista, que foi revivido pelas mulheres (ele finalmente sucumbiria a uma overdose de heroína onze anos depois, em 1981). Foi quando Linda Gravenites desistiu. Ela concluiu que Janis nunca abandonaria a heroína em definitivo e, mantendo sua palavra, foi embora. "Linda simplesmente ficou farta de assistir àqueles excessos", recordou Johanna Hall. "Janis me disse: 'Linda deixou todas as roupas que comprei para ela – *como acusações*'." Ela também levou 300 dólares que achava que lhe eram devidos. Janis ficou arrasada; Gravenites era muito mais do que seu braço direito. Era a substituta de Dorothy Joplin, aconselhando-a e dizendo-lhe a verdade. Embora reclamasse de Gravenites, que a importunava por causa da droga, Janis também necessitava de sua salvadora em potencial, assim como precisara que a mãe a cuidasse e restabelecesse sua saúde, em 1965. Mas Janis havia esgotado a força maternal de Linda.

Ao partir, Gravenites alertou Janis de que ela seria uma viciada pelo resto da vida. A dor de perder um esteio tão importante e a intensidade da profecia feita levaram Janis uma vez mais a reunir força de vontade e tentar largar a heroína. Grossman buscou ajudar, mandando-a para uma clínica de saúde – na época, o que havia de mais parecido a uma clínica de reabilitação. Logo Janis estava de volta ao uso de metadona e informou Sunshine e Peggy Caserta que não voltaria a vê-las até que elas também estivessem limpas.

Janis não queria morar sozinha e entrou em contato com Lyndall Erb, uma jovem estilista de San Francisco, que acabava de mudar-se de Nova York para Marin. Erb havia tomado conta do apartamento de Janis na rua Noe, no ano anterior, fizera algumas roupas para Janis e tinha amizade com o Country Joe and the Fish. Ela aceitou o convite de Janis e mudou-se para o quarto de Gravenites.

Não muito depois disso, dois visitantes bateram à porta, bêbados: Bob Neuwirth havia finalmente conhecido o compositor de "Me and Bobby McGee" – o cantor e compositor Kris Kristofferson, radicado em Nashville. Os dois haviam se dado bem e, depois de várias noitadas nos bares de Nova York, embarcaram bêbados em um voo para San Francisco, para visitar Janis. Durante a bebedeira que Neuwirth chamou de "a Grande Farra da Tequila", Janis deu uma olhada na beleza rústica do texano de olhos azuis, com suas calças e camisa de couro, e ficou encantada. Depois de mais farra, eles foram para a cama, que Kristofferson frequentou de forma intermitente pelas duas semanas seguintes. Janis depois acharia graça no modo como as botas de caubói dele rasgaram seus lençóis de seda.

Enquanto reduzia o uso de metadona, Janis bebia muito. Kristofferson contou: "Eu me levantava, planejando sair, e lá vinha ela com bebidas, de manhã logo cedo, e daí a pouco você estava de porre e perdia a vontade de sair". A música também o manteve lá. Ela aprendeu sua devastadora "Sunday Mornin' Comin' Down", um retrato da ruína que ele e Janis conheciam bem demais. Kristofferson tinha grande admiração pela versão dela de "Me and Bobby McGee", que ela executava tocando seu violão acústico Gibson Hummingbird e cantando. "Eu sempre preferi ouvir Janis cantando 'Me and Bobby McGee'." Kristofferson disse anos depois. O verso "Liberdade é só outra palavra para não ter nada a perder",[81] explicou ele, "expressava a faca de dois gumes que é a liberdade: você pode ser livre, mas pode ser doloroso ser livre assim".

Graças a Bobby Neuwirth, Janis também encontrou um nome para sua banda: *"Estão todos prontos para um full tilt boogie [dançar para valer]?"*, berrou ele certa noite. *"É isso!"*, disse Janis. Os membros da banda The Full Tilt Boogie, com Neuwirth e Kristofferson, estavam entre os convidados da festa da tatuagem que Janis deu em meados de maio. Desde que um inglês com quem ficou lhe tatuara uma flor azul de centáurea no pé direito, Janis desejava outra tatuagem. Em San Francisco, ela descobriu Lyle Tuttle, um tatuador veterano que tatuou um coraçãozinho vermelho em seu peito esquerdo. No pulso esquerdo, ele tatuou uma pulseira parecida com a que ela comprou na Bahia, enquanto viajava com Niehaus. Janis foi uma das primeiras mulheres a ser tornarem clientes de Tuttle, e depois que ela espalhou a novidade, muitas outras começaram a procurá-lo. "Isso colocou as tatuagens de volta no mapa", Tuttle observou. "Com as mulheres conquistando uma nova liberdade, elas podiam tatuar-se se assim o desejassem. Por três anos, tatuei quase só mulheres." No *talk show* de Dick Cavett, Janis elogiou Tuttle, que tinha todo o corpo tatuado do pescoço para baixo, e alegremente descreveu como o contratou para tatuar seus convidados, dezoito dos quais saíram da festa com novos adornos na pele.

---

[81] No original, em inglês: "Freedom's just another word for nothing left to lose". [N.T.]

Em meados de maio, Janis continuava longe da droga, e a banda estava pronta para sua apresentação de estreia – o primeiro das duas dúzias de shows que fariam nos três meses seguintes. Bennett Glotzer, o novo sócio de Albert Grossman, viajou para San Francisco a fim de acompanhar o progresso de Janis. Ele não gostou muito do local que ela escolhera para a estreia do Full Tilt Boogie: uma festa dos Hells Angels em um salão de baile em San Rafael. Em dezembro do ano anterior, por recomendação do Grateful Dead, os Rolling Stones haviam contratado os Angels para fazer a segurança de seu festival gratuito em Altamont, que os organizadores esperavam que fosse uma espécie de Woodstock da Costa Oeste. Os motociclistas surraram violentamente pessoas da plateia e chegaram a nocautear Marty Balin, vocalista do Jefferson Airplane, que tentou deter a violência. Durante a apresentação dos Stones, um Angel matou a facadas Meredith Hunter, um jovem negro de 18 anos. O assassinato e boa parte da violência foram registrados em filme para o documentário *Gimme Shelter*. Desde então, os membros do Dead, que se recusaram a tocar em Altamont por conta da violência, distanciaram-se dos motociclistas.

No entanto, leal até o fim, Janis concordou em tocar para os Angels em um programa que incluía também o Big Brother. Naquela noite, enquanto ela se aproximava do palco levando uma tequila, um integrante de outro grupo de motociclistas exigiu que ela lhe entregasse a garrafa. Ela disparou: *"Sem chance, cara! Estou guardando isto para a apresentação"*. Antes de poder ajudar, Brad Campbell viu Janis sendo atacada: "O sujeito agarrou a garrafa e derrubou Janis no chão", recordou ele. "Então foi o inferno. Todos os Hells Angels pularam em cima do cara e disseram: *'Ei, cara, aquela é Janis Joplin!'*. Eles deram uma surra no sujeito. Eu pensei: *Meu Deus, são todos uns animais!"*.

Embora machucada e atordoada, Janis de algum modo conseguiu cantar, mas tomou tanta tequila que no dia seguinte não conseguiu lembrar-se da apresentação. Seus companheiros de banda contaram-lhe que, durante o show, um Hells Angel forçou o baterista Clark Pierson a tirar a camisa enquanto tocava. Em pé detrás do músico, o motociclista "começou a cutucá-lo no ombro – *'Você é um gato! Tire a camisa'*", disse Campbell. Pierson tentou ignorá-lo e continuou tocando, mas o Angel insistiu: *"Eu disse que você é mesmo um gato – tire essa camisa!"*. Dessa vez, Pierson obedeceu.

Em 23 de maio, depois que Janis ligou para John Cooke e contou que havia abandonado a heroína, ele voltou para a Califórnia a fim de trabalhar com a cantora de novo. Em nome dela, fez contato com Paul Rothchild, o produtor do The Doors, que ela conhecera em Los Angeles. Janis queria que ele produzisse seu novo álbum, e Grossman concordou com a ideia. No entanto, Rothchild estava relutante em produzir Janis porque, contou ele a Cooke, "A última vez que a vi, ela era uma viciada que não conseguia concentrar-se em sua arte e tratava mal as pessoas a sua volta. Naquele ponto, eu estava ouvindo os últimos restos da voz dela". Ele concordou em assistir a uma apresentação ao vivo em julho, antes de tomar uma decisão.

Janis estava revigorada pelos ensaios da banda, durante os quais começou a tentar uma abordagem vocal mais sutil. Ela contou a Julie Smith, do *San Francisco Chronicle*, que a visitou em Larkspur: "Cara, eu nunca me diverti tanto na vida! Sinto-me como uma criança pulando de alegria. Estou aprendendo como cantar. Eu tinha a força – agora estou aprendendo como *não* a usar". Janis também foi atrás de Ben Fong-Torres, um editor da *Rolling Stone*, que fazia bico como repórter de um jornal sino-americano, e ligou para ele por volta da meia-noite. "Janis e a *Rolling Stone* haviam tido uma relação bem complicada", observou Fong-Torres, chocado por ela ter entrado em contato, sobretudo porque havia tentado em vão entrevistá-la no passado. Ela conversou cordialmente sobre suas aventuras no Brasil, suas tatuagens e a respeito de sua nova direção musical e a banda nova; Fong-Torres intitulou seu artigo "Ei, Janis está se sentindo ótima". Logo depois, a revista designou o escritor David Dalton para acompanhar Janis na turnê que começaria em 29 de maio, com a *Rolling Stone* dedicando-lhe a primeira grande cobertura desde a desdenhosa matéria de capa de Paul Nelson, em março de 1969.

Durante a turnê, Janis assumiu uma posição de real liderança entre seus colegas de banda e oferecia, com muito tato, sugestões musicais que eles aceitavam. "Ela sempre exibia uma faceta muito para cima, muito alegre, sempre bem-disposta, pronta para tudo, vamos lá", recordou John Till, guitarrista do Full Tilt. "Não era Janis e o Full Tilt Boogie. Ela era um membro do grupo [...] e era assim que ela gostava." Janis contou a um repórter que não se divertia tanto desde o ano em que se juntara ao Big Brother. Ela finalmente conseguia comunicar a músicos experientes, ainda que jovens, as sutilezas e nuances da música que tinha dentro de si, e eles eram capazes de seguir com segurança as orientações dela.

Com shows marcados até 12 de agosto, Janis em geral trabalhava nos fins de semana, folgando vários dias nos intervalos. John Cooke observou: "No minuto em que pegamos a estrada com o Full Tilt Boogie, Janis tornou-se outra mulher. [...] Ela havia descoberto como ser a líder da banda". Depois de cinco concertos iniciais na Flórida e no Meio-Oeste, Dalton uniu-se à turnê, a caminho de uma parada em Louisville, Kentucky. "O afeto palpável que fluía entre o Full Tilt e Janis transparecia na alegria que geravam durante as apresentações", escreveu Dalton, que compareceu a meia dúzia de shows e ficou amigo de Janis.

"Esses caras estão na mesma frequência que eu", explicou Janis. "De novo, é como se fosse uma família." Ela falou a um repórter de Louisville sobre "o talento enorme" da banda e que "Tenho um puta orgulho deles. Estou tão empolgada em trabalhar com eles que todo dia eu os beijo e digo que os amo". O Full Tilt Boogie "era uma banda ótima para ela", de acordo com Johanna Hall, que viu Janis apresentando-se com todas suas três bandas. "Eles a amavam de verdade."

Em junho, Janis e o Full Tilt Boogie fizeram a estreia nacional de uma nova música, "Get It While You Can", no *The Dick Cavett Show*. As plumas rosa-choque e verde-azuladas no cabelo de Janis contrastavam com o tom suplicante da música, enquanto ela implorava à plateia para "arriscar-se" no amor, "porque pode não haver um amanhã".[82] Escrita por Jerry Ragovoy, o compositor favorito de Janis, a balada foi originalmente gravada pelo cantor de soul Howard Tate. Janis a transformou em uma atração envolvente e dramática, do tipo de "Kozmic Blues", impulsionada pelo órgão e pelo piano. Janis e Cavett, nascido no Nebraska, tinham uma grande conexão, e ela contou a amigos que havia dormido com o mais legal dos apresentadores de *talk shows* da televisão. Cavett, que não negou nem confirmou o boato, estava claramente fascinado por Janis. Seu programa foi o único a que ela compareceu, recusando convites do *The Tonight Show*, de Johnny Carson, e outros. Foram três ocasiões: em 1969, com o

---

[82] No original, em inglês: "take a gamble on love, because we may not be here tomorrow". [N.T.]

Kozmic Blues, e duas vezes em 1970, com o Full Tilt. Ela conversou desenvolta com os outros convidados: a escultural atriz Raquel Welch (Janis: "Todo mundo quer ser querido; ninguém se cansa dos fãs"); Gloria Swanson, a estrela de *Crepúsculo dos Deuses* e outros clássicos (discutindo o comprimento de saias); e o ator Douglas Fairbanks (a quem ela fez perguntas sobre F. Scott Fitzgerald em Hollywood). Quando o grupo de comédia Committee se apresentou, ela juntou-se ao coral improvisado, em que cada integrante encenou uma emoção. Janis interpretou a "frustração", com muita habilidade.

Na conversa com o bem-informado e perspicaz Cavett, que tratou Janis com seriedade enquanto ambos trocavam gracejos, ela respondeu com franqueza às perguntas dele:

"Por que não há mais mulheres que fazem o que você faz?"

"Para mim parece muito natural. Talvez não seja feminino [...] chegar ao fundo da música, ao sentimento da música."

"É uma contradição ganhar dinheiro e ainda assim sentir-se miserável?"

"A música não tem nada a ver com dinheiro – fazer música tem a ver com sentimento, com deixar você sentir dentro de si aquilo que está tentando afastar."

"Você odeia viajar em turnê?"

"Você passa muito tempo sozinho – mas dá para tocar bastante. No fim das contas, é o preço que você deve pagar para fazer música."

"Em algum momento você se cansou disso?"

"É a melhor coisa que já me aconteceu."

O ponto alto do verão de Janis aconteceu entre 28 de junho e 4 de julho, em uma turnê de trem pelo Canadá, chamada de Festival Pop Transcontinental, que teve início em Toronto, fez escala em Winnipeg e terminou em Calgary. Para aquilo que John Cooke chamou de "Woodstock sobre Rodas", os promotores alugaram um trem – mais tarde conhecido como o Festival Express – para transportar mais de uma dúzia de atrações. Janis e o Full Tilt receberam 75 mil dólares para serem a atração principal de um programa eclético que incluía o Grateful Dead; The Band; New Riders of the Purple Sage (NRPS); Buddy Guy, o *bluesman* de Chicago; os cantores folk canadenses Ian & Sylvia (Tyson), com sua nova banda de country-rock, Great Speckled Bird; o cantor e compositor Eric Andersen; e a banda de country-soul Delaney and Bonnie (Bramlett), entre outros. Em Toronto, Janis contou à revista *Circus* que ela "nunca foi tão feliz" quanto com o Full Tilt.

"Eles agitam e chacoalham quando eu o faço e, quando canto uma balada, são suaves e sensíveis. E adoram tocar, a qualquer hora do dia, por quanto tempo eu quiser. [...] Naquelas poucas horas [em que estou no palco], sinto como se pudesse fazer qualquer coisa. Eu me sinto como o Empire State Building." Não muito tempo antes, em Maryland, as acrobacias de Janis no palco terminaram no pronto-socorro. Ela deixou o palco com uma dor extrema, e uma ambulância a levou às pressas para o hospital. Durante a última música, havia esticado tanto a perna em um chute que estirou um músculo profundo na virilha. Janis já se recuperara totalmente para o Festival Express, e durante a apresentação de Toronto, Roger Keene, da *Circus* notou que "ela é energia pura, gerando emoção, cantando. [...] Percebe-se que Janis é possivelmente a mais empolgante cantora pop da América do Norte hoje em dia".

John Cooke, David Dalton e uma equipe de filmagem contratada pelos produtores documentaram a experiência de Janis no Festival Express, tanto no palco quanto no trem: dois vagões repletos de músicos bêbados tocando juntos; mesmo os integrantes do Dead, que raramente bebiam, mandaram ver na bebida. Quatrocentas garrafas foram consumidas, de acordo com David Nelson, guitarrista do NRPS. Mas "dava para injetar-se vitaminas e anfetaminas para conseguir fazer as apresentações", recordou Eric Andersen. "Havia uns cinco médicos a bordo. Eles pensaram em tudo".

Uma *jam session* realizada no vagão-bar e registrada em filme mostra Janis, de porre, tocando violão sentada entre Rick Danko, bêbado, e um sorridente John "Marmaduke" Dawson (NRPS), com quem ela estava ficando. Diante dela estavam sentados Jerry Garcia e Bob Weir, com suas guitarras. Com um clima de reunião de família, os cinco literalmente uivaram a velha canção de prisão "Ain't No More Cane". Quando alguém mencionou que o trem estava se aproximando de Alberta, Janis recostou-se em Garcia e pediu o clássico "Alberta, Let Your Hair Hang Low", ao que Garcia sorriu e murmurou: "Janis, amo você desde o primeiro dia em que te vi".

A bordo, Janis fez amizade com Bonnie Bramlett e, durante uma conversa, que a seu pedido foi gravada por Dalton, ambas discutiram suas experiências como mulheres em turnê, suas bandas e os sacrifícios decorrentes da carreira musical. Bramlett, nascida no Meio-Oeste, começou sua carreira como uma Ikette, fazendo *backing vocals* nas apresentações de Ike e Tina Turner, e contou a Janis que batalhara a vida toda para conseguir ser cantora. Em resposta, Janis repetiu sua história mitologizada de que seu sucesso fora acidental – que ela nunca tivera aquela ambição, e que apenas tinha sonhado em ser uma "*beatnik*", até que, "de repente, alguém me colocou em uma banda de rock & roll. Botaram aqueles músicos comigo, cara, e começou a vir aquele som por trás de mim. O baixo me energizava. E decidi que era aquilo mesmo. Nunca quis fazer outra coisa. Era melhor do que ficar com qualquer homem [...] talvez seja esse o problema".

No palco durante a última parada, em Calgary, Janis alegremente presenteou o promotor da turnê com uma miniatura de trem, agradecendo-lhe efusivamente pela experiência incrível. Mas a iniciativa foi um desastre financeiro, com os *hippies* protestando contra os ingressos a 10 dólares e ameaçando derrubar os portões, o que resultou em um público menor do que o esperado. Para os artistas, porém, foi uma chance de conviverem, tocarem juntos e divertirem-se muito. Buddy Guy, que preferia o uísque à maconha, recordou: "Havia tantas drogas naquele trem que é um milagre que não tenha saído dos trilhos e flutuado pelo céu". Ele ficou encantado com Janis, "que não poderia ter sido mais doce", recordou. "Ela cantava como negra. Ela provou que a cor da pele não tem porra nenhuma a ver com a alma." Ele ecoava uma declaração anterior de B. B. King, com quem ela também partilhara o palco: "Janis Joplin canta o blues com tanta garra quanto qualquer pessoa negra".

Outro ponto alto do verão de Janis foi uma rápida viagem a Austin para comemorar o aniversário de 61 anos de Kenneth Threadgill. Ela abreviou uma estada no Havaí e partiu logo depois de sua apresentação em Honolulu, voando a noite toda com John Cooke para chegar, em 10 de julho, à festa ao ar livre que foi realizada no Party Barn, a oeste da cidade. Correra o rumor de que ela poderia aparecer, e o pasto ficou lotado, com milhares de pessoas que queriam ver a garota local que virara um sucesso. Subindo ao palco rústico no meio da apresentação de Threadgill, Janis presenteou seu radiante mentor com um suvenir de Honolulu, dizendo, com uma risada, "Tome, Sr. Threadgill, gostaria de dar-lhe um legítimo colar havaiano". A banda dele – incluindo Julie Paul e seu marido, o guitarrista Chuck Joyce – acompanhou Janis, que se sentou sobre um fardo de feno e tocou violão enquanto cantava músicas com um colorido country. Ela fez a apresentação de "Me and Bobby McGee" como tendo sido escrita "por um grande amigo meu [...] que vai ser bem famoso. Dou a ele mais ou menos um ano". A seguir, ela cantou a melancólica "Sunday Mornin' Comin' Down", de Kristofferson; na introdução ela admitiu seu *kozmic blues*, que a perseguia o tempo todo: "é sempre ruim assim [...] *todo dia*".

Um jovem de Houston, Bill Bentley – fã de música e compositor, que seguiria carreira na indústria fonográfica – chamou a atenção de Janis. Ele recordou: "Ela tipo me escolheu. Eu era tímido e não tinha tido muitas namoradas, mas pensei *Vamos lá!* Ela tinha uma aura – ela era elétrica quando estava no palco. Nenhuma outra garota branca jamais teve aquela eletricidade. Ela era mágica. Aquela ida a Austin foi seu retorno ao lar, e ela era de fato a rainha e estava no topo do mundo. Estava tomando cerveja, mas não estava chapada". Depois do evento, o casal foi a algumas festas, onde conversaram sobre os *beats* e o blues e terminaram a noite no Holiday Inn. "Janis simplesmente amava a música. Era sua razão de viver", disse Bentley, que mais tarde trabalhou com Neil Young e o ZZ Top, entre outros.

Na noite seguinte, o possível futuro produtor de Janis, Paul Rothchild, compareceu a seu concerto em San Diego. Ao vê-la ao vivo com o Full Tilt pela primeira vez, Rothchild, de 35 anos de idade e filho de um cantor de ópera, ficou impressionado. "Os olhos dela brilhavam, límpidos, e seu astral estava lá em cima", recordou ele. Nos bastidores, antes de começar a apresentação, ela lhe entregou um cronômetro e disse: "Olha, só tenho trinta e cinco minutos de bom desempenho em mim. Quando eu cantar a primeira nota, comece a cronometrar. A cada tanto, vou me virar e olhar para você, e você sinaliza quanto tempo falta". Para o produtor experiente, Janis fez lembrar um maratonista que estabelece seu próprio ritmo: "Logo nos primeiros dez segundos, ouvi de novo 'a voz' [...] a profundidade de compreensão das músicas, e quanto a música dependia dela – em vez de Janis depender da música. Fiquei extasiado porque estava ouvindo uma das vozes mais brilhantes que já ouvira na música clássica, no pop ou no jazz." A capacidade de Janis de comunicar-se com a plateia – segundo Rothchild, ela fez "3 mil molengas" ficarem "de pé gritando como doidos pelos quarenta minutos seguintes" – também convenceu o produtor de que ela era uma cantora completamente imersa na magia daquele momento de criatividade".

Rothchild concordou em reunir-se com Janis em Larkspur para discutir um trabalho conjunto. Enquanto tomavam *piñas coladas* que ela havia aprendido a fazer no Havaí, ele ficou impressionado com a inteligência dela e com sua disposição para expandir o uso de sua voz. Ele a orientou para que cantasse "com a voz que usava no coro de igreja, aos 10 anos de idade", de acordo com John Cooke, que estava presente às reuniões. Rothchild disse a Janis: "O que queremos fazer é introduzir essa parte de sua voz nas músicas e transformá-la em uma voz totalmente apaixonada, de modo que o efeito seja mais dramático".

"Ótimo, vamos lá!", disse Janis. Quando ele perguntou o que ela queria ser dali a trinta anos, Janis respondeu: "Como a maior cantora de blues do mundo, Bessie Smith". Rothchild prometeu-lhe que ela seria isso e mais – e assinou contrato, tornando-se oficialmente seu produtor.

Embora tivesse deixado para trás seus dias de cantora folk que interpretava o trabalho daquela singular cantora de blues, Janis ainda adorava a música de Smith. Pouco tempo antes, havia ajudado a pagar a lápide para o túmulo de Bessie Smith, que carecia de identificação desde seu sepultamento, em 4 de outubro de 1937. Na lápide estava escrito: "A maior voz do blues do mundo jamais deixará de cantar – Bessie Smith –1895-1937".

Janis não havia esquecido seu amante andarilho, David Niehaus, e escreveu-lhe uma carta enquanto viajava para o Novo México. Ela começou com a notícia que achava que mais o impressionaria: "Larguei as drogas!!! Quatro meses atrás! [...] Trouxe Janis de volta! Ela é total (e eu mesma digo isso) e adoravelmente doida, mas adoro isso! [...] Espero que você curta o fato de eu não ser mais viciada e estar de novo repleta de sentimento. É fantástico e dói, mas não gostaria de voltar a dormir, por nada no mundo". Ela esperava juntar-se às aventuras dele por terras distantes em outubro, escreveu, depois de terminar as gravações.

Janis estava empolgada com as sessões de gravação que começariam em breve. Rothchild convencera Clive Davis a deixar que ela gravasse no

Sunset Sound, em Hollywood, onde ele gravara os dois primeiros álbuns do The Doors, em vez de usarem o estúdio da CBS em Los Angeles. "Queremos fazer tudo certo", disse a Davis, "em um ambiente que será rock & roll". Como Todd Rundgren, ele não queria trabalhar com os engenheiros contratados da Columbia, e Janis gostava da atmosfera descontraída do Sunset, um espaço que parecia uma garagem, em um bairro meio suspeito. Em julho, Rothchild e a banda fizeram uma sessão de teste em cada um dos estúdios, e todos os envolvidos preferiram o resultado do Sunset – uma versão de "Me and Bobby McGee". "Todos os músicos eram bons", observou o baixista Brad Campbell. "Você só precisa dos músicos certos a sua volta para fazer mágica. E Paul sabia como trabalhar com os músicos. Ele conseguia extrair o melhor de nós." O plano era começar a gravar no Sunset em setembro.

Em West Hollywood, enquanto estava no Tropicana Motel, Janis teve um último encontro com Kristofferson. Ela não tivera notícias de Niehaus e ansiava por mais do que um simples fim de semana com Kristofferson – mas o cantor e compositor errante, cuja carreira estava a ponto de decolar, terminou a relação de forma suave. Ele a "amava" – mas não estava apaixonado por ela.

Mais tarde naquele verão, de volta a Larkspur, Janis começou a sair com um rico fornecedor de cocaína que conhecera em maio. Aluno da Universidade da Califórnia em Berkeley, Seth Morgan, de 22 anos, vinha da Costa Leste e era filho do poeta e crítico literário Frederick Morgan. Vivendo de um pequeno fundo fiduciário e da venda de drogas, Seth Morgan fazia as pessoas acreditarem que tinha parentesco com o banqueiro J. P. Morgan. Embora Janis evitasse a cocaína, ela gostou daquele trambiqueiro de beleza rústica que pilotava uma Harley-Davidson de "cromado barroco" que, de acordo com Morgan, tinha "pintura dourada com chamas cor de laranja". Janis foi "atraída por minha brusquidão", contou ele depois, "e logo aprendi a explorar essa fraqueza". Ele deixou claro que não ligava para a música dela, mas Janis pareceu não se importar. Talvez ela também gostasse do fato de que ele tinha o mesmo nome de seu querido pai.

No fim do verão, Morgan estava passando todas as noites na casa dela, em Larkspur – "não estava apaixonado, mas sentia uma irresistível afinidade física e emocional", recordou. Ele gostava de frequentar os lugares da moda em Marin, chamando a atenção como o novo namorado de Janis. Ela preferia "um bar suburbano escondido, com mesas de fórmica, Frank Sinatra na *juke box* e decoração em néon na fachada, no formato de uma taça de martíni", reclamou ele. "Mas logo tudo isso perdeu a graça, e passamos a ficar mais e mais em casa, vendo TV, jogando bilhar em sua antiga mesa Brunswick e bebendo. Sempre bebendo."

No começo de agosto, Janis partiu naquela que seria sua última turnê, que teve início com um retorno triunfante a Nova York, apresentando-se para 15 mil pessoas no estádio de tênis de Forest Hills. "Se o concerto de domingo à noite [...] serve como indicativo, Janis Joplin finalmente tem uma banda de apoio à sua altura", escreveu Mike Jahn no *New York Times*. "O Full Tilt Boogie, como seu nome implica, tem a emoção e a energia necessárias para acompanhar a Srta. Joplin e é também composto por bons músicos. É difícil apontar *performances* individuais em meio a uma noite tão excelente, mas John Till na guitarra e Richard Bell no piano pareceram especialmente bons. [...] O Full Tilt Boogie pegou basicamente um formato de blues e injetou-lhe uma tremenda força, acompanhando os gritos, gemidos e arquejos de sua líder com real emoção."

Sua apresentação final em Nova York foi no Capitol Theater, de Port Chester, em 8 de agosto. Antes, ela reuniu-se com Bobby Neuwirth e seus amigos atores Rip Torn e Geraldine Page, no bar Vahsen, perto dali, onde Janis começou a improvisar em cima de um trecho de melodia de Michael McClure, que havia aprendido com o fundador dos Diggers, Emmett Grogan. Ela meio cantou, meio declamou a música anasalada, "como uma canção de trabalho dos marinheiros", recordou Neuwirth – "Oh, Senhor, por que não me compra um Mercedes Benz"[83] – enquanto ele rabiscava a letra em guardanapos de papel, e Torn e Page batiam suas canecas para marcar o ritmo. Janis "criou a segunda estrofe também, sobre uma TV em cores", disse Neuwirth. "Sugeri umas palavras aqui e ali e criei a terceira estrofe – que pede ao Senhor para pagar uma noitada de farra e outra rodada. Janis e eu estávamos rindo e nos exibindo um pouco."

No palco, naquela noite, Janis surpreendeu todos – especialmente sua banda – com a introdução: "Eu gostaria de cantar uma música com

---

[83] No original, em inglês: "Oh, Lord, won't you buy me a Mercedes Benz". [N.T.]

algum significado. [...] Acabei de escrevê-la no bar da esquina, então ainda não sei a letra inteira. Vou cantá-la *Acapulco*" – a forma como Neuwirth se referia, brincando, a cantar *a cappella*. "Janis marcou o ritmo com o pé e mandou ver na letra", recordou Neuwirth, "do mesmo jeito que tinha feito no bar. A banda então tentou acompanhar como pôde."

"Mercedes Benz" entrou na *set list* dois dias depois, no Garden State Arts Center; com a lotação esgotada, o show superou o recorde anterior de público, de 8,5 mil pessoas, alcançado pelo cantor Andy Williams. Durante o show de noventa minutos, Janis aceitou pedidos da plateia, e seu segundo bis, "Get It While You Can", manteve a multidão em um "quase frenesi". Então, na tarde seguinte, em 11 de agosto, fizeram sua última apresentação pública no Harvard Stadium, em Cambridge, para um público de 40 mil pessoas. Um show ao ar livre e uma tarde quente de agosto não eram as melhores condições para uma apresentação. Ainda, a polícia estava patrulhando a área – Janis continuava na lista de vigilância do FBI. Mas o concerto transcorreu sem qualquer falha, e Janis e o Full Tilt fizeram a plateia urrar e pedir mais. "Minha música não é para fazer vocês quererem tumultuar!", contou ela ao *Boston Phoenix*. "Minha música é para fazer vocês quererem trepar!"

Então Janis pegou um voo para o Texas. Em maio ela havia decidido que iria comparecer à reunião de dez anos de sua turma do ensino médio. Durante todo o verão, ela tentou sem sucesso convencer os amigos a irem com ela, incluindo Johnny Winter, de Beaumont – com quem tivera um caso em 1969 – e Tary Owens, que se viciara em heroína enquanto morava em San Francisco. Em junho, ela mencionara a reunião, de forma lúgubre e com um humor sombrio, para Dick Cavett, a quem também convidou. Ela disse, no programa de TV transmitido em rede nacional, "eles me ridicularizaram e me expulsaram da classe, da cidade e do estado, e agora estou voltando para casa", o que gerou um forte aplauso da plateia que estava no estúdio. Quando ela se encontrou com o artista Robert Rauschenberg no Max's Kansas City, em Nova York, naquele verão, ele tentou demovê-la da ideia de voltar a sua preconceituosa cidade natal. "Não consegui convencê-la a não ir", relatou ele depois. "Eu sabia que ia ser um desastre."

Para acompanhá-la, Janis recrutou os amigos Neuwirth, Cooke e John Fisher. Este último era dono do serviço de aluguel de veículos Love

Limousines, de Nova York, e tornou-se um grande amigo depois de dirigir para ela por dois anos; Janis sempre preferiu sentar-se na frente, com Fisher, e olhar para fora pelas janelas laterais cor de lavanda. Fazia semanas que os jornais do Texas noticiavam a iminente visita de Janis, e um artigo afirmava que "as pessoas da cidade estão surpresas com o fato de Janis, tão conhecida por sua postura antissistema, comparecer a um evento tão inserido no sistema quanto uma reunião de turma do ensino médio". Os amigos de Janis ficaram perplexos com sua determinação em comparecer. Alguns acharam que ela queria exibir seu estrelato aos antigos colegas, que ganhavam a vida "abastecendo carros", como disse ela a um repórter. Possivelmente ainda ansiando pela aprovação daqueles que a desprezaram uma década antes, ela queria provar que podia conquistá-los assim como conquistara as plateias por todo o país. Em 1969, ela havia dito, sobre as pessoas de Port Arthur que a tinham magoado: "Eu só queria que me amassem".

Como Rauschenberg havia previsto, o fim de semana transformou-se em uma série de decepções angustiantes logo depois que os Joplin a pegaram no aeroporto na quinta-feira à noite. Talvez como castigo pelos comentários feitos no programa de Cavett, ou talvez para que tivesse um pouco mais de humildade, colocaram-na para dormir em uma cama de armar no escritório, em vez de oferecer-lhe o quarto de Michael ou de Laura. Seu irmão refletiu: "Meus pais a trataram com muita frieza. Estavam muito irritados com o modo como ela falara sobre eles e sobre a cidade, e a situação ficou bem tensa em casa". Na noite seguinte, depois que os amigos dela chegaram, os Joplin ofereceram um jantar em seu clube de campo; a acompanhante de John Cooke, que era de uma família abastada de Austin, polarizou a maior parte da conversação.

Depois, Janis e sua turma cruzaram o rio Sabine para irem se divertir na Louisiana. Ela queria mostrar-lhes os lugares que frequentava quando era adolescente, mas alguns, incluindo o Big Oak, haviam fechado. Acabaram indo para um bar de beira de estrada, onde uma banda country se apresentava para a casa lotada. Mas o humor de Janis azedou quando foi cercada por caçadores de autógrafos. Não era o tipo de atenção que ela desejava naquela noite.

Na manhã seguinte, Seth e Dorothy ostensivamente viajaram, para ir a um casamento. Janis preparou um café da manhã tardio para seus hóspedes, que estavam hospedados em um motel próximo. Para o zine que seu irmão havia fundado, *Agape*, ela escreveu a mensagem "Nunca traia a si próprio. É tudo que você tem".

Na reunião em si, ficou claro que Janis desejava a redenção definitiva por parte de sua cidade natal, mas não sabia como pedir. Em vez disso, ela agiu como a *outsider* rejeitada que triunfou e retornou para ostentar seu sucesso. Quando abordada por um repórter da TV local, enquanto caminhava pela rua, Janis usou sua voz de Mae West-W. C. Fields para responder de forma petulante às perguntas. Antes da reunião festiva daquela noite, no então sofisticado Goodhue Hotel, Janis participou de uma coletiva de imprensa, tendo Laura, sua irmã, sentada a seu lado no palco. Embora tenha começado fazendo piadinhas e comentários sarcásticos, como uma estrela arrogante, ela ficou abalada quando lhe perguntaram sobre seu isolamento durante o ensino médio. Como se estivesse de volta à sala do diretor, uma década antes, ela retrucou: "Eu não sei – por que não pergunta a *eles*?", quando indagada se os colegas de classe a "fizeram diferente". "Eu m-me sentia distante deles", ela gaguejou, como se estivesse a ponto de chorar. Quando Laura se manifestou e declarou que os pais a consideravam "extraordinária", Janis pareceu surpresa.

Durante o jantar da reunião, ninguém sabia de fato como tratar Janis. Ela recebeu aplausos educados ao ser citada apenas por ser a ex-aluna a ter viajado a maior distância e recebeu um pneu de brinquedo. De forma geral, ela foi ignorada ou abordada por bajuladores dos quais mal se lembrava. Nenhum de seus amigos compareceu, incluindo Karleen e os rapazes rebeldes; eles não viam qualquer motivo para ir a algo tão cafona quanto uma reunião de escola – nem mesmo para estar com Janis e apoiá-la.

Logo depois do jantar de reunião, Janis e seus acompanhantes foram para o Pelican Club, uma cervejaria onde se apresentava Jerry Lee Lewis – a quem Janis, com 15 anos, havia defendido em uma carta escrita à revista *Time*. Naquele mesmo verão, ela havia visto "The Killer" [o matador, em alusão a forma visceral com a qual tocava seu piano] apresentando-se em Louisville, onde tentara ficar com o baixista adolescente – que na verdade era o filho de Lewis. Ela e Jerry Lee haviam trocado algumas palavras então, mas ele não havia sido muito cordial, mesmo depois que ela mencionou o amigo mútuo Kris Kristofferson. Lewis, em um ponto baixo de sua carreira, fazendo apresentações baratas, como no Pelican, ficou de mau humor quando Janis alegremente apareceu nos bastidores para "dar as boas-vindas" a ele a sua cidade natal e apresentá-lo à irmã. Lewis não gostava de mulheres *hippies* como Janis, de aparência desgrenhada e sem maquiagem. Quando ele fez um comentário desagradável sobre sua aparência, Janis gritou "*Seu filho da puta!*" e deu um tapa na cara dele. Lewis revidou, batendo nela com força: "Se você vai agir como um homem, vou te tratar como um", rosnou. Cooke e Neuwirth rapidamente a tiraram de lá, enquanto ela chorava histericamente. De volta à casa dos pais, terminaram outra garrafa de tequila. Neuwirth perdeu os sentidos no carro – ainda com o motor ligado – e Fisher desabou no sofá ao lado da cama de Janis. Quando os Joplin acordaram, na manhã seguinte, e se depararam com os bêbados, ficaram furiosos.

Depois que os amigos partiram para o aeroporto, Janis e Dorothy tiveram uma briga, e a mãe gritou "Queria que você nunca tivesse nascido!". Embora Janis tivesse desejado muito redimir-se aos olhos da família ao ser aclamada por sua cidade natal, ocorrera o oposto – e ela acabou acumulando mais dor e sofrimento. "Quando Janis veio para a reunião, tivemos nosso pior rompimento com ela", Seth Joplin recordou depois. "Ela deu duas ou três entrevistas. [...] Dorothy não gostou do que ela falou e disse isso. Janis ficou furiosa e se foi – pegou um avião mais cedo [...] e também não posso culpá-la." Nem mesmo seu adorado pai tentou convencê-la a ficar.

"Eu era uma verdadeira pessimista, bem cínica", Janis disse a um jornalista logo depois do desastre de Port Arthur. "Então li em algum lugar uma definição que dizia: 'Um pessimista nunca fica desapontado, e um otimista decepciona-se o tempo todo'. Assim, por essa definição, eu seria uma otimista."

De volta à Califórnia, Janis entregou-se à relação com Seth Morgan até o início de setembro, quando começaram as gravações em Los Angeles. Morgan ficou em Larkspur, onde recebia mulheres no quarto de Janis. Ele ia para Los Angeles ocasionalmente, mas não gostava do Landmark Motor Hotel, "horrível e ordinário, com os carpetes cor de laranja e imitações de artefatos polinésios pendurados por todo lado", escreveu ele no *Berkeley Barb*. Ele considerava o quarto de Janis, 105, "um quarto de solteiro com uma cozinha [...] muito inferior às acomodações destinadas aos músicos, *roadies* e [...] John Cooke". Ele também não gostava das "intermináveis e entediantes idas e vindas entre o Landmark, o Barney's Beanery e o estúdio de gravação". Os atritos entre Janis e Morgan aumentavam a cada visita, mas ela sempre lhe implorava que voltasse. Ela não suportava ficar sozinha.

No Sunset Sound, porém, Janis em geral parecia feliz e concentrada. Enquanto ela e Rothchild trabalhavam nos arranjos das músicas, nos tempos e nas partes instrumentais, ele ouvia com atenção as ideias dela. O produtor veterano estava tão impressionado com a direção e a visão musical de Janis que lhe disse que ela daria uma excelente produtora – uma declaração que ela levou a sério. A chance de dirigir de forma independente uma sessão de gravação tornou-se mais um de seus objetivos.

"Paul estava muito apaixonado por Janis", de acordo com o engenheiro Bruce Botnick, que havia trabalhado com nos álbuns do The Doors. "Ele me disse que, durante a gravação, logo no começo, eles haviam percebido que existia uma grande atração. Mas ele compreendeu que se [tivesse um caso] não conseguiria fazer o álbum. Então ele disse para Janis: 'Olha, amo você demais, de verdade, e adoraria ficar com você, mas nossa trepada vão ser as gravações'." Às vezes, depois do trabalho, eles apostavam corrida em seus Porsches ao longo da Pacific Coast Highway.

Janis continuava encantada com a banda e dizia a Ken Pearson: "Se vocês me abandonarem, mato vocês!". Mas ela não conseguia moderar o consumo de álcool, mesmo percebendo que isso prejudicava sua voz. Em 1969, ela precisara regravar *takes* dos vocais durante as sessões do *Kozmic Blues*, quando sua voz ficou prejudicada após uma noite de bebedeira. Ela sabia que precisava provar seu valor para Rothchild, e se ela não conseguisse gravar bons vocais, ele deixaria o projeto. Assim, ela tentou moderar-se, limitando-se a alguns drinques no estúdio. Mais tarde, no Barney's Beanery, manter o controle era mais difícil. Então, certa noite, no saguão do Landmark, ela topou com seu fornecedor de drogas, George, que viera ver Peggy Caserta, que também estava hospedada ali sem que Janis soubesse. Janis terminou indo até o quarto de Caserta, as duas reataram e Janis aplicou-se heroína pela primeira vez em cerca de cinco meses. Depois, conversando com Seth Morgan, ela racionalizou a recaída, alegando que a droga iria ajudá-la a ficar longe da bebida. Agora que não estava mais "caindo de bêbada o tempo todo, estamos gravando umas faixas boas", afirmou ela.

No Sunset Sound, Janis continuou dedicando-se à música. "A base de tudo era a diversão", recordou Rothchild. "Tudo eram sorrisos e risos." Uma noite, ela e a banda gravaram uma versão exuberante de "Parabéns para Você" para o aniversário de 30 anos de John Lennon (que seria em 9 de outubro), emendando com uma versão distorcida de "Happy Trails", em que Janis cantava como Dale Evans – a compositora da música – com uma voz exuberante.

Eles tinham começado as sessões gravando material que a banda havia testado ao longo do verão, durante a turnê: "Move Over", "Get It While You Can", "Half Moon" e "Cry Baby." Em músicas como "Me and Bobby McGee", eles se concentraram no que Janis chamou de "uma pegada mais country blues".

"Meu sotaque texano está voltando?", perguntou ela a Rothchild.

"Espero que sim", ele respondeu.

Além de ter conhecido o Gram Parsons and the Burritos no Palomino, ela descobrira Linda Ronstadt, que apresentava seu repertório de country rock no Troubadour. Enquanto isso, Rothchild fizera contato, durante uma sessão de gravação dos Everly Brothers, com Spooner Oldham, compositor e tecladista do Alabama, e pediu-lhe uma música para Janis. Ao piano, Oldham tocou "A Woman Left Lonely", na qual começara a trabalhar com seu parceiro de composição Dan Penn. "Paul disse: 'Termine essa música, e pode estar certo de que a gravarei com Janis'", recordou o afável Oldham. Radicado na Califórnia, Oldham pegou um avião para o Tennessee, onde Penn morava, para gravar uma demo.

"Levei a fita ao Sunset Sound e conheci Janis, que estava na cabine acústica com Paul", disse Oldham. "Ela foi muito simpática comigo", recordou ele, "e eu a abracei e disse: 'Você está indo muito bem, Janis, sua carreira está sendo excelente. Tenho muito orgulho de você'. E ela olhou para mim, como se eu tivesse lhe dado uma facada e falou: 'Sabe, Spooner, eu acho que qualquer dia desses ela vai terminar'." Talvez a incapacidade de permanecer limpa causasse medo a Janis. Ela estava começando a perceber que não era imortal; por mais forte que se achasse, também tinha visto amigos e colegas morrendo precocemente, alguns dos quais com a idade dela, 27 anos.

Um deles, Jimi Hendrix acabara de morrer em Londres, no dia 18 de setembro, afogado em seu próprio vômito depois de uma overdose de barbitúricos. Quando Myra Friedman ligou para Janis, pedindo que ela fizesse um comentário para a imprensa, ela exclamou: "Não fosse pela graça de Deus..." Então refletiu: "Fico pensando, o que vão dizer sobre *mim* depois de minha morte?". Duas semanas antes da morte de Hendrix, o guitarrista e vocalista Al Wilson, da banda de blues Canned Heat, que também tocara em Monterey e Woodstock, morreu de overdose de drogas. No ano anterior, outro apreciador do blues, também de 27 anos, Brian Jones, recentemente expulso dos Rolling Stones, havia se afogado em sua piscina.

Ainda assim, Janis continuava otimista quanto a sua música e saboreava os resultados das sessões de gravação. "Sempre há muito crescimento durante as gravações", disse a Richard Bell. Ela ligou para Clive Davis, na Columbia, e tocou para ele algumas mixagens iniciais. "Ela parecia tão feliz com o disco", recordou ele. "Estava tão otimista, tão positiva quanto a sua bela versão de 'Me and Bobby McGee'."

Quando Janis encontrou-se por acaso com Marty Balin, vocalista do Jefferson Airplane, em Los Angeles, insistiu para que ele fosse ao Sunset Sound e ouvisse algumas faixas. "Janis era a melhor cantora que já ouvi", afirmou Balin, que desde a adolescência já tinha músicas gravadas. "Ninguém poderia igualar-se a ela". Depois que a dupla "matou duas garrafas de bebida" enquanto ouviam as gravações, recordou Balin, Janis se virou para ele e, implorando por sua aprovação, perguntou: "Não sou a melhor?".

"Sim, é", ele respondeu, e estava sendo sincero.

Embora já tivesse adicionado uma terceira música de Ragovoy, "My Baby", ao álbum, Janis ligou para o compositor para saber se ele tinha algo novo. Talvez inspirado na morte de Hendrix, ele havia escrito "I'm Gonna Rock My Way to Heaven", que cantou pelo telefone, prometendo enviar uma fita demo. Ela também recrutou Nick Gravenites, que levou ao estúdio Sunset Sound uma composição em que havia começado a trabalhar, com o título intrigante de "Buried Alive in the Blues" [enterrado vivo no blues]. Ele a ensinou para a banda e então trabalhou na letra com Janis. De forma sinistra, a morte estava no ar.

Outro compositor com quem Janis fez contato foi o cantor de soul e guitarrista Bobby Womack, de 26 anos, cuja música "It's All Over Now" foi um dos primeiros sucessos dos Rolling Stones, em 1964. Womack chegou ao Sunset Sound com seu violão acústico para tocar para Janis algumas músicas não gravadas. Ele recordou: "Comecei com 'Trust Me'. Quando terminei, ela havia se levantado da cadeira. 'Eu adorei! [...] Essa é a música!'". Womack cantou um *scratch vocal* (vocal de referência, usado nas gravações), para que a banda pudesse desenvolver de imediato a música no estúdio. Janis rapidamente aprendeu a letra, e a música foi gravada com Womack acompanhando ao violão.

Durante a sessão, ele viu a "tristeza cósmica" de Janis emergir. "Jimi Hendrix havia morrido recentemente, e ela estava péssima com isso", recordou Womack. "Chorando e falando sobre a morte. [...] Janis estava para baixo. Estava ao telefone com o namorado. Pelo que ouvi, ela queria que ele viesse vê-la, mas ele se recusava, a menos que ela lhe mandasse algum dinheiro. Eu a ouvi gritando: *'Você sempre quer dinheiro de mim! É só isso que você quer!'.*"

Janis ficou bêbada e Womack ofereceu-lhe uma carona para o Landmark, ele recordou em sua biografia, de 2006. Enquanto rodavam no Mercedes dele, ela cantava: "Oh, Senhor, por que não me compra um Mercedes Benz?", e então a inspiração bateu. Ela fez Womack dar meia-volta e retornar ao estúdio. Só Rothchild estava lá, e ele concordou em gravar Janis fazendo uma introdução falada, criada na hora, seguida por uma versão *a cappella* anasalada de "Mercedes Benz". Num dado momento, Janis ligou para Michael McClure e cantou-a para ele, em seguida perguntou se McClure se importaria se ela gravasse a música que ele havia originado. Ele respondeu que preferia a versão dele, mas disse-lhe "Vá em frente".

Depois, de volta ao Landmark, Womack e Janis lamentaram-se um com o outro; ele confessou que tinha atração pela cocaína. Ela preferia heroína, Womack lembra-se de ouvi-la dizer, porque podia "enterrar seus pensamentos e amortecê-la em relação ao mundo".

Apesar de todo o seu progresso como artista e sua alegria quanto à banda, Janis não conseguia libertar-se da necessidade de sentir-se ligada a uma pessoa e ter uma vida "civil" normal. Ela contou ao guitarrista John Till que "queria ser mais do que uma cantora de rock. Ela queria ter uma família. Ela queria se casar". Embora tivesse esquecido ou abandonado a promessa feita a Niehaus, junto com seu orgulho por ter largado a heroína, Janis não havia desistido da difícil relação com Morgan; ela tocava no assunto do casamento quase todas as vezes em que conversavam. Ele concordou, sem entusiasmo, com a condição de que fosse um casamento aberto. Durante uma das inúmeras discussões do casal, ele se lembrou de tê-la provocado, dizendo *"Você vai ter que achar outra pessoa para ser o Sr. Joplin"*. Apesar de tudo, Janis persistiu, desesperada para conseguir estabilidade, e ligou para a prefeitura de Los Angeles a fim de saber quais eram as exigências para o casamento civil, e pediu a seu advogado Bob Gordon para redigir um acordo pré-nupcial.

Como se soubesse o que estava por vir, ela e Gordon haviam discutido uma revisão de seu testamento, que ela assinara em 1968, deixando a maior parte de seu patrimônio para seu irmão e algum dinheiro para Linda Gravenites, agora ausente de sua vida. O novo testamento deixaria metade de seu patrimônio para os pais e um quarto para cada um dos irmãos. Linda foi omitida. Janis também adicionou uma cláusula estabelecendo que, após sua morte, 2.500 dólares fossem destinados a uma festa para seus amigos. No fim de setembro, Gordon havia incorporado as revisões pedidas por ela.

Janis passou a semana seguinte – a última de sua vida – gravando no Sunset Sound e fazendo planos. No mês anterior, ela apresentara Morgan a Caserta e à heroína, e eles marcaram um *ménage à trois* no Landmark, naquele sábado. Ela foi a um salão de beleza para fazer reflexos em seus cabelos castanho-claros, e na sexta-feira, 2 de outubro, pegou seu Porsche e foi a Beverly Hills para assinar o testamento revisado no escritório de Gordon. Ele entregou a ela o acordo pré-nupcial para que Morgan o assinasse no fim de semana.

Na tarde de sábado, 3 de outubro, Janis comprou heroína e guardou na gaveta da escrivaninha em seu quarto de hotel, com o aparato que usava para aplicar-se. Ela então encontrou-se com a banda no Sunset Sound para ouvir a gravação que haviam feito de "Buried Alive in the Blues". Enquanto estava lá, ela discutiu por telefone com Morgan, que ligara para adiar por um dia sua viagem. Naquela noite, Caserta também furou com ela. Planejando gravar seus vocais no domingo, Janis e o tecladista Ken

Pearson terminaram a noite tomando *screwdrivers* no Barney's Beanery. Então voltaram ao Landmark, onde ela foi sozinha para o quarto. Por volta de uma da manhã, no domingo, 4 de outubro, ela aplicou em si sua dose costumeira, injetando-a, porém, sob a pele do braço esquerdo, em vez de diretamente na veia, como era seu hábito. Não está claro por que ela preferiu esse tipo de aplicação – que retarda os efeitos da heroína por cerca de dez minutos, em vez do barato instantâneo da injeção endovenosa, de sua preferência. Depois, ela foi até o saguão com uma nota de 5 dólares, para conseguir troco para a máquina de cigarros.

Ela conversou brevemente com o recepcionista, o qual não percebeu que na caixa de correio dela estava uma carta muito aguardada – escrita por David Niehaus, datada de 17 de agosto e enviada da Ásia: "Venha, Mama! Com certeza eu adoraria que você estivesse aqui. [...] Venha para conhecer um pouco do Oriente. Dizem que o Nepal é incrível em outubro [...] escreva-me [...] se puder vir por algumas semanas ou alguns anos. [...] Sinto sua falta de verdade. Não é a mesma coisa sozinho. [...] Eu te amo, Mama, mais do que você pensa".

De volta ao quarto, a heroína bateu de repente quando ela se sentou na cama, tendo colocado o maço de Marlboro na mesa de cabeceira. Janis desabou, ainda segurando os 4,50 dólares. Ela bateu o rosto na mesinha, começando a sangrar, e caiu ao chão, ficando entre a cama e a mesa de cabeceira. A heroína provocou o colapso do coração e dos pulmões, e ela morreu – exatos trinta e três anos após o enterro de Bessie Smith.

Janis não imaginava que a heroína que havia injetado era *branco da China*, que entrou no país trazida por um jovem conde francês cujos fregueses incluíam Keith Richards, dos Rolling Stones. A porção que Janis havia comprado, sem perceber como era forte, tinha uma pureza de quarenta a cinquenta por cento, em vez dos habituais dez por cento ou algo assim. Além disso, sua tolerância provavelmente estava mais baixa, por ter passado tantos meses limpa. Ao contrário das outras vezes em que tivera overdose, não havia ninguém para reanimá-la.

Dezoito horas depois, por volta das sete e meia da noite de domingo, John Cooke encontrou o corpo dela, depois de ter sido alertado por Rothchild de que ela não comparecera ao estúdio. Em choque, Cooke pediu a Vince Mitchell que o acompanhasse de volta ao quarto de Janis antes de chamar Bob Gordon, que avisou a polícia. Depois que as autoridades chegaram, não demorou muito para que a mídia aparecesse em peso. No começo, a imprensa não entendeu bem a morte de Janis, por conta de sua imagem como grande consumidora de álcool, com poucos jornalistas cientes de seu uso de heroína. Alguns acreditavam que Janis havia cometido suicídio; outros levantaram a hipótese de assassinato, com teorias da conspiração se disseminando devido ao fato de a morte dela ter ocorrido logo após a morte de Hendrix. Embora Cooke tivesse achado na gaveta da escrivaninha o aparato usado por Janis para injetar-se, em algum momento as provas desapareceram. Mais tarde, um balão de heroína vazio apareceu na lata de lixo – algum amigo aparentemente o havia removido e depois se arrependeu. A investigação policial que se seguiu, uma autópsia e um segundo relatório médico-legal, supervisionado por Thomas Noguchi, o legista que atuou nas autópsias de Judy Garland e Marilyn Monroe, determinaram que a causa da morte foi uma overdose acidental de heroína.

No dia 7 de outubro, Dorothy e Seth Joplin realizaram um funeral reservado em Los Angeles, sem os irmãos de Janis, seus colegas de banda ou amigos. Como detalhado em testamento, ela foi cremada e suas cinzas espalhadas ao vento ao largo da costa do condado de Marin. Em 26 de outubro, a festa pela qual ela pagou aconteceu no Lion's Share, em San Anselmo, onde tocaram os membros do Big Brother e outros amigos músicos; compareceram cerca de duzentas pessoas, incluindo a irmã dela, Laura.

Oito dias antes, em 18 de outubro, o último álbum de Janis, *Pearl*, fora concluído. Depois da morte dela, Rothchild e o Full Tilt haviam retornado ao estúdio para regravar os instrumentais para vários dos vocais que ela havia gravado. A partir de gravações inacabadas, Rothchild recortou e colou várias *performances* vocais para construir as versões finais das músicas. A faixa instrumental de "Buried Alive in the Blues" também foi incluída. Quando Rothchild se lembrou da gravação de "Mercedes Benz", que Janis fizera em um impulso, esta tornou-se a décima faixa, terminando com a exclamação "*That's it!*" [é isso aí!] seguida pela risada alegre dela. A banda de Janis e amigos como Kris Kristofferson reuniram-se para ouvir o álbum finalizado. "Todos nós acreditávamos que ela estava em algum lugar por lá", afirmou Brad Campbell. "Nós a sentíamos lá."

Pearl foi lançado três meses depois da morte de Janis, em janeiro de 1971, e tornou-se o álbum de maior sucesso de sua carreira, vendendo mais de 8 milhões de cópias. Dos três *singles* lançados, "Me and Bobby McGee" ficou no primeiro lugar da parada por duas semanas, a segunda vez na história da música pop que um *single* póstumo chegou ao topo das paradas. "Cry Baby" e "Get It While You Can" também entraram nas 100 Mais. "A Woman Left Lonely" estava planejado para ser lançado como *single*, mas depois da morte de Janis a Columbia decidiu que era triste demais.

Cada vez que Paul Rothchild ouvia as músicas de Janis no rádio, era insuportável. "A morte de Janis foi a coisa mais devastadora em minha vida", refletiu ele mais tarde. "Havíamos decidido que ficaríamos juntos para sempre. Foi a coisa mais divertida que fizemos no estúdio. Ela sempre estava cem por cento lá." Ainda mergulhado em uma tristeza profunda meses depois da morte de Janis, ele rompeu o contrato com o The Doors e não quis produzir o sexto álbum deles, *L.A. Woman*; Jim Morrison morreu de overdose de heroína – supostamente vendida pelo mesmo fornecedor cuja mercadoria causara a morte de Janis – em Paris, em julho de 1971. Ele também tinha 27 anos.

Albert Grossman, que já havia limitado sua atividade empresarial depois do fim da relação com Dylan, em 1969, voltou suas atenções para seu estúdio de gravação em Hudson Valley e para sua nova gravadora, Bearsville Records. Pessoas próximas a Grossman, que morreu de um ataque de coração em 1986, achavam que ele nunca superou a morte de Janis.

Seth Morgan tornou-se viciado em heroína e acabou indo para a prisão por roubo à mão armada. Depois de ganhar a liberdade, publicou o aclamado romance *Homeboy*, em 1990. Ele morreu dias depois, em um acidente de motocicleta, quando se chocou, bêbado, contra o pilar de uma ponte em Nova Orleans, matando também sua namorada.

David Niehaus soube da morte de Janis por um exemplar atrasado da revista *Time*, enquanto estava em Cabul, no Afeganistão. "Todo o meu ser dói, há dias, desde que soube sobre Janis", escreveu em seu diário. "Fomos dois tolos ao permitir que aquele último momento que passamos um nos braços do outro fosse o último." Hoje, ele acredita que Janis "era sensível demais para lidar com o mundo. Foi isso que a matou. Porque ela precisava desligá-lo". Niehaus continuou a viajar pelo mundo, visitando mais de cem países, e mais tarde casou-se com uma médica, com quem está há mais de quarenta anos.

Em 1969, a revista *Newsweek* chamou Janis de "a primeira mulher superstar do rock". Em quase cinco décadas desde sua morte, poucos artistas alcançaram a mesma força de suas apresentações no palco. A música de Janis vive, aclamada por mais uma geração de fãs. Sua influência continua, em artistas que assistiram a suas apresentações na década de 1960 e naqueles que a descobriram depois. Uma dessas artistas, Alicia Keys, disse ao *Chicago Tribune*: "Uso Janis Joplin como uma referência – admiro a total entrega em seu estilo de cantar. Você sente que ela não está refreando nada".

Ray Charles disse certa vez que os cantores não atingem seu pleno potencial até os 50 anos de idade, porque toda uma vida transparece na voz então. Talvez Janis tivesse se tornado, como uma vez desejou, "a maior cantora de blues do mundo, Bessie Smith", ou quem sabe até tivesse se voltado para algum outro gênero totalmente diferente.

Três meses antes de morrer, Janis descreveu a música como o único aspecto de sua vida que nunca a decepcionou; a música nunca sucumbiu à Farsa do Sábado à Noite. Ela também expressou a crença de que sua música era a expressão verdadeira de seu eu. As pessoas "me perguntam: 'Como você aprendeu a cantar o blues desse jeito?'", foi como a discussão começou. "Eu simplesmente abri a boca, e foi assim que saiu", disse Janis. "Você não pode fingir algo que não sente." Em uma conversa com a cantora Bonnie Bramlett, em 1970, a bordo do Festival Express, Janis reconheceu, com um profundo e recém-adquirido grau de percepção de si mesma, a escolha que havia feito de tornar-se quem era, bem como os limites impostos por tal escolha: "Você abre mão de todas as constantes do mundo, exceto a música", explicou ela. "É a única coisa que você tem no mundo."

Agradecimentos

Enquanto elaborava estes agradecimentos, tive de repente um vislumbre: os quase quatro anos em que trabalhei nesta biografia equivalem mais ou menos à duração da carreira tão breve de Janis: de junho de 1966, quando ela se juntou ao Big Brother, até sua morte, em outubro de 1970.

A gênese de meu livro é anterior a esses quatro anos, porém: ele não teria existido se não fosse minha agente literária, Sarah Lazin, que teve a ideia de uma biografia de Janis Joplin mais ou menos em 2009. Sarah chegou a ver inúmeras apresentações de Janis em San Francisco nos anos 1960, e sinto-me honrada por ela ter pensado que eu seria a pessoa certa para contar a história da vida e da música de Janis. Sarah, muitíssimo obrigada por sua fé em mim... e por sua paciência!

Minha pesquisa sobre o trabalho de Janis começou antes disso: o ex-presidente de educação e programas públicos do Rock & Roll Hall of Fame, Robert Santelli, convidou-me para participar de uma mesa-redonda no simpósio "Recordando Janis", que aconteceu em Cleveland, em 1999. Foi lá que conheci os irmãos de Janis, Laura e Michael Joplin, e outros luminares que já não estão entre nós: Sam Andrew, o companheiro de banda que Janis tanto adorava e guitarrista do Big Brother and the Holding Company; e Chet Helms, um dos fundadores da Family Dog e promotor do Avalon, que viajou com Janis de carona, do Texas para San Francisco, em 1963. Esse evento incrível, que durante um fim de semana homenageou Janis e sua música, foi a primeira das duas comemorações que ocorreram em Cleveland. Em 2009, para o "Mestres da Música Americana" do Hall of Fame em homenagem a Janis, a sucessora de Santelli, Dra. Lauren Onkey, convidou-me para ser palestrante de honra, junto com as colegas de escrita Ann Powers e Lucy O'Brien. Tive a oportunidade de novamente estar com Laura Joplin e de ouvir outras pessoas que foram próximas a Janis, incluindo Jerry Ragovoy, o lendário compositor e produtor que criou algumas das músicas favoritas de Janis; John Cooke, produtor de turnê de Janis por três anos; o grande Bob Neuwirth, amigo muito próximo de Janis e coautor de "Mercedes Benz"; Powell St. John, integrante do Waller Creek Boys; Country Joe McDonald; e DJ Dusty Streets, entre outros. De novo, mais um evento intrigante, que me levou ainda mais fundo no processo de aprender sobre Janis e seu trabalho.

Em 2013, descobri as proezas de Janis como produtora, enquanto escutava os *outtakes* de *Pearl*, da Columbia Records, depois de me solicitarem que escrevesse o texto para o encarte do CD duplo *The Pearl Sessions*. Por essa época, Sarah Lazin havia me colocado em contato com Laura Joplin e Jeff Jampol, fundador da JAM, Inc., representante da música e do legado de Janis. Não consigo exprimir quanto me ajudou a confiança que Laura e Jeff depositaram em mim como biógrafa de Janis: Laura abriu as portas para os arquivos de Janis com gentileza e generosidade. Ela compartilhou suas próprias lembranças e os tesouros de sua coleção contendo correspondência, *memorabilia*, arte, álbuns de recortes, fotos de família e até mesmo itens como a régua de cálculo dos tempos escolares de Janis, suas roupas incríveis e sua coleção pessoal de livros. Laura também me forneceu transcrições de inúmeras entrevistas que ela realizou com membros da família, colegas de infância de Janis, companheiros de banda e amigos para seu livro *Com Amor, Janis*, publicado em 1992. Tudo isso foi compartilhado sem qualquer exigência de submissão de meu manuscrito à aprovação editorial. E ela passou incontáveis horas comigo, respondendo as minhas questões e sendo minha guia para tudo o que dissesse respeito a Janis. Minha imensurável gratidão a Laura, Jeff e Michael Joplin, e a Sarah por colocar-nos em contato.

AGRADECIMENTOS

Os velhos amigos de Janis cederam-me muito de seu tempo: obrigada, Karleen Bennett, Herman Bennett, Arlene Elster, Jack Smith, Jim Langdon, Sam Monroe, Ray Solis e sua esposa, Angel (que foi comigo à casa onde Janis passou a infância), Henry "Wali" Stopher, Stephanie Chernikowski, Travis Rivers, Jae Whitaker, Peggy Caserta e David Niehaus. Além das bandas com as quais Janis gravou, vários músicos que tocaram com ela – Larry Hanks, Jorma Kaukonen e Stefan Grossman – partilharam suas histórias. Tive também a sorte de ter acesso aos companheiros de banda "oficiais" de Janis: Powell St. John, do Waller Creek Boys (e sua maravilhosa e prestativa esposa, Toby St. John); Dave Getz e Peter Albin, do Big Brother; Skip Prokop, Bill King, Snooky Flowers e Terry Clements, da banda que se transformou na Kozmic Blues Band; e Brad Campbell, do Full Tilt Boogie (e da Kozmic Blues) e John Cooke. Outros entrevistados essenciais incluem o lendário estudioso de música country Bill Malone, Johanna Hall, Richard Goldstein, Clive Davis, Herb Pedersen, Barbara Dane, Jesse Cahn, Marty Balin, Jack Casady, Grace Slick (via Stacie Huckeba), Mick Fleetwood, Eric Andersen, Lenny Kaye, Kris Kristofferson, Spooner Oldham, Bob Neuwirth, Elvin Bishop, Maria Muldaur, David Nelson, Jim Fouratt, Danny Fields, Cyndi Lauper, Michael Lydon, Ben Fong-Torres, Eddie Wilson, Rhoney Stanley, Yvonne Ruskin, Ian Kimmet, Lotti Golden, Pegi Young, Tony Foutz, Jeremy Wilber, Michael Lang, Elliott Landy, Baron Wolman, Bob Gruen, Sylvia Tyson, Paul Nelson (empresário de Johnny Winter), Fritz Kraai, Sally Grossman, Bill Ham, Bill Bentley, Bruce Botnick, Larry Litt, Karen Lyberger e Robert Gordon (que me levou à casa de Janis em Larkspur). Tive a chance de manter breves conversas com John Simon e Ed Sanders e fazer-lhes algumas perguntas. Da mesma forma, encontrei D. A. Pennebaker em três diferentes exibições de filmes e aproveitei tais oportunidades para entrevistá-lo. Durante uma breve conversa, Little Steven Van Zandt forneceu-me um relato bem-humorado de sua banda com Bruce Springsteen, Child, que tocou em um mesmo evento com Janis em 1969, no Asbury Park. Sou grata a todos os fãs que descreveram como foi assistir a apresentações de Janis de 1962 a 1970.

Muito obrigada aos jornalistas tão generosos que partilharam comigo suas entrevistas: Joel Selvin, autor de vários livros excelentes sobre a música de San Francisco, que me cedeu não só inúmeras entrevistas, mas também um farto material. Ben Fong-Torres, que me ensinou como escrever biografias, ao contratar-me como sua assistente em 1989, enquanto pesquisava e escrevia o inovador *Hickory Wind: The Life and Times of Gram Parsons*; Ben entrevistou Janis em 1970 e fez a cobertura dos músicos de San Francisco para a *Rolling Stone* e outras publicações e livros; ele partilhou generosamente seu material de pesquisa e guiou-me em um *"tour Janis"* pela cidade. John Glatt, que me cedeu as entrevistas que realizou para suas duas detalhadas matérias sobre as casas de show Fillmore, de Bill Graham. Jas Obrecht, que fez extensas entrevistas com James Gurley e Sam Andrew; Bob Sarles, da Ravin' Films, que filmou conversas com membros do Big Brother, Joe MacDonald e outros personagens importantes de Haight-Ashbury. Dave Harmon, que entrevistou os amigos de Janis durante o ensino médio para um artigo excelente publicado no *Austin American-Statesman*. O livro de Alice Echols, *Janis Joplin, uma Vida, uma Época*, resultado de uma pesquisa exaustiva, forneceu uma grande quantidade de informações, e os livros dos já falecidos Myra Friedman e John Byrne Cooke (o qual partilhou comigo as transcrições de entrevistas realizadas nos anos 1970) também ajudaram demais nesse aspecto. O jornalista John Bowers descreveu em detalhes os momentos que passou com Janis.

Julie Haas conduziu-me por um *tour* deslumbrante por "Argentina" e relatou-me a história da propriedade e de seus próprios dias de Fillmore e Avalon. Bruno Cerretti enviou-me da Itália, por e-mail, as discografias de Joplin e do Big Brother resultantes de sua minuciosa pesquisa. Jennie Thomas, arquivista do Rock & Roll Hall of Fame, e Tom Tierney, arquivista da Sony Music, prestaram uma ajuda fundamental, da mesma forma que o historiador Dan Del Fiorentino, da NAMM. Sarah Bellian, curadora do Gulf Coast Museum, em Port Arthur, apresentou sua perspectiva da cidade natal de Janis e forneceu materiais essenciais. Michael Gray, do Country Music Hall of Fame and Museum, também auxiliou em minha pesquisa. Dennis McNally guiou-me em um *tour* particular pela exposição da qual foi curador na San Francisco Historical Society em homenagem ao cinquentenário do Verão do Amor, da mesma forma que Peter Albin, com a fabulosa exposição *Verão do Amor: Arte, Moda e Rock and Roll*, do Museu De Young. As exposições na Biblioteca Pública de San Francisco e no Gay Lesbian Bisexual Transgender History Museum, em Castro, também

AGRADECIMENTOS

foram muito úteis. Glenn Horowitz Bookseller forneceu cópias da correspondência de Janis com Peter de Blanc.

Minha gratidão a outras pessoas que ajudaram de várias formas: o fotógrafo Franco Vogt, Cash Edwards, Peter Aaron, Tony Fletcher, David Dalton (autor que escreve sobre rock e que Janis adorava), a cineasta de Austin Tara Veneruso (*Janis Joplin Slept Here*), David Ritz, Suzanne Mowatt, David Kraai, Susan Brearey, Sparrow, Jann S. Wenner, Craig Inciardi, Andy Leach, Lucia Reale Vogt, Lisa Vianello, Petrine Mitchum, Rosanne Cash, Kate Pierson, Charles Cross, Holly Gleason, Bob Oermann, Parke Puterbaugh, Sylvie Simmons, Jean Caffeine, Brian Hassett, Roberta Bayley, Mary Lucchese, Mary Bassel, Mark Loete, Paula Batson, Fred Goodman e Doug Wygal. Foram de grande ajuda os documentários *Janis: Little Girl Blue*, de Amy Berg, e o esgotado *Janis: The Way She Was* (que Sally Grossman me deu), bem como *Festival Express*, *Monterey Pop*, de D. A. Pennebaker, *Nine Hundred Nights*, *The Life and Times of the Red Dog Saloon*, e a edição do aniversário de 40 anos de *Woodstock*, de Michael Wadleigh (com cenas de Janis) – todas obras essenciais. Inúmeras gravações ao vivo – oficiais e *bootlegs*, feitas desde 1962 – ajudaram-me a compreender a evolução de Janis como cantora e artista. Obrigada a todos que partilharam esses documentos de valor inestimável.

Meu profundo reconhecimento aos fotógrafos que registraram Janis e aos que possibilitaram que essas imagens inesquecíveis fizessem parte de meu livro: o grande David Gahr, já falecido, que me contou muitas histórias sobre Janis, assim como seu amigo e colega Jim Marshall; Bob Seidemann, cujos retratos singulares agraciam as capas deste livro (graças a Belinda Seidemann); Elliott Landy, Baron Wolman (graças a Diane Duery), Herb Greene, Lisa Law (graças a Geary Chansley), Amalie R. Rothschild, Marjorie Alette, Steve Banks, Jay Good (graças a Frank While), Ivaan Kotulsky (graças a Stephen Bulger e Paul Lamont), John Cooke (graças a Susan e Charlotte), Terry Clements (que habilmente documentou suas viagens como membro da Kozmic Blues Band) e Clark Pierson (baterista do Full Tilt Boogie e fotógrafo da banda). Um agradecimento especial a Joel Siegel e Bobby Ward, guardiões da chama de David Gahr (que me permitiram explorar o vasto arquivo de fotos de David), e a Amelia Davis e Jay Blakesburg, que fizeram o mesmo quanto ao legado de Jim Marshall.

Este livro não existiria sem a experiência e o apoio de minha brilhante editora, Priscilla Painton, cuja paciência e meticulosa atenção aos detalhes transformaram meu manuscrito no que ele deveria ser. Também sou muito grata à equipe da Simon & Schuster: Jonathan Karp, Richard Rhorer, Cary Goldstein, Jonathan Evans (obrigada por escolher Phil Bashe!), Megan Hogan, Samantha O'Hara, Madeline Schmitz, Jackie Seow, Elisa M. Rivlin e Elise Ringo. Biógrafo algum poderia desejar um copidesque mais detalhista e genial do que o de Phil Bashe, que pegou erros terríveis e me divertiu com seus comentários abundantes, notas e pesquisa. Sou grata à empenhada equipe da JAM, Inc.: Kenny Nemes, Alicia Yaffe, John Logan e Matt Abels. Obrigada à fantástica Judy Whitfield, responsável por minhas transcrições, bem como a Margaret Schultz, Catharine Strong, Liz DeSiena, Dan Smith, ao pessoal tanto da Biblioteca de Phoenicia quanto da Biblioteca Sojourner Truth, na SUNY New Paltz, e a meu incrível grupo de escritores, Laura Claridge, John Milward e, particularmente, Richard Hoffman, que não mediu esforços para me ajudar a melhorar minha prosa.

Meu marido, Robert Burke Warren, sempre me apoiou e invariavelmente me deu uma tremenda ajuda por meio de sua grande habilidade como escritor, editor, historiador da música, colaborador e caixa de ressonância: sou eternamente grata por ser tão generoso com seus inúmeros talentos. Este livro não seria o que é sem sua ajuda. E obrigada a nosso filho tão entusiasta, Jack Warren, que se tornou um fã de Janis Joplin – mesmo depois de ter sido forçado a ouvir inúmeros *bootlegs* do Big Brother e dela (em vez de seus próprios mixes) em várias viagens longas de carro.

Acima de tudo, agradeço a Janis Joplin, cuja música mudou minha vida ao abrir um mundo de possibilidades para uma garota de 13 anos fã de rock & roll que morava em uma cidade pequena da Carolina do Norte. (Se eu pudesse ter assistido a suas apresentações na Universidade da Carolina do Norte em Chapel Hill, onde estudei, e na escola de meu filho, a Universidade Wesleyana...) Entre vê-la em *The Dick Cavett Show* e tocar minha cópia de *Pearl* até gastar, minha jornada Janis começou em 1970-1971 e me trouxe até este livro.

Notas

INTRODUÇÃO

9 *"Não traia a si próprio"*: Laura Joplin, *Love, Janis* (Nova York: Harper, 2005), p. 8-9.
10 *"dentre os heróis da cultura dos anos 1960"*: Ellen Willis, "Janis Joplin", em *The Rolling Stone Illustrated History of Rock & Roll*, nova ed., org. Anthony DeCurtis e James Henke, com Holly George-Warren (Nova York: Random House, 1992), p. 383.
10 *"A conexão dela com a plateia"*: Stevie Nicks, cerimônia de apresentação do Rock & Roll Hall of Fame, no Barclay's Center, Brooklyn, NY, em 29 de março de 2019.
11 *"Qual é a dessa garota?"*: Lou Adler, comentário em áudio, DVD *Monterey Pop*, Criterion Collection, 2017.
11 *"Três ou quatro anos atrás"*: Chet Helms, comentário em áudio, DVD *Monterey Pop*, Criterion Collection, 2017.
12 *"Você só chega a ser"*: "Janis Joplin Talks About Rejection Four Days Before She Died in 1970", entrevista de Janis Joplin para Howard Smith. *Dangerous Minds*, última modificação em 24 de setembro de 2013, disponível em: <https://dangerousminds.net/comments/janis_joplin_talks_about_rejection_four_days_before_she_died_in_1970>.
14 *"Quando uma alma é capaz de olhar"*: Holly George-Warren, org., *The Rock and Roll Hall of Fame: The First 25 Years* (Nova York: Collins Design/HarperCollins, 2009), p. 97.

CAPÍTULO 1: LINHAGEM DE PIONEIROS

15 *"Não me conte"*: Laura Joplin, *Love, Janis*, p. 25.
15 *"Venho de uma linhagem de pioneiros"*: Big Brother and the Holding Company, com Janis Joplin, DVD *Nine Hundred Nights*, Eagle Vision, 2001.
15 *"uma pioneira de fibra"*: Laura Joplin, *Love, Janis*, p. 15.
16 *"horríveis agressões verbais"*: Dorothy Joplin, entrevistada por Laura Joplin.
16 *"Dorothy East"*: "Operetta Is Well Played", *Amarillo (TX) Globe News*, s. d. (recorte em uma colagem emoldurada, presente da irmã a Dorothy Joplin).
16 *"Eu sempre conseguia o papel principal"*: Dorothy Joplin, em entrevista para Laura Joplin.
17 *"a julgar pelos aplausos"*: "Miss Dorothy East Can Sing", *Amarillo (TX) Globe News*, s. d.
17 *"um produtor de Nova York"*: Dorothy Joplin, em entrevista para Laura Joplin.
17 *"faculdade de administração"*: ibid.
17 *"seu tipo de gente"*: ibid.
18 *"Uma vez, ele me escreveu"*: ibid.
18 *"Não consigo entender"*: Laura Joplin, *Love, Janis*, p. 24.
20 *"começou com um rugido"*: Lonn Taylor, "Oil on Canvas: The Fine Art of the Spindletop Gusher", *Texas Monthly*, junho de 2012.
20 *"palpites"*: Keith L. Bryant Jr., *Arthur Stilwell: Promoter with a Hunch* (Nashville: Vanderbilt University Press, 1971), p. 96.
21 *"criaram as grandes fortunas"*: Bryan Burrough, *The Big Rich: The Rise and Fall of the Greatest Texas Oil Fortunes* (Nova York: Penguin Press, 2008), p. 87.
21 *"a mais impetuosa"*: Adam Hochschild, *Spain in Our Hearts: Americans in the Spanish Civil War, 1936-1939* (Boston: Houghton Mifflin Harcourt, 2016), p. 168.
22 *"Vamos fazer algo"*: Laura Joplin, *Love, Janis*, p. 28.
22 *"Desejo apresentar"*: ibid., p. 29.
23 *"Ela nunca foi rabugenta"*: Dorothy Joplin, em entrevista para Laura Joplin.
23 *"um intelectual secreto"*: David Dalton, *Janis* (Nova York: Simon & Schuster, 1971), p. 54.
23 *"Se eu pudesse escolher"*: Dorothy Joplin, em entrevista para Laura Joplin.

CAPÍTULO 2: MOLECA

27 *"Quase caí"*: álbum de recortes de Janis Joplin, 1956-1959 (Coleção Laura Joplin).
27 *"era sociável"*: Dorothy Joplin, em entrevista para Laura Joplin.
28 *"Ela gostava"*: Roger Pryor, em entrevista para Laura Joplin.
28 *"Ela brincou fora de casa"*: ibid.
28 *"Eu me sentia pouco à vontade"*: ibid.

28 *"realmente gostava de mim"*: ibid.
28 *"Dávamos tanto impulso nas crianças"*: ibid.
29 *"uma menina muito bonita"*: ibid.
29 *"o único outro intelectual"*: David Dalton, *Janis*, p. 54.
29 *"Quando íamos à casa dos Joplin"*: Kristin Bowen, recordação por escrito (Coleção Laura Joplin).
29 *"Dava para ouvir"*: Roger Pryor, em entrevista para Laura Joplin.
30 *"Disse a ela"*: Seth Joplin, em entrevista para Laura Joplin.
30 *"Janis adorava desenhar"*: Roger Pryor, em entrevista para Laura Joplin.
30 *"A coordenação dela"*: Dorothy Joplin, em entrevista para Laura Joplin.
31 *"Não era uma competição feroz"*: Kristin Bowen, em entrevista para Laura Joplin.
31 *"Quando Mike nasceu"*: Roger Pryor, em entrevista para Laura Joplin.
31 *"ficar quieta"*: este e outros comentários dos professores foram retirados dos boletins de Janis Lyn Joplin na Tyrell Elementary School, 1949-54 (Coleção Laura Joplin).
34 *"o grande* best-seller*"*: Grace Metalious, *Peyton Place* (Nova York: Dell, 1958), quarta capa.
34 *"a jovem dona de casa"*: ibid.
36 *"ela preferia aquela versão"*: Karleen Bennett e Herman Bennett, em entrevista para a autora.
36 *"Nós nos aproximamos"*: Jack Smith, em entrevista para a autora.
36 *"animada e feliz"*: ibid.
36 *"Eu não fazia a menor ideia"*: ibid.
36 *"adorável e bonita"*: Jack Smith, em entrevista para Laura Joplin.
36 *"Se chegarmos a casar"*: Jack Smith, em entrevista para a autora.
36 *"Usei aquele vestido"*: álbum de recortes de Janis Joplin, 1956-59 (Coleção Laura Joplin).
37 *"uma aluna muito capaz"*: Dorothy Robyn, comentário no boletim de Janis Lyn Joplin na Woodrow Wilson Junior High School, 1956-57 (Coleção Laura Joplin).
37 *"Que choque!"*: álbum de recortes de Janis Joplin, maio de 1957 (Coleção Laura Joplin).
37 *"havia sido considerada"*: "Library Job Brings Out Teenager's Versatility", *Port Arthur (TX) News,* 14 de julho de 1957.
37 *"porque me dá"*: ibid.
37 *"Papai sempre teve um riso alto"*: Laura Joplin, *Love, Janis*, p. 82.
38 *"costumava conversar bastante comigo"*: David Dalton, *Janis*, p. 54.
38 *"Desde mais ou menos"*: Chet Flippo, "An Interview with Janis' Father", *Rolling Stone*, 12 de novembro de 1970.

CAPÍTULO 3: CAÇADORA DE EMOÇÕES

39 *"Você não deveria precisar"*: Janis Joplin para Peter de Blanc, 1965.
39 *"Eu descobri"*: Janis Joplin, "Tell Mama" comentário, Toronto, Canadá, 29 de junho de 1970.
39 *"Eu não tinha"*: John Bowers, "Janis: All She Needs Is Love", *The Golden Bowers* (Nova York: Tower Publications, 1971), p. 52.
39 *"O que todos queriam"*: Kristin Bowen, em entrevista para Laura Joplin.
40 *"olhinhos de porco"*: Karleen Bennett, em entrevista para a autora.
40 *"Ela não gostava"*: ibid.
40 *"Janis não tinha"*: ibid.
41 *"interesse pelas artes"*: Grant Lyons, em entrevista para Laura Joplin.
41 *"ingênua e tímida"*: Jim Langdon, em entrevista para a autora.
41 *"queria crescer"*: ibid.
41 *"autoconfiante"*: Adrian Haston, em entrevista para Laura Joplin.
41 *"Uma noite, Janis e eu"*: Jim Langdon, em entrevista para Laura Joplin.
42 *"vida nos carros"*: Grant Lyons, em entrevista para Laura Joplin.
42 *"Não foi um encontro"*: Randy Tennant, em entrevista para Laura Joplin.
42 *"Acho que aquele verão"*: Jim Langdon, em entrevista para a autora.
42 *"Todo mundo achava"*: Dave Moriaty, em entrevista para Dave Harmon.
42 *"Ela tentava fazer as pessoas"*: Grant Lyons, em entrevista para Laura Joplin.
42 *"Eles liam livros"*: John Bowers, "Janis", p. 52.
43 *"Lembro-me de ter ido"*: Karleen Bennett, em entrevista para a autora.
44 *"Estimada Sra. S. W. Joplin"*: Janis Joplin para Dorothy Joplin, cartão, 1957 (Coleção Laura Joplin).
44 *"A Sra. Joplin tinha"*: Karleen Bennett, em entrevista para a autora.
44 *"quando se soltava"*: Roger Pryor, em entrevista para Laura Joplin.
44 *"Praticamente todos os garotos"*: Herman Bennett, em entrevista para a autora.
44 *"Sempre nos perguntamos"*: Karleen Bennett, em entrevista para a autora.
45 *"Queríamos ter certeza"*: ibid.
45 *"estava ansiosa"*: ibid.
45 *"Janis e eu"*: ibid.
45 *"uma de nossas personagens favoritas"*: Dave Moriaty, em entrevista para Harmon.
46 *"Resolvemos arriscar"*: Jack Kerouac, *On the Road* (Nova York: Viking Press, 1957; edição em *paperback* da Penguin Compass), p. 157-58.
46 *"hipsters sórdidos"*: ibid., p. 54.
46 *"uma revelação"*: Karleen Bennett, em entrevista para a autora.
47 *"Foi o primeiro amor"*: ibid.
47 *"Não acredite em todas"*: anuário escolar *The Yellow Jacket* de 1958, de Janis Joplin (Coleção Laura Joplin).

47 *"A uma boa e velha amiga"*: anuário escolar *The Yellow Jacket* de 1958, de Karleen Bennett.
48 *"Ela perguntava, 'É bem irritante?'"*: Karleen Bennett, em entrevista para a autora.
48 *"Lembro-me da primeira vez"*: Seth Joplin, em entrevista para Laura Joplin.
48 *"Ela os dispensou"*: páginas do diário de Kristin Bowen (Coleção Laura Joplin).
49 *"'Como pôde ser"*: Laura Joplin, *Love, Janis*, p. 60.
49 *"Numa loja de discos"*: David Dalton, *Piece of My Heart: The Life, Times, and Legend of Janis Joplin* (Nova York: St. Martin's Press, 1985), p. 151.
49 *"música de boiadeiros"*: ibid., p. 152.
49 *"Gostei muito do disco"*: ibid.
50 *"Desde o início"*: Jim Langdon, em entrevista para a autora.
50 *"Grant Lyons"*: Ron Benton, "Janis Says Town Has Loosened Up", *Port Arthur (TX) News*, 16 de agosto de 1970.
50 *"de fato possuía uma voz"*: Dave Harmon, "Rocker Joplin Sped Through 'Driven' Life", *Austin (TX) American-Statesman*, 25 de abril de 1979.
51 *"Era uma voz irresistível"*: Grant Lyons, em entrevista para Laura Joplin.

CAPÍTULO 4: "BEAT WEEDS"

53 *"Não gostaria jamais"*: Janis Joplin para Peter de Blanc, 1965.
53 *"Não havia ninguém"*: "Rebirth of the Blues", *Newsweek*, 26 de maio de 1969.
53 *"Todos eram contrários à integração"*: Karleen Bennett, em entrevista para a autora.
54 *"Chegou a um ponto"*: Tary Owens, em entrevista para Laura Joplin.
54 *a Ku Klux Klan instalou*: Herman Bennett, em entrevista para a autora.
54 *agrediam pedestres afro-americanos*: Janis, citada em *Time*, 9 de agosto de 1968.
55 *"cenas com águas agitadas"*: Laura Joplin, *Love, Janis*, p. 74.
55 *"tinha todas aquelas ideias"*: David Dalton, *Piece of My Heart*, p. 162.
55 *"olhava para aquelas"*: ibid.
55 *"meretriz"*: Karleen Bennett, em entrevista para a autora.
55 *"festas do beijo"*: diários de Kristin Bennett (Coleção Laura Joplin).
55 *"que não era convidada"*: Karleen Bennett, em entrevista para a autora.
55 *"Lembro-me de que uns"*: Jim Langdon, em entrevista para a autora.
56 *"bebiam e fumavam"*: Karleen Bennett, em entrevista para a autora.
56 *"Foi o primeiro drinque"*: ibid.
56 *"Começou sendo"*: Tary Owens, em entrevista para Dave Harmon.
57 *"um lugar amplo"*: Jim Langdon, em entrevista para a autora.
58 *"Abrimos a porta"*: Michael Buffalo Smith, "Talkin' Trash com Jerry LaCroix: An Interview with the Former Lead Singer of Edgar Winter's White Trash", Swampland.com, última modificação em janeiro de 2000, disponível em: <http://swampland.com/articles/view/title:jerry_lacroix>.
58 *"amassos"*: Tary Owens, em entrevista para Laura Joplin.
59 *"Ficávamos fora"*: Grant Lyons, em entrevista para Laura Joplin.

59 *"Meu amigo e eu"*: Ellis Amburn, *Pearl: The Obsessions and Passions of Janis Joplin* (Nova York: Warner Books, 1992), p. 19.
59 *"pegação de bunda"*: Grant Lyons, em entrevista para Laura Joplin.
59 *"Ela não sabia bem"*: Karleen Bennett, em entrevista para a autora.
60 *"ela parecia só querer"*: ibid.
60 *"Ela convivia com"*: Roger Pryor, em entrevista para Laura Joplin.
60 *"Era disso que falávamos"*: Grant Lyons, em entrevista para Laura Joplin.
61 *"Dee Dee" escreveu*: todas as inscrições são do anuário escolar *The Yellow Jacket* de 1959, de Janis Joplin (Coleção Laura Joplin).
61 *"Fazíamos uma fogueira"*: Adrian Haston, em entrevista para Laura Joplin.
62 "Estou bêbada!": Michael Joplin, em entrevista para Laura Joplin.
62 *"Ele dizia que ir aos jogos"*: Karleen Bennett, em entrevista para Laura Joplin.
62 *"tinha muito menos respeito"*: Laura Joplin, *Love, Janis*, p. 82.
63 *"Não me dei conta"*: Dorothy Joplin, em entrevista para Laura Joplin.
63 *"a imagem de tudo"*: Tary Owens, em entrevista para Dave Harmon.
63 *"Encontramos um"*: Jimmy Johnson, como relatado a Ed Hinton, *Turning the Thing Around: My Life in Football* (Nova York: Hyperion, 1993), p. 62.
63 *"andava com a turma* beatnik": Ed Hinton, "Deep into the Job", *Sports Illustrated*, 7 de setembro de 1992.
63 *"Beat Weeds"*: ibid.
64 *"As pessoas diziam que ela era fácil"*: Patti Skaff, em entrevista para Laura Joplin.
64 "Estou bem-vestida agora?": Karleen Bennett, em entrevista para a autora.
64 *"Janis dizia e fazia"*: Sra. Roger Pryor, em entrevista para Laura Joplin.
64 *"Eu não tinha com quem"*: Ron Benton, "Janis Says".
65 *"Eles a odiavam"*: Chet Flippo, "Interview with Janis' Father".
65 *"Lembro-me das brigas"*: Michael Joplin, em entrevista para Laura Joplin.
65 *"problemas domésticos"*: Dorothy Joplin, em entrevista para Laura Joplin.
65 *"Minha mãe tentava"*: Nat Hentoff, "We Look at Our Parents and...", *The New York Times*, 21 de abril de 1968.
66 *"Um médico qualquer disse"*: Ron Benton, "Janis Says".
66 *"Janis e outra garota"*: Jim Langdon, em entrevista para Dave Harmon.
67 *"Paramos"*: Clyde Wade, em entrevista para Laura Joplin.
67 *"Não sei quanto tempo"*: ibid.
68 *"A maioria das garotas"*: Tary Owens, em entrevista para Dave Harmon.
68 *"Tudo o que eu buscava"*: Laura Joplin, *Love, Janis*, p. 83.

CAPÍTULO 5: "DEZOITO ANOS E FODIDA"

69 *"Sou um daqueles"*: Janis Joplin para Peter de Blanc, 1965.
69 *"Não dava para escapar"*: Alice Echols, *Scars of Sweet Paradise: The Life and Times of Janis Joplin* (Nova York: Metropolitan Books, 1999), p. 27.

70 *"Ouvi aquele barulho"*: Gloria Lloreda Haston, em entrevista para Laura Joplin.
70 *"Ela era tão direta"*: ibid.
70 *"Havia um monte"*: ibid.
70 *"Uma noite"*: ibid.
70 *"Passávamos"*: Patti Skaff, em entrevista para Laura Joplin.
71 *"Quando a monitora"*: Gloria Lloreda Haston, em entrevista para Laura Joplin.
71 *"Janis gostava"*: ibid.
71 *"balconista pediu"*: ibid.
71 *"Eu nem pensava"*: ibid.
72 *"Nós meio que nos integramos"*: Jim Langdon, em entrevista para a autora.
72 "lothario": Travis Rivers, em entrevista para a autora.
72 *"Tommy era um homem brilhante"*: Henry Stopher, em entrevista para a autora.
72 *"Sendo ambos"*: ibid.
72 *"Quer ver o lugar"*: Karleen Bennett, em entrevista para a autora.
73 *"Vão falar mal de mim"*: Patti Skaff, em entrevista para Laura Joplin.
73 *"Não exigíamos nada"*: ibid.
73 *"quando aparecem"*: Janis Joplin, "Tell Mama" comentário, Toronto, Canadá, 29 de junho de 1970.
73 *"não seria de fato uma mulher"*: Janis Joplin para Peter de Blanc, 1965.
74 *"claramente uma de nós"*; *"incrível"*; *"Sempre a achei"*: Alice Echols, *Scars*, p. 29.
74 *"Ela ficou magoada"*: Patti Skaff, em entrevista para Laura Joplin.
74 *"Jim Langdon explorou"*: Henry Stopher, em entrevista para a autora.
74 *"abrindo o coração com uma faca"*: Carl Van Vechten, "A Night with Bessie Smith" (publicado originalmente em *Vanity Fair*, 1926), em *Martin Scorsese Presents the Blues: A Musical Journey*, org. Peter Guralnick *et al.* (Nova York: Amistad/HarperCollins, 2003), p. 112.
75 *"ler livros sobre o blues"*: Ron Benton, "Janis Says".
75 *"Nos primeiros dez anos"*: ibid.
75 *"Ninguém jamais me afetou tanto"*: Chris Albertson, *Bessie* (New Haven, CT: Yale University Press, 2003), p. 278. Nota: A Columbia Records tentou usar para fins publicitários a cerimônia de apresentação da lápide de Bessie Smith, em 7 de agosto de 1970, mas Janis não compareceu porque, de acordo com Albertson, "não queria ser o centro das atenções no evento". Albertson recordou-se de ela ter dito: "Sei que o pessoal da Columbia gostaria que eu fosse, mas não seria legal, porque as pessoas iam dizer que eu estava querendo me promover, ou alguma merda do tipo". De fato, Myra Friedman insinuou algo parecido em sua biografia *Enterrada Viva*.
76 *"Juntávamos o dinheiro"*: Patti Skaff, em entrevista para Laura Joplin.
76 *"Aos 17 anos"*: Janis Joplin para Peter de Blanc, 1965.
76 *"matar aulas e ficar"*: Myra Friedman, *Buried Alive*, p. 27.

77 *"Os pais de Phil"*: Patti Skaff, em entrevista para Laura Joplin.
77 *"Quero fazer o que você faz!"*: Alice Echols, *Scars*, p. 30.
77 *"Cantar faz você"*: Ron Benton, "Janis Says".
77 *"Passávamos horas"*: Patti Skaff, em entrevista para Laura Joplin.
78 *"Seja meu cavaleiro vingador!"*: Jack Smith, em entrevista para a autora.
78 *"A hostilidade declarada"*: Laura Joplin, *Love, Janis*, p. 101.
79 *"uma datilógrafa maravilhosa"*: Dorothy Joplin, em entrevista para Laura Joplin.
79 *"Como ajudei Mildred"*: ibid.
79 *"fedido"*: Laura Joplin, *Love, Janis*, p. 92.
80 *"mãos perfeitas"*: ibid., p. 93.
80 *"bem mais"*: Dorothy Joplin, em entrevista para Laura Joplin.
80 *"boêmios [que] ouviam LPs novos"*: Lawrence Lipton, *The Holy Barbarians* (Nova York: Julian Messner, 1959), p. 40.
81 *"Beatsville"*: "Squaresville U.S.A. vs. Beatsville", *Life*, 21 de setembro de 1959.
81 *"conhecida na cidade"*: John Arthur Maynard, *Venice West: The Beat Generation in Southern California* (New Brunswick, NJ: Rutgers University Press, 1991), p. 147.
82 "grasshead": Janis Joplin para Peter de Blanc, 1965.
82 *"Você não foi criada"*: Laura Joplin, *Love, Janis*, p. 96.
82 *"Barbara sempre quis"*: Seth Joplin, em entrevista para Laura Joplin.
82 *"Eu estava convivendo"*: Janis Joplin para Peter de Blanc, 1965.
83 *"se seria possível cantar lá"*: Dave Archer, "Any Port Arthur in a Storm", Dave Archer Studios online, 2002, disponível em: <www.davearcher.com/Joplin.html>, acesso em 20 de agosto de 2017.
83 *"Dezoito anos e fodida"*: Janis Joplin para Peter de Blanc, 1965.
83 *"Ela estava com sua jaqueta"*: Rae Langdon, em entrevista para Laura Joplin.
83 *"Jim foi persistente"*: Henry Stopher, em entrevista para a autora.
83 *"Nunca vou esquecer"*: Seth Joplin, em entrevista para Laura Joplin.

CAPÍTULO 6: ENCRENQUEIRA

85 *"Parece que nunca"*: Nat Hentoff, "We Look at Our Parents and...".
85 *"Eles queriam uma coisinha"*: Jim Langdon, em entrevista para a autora.
86 *"Pusemos uma letra melosa"*: ibid.
86 *"Estávamos entrando"*: Tary Owens, em entrevista para Laura Joplin.
87 *"Eu dava uma escapada"*: Patti Skaff, em entrevista para Laura Joplin.
87 *"Janis acabou com eles"*: Jack Smith, em entrevista para a autora.
87 *"não tinha dinheiro"*; *"para poder dormir um pouco"*: Patti Skaff, em entrevista para Laura Joplin.
88 *"O álcool faz a gente fazer"*; *"Será que isso me torna"*: Alice Echols, *Scars*, p. 34.
88 *"muito franca sobre o episódio"*: Jim Langdon, em entrevista para Dave Harmon.

88 *"Estávamos conversando, muito bêbadas"*: Patti Skaff, em entrevista para Laura Joplin.
88 *"ficou bêbado como um gambá"*: Gloria Haston, em entrevista para Laura Joplin.
88 *"Seguimos o carro dela"*: Adrian Haston, em entrevista para Laura Joplin.
89 *"Quando Patti e Janis"*; *"convenciam os caras"*; *"Finalmente dei um basta"*: Jim Langdon, em entrevista para a autora.
89 *"Janis podia ser adorável"*: Alice Echols, *Scars*, p. 35.
90 *"Conversamos e rimos"*: John Clay, em entrevista para Dave Harmon.
90 *"Estávamos tocando"*: Powell St. John, em entrevista para a autora.
90 *"domínio do estilo"*: John Clay, em entrevista para Dave Harmon.
90 *"Naquela noite, ela me convidou"*: Powell St. John, em entrevista para a autora.
90 *"Jack, acho que vou"*: Jack Smith, em entrevista para a autora.

CAPÍTULO 7: GAROTO DO RIACHO WALLER

91 *"Quando canto"*: "The Queen Bees", *Newsweek*, 15 de janeiro de 1968.
91 *"Ela lhes disse"*: Jack Smith, em entrevista para a autora.
91 *"Fui estudar em Austin"*: Janis Joplin para Peter de Blanc, 1965.
92 *"Praticamente todos que moraram lá"*: Ted Klein, em entrevista para Laura Joplin.
92 *"Um riacho muito, muito triste"*: Powell St. John, em entrevista para a autora.
92 *"Aquela garota de 19 anos"*: Powell St. John, simpósio Rock & Roll Hall of Fame "American Music Masters" (RRHOF AMM), novembro de 2009.
93 *"Com Janis envolvida"*: Powell St. John, em entrevista para a autora.
93 *"Eu estava em uma banda"*: David Dalton, *Piece of My Heart*, p. 95.
93 *"uma personalidade paranoica"*: John Clay, em entrevista para Laura Joplin.
93 *"que ia manter segredo"*: Bill Killeen, em entrevista para Laura Joplin.
94 *"fazia amor em"*: Stephanie Chernikowski, em entrevista para a autora.
94 *"sua casa longe"*: Henry Stopher, em entrevista para a autora.
94 *"Era muito espontâneo"*: Stephanie Chernikowski, em entrevista para a autora.
94 *"Fora seus amigos"*: ibid.
95 *"Ela era muito carismática"*: ibid.
95 *"Seus vocais eram superprecisos"*: Powell St. John, em entrevista para a autora.
95 *"era perturbadora"*: ibid.
96 *"caloura do curso de artes plásticas"*: Pat Sharpe, "She Dares to Be Different!", *Summer Texan*, 27 de julho de 1962.
96 *"Foi a única vez"*: John Clay, em entrevista para Laura Joplin.
96 *"Janis dizia coisas negativas"*: Bill Killeen, em entrevista para Laura Joplin.
97 *"Ela conseguia cantar"*: Powell St. John, em entrevista para a autora.
97 *"Eu estava fascinado"*: Jack Jackson, em entrevista para Laura Joplin.
97 *"não conseguia ficar com um namorado"*: John Clay, em entrevista para Dave Harmon.

97 *"Janis gostava de trepar"*: Alice Echols, *Scars*, p. 62.
97 *"Seu namorado seguinte"*: John Clay, em entrevista para Dave Harmon.
98 *"Ela não era como nenhuma"*: Bill Killeen, em entrevista para Laura Joplin.
98 *"Ficávamos juntos"*: ibid.
99 *"foi ficando cada vez mais irritada"*: ibid.
99 *"Lembro-me que ela"*: ibid.
99 *"Janis era boa"*: ibid.
100 *"com o físico de um jogador"*: Alice Echols, *Scars*, p. 62.
100 *"Era uma coisa espontânea"*: Bill Malone, em entrevista para a autora.
101 *"banda de bluegrass"*: Powell St. John, em entrevista para a autora.
101 *"Lembro-me da primeira vez"*: Bill Killeen, em entrevista para Laura Joplin.
101 *"Era uma amálgama"*: David Dalton, *Piece of My Heart*, p. 95.
102 *"com um tipo de som de bluegrass"*: David Dalton, *Janis*, p. 133.
102 *"A plateia ficou"*: Bill Malone, em entrevista para a autora.
103 *"Eu simplesmente decidi"*: Jack Jackson, em entrevista para Laura Joplin.
103 *"composto a música uma noite"*: Janis Joplin gravada ao vivo em Threadgill's, gravação *bootleg*.
103 *"Janis emanava uma energia"*: Jack Jackson, em entrevista para Laura Joplin.
104 *"porque as pessoas negras"*: Bill Killeen, em entrevista para Laura Joplin.
104 *"Uma vez fui com Janis"*: Powell St. John, em entrevista para a autora.
104 *"Era muito difícil"*: Bill Killeen, em entrevista para Laura Joplin.
105 *"Foi meu primeiro baseado"*: Powell St. John, em entrevista para a autora.
105 *"Estimulantes e calmantes"*: ibid.
105 *"Eu não dei em cima"*: Alice Echols, *Scars*, p. 61.
106 *"cuidava de Janis"*: ibid.
106 *"clássica relação romântica"*: Powell St. John, em entrevista para a autora.
106 *"Acho que Janis orgulhava-se"*: Jack Jackson, em entrevista para Laura Joplin.
106 *"usava os homens"*: Alice Echols, *Scars*, p. 62.
106 *"Julie era bem"*: John Clay, em entrevista para Dave Harmon.
106 *"Eu estava jogando bilhar"*: Travis Rivers, em entrevista para a autora.
107 *"Ela provocou os rapazes da Louisiana"*: Dave Moriaty, em entrevista para Dave Harmon.
107 *"O pobre coitado"*: Travis Rivers, em entrevista para a autora.
107 *"Em Lake Charles"*: Brad Buchholz, "Echoes of 1962: When the Threadgill's Faithful Gather for Reunions, the Music Is Familiar and the Memories Are Bittersweet", *Austin American-Statesman*, 29 de maio de 2000.
107 *"Recebi um telefonema"*: Travis Rivers, em entrevista para a autora.
108 *"Normalmente, eles elegiam"*: ibid.
108 *"Ela já havia sido profundamente magoada"*: Powell St. John, em *Janis: Little Girl Blue*, dir. Amy Berg, 2015.

108 *"carta angustiada"*: Myra Friedman, *Buried Alive*, p. 42.
108 *"Finalmente, decidi que o Texas"*: Janis Joplin para Peter de Blanc, 1965.

CAPÍTULO 8: CANTORA DE BLUES

109 *"Califórnia [...] você pode fazer"*: *Come Up the Years*, KQED-TV, 25 de abril de 1967.
109 *"Raramente eu ouvia Janis"*: Chet Helms, simpósio Rock & Roll Hall of Fame "Remembering Janis" (RRHOF RJ), 7 de março de 1999.
109 *"Eu não conseguia mais suportar"*: David Dalton, *Piece of My Heart*, p. 96.
109 *"beatnik na estrada"; "deixar todo mundo de quatro"*: Helms, RRHOF RJ.
110 *"Janis começou a falar"*: ibid.
111 *"muito mais liberdade"*: *Come Up the Years*.
111 *"Muitos artistas"*: Laura Joplin, *Love, Janis*, p. 146.
111 *"uma nova-iorquina durona"*: Steve Martin, *Born Standing Up: A Comic's Life* (Nova York: Scribner, 2007), p. 5-6.
111 *"flores murchas e pedaços"*: John Gilmore, *Laid Bare: A Memoir of Wrecked Lives and the Hollywood Death Trip* (Los Angeles: Amok Books, 1997), p. 5.
111 *"Janis ficou em pé"*: Chet Helms, RRHOF RJ.
112 *"Contaram-me mais tarde"*: Barbara Dane, em entrevista para a autora.
112 *"parecia mais"*: John Gilmore, *Laid Bare*, p. 7.
112 *"cantava com uma mistura"*: ibid., p. 6.
113 *"Éramos muito próximos"*: Chet Helms, RRHOF RJ.
113 *"Era o intervalo"*: Larry Hanks, em entrevista para a autora.
114 *"Janis nos havia ouvido"*: ibid.
114 *"Preciso cantar"*: ibid.
115 *"As músicas estão lá"*: Gil Turner, "Bob Dylan: A New Voice Singing New Songs", *Sing Out!* 12, n. 4 (outubro/novembro de 1962).
115 *"Nós três"*: Larry Hanks, em entrevista para a autora.
115 *"Ao cantar as músicas"*: ibid.
116 *"Não havia agendamento"*: ibid.
116 *"Janis não estava usando"*: Peter Albin, em entrevista para a autora.
116 *"O dedilhado de Billy"*: Larry Hanks, em entrevista para a autora.
116 *"Depois, ou ela estava"*: ibid.
117 *"Ela tomava um monte de comprimidos"*: John Gilmore, "Janis" (manuscrito não publicado), 1992.
117 *"estava disponível para"*: Larry Hanks, em entrevista para a autora.
117 *"Em sua apresentação"*: Herb Pedersen, em entrevista para a autora.
117 *"no Coffee Gallery"*: David Dalton, *Janis*, p. 141.
117 *"Eu havia chegado"*: Jorma Kaukonen, em entrevista para a autora.

118 *"Janis era [três anos] mais nova"*: Gabe Meline, "Jorma Kaukonen on Janis Joplin and Recording the 1964 'Typewriter Tape'", KQED Arts online, 3 de maio de 2016.
119 *"Ela subiu ao palco"*: David Nelson, em entrevista para a autora.
119 *"Nunca descobri"*: Jorma Kaukonen, em entrevista para a autora.
119 *"Na época ela não estava"*: John Gilmore, "Janis".
119 *"Ela podia ser durona"*: ibid.
120 *"se deram bem logo de cara"*: Linda Gottfried Waldron, em entrevista para Laura Joplin.
120 *"um amigo bissexual"*: Jae Whitaker, em entrevista para a autora.
121 *"Ela achou que ninguém"*: ibid.
121 *"Ela achou que, caso se tornasse"*: ibid.
121 *"Fui a cerquinha branca de Janis"*: ibid.
121 *"Disse a ela: 'Não posso sustentar'"*: ibid.
121 *"Ela adorava Bessie"*: ibid.
122 *"Ela me fascinava"*: Christopher John Farley, "Bessie Smith: Who Killed the Empress?", *Martin Scorsese Presents the Blues*, p. 105.
122 *"carregava-as com uma alegria"*: Chris Albertson, *Bessie*, p. 6.
122 *"Eu nunca tinha ouvido"*: Jae Whitaker, em entrevista para a autora.
122 *"falando por mim"*: Mac McDonald, "Times Have a-Changed Since Bob Dylan's '64 Show in Monterey Fairground", *Monterey (CA) Herald*, 21 de agosto de 2010.
122 *"Janis foi até ele"*: Jae Whitaker, em entrevista para a autora.

CAPÍTULO 9: O VÍCIO EM METANFETAMINA E A GRANDE FARSA DO SÁBADO À NOITE

123 *"Kozmic blues"*: David Dalton, *Janis*, p. 53.
123 *"Eu me dei muito bem"*: Janis Joplin para Peter de Blanc, 1965.
124 *"Eu me encontrava com Janis"*: Jim Fouratt, em entrevista para a autora.
125 *"Ela se levantou e"*: Bob Neuwirth, Country Music Hall of Fame Songwriter Sessions (CMHOF SS), 2016.
125 *"Gente das gravadoras"*: Chet Helms, RRHOF RJ.
126 *"Nós combinávamos"*: Jorma Kaukonen, em entrevista para a autora.
128 *"lésbica* butch *robusta"*: Alice Echols, *Scars*, p. 80.
129 *"disseram que queriam"*: ibid.
129 *"Qualquer um que morasse"*: Ed Sanders, *Fug You: An Informal History of the Peace Eye Bookstore, the Fuck You Press, the Fugs and the Counterculture in the Lower East Side* (Nova York: Da Capo, 2012), p. 54.
129 *"atmosfera sufocante"*: Janis Joplin para Peter de Blanc, 1965.
129 *"No quarto da frente"*: Laura Joplin, *Love, Janis*, p. 142.

130 *"Eu adoro ele!"*: ibid., p. 141.
130 *"infelizmente o Nugget"*: Janis Joplin para a família Joplin, 1964.
130 *"Quinta, 10h30. (SUSPIRO!)"*: ibid.
130 *"Logo ela estava morando"*: Dave Archer, "Any Port Arthur in the Storm".
130 *"uma garota de aparência durona"*: Alice Echols, *Scars*, p. 84.
131 *"Não posso deixar que ela"*: ibid., p. 85.
132 *"Entramos e havia"*: Chet Helms, RRHOF RJ.
132 *"Conheci Linda"*: Janis Joplin para Peter de Blanc, 1965.
132 *"achávamos que nossa criatividade"*: Gottfried Waldron, em entrevista para Laura Joplin.
132 *"Janis e Linda"*: Dave Archer, "Any Port Arthur in a Storm".
132 *"como vocês sempre me disseram"*: David Dalton, *Janis*, p. 54.
132 *"O plano era"*: Dave Archer, "Any Port Arthur in a Storm".
133 *"Ela estava morando"*: Seth Joplin, em entrevista para Laura Joplin.
133 *"inteligente de verdade"*: Gottfried Waldron, em entrevista para Laura Joplin.
133 *"É uma das poucas coisas"*: David Dalton, *Janis*, p. 54.
133 *"Aquilo me atingiu"*: ibid.
134 *"significa que, não importa o que você faça"*: ibid., p. 53.
134 *"Eu queria fumar droga"*: ibid., p. 55.
134 *"vinte e quatro horas por dia"*: Alice Echols, *Scars*, p. 85.
134 *"A relação deles"*: Gottfried Waldron, em entrevista para Laura Joplin.
134 *"bem ferrada"*: Pat Nichols, em entrevista para Laura Joplin.
134 *"Qualquer um que for pego"*: Dave Archer, "Any Port Arthur in a Storm".
135 *"Peter era uma"*: Gottfried Waldron, em entrevista para Laura Joplin.
135 *"Ele tinha uma paranoia"*: ibid.

CAPÍTULO 10: UNIVERSITÁRIA NO TEXAS

137 *"É uma vida tão quieta"*: Janis Joplin para Peter de Blanc, 1965.
138 *"Espero que você consiga sair"*: ibid.
139 *"Quero tanto estar"*: ibid.
139 *"Com ele, você podia ser"*: Alice Echols, *Scars*, p. 88.
139 *"Nunca havia lido"*: Janis Joplin para Peter de Blanc, 1965.
140 *"Minha mãe – Dorothy"*: ibid.
141 *"Janis estava esperando"*: Patti Skaff, em entrevista para Laura Joplin.
141 *"Estranho, é uma vida"*: Janis Joplin para Peter de Blanc, 1965.
141 *"lendo Sir Gawain"*: ibid.
141 *"Ele era alto"*: Laura Joplin, *Love, Janis*, p. 154.
142 *"Ele olhou para Janis"*: Seth Joplin, em entrevista para Laura Joplin.
142 *"Daí a pouco papai nos chamou"*: Laura Joplin, *Love, Janis*, p. 154.
142 *"gramática e a construção de frases"*: Peter de Blanc para Seth e Dorothy Joplin, 1965.

142 *"Se não for tarde demais"*: Janis Joplin para Peter de Blanc, 1965.
142 *"Minha mãe realmente"*: ibid., 21 de agosto de 1965.
143 *"Mamãe me disse"*: ibid.
144 *"Achei que, por não ser"*: ibid.
144 *"Mamãe está ficando preocupada"*: ibid.
144 *"a mais séria tocadora"*: ibid.
144 *"Falar com você"*: ibid., 24 de agosto de 1965.
145 *"orbitar [...] sem a atmosfera"*: ibid.
146 *"firmas que estão contratando"*: ibid.
146 *"este foi meu último"*: ibid.
146 *"não quero esperar"*: ibid.
146 *"tomar a liberdade"*: Peter de Blanc para Seth Joplin, 11 de setembro de 1965.
146 *"todo o jogo de palavras"*: Peter de Blanc para Seth Joplin, 1965.
147 *"Acho que ter um deprimente"*: Janis Joplin para Peter de Blanc, 1965.
147 *"Espero estar bonita"*: ibid., 28 de setembro de 1965.
147 *"Estou tocando violão"*: ibid., outubro 1965.
148 *"bom e velho escapismo"*: ibid. Nota: dirigido por Stanley Kramer e lançado em outubro de 1965, A *nau dos insensatos* (*Ship of Fools*) tinha um elenco estelar, incluindo Simone Signoret como uma condessa viciada em drogas, e recebeu várias indicações ao Oscar.
148 *"O pessoal da Halfway"*: ibid.
148 *"ficado lá umas nove horas"*: ibid., 10 de outubro de 1965.
149 *"tentando olhar"*: ibid., 14 de outubro de 1965.
150 *"Cante-a quanto quiser"*: Laura Joplin, *Love, Janis*, p. 163.
150 *"Turtle Blues"*: Copyright Janis Joplin, Strong Arm Music (ASCAP).
150 *"Foi muito bom"*: Janis Joplin para Peter de Blanc, outubro de 1965.
151 *"Por favor, peça a sua"*: ibid.
151 *"Dois lençóis e duas fronhas"*: ibid., 19 de outubro de 1965.
151 *"Quero ser direita"*: Alice Echols, *Scars*, p. 94.
151 *"Está [...] ficando difícil"*: Janis Joplin para Peter de Blanc, 11 de novembro de 1965.
152 *"garotas de voz bonita"*: Alice Echols, *Scars*, p. 114.
153 *"a melhor cantora de blues"*: Jim Langdon, "Jim Langdon's Nightbeat", *Austin (TX) Statesman*, novembro de 1965.
153 *"estivesse muito nervosa"*: Alice Echols, *Scars*, p. 114.
153 *"fez todo mundo pirar"*: ibid.
154 *"encapsulava o lado feminista"*: Powell St. John, RRHOF RJ.
155 *"Ela apareceu com um vestido"*: Alice Echols, *Scars*, p. 113.
155 *"a plateia era mista"*: Jim Langdon, em entrevista para a autora.
156 *"roubado o show"*: ibid.
156 *"Era o que havia de eletrizante"*: Powell St. John, em entrevista para a autora.
156-57 *"Ela dizia que gostava"*: Myra Friedman, *Buried Alive*, p. 60-61.

157 *"pensando seriamente"*: ibid., p. 66.
157 *"Ele trazia um recado"*: ibid., p. 69.
157 *"Eu não confiava em Travis"*: Jim Langdon, em entrevista para a autora.
157 *"Travis [...] é tipo um maluco"*: Myra Friedman, *Buried Alive*, p. 70.
157 *"fazia muitíssimo tempo que ela"*: ibid., p. 68.
158 *"ir embora para ser"*: Alice Echols, *Scars*, p. 128.
158 *"um viciado em metadrina"*: Myra Friedman, *Buried Alive*, p. 70.
158 *"Quero de verdade tentar"*: ibid.

CAPÍTULO 11: A GAROTA CANTORA DO BIG BROTHER & THE HOLDING COMPANY

159 *"Tocar é a coisa mais divertida"*: *Come Up the Years*.
159 "A cena musical de San Francisco": ibid.
160 *"Enquanto cruzávamos o Novo México"*: David Dalton, *Piece of My Heart*, p. 98.
161 *"As grandes festas"*: Janis Joplin para a família Joplin, 1966.
161 *"[Aquilo] me deixou"*: ibid.
161 *"com grande"*: ibid., 6 de junho de 1966.
162 *"Só quero dizer-lhes"*: ibid.
162 *"Era um lugar orgânico"*: Sam Andrew, "Janis Joplin Remembered: Recollections of Janis Seen Through the Eyes of Big Brother's Sam Andrew", swampland.com, verão de 2000, disponível em: <http://swampland.com/articles/view/title:janis_joplin_remembered>.
163 *"a força e a potência"*: James Gurley, em entrevista para Jas Obrecht.
163 *"Quando conheci Janis"*: Sam Andrew, "Janis Joplin Remembered".
163 *"Conheci todos eles"*: David Dalton, *Piece of My Heart*, p. 99.
164 *"Foi como se ela tivesse"*: Sam Andrew, "Janis Joplin Remembered".
164 *"nos conquistou"*: Dave Getz, em entrevista para a autora.
164 *"No começo, ela soava"*: Sam Andrew, "Janis Joplin Remembered".
164 *"Ela parecia muito assustada"*: John Bowers, "Janis", p. 64.
165 *"Eu já havia ouvido essa música"*: David Dalton, *Piece of My Heart*, p. 99.
165 *"Janis mudou a letra"*: Sam Andrew, "Janis Joplin Remembered".
165 *"Ainda trabalhando"*: Janis Joplin para a família Joplin, junho de 1966.
165 *"um quarto em uma pensão"*: ibid.
166 *"quase uma reclusa"*: ibid.
166 *"Janis tinha um monte de receios"*: Dave Getz, em entrevista para a autora.
167 *"Nós, os rapazes, fomos lá"*: Sam Andrew, "Janis Joplin Remembered".
167 *"Ninguém ali jamais tinha ouvido"*: David Dalton, *Piece of My Heart*, p. 99.
167 *"Ele estava tocando muito"*: Bill Ham, em entrevista para a autora.
167 "Que viagem": David Dalton, *Piece of My Heart*, p. 99.
167 *"foi fabulosa"*: Chet Helms, RRHOF RJ.

167 *"Começamos a tentar fazer"*: Dave Getz, em entrevista para a autora.
168 *"De repente, aquela pessoa"*: Chet Helms, RRHOF RJ.
168 *"Eu não conseguia ficar parada"*: Michael Lydon, "The Janis Joplin Philosophy – Every Moment She Is What She Feels", *The New York Times Magazine*, 23 de fevereiro de 1969.
168 "Do que é que você está falando": Peter Albin, em entrevista para a autora.
168 *"O ambiente como um todo"*: Chet Helms, RRHOF RJ.
168 *"Havia uma sensação"*: Dave Getz, em entrevista para a autora.
169 *"Quando canto"*: "Queen Bees", *Newsweek*, 15 de janeiro de 1968.
169 *"A primeira vez que"*: Jack Casady, em entrevista para a autora.
169 *"Nós nos pegamos"*: Dave Getz, em entrevista para a autora.
169 *"namorados"*: Travis Rivers, em entrevista para a autora.
169 *"Janis tinha muito medo"*: Dave Getz, em entrevista para a autora.
169 *"Ela ficava magoada"*: Travis Rivers, em entrevista para a autora.
170 *"Ela disse, 'Estou a ponto de'"*: ibid.
170 *"dois lados"*: ibid.
170 *"Era uma jovem"*: Dave Getz, em entrevista para a autora.
170 *"familiaridade alguma"*: ibid.
170 *"É verdade que você agora é"*: Peter de Blanc para Janis Joplin, 22 de junho de 1966.
171 *"a mãe terra original"*: Peter Albin, em entrevista para a autora.
171 *"não dançar muito"*: ibid.
172 *"apaixonados"*: James Gurley, em entrevista para Laura Joplin.
173 *"tomou uma dose e ficou muito"*: Dave Getz, em entrevista para a autora.
173 *"não confiava em drogas psicodélicas"*: Sam Andrew, "Janis Joplin Remembered: Recollections of Janis Seen Through the Eyes of Big Brother", swampland.com, última modificação no verão de 2000, disponível em: <http://swampland.com/articles/view/title:janis_joplin_remembered>.
174 *"Ela saltava"*: Alice Echols, *Scars*, p. 134.
174 *"Duas das bandas"*: Janis Joplin para a família Joplin, 1966.
174 *"Ela era uma mulher durona"*: Sam Andrew, "Janis Joplin Remembered".
175 *"Em Marin"*: Peter Albin, em entrevista para a autora.
175 *"Finalmente um dia e um horário"*: Janis Joplin para a família Joplin, 13 de agosto de 1966.
176 *"Uma nota sobre a moda"*: ibid.
177 *"Quero conseguir algo"*: ibid.
177 *"Muitas noites eles costumavam"*: Phil Lesh, *Searching for the Sound: My Life with the Grateful Dead* (Nova York: Little, Brown, 2005).
178 *"Pigpen não é uma graça?"*: Janis Joplin para a família Joplin, 1966.
178 *"Todo mundo dedicou-se"*: Dave Getz, em entrevista para a autora.
178 *"Parecia que estava todo mundo"*: ibid.

179 *"Estávamos todos empolgados"*: Stefan Grossman, em entrevista para a autora (via e-mail).
179 *"Rothchild acha que a música"*: Janis Joplin para a família Joplin, 22 de agosto de 1966.
179 *"Foi uma experiência"*: Peter Albin, em entrevista para a autora.
180 *"uma banda é como uma"*: Dave Getz, em entrevista para a autora.
180 *"Coloquei isso para Janis"*: Peter Albin, em entrevista para a autora.
180 *"Tenho esperança [...] de que o trabalho em Chicago"*: Janis Joplin para a família Joplin, 22 de agosto de 1966.
180 *"Tivemos que sentar"*: Peter Albin, em entrevista para a autora.
180 *"Eu não estava naquilo"*: Chet Helms, RRHOF RJ.

CAPÍTULO 12: "O ÍDOLO DE MINHA GERAÇÃO"

181 *"Ou vamos todos à falência"*: Greg Shaw, "Big Brother and the Holding Co.: An Interview with James Gurley, Peter Albin, David Getz, Sam Andrew, and Janis Joplin", Mojo-Navigator 1, n. 8 (5 de outubro de 1966).
181 *"Chicago é o Paraíso do Blues"*: Janis Joplin para a família Joplin, 22 de agosto de 1966.
182 *"Ouvimos um monte de merda"*: Greg Shaw, "Big Brother and the Holding Co.".
182 *"São pessoas muito simpáticas"*: Janis Joplin para a família Joplin, setembro de 1966.
182 *"os adolescentes não dançavam"*: Greg Shaw, "Big Brother and the Holding Co.".
182 *"Eles não ficam"*: ibid.
182 *"cinco apresentações por noite"*: Janis Joplin para a família Joplin, setembro de 1966.
183 *"Eles não entendiam"*: Greg Shaw, "Big Brother and the Holding Co.".
183 *"Como você evitou"*: Seth Joplin para Janis Joplin, 1966.
183 *"Papai mencionou"*: Janis Joplin para a família Joplin, setembro de 1966.
184 *"O lance da gravação"*: ibid.
184 *"Janis tinha uma **percepção** excelente"*: Dave Getz, em entrevista para a autora.
185 *"que Janis cantava"*: ibid.
185 *"era muito antenada"*: ibid.
185 *"Meu cabelo estava bem curto"*: Nick Gravenites, em entrevista para Laura Joplin.
186 *"[sacudiu] a cabeça"*: Ben Fong-Torres, "The Saddest Story in the World", Rolling Stone, 29 de outubro de 1970.
186 *"estamos conversando com a ESP"*: Janis Joplin para a família Joplin, agosto de 1966.
186 *"tipo uma gravadora underground"*: ibid.
187 *"Eles tocaram umas três músicas"*: Chet Helms, RRHOF RJ.
187 *"ela conseguia honrar um compromisso"*: Dave Getz, em entrevista para a autora.
188 *"Aquele cara esquisitão"*: "Janis: 1943-1970", Rolling Stone, 29 de outubro de 1970. Nota: Em 1957, o selo independente Time, de Bob Shad, gravou um

        single do The Shades, a banda de Lou Reed na *high school*, com "Leave Her for Me" e "So Blue" no lado B.
188 *"Éramos garotos ingênuos"*: ibid.
188 *"uma experiência e tanto"* e *"Levamos nove horas"*: Janis Joplin para a família Joplin, setembro de 1966.
188 *"O engenheiro"*: Sam Andrew, "Janis Joplin Remembered".
189 *"Primeiro, você grava"*: Janis Joplin para a família Joplin, 20 de setembro de 1966.
189 *"Era emocionante"*: Dave Getz, em entrevista para a autora.
189 *"séquito de figuras"*: ibid.
189 *"Um pega e você"*: ibid.
190 *"Estou parada ali"*: Greg Shaw, "Big Brother and the Holding Co.".
190 *"Carecendo da elegância"*: recorte de jornal, sem título e sem autoria, *Chicago Sun-Times*, 16 de setembro de 1966, do *website* de Sam Andrew, "Sundays with Sam", disponível em: <http://samandrew.com/big-brother-and-the-holding-company-part-one-1965-1966>, acesso em 5 de novembro de 2016.
190 *"Mas, e Sam?"*: Greg Shaw, "Big Brother and the Holding Co.".
190 *"Eles disseram que não"*: ibid.
190 *"Ela disse que era porque"*: Peter Albin, em entrevista para Laura Joplin.
191 *"Era um carro grande"*: Dave Getz, em entrevista para a autora.
191 *"Quase fui até lá"*: Janis Joplin para a família Joplin, 20 de setembro de 1966.
191 *"Eles nos advertiram"*: Dave Getz, em entrevista para a autora.
191 "Vivaaa! *Agora sim,* esta": John Poppy, "Janis Joplin: Big Brother's White Soul", *Look*, 3 de setembro de 1968.
192 *"Janis trabalhou com Albin"*: Dave Getz, em entrevista para a autora.
192 *"Ela se divertia muito"*: ibid.
192 (*"Tão legais!"*): Janis Joplin para a família Joplin, 20 de setembro de 1966.
192 *"Nancy Gurley meio que estimulava"*: Pat Nichols, em entrevista para Laura Joplin.
193 *"Elas começaram"*: Dave Getz, em entrevista para a autora.
193 *"Era um bom carrinho"*: Janis Joplin para a família Joplin, 1966.
193 *"Logo começamos"*: Pat Nichols, em entrevista para Laura Joplin.
194 *"uma cantora incrivelmente poderosa"*: Greg Shaw, "Grateful Dead Exclusive Interview, Part Two", *Mojo-Navigator* 1, n. 5 (7 de setembro de 1966).
194 *"turistas e marinheiros bêbados"*: Greg Shaw, "Big Brother and the Holding Co.".
195 *"Todo mundo tomou ácido"*: Pat Nichols, em entrevista para Laura Joplin.
195 *"milhares de usuários de ácido"*: Tom Wolfe, *The Electric Kool-Aid Acid Test* (Nova York: Bantam, 1999).
195 *"Algo vai acontecer"*: Greg Shaw, "Big Brother and the Holding Co.".
195 *"devemos receber cinquenta"*: Janis Joplin para a família Joplin, outubro de 1966.
195 *"por que o disco"*: David Harris, "Blind Man/All Is Loneliness Mainstream 45", *Mojo-Navigator R&R News* 1, n. 10 (8 de novembro de 1966), p. 13.
196 *"minha em que estou linda"*: Janis Joplin para a família Joplin, outubro de 1966.

197 *"tinha o costume de expulsar"*: Nick Gravenites, em entrevista para John Glatt.
197 *"Nossa, sinto-me tão negligente"*: Janis Joplin para a família Joplin, outubro de 1966.
197 *"marcamos passo"*: ibid.
198 *"grupo radical anarquista"*: Peter Coyote, Sleeping Where I Fall (Nova York: Counterpoint, 1988), p. 64.
198 *"Haight se tornasse uma cidade"*: Sheila Weller, "Suddenly That Summer", Vanity Fair, 14 de junho de 2012.
198 *"fui derrubada da cadeira"*: Peggy Caserta, em entrevista para a autora.
199 *"As pessoas me diziam"*: Ed Denson, "The Folk Scene", Berkeley Barb, outubro de 1966.
199 *"Uma garota branca do Texas"*: Sheila Weller, "Suddenly That Summer".
199 *"Ela me deixou"*: Maria Muldaur, em entrevista para a autora.
199 *"Esta atividade"*: Janis Joplin para a família Joplin, 20 de novembro de 1966.

CAPÍTULO 13: "A PRIMEIRA *PIN-UP* DE HAIGHT-ASHBURY"

201 *"A primeira pin-up de Haight-Ashbury!"*: Janis Joplin para a família Joplin, abril de 1967. Ela também se referiu a si mesma dessa forma na nota que acompanhava o cartaz que enviou a Tary Owens pelo correio.
201 *"O melhor de todos"*: Rasa Gustaitis, "Janis Joplin", Los Angeles Times West, 24 de novembro de 1968.
201 *"Estou virando uma"*: Janis Joplin para a família Joplin, 20 de novembro de 1966.
202 *"nossa maior realização"*: ibid.
202 *"um hospício completo"*: ibid.
202 *"Você achava que estava"*: Larry Litt, em entrevista para a autora.
202 *"Quem era aquele?"*: Peter Albin, em entrevista para a autora.
203 *"Havia muita bebedeira"*: Dave Getz, em entrevista para a autora.
203 *"um barulho tremendo"*: ibid.
203 *"para me dar destaque"*: Janis Joplin para a família Joplin, 20 de novembro de 1966.
203 *"ouvi um pouco do"*: Ralph Gleason, "On the Town", San Francisco Chronicle, 1966 (artigo colado no álbum de recortes de Janis, faltando a data).
204 *"As pessoas estão chegando"*: Hendrick Hertzberg, "The Nitty Gritty Sound", Newsweek, 19 de dezembro de 1966.
204 *"toda desorganizada"*: Janis Joplin para a família Joplin, 20 de novembro de 1966.
204 *"Tão bonitinho!"*: ibid.
204 *"Meu carro sofreu"*: ibid., dezembro de 1966.
205 *"tinha uma qualidade incrível"*: Jackie Mills, entrevista de história oral para Dan Del Fiorentino, NAMM, 2010.

205 *"Agora sou uma nova sensação"*: Janis Joplin para Barbara Irwin, dezembro de 1966.
205 *"um cartão de pontuação"*: Janis Joplin para a família Joplin, janeiro de 1967.
206 *"contou que inventou seu"*: Joe McDonald, RRHOF AMM.
206 *"a música mais complexa"*: Jonathan Gould, Otis Redding: An Unfinished Life (Nova York: Crown Archetype, 2017), p. 365.
206 *"Ela queria ser Otis"*: ibid., p. 372.
207 *"começou a suspirar como"*: Bill Graham e Robert Greenfield, Bill Graham Presents: My Life Inside Rock and Out (Nova York: Doubleday, 1992), p. 174.
207 *"uma forma de cantar carregada"*: Jonathan Gould, Otis Redding, p. 373.
207 *"Para mim, foi quase mais fascinante"*: Dusty Street, RRHOF AMM.
207 *"Você não consegue se livrar"*: Nat Hentoff, "We Look at Our Parents and...".
208 *"o sentimento comunitário"*: Sam Andrew, RRHOF RJ.
208 *"Os Angels pagam"*: Peter Coyote, Sleeping Where I Fall, p. 97.
209 *"uma visão inacreditável"*: Charles Perry, The Haight-Ashbury: A History (Nova York: Random House, 1985), p. 113.
209 *"Fiz uma apresentação"*: Janis Joplin para a família Joplin, janeiro de 1967.
209 *"tirou um monte de fotos"*: ibid.
210 *"incríveis country-western"*: Julius Karpen, em entrevista para Laura Joplin.
210 *"Conseguimos um empresário"*: Janis Joplin para a família Joplin, fevereiro de 1967.
210 *"Quanto mais discutíamos"*: Julius Karpen, em entrevista para Joel Selvin.
211 *"Até agora, a mudança"*: Janis Joplin para a família Joplin, março de 1967.
211 *"Fico em casa"*: ibid.
212 *"Eu tinha tomado ácido"*: Felton e Glover, "Interview with Country Joe McDonald".
212 *"As coisas aconteceram rápido"*: ibid.
212 *"Tenho um namorado"*: Janis Joplin para a família Joplin, abril de 1967.
213 *"bastante pessimista"*: ibid.
214 *"Janis tinha um quarto"*: entrevista McDonald/Sarles.
214 *"A voz da garota"*: Scott Holtzman, "Now Sounds", Houston Chronicle, 26 de março de 1967.
214 *"a mais dinâmica"*: Phil Elwood, San Francisco Examiner, 22 de março de 1967 (artigo colado no álbum de recortes de Janis, faltando a data).
215 *"James é uma figura muito romântica"*: Janis Joplin para a família Joplin, março de 1967.
215 *"Estou bem de frente"*: ibid., abril de 1967.
216 *"Uma coisa simplesmente incrível"*: ibid.
217 *"tocar [música] é a coisa mais"*: Come Up the Years, KQED, 25 de abril de 1967.
217 *"As coisas estão indo"*: Janis Joplin para a família Joplin, abril de 1967.
218 *"eles estavam em uma missão"*: Julius Karpen, em entrevista para Laura Joplin.
218 *"Vão fazer um pôster meu"*: Janis Joplin para a família Joplin, abril de 1967.

219 *"'Summertime' era uma"*: Sam Andrew, "Janis Joplin Remembered".
219 *"Toquei o tema"*: ibid.
219 *"Foi como se metal derretido"*: ibid.
219 *"o que Janis podia fazer"*: ibid.
220 *"podia conduzir um grito"*: Tracy McMullen, "Bring It On Home: Robert Plant, Janis Joplin, and the Myth of Origin", Journal of Popular Music Studies 26, n. 2/3 (junho-setembro de 2014), p. 368-96.
220 *"Aquela garota sente"*: Willie Mae Thornton, em entrevista para Chris Strachwitz.
220 *"Quando canto uma música"*: ibid.
221 *"parecessem se dar muito bem"*: Felton e Glover, "Interview with Country Joe McDonald".
221 *"não se interessava por política"*: ibid.
221 *"nossas carreiras começaram a"*: ibid.
221 *"Joe largou"*: Jack Jackson, em entrevista para Laura Joplin.
221 *"Ela disse: 'Antes que'"*: Felton e Glover, "Interview with Country Joe McDonald".
222 *"Ficamos amigos"*: Mark Braunstein, em entrevista para Joel Selvin.
223 *"Ela simplesmente não conseguia"*: ibid.
223 *"Richard Lester estava"*: Dave Getz, em entrevista para a autora.
223 *"música de igreja do interior"*: Sam Andrew, "Janis Joplin Remembered".
224 *"Era como se Hollywood"*: ibid.
224 *"Todos tivemos a mesma"*: Rock Scully e David Dalton, Living with the Dead: Twenty Years on the Bus with Garcia and the Grateful Dead (Nova York: Little, Brown, 1996), p. 99-100.
225 *"Aqueles eram filhos das flores"*: Rasa Gustaitis, "Janis Joplin", Los Angeles Times West, 24 de novembro de 1968.
226 *"Janis estava muito nervosa"*: John Phillips, DVD The Complete Monterey Pop Festival, Criterion Collection, bônus.
227 *"Foi como se a terra"*: Joel Selvin, Monterey Pop, p. 37.
227 *"deixou todo mundo hipnotizado"*: DVD The Complete Monterey Pop Festival, bônus.
227 *"Quando ela deixou o palco"*: ibid.
227 *"Você acha"*: Joel Selvin, Monterey Pop, p. 39.
228 *"Ela apareceu e cantou"*: D. A. Pennebaker, em entrevista para a autora.
228 *"Uau! Você viu"*: Dave Getz, em entrevista para a autora.
228 *"Devemos permitir"*: ibid.
228 *"Foram muitas reuniões"*: ibid.
229 *"Eu estava na primeira fila"*: Richard Goldstein, em entrevista para a autora.
229 *"O primeiro grande sucesso"*: Robert Christgau, "Monterey", Esquire, janeiro de 1968.
229 *"Ao sol brilhante"*: Michael Lydon, "Monterey Pops! An International Pop Festival", não publicado; escrito para a Newsweek, 20 de junho de 1967.

229 *"Janis não estava na programação"*: Clive Davis, em entrevista para a autora.
230 *"Quando você vê"*: D. A. Pennebaker, em entrevista para a autora.
231 *"Assitir à apresentação dela"*: livreto da caixa de CDs *Monterey International Pop Festival*, Rhino, 1992.
231 *"Estávamos fazendo"*: ibid.
231 *"Senti a energia dela"*: ibid.
231 *"Otis Redding ganhou"*: ibid.

CAPÍTULO 14: UMA MULHER NO LIMIAR

233 *"Pode ser que algum dia eu seja"*: Janis Joplin para a família Joplin, 1967.
233 *"a verdadeira rainha"*: Phil Elwood, "Dreams Come True in Monterey", *San Francisco Examiner*, 19 de junho de 1967.
233 *"Parabéns por estar"*: telegrama da família para Janis Joplin, junho de 1967.
234 *"ela estava levando a sério"*: Robert Gordon, em entrevista para a autora.
235 *"Ela era sete"*: Janis Ian, *Society's Child: My Autobiography* (Nova York: Jeremy P. Tarcher/Penguin, 2008), p. 67.
235 *"que marcam uma mudança"*: Janis Joplin para a família Joplin, 1967.
236 *"O público foi à loucura"*: Peter Albin, em entrevista para a autora.
236 *"nenhum dos envolvidos"*: Charles Cross, *Room Full of Mirrors: A Biography of Jimi Hendrix* (Nova York: Hyperion, 2005), p. 196.
237 *"Vocês vão amar"*: Janis Joplin para a família Joplin, 1967.
237 *"Fomos os únicos adolescentes"*: Laura Joplin, em *Janis: Little Girl Blue*.
237 *"Ela estava super"*: Laura Joplin, *Love, Janis*, p. 244.
238 *"Num minuto havia"*: Pattie Boyd com Penny Junor, *Wonderful Tonight: George Harrison, Eric Clapton, and Me* (Nova York: Three Rivers Press, 2008), p. 104-5.
238 *"George [e ...] uma nova gatinha"*: Janis Joplin para a família Joplin, 1967.
238 *"Mal dá para ver"*: Laura Joplin, *Love, Janis*, p. 245.
239 *"alterar ligeiramente seus"*: Janis Joplin para a família Joplin, 1967.
239 *"dispensou a cobrança de ingressos"*: Laura Joplin, *Love, Janis*, p. 245.
239 *"Eu não podia imaginar"*: Chet Flippo, "Interview with Janis' Father".
239 *"ninguém cedeu"*: Laura Joplin, *Love, Janis*, p. 246.
239 *"Lembro-me de ter"*: Laura Joplin, em *Janis: Little Girl Blue*.
240 *"inacessível"*: Linda Gravenites, em entrevista para Laura Joplin.
240 *"Ela disse, 'Ah'"*: ibid.
241 *"estava olhando para"*: ibid.
241 *"ela sabia exatamente"*: ibid.
242 *"A primeira coisa"*: Peter Laufer, org., *Highlights of a Lowlife: The Autobiography of Milan Melvin* (Portland, OR: Jorvik Press, 2016), p. 61.
242 *"Quatro damas de capricórnio"*: Linda Gravenites, em entrevista para Laura Joplin.
242 *"gostava de mim e de S. Clay"*: Robert Crumb, em entrevista para Tony Baldwin, *Radio Eye*, ABC Radio National.

242 *"Eu até fiquei com ela"*: ibid.
243 *"me infernizavam"*: ibid.
243 *"Eu as chamava de"*: Nick Gravenites, em entrevista para Laura Joplin.
243 *"Ele disse que precisávamos"*: James Gurley, em entrevista para Laura Joplin.
243 *"mereciam ser"*: Peter Albin, em entrevista para Laura Joplin.
244 *"cancelou sem"*: Pete Johnson, "S. F. Rock Groups in Bowl Show", *Los Angeles Times*, 15 de setembro de 1967. Nota: quinze mil pessoas assistiram ao concerto, objeto de uma resenha morna de Johnson, que mirou sobretudo os microfones defeituosos e criticou as habilidades vocais tanto do Grateful Dead quanto do Jefferson Airplane.
244 *"Ela estava apavorada"*: Ralph Gleason, "Another Candle Blown Out", *Rolling Stone*, 29 de outubro de 1970.
244 *"Lá estava ela"*: ibid.
244 *"'Vocês filmaram"*: ibid.
245 *"a ousadia de Ma"*: Larry Kopp, "Janis Joplin, Too Full of Soul for Holding Company Partners", *Los Angeles Free Press*, 29 de setembro de 1967.
245 *"parecer horrível perto"*: Julius Karpen, em entrevista para Joel Selvin.
246 *"Quando descobri"*: ibid.
246 *"novo mundo a"*: James Gurley, em entrevista para Laura Joplin.
246 injetou-se heroína de novo: Linda Gravenites, em entrevista para Laura Joplin.
246 *"garotos bonitos"*: ibid.
247 *"precisava de alguém que realmente"*: Bill Graham e Robert Greenfield, *Bill Graham Presents*, p. 205.
247 *"Se você quer"*: Linda Gravenites, em entrevista para Laura Joplin.
248 *"nada de schmeeze"*: Dave Getz, em entrevista para a autora.
248 *"Ele era um cara"*: ibid.
249 *"Não carregue as guitarras"*: John Byrne Cooke, *On the Road with Janis Joplin* (Nova York: Berkeley Books, 2014), p. 79.
250 *"connoisseur, um contador de histórias"*: Judy Collins, *Trust Your Heart. An Autobiography* (Boston: Houghton Mifflin, 1987), p. 123.
250 *"Não sou muito chegada a librianos"*: John Byrne Cooke, *On the Road*, p. 99.
250 *"alterar de forma permanente"*: Ron Koslow, "Big Brother & the Holding Co.", *KYA Beat*, 27 de janeiro de 1968.
250 *"avançou no cara"*: Gloria Haston, em entrevista para Laura Joplin.
251 *"cabelo longo e solto"*: Leonard Duckett, "Janis Joplin Drawing Acclaim, Blues Singer with Soul", *Port Arthur (TX) News*, dezembro de 1967.
251 *"todos usavam roupas indianas"*: Janis Ian, *Society's Child*, p. 67.
252 *"John estava nos recebendo"*: Dave Getz, em entrevista para a autora.
252 *"visto boa parte"*: John Byrne Cooke, *On the Road*, p. 99.
253 *"Sensacional!"*: ibid.
253 *"Não era o grupo"*: Dave Getz, em entrevista para a autora.

CAPÍTULO 15: "NASCE UMA ESTRELA DO ROCK NA SEGUNDA AVENIDA"

255 *"Nasce uma estrela"*: Robert Shelton; em uma edição posterior, este artigo intitulou-se "Janis Joplin Is Climbing Fast in the Heady Rock Firmament: Singer Makes her New York Debut with Big Brother and the Holding Company", *The New York Times*, 19 de fevereiro de 1968. (O mesmo artigo, escrito por Robert Shelton, foi intitulado também "Rock Star Born on Second Avenue" e encontra-se colado no álbum de recortes de Janis, talvez fosse de uma edição anterior do *The New York Times*.)
255 *"O que tivemos"*: Nat Hentoff, "We Look at Our Parents and…".
256 *"Erma é contralto"*: Jack Casady, em entrevista para a autora.
256 *"Nós a 'Big Brotherizamos'"*: Dave Getz, em entrevista para a autora.
256 *"tessitura gritada"*: Tracy McMullen, "Bring It On Home".
256-57 *"aquele baterista"*: Linda Gravenites, em entrevista para Laura Joplin.
257 *"péssima por causa disso"*: ibid.
257 *"diferença de estilos de vida"*: John Byrne Cooke, *On the Road*, p. 108.
257 *"A Columbia estava investindo"*: Clive Davis e Anthony DeCurtis, *The Soundtrack of My Life* (Nova York: Simon & Schuster, 2016), p. 69.
258 *"James foi o que mais sofreu"*: Dave Getz, em entrevista para a autora.
259 *"Somos uma banda"*: ibid.
259 *"Todo mundo tentou"*: ibid.
259 *"Eu não acreditei!"*: Alice Echols, *Scars*, p. 182.
260 *"Um quarto de século!"*: Janis Joplin para a família Joplin, 31 de janeiro de 1968.
260 *"ela é, de longe"*: ibid.
260 *"Rolling Stone"*: ibid.
261 *"querido, parabéns de verdade"*: ibid., julho de 1968.
261 *"fama do hotel por abrigar intelectuais"*: ibid., 20 de fevereiro de 1968.
261 *"um bando desleixado"*: Alice Echols, *Scars*, p. 196.
262 *"tensa"*: Janis Joplin para Linda Gravenites, fevereiro de 1968.
262 *"cidade […] enlouqueceu"*: ibid.
262 *"grandiosa, crua, poderosa"*: Myra Friedman, *Buried Alive*, p. 106.
262 *"uma sala sóbria"*: ibid., 101.
263 *"Ela fez a casa vir abaixo"*: Alice Echols, *Scars*, p. 196.
263 *"Que mulher maravilhosa"*: Elliott Landy, em entrevista para a autora.
263 *"quanto à falta de"*: Elliot Mazer, em entrevista para Laura Joplin.
263 *"ataca uma música"*: Richard Goldstein, "Pop Music: Ladies Day", *Vogue*, 1º de maio de 1968.
263 *"Por melhor que tenha"*: Robert Shelton, "Rock Star Born…", *The New York Times* (do artigo no álbum de recortes de Janis).
264 *"trepar com ele"*: Clive Davis e Anthony DeCurtis, *Soundtrack*, p. 70.

264 *"Janis percebeu que"*: ibid.
264 *"Veja! Nossa primeira"*: Janis Joplin para Linda Gravenites, 20 de fevereiro de 1968.
265 *"Demais, hein?"*: Janis Joplin para a família Joplin, 20 de fevereiro de 1968.
265 *"Quando estou cantando"*: Michael Thomas, "Janis Joplin: Voodoo Lady of Rock", *Ramparts*, agosto de 1968.
266 *"cantando como"*: Alice Echols, *Scars*, p. 203.
266 *"um longo sermão"*: Laura Joplin, *Love, Janis*, p. 267.
266 *"até agora, pelo menos"*: Janis Joplin para Linda Gravenites, 6 de março de 1968.
267 *"irregular, mas correta"*: Lester Bangs, "In Concert", *Rolling Stone*, 8 de junho de 1972.
267 *"Muito ocupada"*: Janis Joplin para a família Joplin, 5 de março de 1968.
267 *"Muitos problemas"*: Janis Joplin para Linda Gravenites, 6 de março de 1968.
267 *"Quando Janis começou"*: Bob Gruen, em entrevista para a autora.
268 *"como uma vendedora ambulante"*: Michael Thomas, "Voodoo Lady".
268 *"uma enorme garagem"*: Richard Goldstein, "Next Year in San Francisco", Richard Goldstein online, disponível em: <www.richardgoldsteinonline.com/uploads/2/5/3/2/25321994/richardgoldstein-janis.pdf>, acesso em 15 de maio de 2015.
269 *"Cada vez que ela"*: Fred Catero, em entrevista para Dan Del Fiorentino, NAMM.
269 *"Quem estava tendo"*: Dave Getz, em entrevista para a autora.
269 *"Ela dava tudo de si ao cantar"*: Alice Echols, *Scars*, p. 204.
270 *"Janis era uma poderosa força"*: John Simon, em entrevista para Peter Aaron.
270 *"As coisas ainda estão muito"*: Janis Joplin para Linda Gravenites, março de 1968.
270 *"Fazer este disco"*: Nat Hentoff, "We Look at Our Parents and...".
270 *"Ela tentava"*: Dave Getz, em entrevista para a autora.
270 *"no minuto em que deixamos"*: Mark Wolf, "Janis Joplin: Queen of Rock, an Intimate Talk", *Downbeat*, novembro de 1968.
271 *"está descabelada"*: ibid.
271 *"A música tem a ver"*: ibid.
271 *"Às vezes [...] você está com"*: Richard Avedon e Doon Arbus, *The Sixties* (Nova York: Random House, 1999).
273 *"Jim foi até o palco"*: Danny Fields, em entrevista para a autora.
273 *"as três faixas"*: Janis Joplin para a família Joplin, 4 de abril de 1968.
273 *"Não consigo nem dizer"*: ibid.
273 *"Acabo de comprar 115 dólares"*: ibid.
273 *"B. B. King [sentou-se]"*: John Byrne Cooke, *On the Road*, p. 145.
274 *"Ela percorria o"*: Sam Andrew, "Janis Joplin Remembered".
274 *"Voltar triunfantes para"*: Dave Getz, em entrevista para a autora.

275 *"Eu não havia conseguido"*: Peggy Caserta com Maggie Falcon, *I Ran Into Some Trouble* (Deadwood, OR: Wyatt-McKenzie, 2018), p. 95.
275 *a droga "passou a ser"*: ibid.
275 *"Não me sinto livre"*: Nat Hentoff, "We Look at Our Parents and...".
276 *"Ela dizia, 'Ei'"*: John Simon, em entrevista para a autora.
276 *"uma de minhas duas"*: ibid.
277 *"No dia seguinte"*: James Riordan e Jerry Prochnicky, *Break on Through: The Life and Death of Jim Morrison* (Nova York: Quill/William Morrow, 1991), p. 229.
277-78 *"E se descobrirem"*: Linda Gravenites, em entrevista para Laura Joplin.
278 *"Comecei a perceber que"*: Peter Albin, em entrevista para a autora.
278 *"Achamos muito engraçado"*: Sam Andrew, "Janis Joplin Remembered".
279 *"só ajudando a banda"*: Al Aronowitz, "Janis Joplin: Singer with a Bordello Voice", *Life*, 20 de setembro de 1968.
279 não era seu *"tipo de música"*: ibid.
279 *"significa estabelecer o equilíbrio"*: Janis Joplin para a família Joplin, 1968.
279 *"totalmente no controle"*: Elliot Mazer, em entrevista para Laura Joplin.
280 *"Foi necessária muita"*: Dave Getz, em entrevista para a autora.
280 *"Não havia mais amizade"*: Dave Richards, em entrevista para Joel Selvin.
280 *"ressentimento tomou conta"*: Dave Getz, em entrevista para Laura Joplin.
280 *"Eu precisava escrever"*: Janis Joplin para a família Joplin, julho de 1968.
282 *"Foi um choque"*: Peter Albin, em entrevista para a autora.

CAPÍTULO 16: KOZMIC BLUES

283 *"Estávamos em nossos próprios"*: Dave Getz, em entrevista para a autora.
284 *"Ela queria nossa opinião"*: Marty Balin, em entrevista para a autora; Ben Marks, "From Folk to Acid Rock: How Marty Balin Launched the San Francisco Music Scene", *Collectors Weekly*, 16 de outubro de 2017.
284 *"Janis era a deusa"*: Mick Fleetwood, em entrevista para a autora.
284 *"Como músicos"*: ibid.
284 *"Foi depois de uma noite"*: Peggy Caserta, em entrevista para a autora.
284 *"Tive o cuidado"*: Clive Davis e Anthony DeCurtis, *Soundtrack*, p. 95.
285 *"Nunca vou ser capaz"*: Myra Friedman, *Buried Alive*, p. 133.
285 *"Os Staple Singers"*: Sam Andrew, "Janis Joplin Remembered".
285 *"Ele disse que era"*: Dave Getz, em entrevista para a autora.
285 *"Ficamos todos aliviados"*: James Gurley, em entrevista para Jas Obrecht.
285 *"Eles são minha família"*: Al Sorensen, "Janis", *Georgia Straight*, Vancouver, BC, 6-12 de dezembro de 1968.
286 *"dar uma olhada na cena"*: Peter Coyote, *Sleeping Where I Fall*, p. 103.
286 *"Comecei a sair com Emmett"*: Janis Joplin para Linda Gravenites, 1968.
286 *"Emmett e eu"*: Peter Coyote, *Sleeping Where I Fall*, p. 103.
287 *"Quero uma banda maior"*: Al Aronowitz, "Singer with a Bordello Voice".

287 *"Há um certo tipo"*: entrevistas feitas pela autora e por Laura Joplin.
287 *"Aquele foi o maior golpe"*: Dave Getz, em entrevista para a autora.
287 *"sentindo-se meio sacana"*: Peter Albin, em entrevista para a autora.
287 *"Aquela grande cantora"*: Robert Shelton, "Rock Fete with Jimi Hendrix Draws 18,000 to Singer Bowl", *The New York Times*, 25 de agosto de 1968.
287 *"uma boa amostra"*: Jon Landau, "Cheap Thrills", *Rolling Stone*, 14 de setembro de 1968. (Em 2018, a Sony Music lançou *Sex, Dope & Cheap Thrills*, incluindo os *outtakes* do álbum e faixas alternativas, e que teve uma resenha entusiástica de David Fricke na *Rolling Stone*.)
289 *"jovens brancos de classe média"*: William Kloman, "The 50s Come Back", *The New York Times*, 1º de setembro de 1968.
289 *"Janis Joplin decidiu"*: Al Aronowitz, "Singer with a Bordello Voice".
289 *"minha tarefa mais difícil"*: Janis Joplin para a família Joplin, 28 de setembro de 1968.
290 *"Albert me chamou"*: Skip Prokop, em entrevista para a autora.
290 *"Gravamos material"*: ibid.
290 *"Por meio desta peço"*: documento de 7 de setembro de 1968 (Coleção Laura Joplin).
290 *"Muita pressão"*: Janis Joplin para a família Joplin, 28 de setembro de 1968.
290 *"Tinham acabado de colocar"*: Robert Gordon, em entrevista para a autora.
290 *"Já estou me saindo"*: Janis Joplin para a família Joplin, 28 de setembro de 1968.
291 *"A coisa mais fantástica"*: ibid.
292 *"BOAS NOTÍCIAS"*: Dorothy Joplin para Janis Joplin, 1968.
292 *"Ele vem e para bem na minha frente"*: Skip Prokop, em entrevista para a autora.
293 *"Estávamos no apartamento"*: ibid.
293 *"Fiquei arrasada"*: Al Sorensen, "Janis", *Georgia Straight*, s. d.
294 *"Estou ganhando"*: Dave Getz, em entrevista para a autora.
294 *"praguejando, gemendo, guinchando"*: "Janis Rocks Festival", *Daily Pennsylvanian* (University of Pennsylvania, Filadélfia, s. d.).
294 *"uma coisa mais sutil"*: Al Sorensen, "Janis", *Georgia Straight*, s. d.
294 *"Janis Joplin fez"*: Ellen Willis, "Changes", *The New Yorker*, 15 de março de 1969.
294 *"severamente desarticulado"*: Mike Jahn, "Big Brother and the Holding Company: Hunter College", *The New York Times*, 17 de novembro de 1968. (Na versão *on-line* do *The New York Times*, o título desse artigo é "Janis Joplin and Big Brother Give a Concert at Hunter"; minha fonte é uma fotocópia do artigo original, constante em um arquivo de recortes da Columbia Records.)
295 *"Não consegui alcançá-lo"*: Dave Getz, em entrevista para a autora.
295 *"por seu comportamento"*: Myra Friedman, *Buried Alive*, p. 317.
295 *"Chegaram a publicar que"*: Laura Joplin, *Love, Janis*, p. 289.
296 *"Nossa preocupação"*: Ellen Willis, "Changes".

296 *"pose de uma prostituta arrogante"*: Tony Glover, "Bands Dust to Dust", *Rolling Stone*, 23 de novembro de 1968.
296 *"Só quero"*: Alice Echols, *Scars*, p. 232.
296 *"Eu disse a ela"*: Skip Prokop, em entrevista para a autora.
297 *"Nós três estávamos"*: Bill King, em entrevista para a autora.
297 *"as coisas começaram"*: ibid.
297 *"caóticos e improdutivos"*: Terry Clements, em entrevista para a autora.
297 *"Lá estava ela"*: Ralph Garcia, "Oh, Mama! Janis Joplin in Memphis", *Circus*, 1969.
298 *"todos aqueles grandes"*: Bill King, em entrevista para a autora.
298 *"aqueles merdas da"*: Stanley Booth, "The Memphis Debut", *Rolling Stone*, 1º de fevereiro de 1969.
298 *"parecia uma grande ave"*: Ralph Garcia, "Oh, Mama!".
299 *"Pelo menos não"*: Stanley Booth, "Memphis Debut".
299 *"Foi loucura"*: Sam Andrew, "Janis Joplin Remembered".
299 *"recomeçasse com músicos"*: Stanley Booth, "Memphis Debut".
299 *"Ela me respeitava"*: Etta James e David Ritz, *Rage to Survive* (Nova York: Villard Books, 1995), p. 192.
300 *"Estou aterrorizada"*: Michael Lydon, "Janis Joplin Philosophy".
300 *"Quando fico assustada"*: ibid.
301 *"estrangulava e matava"*: Paul Nelson, "Janis: The Judy Garland of Rock & Roll?", *Rolling Stone*, 15 de março de 1969.
301 *"show burlesco de metais"*: ibid.
302 *"Ela está pálida"*: John Bowers, "Janis", p. 64.
302 *"acabar com essa banda"*: Ralph J. Gleason, "No Opening Night Encores for Janis", *San Francisco Chronicle*, 24 de março de 1969.
302 *"Eu nunca tinha ouvido"*: Snooky Flowers, em entrevista para a autora.
302 *"Ela abriu a porta do quarto"*: ibid.
303 *"Isso a assustou"*: ibid.
303 *"Eu queria parecer"*: John Bowers, "Janis", p. 58.
304 *"Ela exibe uma fachada"*: Brian Connolly, "Janis Joplin", *Melody Maker*, 1969 (minha fonte é um recorte cuja data está faltando).
306 *"Estava de pé"*: Chuck Negron, *Three Dog Nightmare: The Chuck Negron Story*, 4. ed. (edição de autor, 2017), p. 82.
306 *"Estavam todos diminuindo"*: Myra Friedman, *Buried Alive*, p. 164; Brad Campbell, em entrevista para a autora.
307 *"Deus! Ela queria muito"*: Myra Friedman, *Buried Alive*, p. 169.
308 *"Seus serviços não"*: Sam Andrew, "Janis Joplin Remembered".
309 *"Janis fez sua entrada"*: Ellen Sander, *Trips: Rock Life in the Sixties* (Nova York: Charles Scribner's Sons, 1973), p. 138.
309 *"os seguranças"*: ibid.

310 *"um boquete"*: Country Joe's Place, disponível em: <www.countryjoe.com>. Acesso em 20 de março de 2016.
311 *"Janis Joplin dançou"*: Ellen Sander, *Trips*, p. 156.
311 *"Ele pegou"*: Bob Neuwirth, RRHOF AMM.
312 *"Você leu sobre"*: Janis Joplin para Linda Gravenites, 1968 (Myra Friedman, *Buried Alive*, p. 174).
312 *"querendo tornar-se"*: Ralph J. Gleason, "No Opening Night Encores for Janis".
312 *"Os jornalistas estupram-na"*: Anwen Crawford, "The World Needs Female Rock Critics", *The New Yorker*, 26 de maio de 2015.
313 *"estava cantando com mais força"*: Johanna Schier, "Riffs", *Village Voice*, 2 de outubro de 1969.

CAPÍTULO 17: PEARL

315 *"No palco faço amor"*: David Dalton, *Janis*, p. 28.
315 *"Estive olhando à minha"*: Janis Joplin para a família Joplin, 23 de janeiro de 1970.
316 *"bem robusta e"*: Janis Joplin para Linda Gravenites, 1969.
316 *"Lembra-se de que discutimos"*: ibid.
317 *"Se você usa a máscara"*: Bob Neuwirth, em entrevista para Laura Joplin.
317 *"Isso só mostra"*: Myra Friedman, *Buried Alive*, p. 182.
317 *"um padrão de comportamento"*: ibid.
318 *"fazer [...] uma reforma"*: Janis Joplin para a família Joplin, março e abril de 1970.
318 *"Consegui passar meu"*: ibid., 23 de janeiro de 1970.
318 *"Ah, é um jogo"*: ibid.
318 *"O kozmic blues me pegou"*: David Dalton, *Janis*.
319 *"muitos cães"*: Janis Joplin para a família Joplin, março e abril de 1970.
319 *"Os cães são melhores"*: Julie Smith, "What Makes Janis Sing – Ol' Kozmic Blues?", *San Francisco Chronicle*, 26 de maio de 1970.
319 *"sentia-se como Brigitte Bardot"*: telegrama de Janis Joplin para Friedman.
320 *"porque as pessoas parecem"*: John Byrne Cooke, *On the Road*, p. 282.
320 *"ela era inteligente"*: David Niehaus, em entrevista para a autora.
320 *"Ríamos muito"*: ibid.
320 *"fazer o primeiro concerto"*: ibid.
321 *"quase a matou"*: ibid.
321 *"indo para a selva"*: "Janis Joplin 1943-1970", *Rolling Stone*, 29 de outubro de 1970.
321 *"Dormimos em uma praia"*: David Niehaus, em entrevista para a autora.
322 *"Ela me tratava"*: ibid.
322 *"Tinham armas na cintura"*: ibid.
323 *"Íamos a algum bar"*: ibid.
323 *"Ela disse: 'Vou parar'"*: ibid.

323 *"David realmente a amava"*: Myra Friedman, *Buried Alive*, p. 194.
323 *"'Vá me encontrar'"*: David Niehaus, em entrevista para a autora.
324 *"difíceis de dirigir"*: Paul Myers, *A Wizard, a True Story*, p. 40.
324 *chocolate quente e drinques*: blog de Randy Nauert, disponível em: <www.nauert.com>, acesso em 18 de outubro de 2017.
324 *"Entramos em uma cabine"*: David Niehaus, em entrevista para a autora.
324 *"promessas de amor e de uma família"*: diário de David Niehaus, lido para a autora.
324 *"Estávamos apaixonados"*: David Niehaus, em entrevista para a autora.
325 *"Conheci um ótimo homem"*: Janis Joplin para a família Joplin, abril de 1970.
325 *"Há um homem"*: Julie Smith, "What Makes Janis Sing".
326 *"foi muito divertido"*: David Dalton, *Janis*, p. 50.
326 *"Não dá para voltar para casa"*: ibid.
327 *"Ela era incrivelmente brilhante"*: Johanna Hall, em entrevista para a autora.
327 *"doida por aquele"*: ibid.
327 *"fazendo caretas"*: ibid.
328 *"Estou correndo com os"*: Janis Joplin para a família Joplin, abril de 1970.
328 *"Parece que eu nunca"*: Nat Hentoff, "We Look at Our Parents and...".
329 *"Linda simplesmente"*: Johanna Hall, em entrevista para a autora.
330 *"Eu me levantava, planejando"*: Mikal Gilmore, livreto da caixa de CDs *Kris Kristofferson: The Complete Monument & Album Collection*, Sony/Legacy, 2016.
330 *"Eu sempre preferi"*: Kris Kristofferson, em entrevista para a autora.
330 *"expressava a faca de dois gumes"*: Mikal Gilmore, "Kris Kristofferson".
330 *"Isso colocou as tatuagens"*: Katie Vidan, "Janis Joplin: The First Tattooed Celebrity", Tattoodo on-line, última modificação em 30 de dezembro de 2015, disponível em: <www.tattoodo.com/a/2015/12/janis-joplin-the-first-tattooed-celebrity>.
331 *"O sujeito agarrou"*: Brad Campbell, em entrevista para a autora.
331 *"começou a cutucá-lo"*: ibid.
332 *"A última vez que a vi"*: John Cooke e Paul Rothchild, em entrevista para Laura Joplin.
332 *"Cara, eu nunca"*: Julie Smith, "What Makes Janis Sing".
332 *"Ela sempre exibia"*: John Till, em entrevista para *Final 24*, "Janis Joplin", segunda temporada, episódio 3, 2007.
333 *"No minuto em que"*: John Byrne Cooke, *On the Road*, p. 303.
333 *"O afeto palpável"*: David Dalton, "Janis Joplin's Full Tilt Boogie Ride", *Rolling Stone*, 6 de agosto de 1970.
333 *"Esses caras estão na"*: ibid.
333 *"o talento enorme"*: ibid.
333 *"era uma banda ótima"*: Johanna Hall, em entrevista para a autora.
335 *"nunca foi tão feliz"*: Roger Keene, "Janis Joplin's Full Tilt Boogie Band", *Circus*, outubro de 1970.

335 *"ela é energia pura"*: ibid.
335 *"dava para injetar-se"*: Eric Andersen, em entrevista para a autora.
336 *"de repente"*: David Dalton, *Janis*, p. 81.
336 *"Havia tantas drogas"*: Buddy Guy com David Ritz, *When I Left Home: My Story* (Nova York: Da Capo, 2012), p. 206.
336 *"Janis Joplin canta"*: Alice Echols, *Scars*, p. 237.
337 *"Ela tipo me escolheu"*: Bill Bentley, em entrevista para a autora.
337 *"Os olhos dela brilhavam"*: Paul Rothchild, em entrevista para Laura Joplin.
337 *"Logo nos primeiros dez segundos"*: ibid.
338 *"com a voz que usava"*: John Byrne Cooke, *On the Road*, p. 361.
338 *"O que queremos"*: ibid.
338 *"Como a maior cantora"*: Paul Rothchild, em entrevista para Laura Joplin.
338 *"Larguei a droga!!!"*: Janis Joplin para David Niehaus, 24 de julho de 1970.
339 *"Queremos fazer tudo"*: Laura Joplin, *Love, Janis*, p. 351.
339 *"Todos os músicos eram"*: Brad Campbell, em entrevista para a autora.
339 *"cromado barroco"*: Seth Morgan, "Janis", *Berkeley Barb*, 7-20 de dezembro de 1978.
339 *"não estava apaixonado"*: ibid.
340 *"um bar suburbano"*: ibid.
340 *"Se o concerto de"*: Mike Jahn, "Janis Joplin and Her New Group Give Rousing Forest Hills Show", *The New York Times*, 4 de agosto de 1970.
340 *"como uma canção de trabalho"*: Marc Myers, "The Story Behind Janis Joplin's 'Mercedes Benz'", *The Wall Street Journal*, 7 de julho de 2015.
341 *"Janis marcou o ritmo"*: ibid.
341 *"Minha música não é para fazer"*: Myra Friedman, *Buried Alive*, p. 318.
341 *"Não consegui convencê-la"*: Alice Echols, *Scars*, p. 287.
342 *"as pessoas da cidade estão surpresas"*: "Janis Joplin Returns to Port Arthur", *Houston Chronicle*, 14 de agosto de 1970.
342 *"Eu só queria que"*: John Bowers, "Janis", p. 51.
342 *"Meus pais a trataram com muita frieza"*: Michael Joplin, em entrevista para *Final 24*, "Janis Joplin", segunda temporada, episódio 3, 2007.
344 *"Se você vai agir como"*: Myra Friedman, *Buried Alive*, p. 300.
344 *"Quando Janis veio"*: Seth Joplin, em entrevista para Laura Joplin.
344 *"Eu era uma verdadeira pessimista"*: David Dalton, *Janis*, p. 24.
344 *"horrível e ordinário"*: Seth Morgan, "Janis".
345 *"Paul estava muito"*: Bruce Botnick, em entrevista para a autora.
346 *"caindo de bêbada"*: Seth Morgan, "The Last Days of Janis Joplin", *Berkeley Barb*, 21 de dezembro de 1978 – 3 de janeiro de 1979.
346 *"A base de tudo era a diversão"*: Paul Rothchild, em entrevista para Laura Joplin.
346 *"Paul disse, 'Termine'"*: Spooner Oldham, em entrevista para a autora.
346 *"Levei a fita"*: ibid.

347 *"Não fosse pela graça de Deus"*: Myra Friedman, *Buried Alive*, p. 324.
347 *"Ela parecia tão feliz"*: Clive Davis, em entrevista para a autora.
347 *"Janis era a melhor"*: Marty Balin, em entrevista para a autora.
347 *"matou duas garrafas"*: Ben Marks, "From Folk to Acid Rock".
348 *"Comecei com"*: Bobby Womack com Robert Ashton, *Bobby Womack: My Story, 1944-2014* (Londres: John Blake, 2014), p. 157.
348 *"Jimi Hendrix havia"*: ibid., p. 158.
348 *"enterrar seus pensamentos"*: ibid., p. 162.
348 *"queria ser mais"*: John Till, em entrevista para *Final 24*, "Janis Joplin", segunda temporada, episódio 3, 2007.
349 *"Você vai ter que achar"*: Seth Morgan, "Last Days of Janis Joplin".
350 *"Venha, Mama!"*: David Niehaus para Janis Joplin, 17 de agosto de 1970.
351 *"Todos nós acreditávamos"*: Brad Campbell, em entrevista para a autora.
351 *"A morte de Janis"*: Paul Rothchild, em entrevista para Laura Joplin.
352 *"Todo o meu ser"*: David Niehaus, registro em diário, lido para a autora.
353 *"era sensível demais"*: David Niehaus, em entrevista para a autora.
353 *"a primeira mulher superstar"*: "Rebirth of the Blues", *Newsweek*, 26 de maio de 1969.
353 *"Uso Janis Joplin"*: Greg Kot, "Old School Gets Some Pop", *Chicago Tribune*, 28 de fevereiro de 2010.
353 *"Você abre mão de todas as constantes"*: David Dalton, *Janis*, p. 80.

Bibliografia

Albertson, Chris. *Bessie*. New Haven: Yale University Press, 2003.

Amburn, Ellis. *Pearl: The Obsessions and Passions of Janis Joplin*. Nova York: Warner Books, 1992.

Avedon, Richard e Doon Arbus. *The Sixties*. Nova York: Random House, 1999.

Banks, Steve. *Janis' Garden Party*. Los Angeles: Bugiganga Press, 1998.

Barger, Sonny, com Keith e Kent Zimmerman. *Hell's Angel: The Life and Times of Sonny Barger and the Hells Angels Motorcycle Club*. Nova York: William Morrow, 2000.

Bookstein, Ezra. *The Smith Tapes: Lost Interviews with Rock Stars & Icons, 1969-1972*. Nova York: Princeton Architectural Press, 2015.

Bowers, John. *The Golden Bowers*. Nova York: Tower Publications, 1971.

Boyd, Pattie, com Penny Junor. *Wonderful Tonight: George Harrison, Eric Clapton, and Me*. Nova York: Three Rivers Press, 2008.

Bragg, Rick. *Jerry Lee Lewis: His Own Story*. Nova York: HarperCollins, 2014.

Bryant Jr., Keith L. *Arthur Stilwell: Promoter with a Hunch*. Nashville: Vanderbilt University Press, 1971.

Burrough, Bryan. *The Big Rich: The Rise and Fall of the Greatest Texas Oil Fortunes*. Nova York: Penguin Press, 2008.

Calhoun, Ada. *St. Marks Is Dead: The Many Lives of America's Hippest Street*. Nova York: W. W. Norton, 2016.

Caserta, Peggy, como relatado a Dan Knapp. *Going Down with Janis*. Nova York: Dell, 1980.

Caserta, Peggy, com Maggie Falcon. *I Ran Into Some Trouble*. Deadwood, OR: Wyatt-MacKenzie, 2018.

Christgau, Robert. *Going into the City: Portrait of a Critic as a Young Man*. Nova York: Dey Street Books, 2014.

Collins, Judy. *Trust Your Heart: An Autobiography*. Boston: Houghton Mifflin, 1987.

Cooke, John Byrne. *On the Road with Janis Joplin*. Nova York: Berkeley Books, 2014.

Cooke, John Byrne. *Janis Joplin: A Performance Diary 1966-1970*. Petaluma, CA: Acid Test Productions, 1997.

Coolidge, Rita, com Michael Walker. *Delta Lady: A Memoir*. Nova York: HarperCollins, 2016.

Coyote, Peter. *Sleeping Where I Fall*. Nova York: Counterpoint, 1988.

Cross, Charles R. *Room Full of Mirrors: A Biography of Jimi Hendrix*. Nova York: Hyperion, 2005.

D'Allesandro, Jill e Colleen Terry. *Summer of Love: Art, Fashion and Rock and Roll*. San Francisco: Fine Arts Museum of San Francisco/University of California Press, 2017.

Dalton, David. *Janis*. Nova York: Simon & Schuster, 1971.

Dalton, David. *Piece of My Heart: The Life, Times, and Legend of Janis Joplin*. Nova York: St. Martin's Press, 1985.

Davis, Clive e Anthony DeCurtis. *The Soundtrack of My Life*. Nova York: Simon & Schuster, 2016.

DeCurtis, Anthony. *Lou Reed*. Nova York: Little, Brown, 2017.

DeCurtis, Anthony e James Henke, com Holly George-Warren, orgs. *The Rolling Stone Illustrated History of Rock & Roll*. Nova York: Random House, 1992.

Diehl, Gaston. *Modigliani*. Nova York: Crown, 1969.

Douglas, Susan J. *Where the Girls Are: Growing Up Female with Mass Media*. Nova York: Three Rivers Press, 1994.

Downing, Michael. *Shoes Outside the Door: Desire, Devotion, and Excess at San Francisco Zen Center*. Nova York: Counterpoint, 2001.

Drummond, Paul. *Eye Mind: The Saga of Roky Erickson and the 13th Floor Elevators, the Pioneers of Psychedelic Sound*. Los Angeles: Process, 2007.

Echols, Alice. *Scars of Sweet Paradise: The Life and Times of Janis Joplin*. Nova York: Metropolitan Books, 1999.

Egan, Timothy. *The Worst Hard Time: The Untold Story of Those Who Survived the Great American Dust Bowl*. Boston: Houghton Mifflin, 2006.

Fleetwood, Mick e Anthony Bozza. *Play On: Now, Then and Fleetwood Mac*. Nova York: Little, Brown, 2014.

Fong-Torres, Ben. *Becoming Almost Famous: My Back Pages in Music, Writing, and Life*. San Francisco: Backbeat Books, 2006.

Fong-Torres, Ben. *Not Fade Away: A Backstage Pass to 20 Years of Rock & Roll*. San Francisco: Miller Freedman Books, 1999.

Friedman, Myra. *Buried Alive: The Biography of Janis Joplin*. Nova York: William Morrow, 1973.

George-Warren, Holly, org. *The Rock and Roll Hall of Fame: The First 25 Years*. Nova York: Collins Design/HarperCollins, 2009.

Gilmore, John. *Laid Bare: A Memoir of Wrecked Lives and the Hollywood Death Trip*. Los Angeles: Amok Books, 1997.

Glatt, John. *Live at the Fillmore East & West: Getting Backstage and Personal with Rock's Greatest Legends*. Guilford, CT: Lyons Press, 2015.

Glatt, John. *Rage & Roll: Bill Graham and the Selling of Rock*. Nova York: Carol, 1993.

Goldberg, Danny. *In Search of the Lost Chord: 1967 and the Hippie Idea*. Brooklyn: Akashic, 2017.

Goldstein, Richard. *Another Little Piece of My Heart: My Life of Rock and Revolution in the '60s*. Nova York: Bloomsbury, 2015.

Goodman, Fred. *Mansion on the Hill*. Nova York: Times Books, 1997.

Gould, Jonathan. *Otis Redding: An Unfinished Life*. Nova York: Crown Archetype, 2017.

Graham, Bill e Robert Greenfield. *Bill Graham Presents: My Life Inside Rock and Out*. Nova York: Doubleday, 1992.

Greenfield, Robert. *Bear: The Life and Times of Augustus Owsley Stanley III*. Nova York: Thomas Dunn Books, 2016.

Guralnick, Peter; Robert Santelli; Holly George-Warren e Christopher John Farley, orgs. *Martin Scorsese Presents the Blues: A Musical Journey*. Nova York: Amistad/HarperCollins, 2003.

Guy, Buddy, com David Ritz. *When I Left Home: My Story*. Nova York: Da Capo, 2012.

Helm, Levon, com Stephen Davis. *This Wheel's on Fire: Levon Helm and the Story of the Band*. Chicago: Chicago Review Press, 2000.

Hochschild, Adam. *Spain in Our Hearts: Americans in the Spanish Civil War, 1936-1939*. Boston: Houghton Mifflin Harcourt, 2016.

Holiday, Billie, com William Duffy. *Lady Sings the Blues*. Nova York: Doubleday, 1956.

Hoskyns, Barney. *Small Town Talk: Bob Dylan, the Band, Van Morrison, Janis Joplin, Jimi Hendrix, and Friends in the Wild Years of Woodstock*. Nova York: Da Capo, 2016.

Hynde, Chrissie. *Reckless: My Life as a Pretender*. Nova York: Doubleday, 2015.

Ian, Janis. *Society's Child: My Autobiography*. Nova York: Jeremy P. Tarcher/Penguin, 2008.

James, Etta e David Ritz. *Rage to Survive*. Nova York: Villard Books, 1995.

Johnson, Jimmy, como relatado a Ed Hinton. *Turning the Thing Around: My Life in Football*. Nova York: Hyperion, 1993.

Joplin, Laura. *Love, Janis*. Nova York: Harper, 2005.

Kaukonen, Jorma. *Been So Long: My Life and Music*. Nova York: St. Martin's Press, 2018.

Kerouac, Jack. *On the Road*. Nova York: Viking Press, 1957 (edição *paperback* da Penguin Compass).

Knight, Tim. *Poor Hobo: The Tragic Life of Harry Choates, a Cajun Legend*. Port Arthur, TX: Port Arthur Historical Society, 2013.

Knight, Tim. *Chantilly Lace: The Life & Times of J. P. Richardson*. Port Arthur, TX: Port Arthur Historical Society, 1989.

Kruth, John. *To Live's to Fly: The Ballad of the Late, Great Townes Van Zandt*. Nova York: Da Capo, 2007.

Landau, Deborah. *Janis Joplin: Her Life and Times*. Nova York: Coronet Communications, 1971.

Laufer, Peter, org. *Highlights of a Lowlife: The Autobiography of Milan Melvin*. Portland, OR: Jorvik Press, 2016.

Lesh, Phil. *Searching for the Sound: My Life with the Grateful Dead*. Nova York: Little, Brown, 2005.

Lipton, Lawrence. *The Holy Barbarians*. Nova York: Grove Press, 1959.

Lydon, Michael. *Rock Folk: Portraits from the Rock 'n' Roll Pantheon*. Nova York: Citadel Underground, 1990.

Martin, Steve. *Born Standing Up: A Comic's Life*. Nova York: Scribner, 2007.

Maynard, John Arthur. *Venice West: The Beat Generation in Southern California*. New Brunswick, NJ: Rutgers University Press, 1991.

McNally, Dennis. *A Long, Strange Trip: The Inside History of the Grateful Dead*. Nova York: Three Rivers Press, 2002.

Metalious, Grace. *Peyton Place*. Nova York: Dell, 1958.

Modigliani, Jeanne. *Modigliani: Man & Myth*. Nova York: Orion Press, 1958.

Modigliani: Paintings & Drawings. Boston/Los Angeles: The Committee on Fine Arts Productions/Museum of Fine Arts, Boston/Los Angeles County Museum, 1961.

Modigliani: Paintings, Drawing, Sculpture. Nova York: Museu de Arte Moderna, 1951.

Mouton, Todd. *Way Down in Louisiana: Clifton Chenier, Cajun, Zydeco, and Swamp Pop Music*. Lafayette: University of Louisiana Press, 2015.

Myers, Paul. *A Wizard, a True Story: Todd Rundgren in the Studio*. Londres: Jawbone Press, 2010.

Negron, Chuck. *Three Dog Nightmare: The Chuck Negron Story*. 4. ed. Edição do autor, 2017.

Obrecht, Jas. *Talking Guitar*. Chapel Hill: University of North Carolina Press, 2017.

Perry, Charles. *The Haight-Ashbury: A History*. Nova York: Random House, 1985 (edição *paperback* da Wenner Books, 2005).

Porterfield, Nolan. *Last Cavalier: The Life & Times of John Lomax*. Urbana/Chicago: University of Illinois Press, 1996.

Powers, Ann. *Good Booty: Love and Sex, Black & White, Body and Soul in American Music*. Nova York: Dey Street, 2017.

Reid, Jan, com Shawn Sahm. *Texas Tornado: The Times and Music of Doug Sahm*. Austin: University of Texas Press, 2010.

Reynolds, Frank e Michael McClure. *Freewheelin Frank: Secretary of the Angels as Told to Michael McClure*. Nova York: Grove Press, 1967.

Riordan, James e Jerry Prochnicky. *Break on Through: The Life and Death of Jim Morrison*. Nova York: Quill/William Morrow, 1991.

Ritz, David. *Respect: The Life of Aretha Franklin*. Nova York: Little, Brown, 2014.

Rothschild, Amalie R., com Ruth Ellen Gruber. *Live at the Fillmore East: A Photographic Memoir*. Nova York: Thunder's Mouth Press, 1999.

Sander, Ellen. *Trips: Rock Life in the Sixties*. Nova York: Charles Scribner's Sons, 1973.

Sanders, Ed. *Fug You: An Informal History of the Peace Eye Bookstore, the Fuck You Press, the Fugs and the Counterculture in the Lower East Side*. Nova York: Da Capo, 2012.

Saviano, Tamara. *Without Getting Killed or Caught: The Life and Music of Guy Clark*. College Station: Texas A&M University Press, 2016.

Scully, Rock, com David Dalton. *Living with the Dead: Twenty Years on the Bus with Garcia and the Grateful Dead*. Nova York: Little, Brown, 1996.

Selvin, Joel. *Altamont: The Rolling Stones, the Hells Angels, and the Inside Story of Rock's Darkest Day*. Nova York: Dey St./HarperCollins, 2016.

Selvin, Joel. *Monterey Pop*. San Francisco: Chronicle Books, 1992.

Selvin, Joel. *San Francisco: The Musical History Tour*. San Francisco: Chronicle Books, 1996.

Selvin, Joel. *The Summer of Love*. Nova York: Dutton, 1994.

Shaw, Suzy e Mick Farren. *Bomp! Saving the World One Record at a Time*. San Francisco: AMMO Books, 2007.

Simmons, Sylvie. *I'm Your Man: The Life of Leonard Cohen*. Nova York: HarperCollins, 2015.

Slick, Grace, com Andrea Cagan. *Somebody to Love? A Rock-and-Roll Memoir*. Nova York: Warner Books, 1998.

Smith, Patti. *Just Kids*. Nova York: Ecco, 2014.

Sporke, Michael. *Big Brother and the Holding Company: Living with the Myth of Janis Joplin 1965-2005*. Norderstedt: Books on Demand GmbH, 2005.

Stanley, Rhoney Gissen, com Tom Davis. *Owsley and Me: My LSD Family*. Rhinebeck, NY: Monkfish Book, 2016.

Sullivan, Mary Lou. *Raisin' Cain: The Wild & Raucous Story of Johnny Winter*. Nova York: Backbeat Books, 2010.

Talbot, David. *Season of the Witch*. Nova York: Free Press, 2012.

Vorda, Allan. *Psychedelic Psounds: Interviews from A to Z with 60s Psychedelic Garage Bands*. Wolverhampton: Borderline Productions, 1994.

Wilson, Eddie. *Threadgill's: The Cookbook, The Austin, Texas, Landmark of Southern Comfort Food*. Atlanta: Longstreet Press, 1996.

Wilson, Eddie, com Jesse Sublett. *Armadillo World Headquarters: A Memoir*. Austin, TX: TSSI, 2017.

Wolfe, Charles e Kip Lornell. *The Life and Legend of Leadbelly*. Nova York: HarperCollins, 1992.

Wolfe, Tom. *The Electric Kool-Aid Acid Test*. Nova York: Bantam, 1999.

Wolman, Baron. *Janis Joplin*. Nova York: Waverly Press, 2013.

Womack, Bobby, com Robert Ashton. *Bobby Womack: My Story, 1944-2014*. Londres: John Blake, 2014.

Créditos das Letras

"Daddy, Daddy, Daddy", de Janis Joplin
© 1964 Strong Arm Music (ASCAP) admin. por Wixen Music Publishing, Inc.
Todos os direitos reservados. Usada com permissão.

"Kosmic Blues", de Janis Joplin e Gabriel Mekler
© 1969 Strong Arm Music (ASCAP) admin. por Wixen Music Publishing, Inc.
© 1969 Universal Music Corp. (ASCAP)
Todos os direitos reservados. Usada com permissão.

"Mary Jane", de Janis Joplin
© 1965 Strong Arm Music (ASCAP) admin. por Wixen Music Publishing, Inc.
Todos os direitos reservados. Usada com permissão.

"Turtle Blues", de Janis Joplin
© 1968 Strong Arm Music (ASCAP) admin. por Wixen Music Publishing, Inc.
Todos os direitos reservados. Usada com permissão.

"What Good Can Drinkin' Do", de Janis Joplin
© 1967 Strong Arm Music (ASCAP) admin. por Wixen Music Publishing, Inc.
Todos os direitos reservados. Usada com permissão.

Impresso por :

gráfica e editora

Tel.:11 2769-9056